旅游人文丛书 HUMANITIES SERIES ON TOURISM

下江南

华东线导游

HUADONG XIAN DAOYOU

第 2 版

编写委员会名单

(按姓氏音序排列)

主编：吴 建

副主编：陈 曦　冯霞敏　顾兰琴　潘 俊　石 磊　王莉丽　徐晓庆

参编者：陈 洁　费旭明　李 甜　茅 蓉　秦炳旺　王 丽　吴春洪
　　　　姚金荣　姚 震　张新峰　钟 伟　周书文

南京师范大学出版社

图书在版编目(CIP)数据

下江南:华东线导游/吴建主编. — 2版. — 南京:南京师范大学出版社,2018.3(2023.7重印)
(旅游人文丛书)
ISBN 978-7-5651-3568-2

Ⅰ.①下… Ⅱ.①吴… Ⅲ.①旅游指南—华东地区 Ⅳ.①K928.95

中国版本图书馆 CIP 数据核字(2017)第 285017 号

书　　名	下江南:华东线导游
丛 书 名	旅游人文丛书
主　　编	吴　建
责任编辑	项雷达　崔　兰
出版发行	南京师范大学出版社
地　　址	江苏省南京市玄武区后宰门西村 9 号(邮编:210016)
电　　话	(025)83598919(总编办)　83598412(营销部)　83598297(邮购部)
网　　址	http://www.njnup.com
电子信箱	nspzbb@163.com
印　　刷	南京玉河印刷厂
开　　本	787 毫米×1092 毫米　1/16
印　　张	22.25
字　　数	560 千
版　　次	2018 年 3 月第 2 版　2023 年 7 月第 4 次印刷
书　　号	ISBN 978-7-5651-3568-2
定　　价	49.00 元
出版人	张　鹏

南京师大版图书若有印装问题请与销售商调换
版权所有　侵犯必究

序

"江南好,风景旧曾谙。日出江花红胜火,春来江水绿如蓝。能不忆江南?"白居易的这首小令,不知倾倒了古往今来多少迁客骚人,又不知令多少游人旅客萌生"下江南"之意。

近三十余年以来,随着综合国力和生活水平的不断提升,旅游渐渐成为国人的一种生活方式,我们方有能力和机会一圆游历祖国大好河山的"梦",而"下江南"则成为大众游程开始的首选。20世纪改革开放之初,外国人、海外华人、港澳台同胞等,也无不首选华东线旅游,从南京、无锡、苏州、上海到杭州,可以说是络绎不绝。多样化的旅游资源,尤其是丰富的文化内涵,向世人展示了华东线超凡的特色与魅力。国内旅游开展近二十年,国内各省区市游客也是把"江南"作为首选的旅游目的地,至今仍久盛不衰。不仅如此,随着交通的发展和眼界的开拓,旧时"江南"已被"放大",涉及江苏、浙江、安徽和上海三省一市,尤其是影响江浙沪三百年的徽派文化加盟华东线之后,游人会拥有探寻到江南文化源头的新收获。

正是这条翡翠旅游线路的长年火爆,催生了旅游行业的热烈关注与不断投入,华东线在全国率先实现区域内无障碍旅游的工作模式,即旅行社只派"一车一导"便可带领游客走遍华东线,不再需要地接导游员的介入。"线导"的出现对华东线旅行社的考验颇大,也提高了导游员入行的"门槛"。首先,华东线导游员必须熟悉华东线区域的大交通和各市市内交通线路;其次,华东线导游员必须对全华东线的旅游景区景点烂熟于胸,并能根据游客的具体情况和需求来安排参观游览的时间和线路;再次,华东线导游员要能够熟悉全线的住宿、用餐、购物、娱乐和加点等,并能够根据具体情况随机应变;最后,华东线导游员还必须有应对各种突发状况的能力和技巧……从近二十年华东线上的导游员状况来看,部分导游员拥有丰富的知识和较高的技能,能在工作过程中应付自如并收效颇高,但还有不少华东线导游员,还在不断地摸索、学习,对游客疲于应付,效果也就难以期待。要想引导好游客"下江南",还需要较长时间的摸索,需要学习,需要有人指点。

《下江南:华东线导游》一书的编者们,能够以敏锐的目光,捕捉到社会的需求,通过教材的编写,不仅可以满足现有导游员学习的需求,而且可以对旅游职业院校的学生,也就是导游的后备梯队,进行非常实际的知识传授与技能培训,使他们能够对接今后的工作岗位,成为旅游行业乐于接收的人才。本书包括六大项目内容,条理清晰,内容明确突出,实用性强,是一部集中了江苏多所职业院校教师的心血和感悟的好书。尽管市场上已有不少介绍华东线的书在售,但这本书的新视角和新体系,将会受到院校师生的欢迎,也将会受到业界人士和旅游爱好者的欢迎。

因此,作为一名老旅游工作者,我热情地向诸位读者推荐这本好书。

2011 年 7 月

前　言

　　导游员主要分为国内的地方陪同导游人员、全程陪同导游人员和国外领队等。随着时代的发展,渐渐出现了以某区域内的一条或一段旅游线为旅游目的地的旅游产品,此时,全程陪同导游人员担负起"地陪"与"全陪"的双重职责,我们可以称之为"段陪"或"线陪",其中尤以华东线导游人员为典型代表。

　　那么,什么是华东线呢？地理概念上的华东是指位于中国东部的6省1市(台湾地区除外),具体包括江苏省、浙江省、安徽省、福建省、江西省、山东省和上海市;而旅游界所说的华东线,则是指南京、扬州、镇江、常州、无锡、苏州、上海和杭州这八座旅游名城,连同千岛湖、黄山两大旅游景区所形成的"8+2"的旅游线路。根据时间的长短和游客的需求,华东线又包括宁镇扬、苏锡常、上海—杭州—黄山等"小华东"线路,而本书中所说的华东线,是指以上海、南京为首尾,以无锡、苏州、杭州等旅游城市为节肢的"黄金旅游线路"。

　　在业界,有中国旅游看"三南"——云南、海南和江南的说法。而江南旅游的经典线路——华东线,作为我国旅游线路产品中的一朵奇葩,吸引了国内外众多游客来此观光旅游。

　　但是,目前我国的旅游管理专业(导游方向)教学,不论是本科还是高职高专,大都以学生获得导游人员资格证书为最终目标,专业技能培养方面主要是培训学生对学校所在城市的地方景点进行导游讲解。所以,学生进入旅行社之后,如果想从事华东线导游的工作,还需要旅行社继续培养。

　　为了使学生真正成为高素质的技能型人才,本书坚持"以职业岗位需求为主线,以职业综合素质为本位"的教学理念,既力求遵循实用性和可操作性,采用理论实践一体化的项目式教学,以任务驱动为主要教学方式,以合作探究为主要学习方式,培养学生的实战技能,也尽量凸显一定的文化内涵,提升学生的人文素养。

　　除了对华东线概况的项目进行总述外,本书主要包括宁镇扬导游、苏锡常导游、沪杭导游、华东其他地区导游以及华东主要旅游购物导游这五个项目,每个项目再由具体的模块组成,模块下再设若干具体的任务,任务又分为课前准备、任务导入、知识讲解、服务小贴士、导游职业能力测试、原创导游词赏析(江苏省职业学校导游技能大赛的获奖导游词精选)、导游推荐等栏目。

　　本书是集体智慧的结晶,由江苏省多所院校的教师共同参与编写。华东线概况、无锡导游模块由江苏联合职业技术学院无锡旅游商贸分院吴建负责；南京导游模块由江苏联合职业技术学院南京工程分院顾兰琴、李甜负责；扬州导游模块由江苏联合职业技术学院扬州商贸分院徐晓庆负责；镇江导游模块由江苏联合职业技术学院镇江分院潘俊、茅蓉、周书文和姚金荣负责；苏州导游模块由江苏联合职业技术学院苏州旅游与财经分院王莉丽、王丽负责；常州导游模块由江苏联合职业技术学院常州旅游商贸分院陈曦负责；上海导游模块由江苏联合职业技术学院无锡旅游商贸分院秦炳旺、华东师范大学商学院钟伟博士负责；杭州导游模块由江苏联合职业技术学院无锡旅游商贸分院费旭明负责；黄山导游模块由江苏联合职业技术学院无锡旅游商贸分院冯霞敏负责；千岛湖导游模块由无锡商业职业技术学院张新峰负责；江南水乡导游模块由江苏联合职业技术学院无锡旅游商贸分院陈洁和吴春洪负责；华东主要旅游购物导游模块由江苏联合职业技术学院无锡旅游商贸分院姚震负责。另外，各项目中的图片除已括注的出处外，一般由各编者提供图样，由沈欢、董金花、王欣宇等绘制。

本书既可作为本科及高职高专旅游管理专业（导游方向）地方导游以及华东线导游等课程的配套教材，又可供导游从业人员、旅游爱好者作参考学习之用。本书在编写过程中参阅了大量有关华东线导游的线上线下等资料和信息，注意吸收了国内华东线导游的各方面研究成果，在此向原作者表示敬意和谢意。

本书在编写过程中，得到了三江学院旅游学院副院长康泰教授的关心和指导。康泰教授是江苏省旅游行业教育培训专家、省旅游学会常务理事、省导游考评委员、国家高级导游员。康泰教授不仅是本书编者的入行启蒙老师，还一直关心编者的不断成长，特在此表示衷心的感谢。同时，南京师范大学出版社总编辑徐蕾、副总编辑林荣芹、崔兰和项雷达等老师也为本书的出版付出了辛勤的劳动，在此表示感谢。

《下江南：华东线导游》一书自出版以来得到了广大使用者的喜爱，为切合近年来华东线旅游业发展的实际，满足导游从业人员与旅游爱好者的需求，本书其中两位编者吴建、石磊对全书的体例结构、内容方面做了进一步的修订。但由于华东线导游涵盖内容十分丰富，华东线所属长三角区域的旅游业发展也日新月异，因此，本书如有不足之处，恳请读者批评指正，帮助我们不断修改完善。

编　者

2011年7月1版

2017年4月2版

目 录

序 / 康泰　　■ 001

前　言　　■ 001

项目1　华东线概况　　■ 001

项目2　宁镇扬导游　　■ 006
　模块1　南京导游　　■ 006
　模块2　镇江导游　　■ 051
　模块3　扬州导游　　■ 089

项目3　苏锡常导游　　■ 121
　模块1　苏州导游　　■ 121
　模块2　无锡导游　　■ 165
　模块3　常州导游　　■ 213

项目4　沪杭导游　　■ 241
　模块1　上海导游　　■ 241
　模块2　杭州导游　　■ 261

项目5　华东其他地区导游　　　285

　　模块1　黄山导游　　　285

　　模块2　千岛湖导游　　　296

　　模块3　江南水乡导游　　　302

项目6　华东主要旅游购物导游　　　330

　　模块1　茶叶　　　330

　　模块2　丝绸　　　333

　　模块3　紫砂壶　　　337

　　模块4　太湖珍珠　　　340

　　模块5　杭白菊　　　343

主要参考文献　　　347

项目1 华东线概况

通过本项目的学习,要求学生具备为旅游者提供华东线向导、讲解以及其他相关旅游服务的能力。

能够对华东线概况进行10分钟左右的导游讲解,讲解的内容具体包括华东线的地理概况、历史概况以及华东线旅游的特色与魅力等。

任务1 华东线地理概况的导游讲解

一、华东线的地理范围界定

华东线,一般是指以上海、南京为首尾,以扬州、镇江、常州、无锡、苏州和杭州这六座旅游城市为节肢,连同千岛湖、黄山两大旅游景区,形成的"'8+2'黄金旅游线路"。根据时间的长短和游客的需求,华东线又包括宁镇扬、苏锡常、上海—杭州—黄山等"小华东"线路。

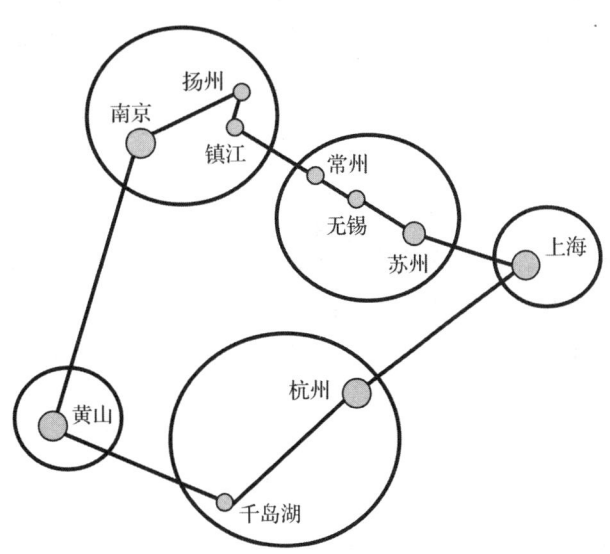

华东线旅游线路构成示意图

二、华东线的地理环境特征

（一）地势平坦，水网密布

华东线所属区域以平原为主，山地、丘陵点缀其间。一般而言，这里的山脉一年四季树木葱茏、花团锦簇，显得格外秀美。比如南京的钟山、镇江的"三山"、无锡的惠山以及苏州的虎丘等。

华东线所属区域水资源丰富，江、河、湖、泉等水体众多，水可以说是华东线所属区域最鲜明的标志。太湖为江南水网中心，滚滚长江连接东西，京杭运河贯通南北，大小河道纵横交错。其他知名度比较高的湖泊还有西湖、瘦西湖、千岛湖等。华东线还有一些湖泊具有较高的历史价值、革命纪念意义或建筑价值等，比如无锡的蠡湖、南京的莫愁湖等。①

整体而言，华东线所属区域凭借平山远水的自然风貌，形成了别具一格的旅游景观。

（二）气候温润，山明水秀

华东线所属区域地处中纬度，太阳入射角的位置适中，因此形成了气候温和、四季分明、寒暑变化显著的特征。由于华东线受典型的亚热带季风气候影响，因而又呈现出热量充裕、降水丰沛、雨期显著的特点。

温润的气候造就了整个华东线所属区域山外有山、湖内有湖、山重水复、山明水秀的景观特色。同时使该地区的最佳旅游季节主要集中于春季3—6月和秋季9—11月。

（三）交通便利，四通八达

华东线所属区域交通极为便捷，拥有相对完善的铁路交通，从东部旅游中心城市上海向外辐射，沪宁、沪杭甬等铁路运输网连接着区域内各主要旅游城市及景区景点；水运方面，淮河、长江、钱塘江以及南北大动脉京杭大运河，既使得区域内各地紧密联系，又建立了华东线所属区域与周边其他区域的通道以及国际航道；公路方面，以沪宁、沿江等高速公路和国道为主体的公路网，全天候连接着各大中小城市及旅游景区；航空方面，以上海、南京、杭州、合肥、南昌的国际机场为主，以无锡、徐州等城市的中小机场为辅的航空体系在华东线所属区域也基本形成。②

（四）物产富饶，经济发达

华东线所属区域水网密布、土壤肥沃，物产富饶。"太湖三白""长江三鲜"等渔业资源十分丰富；平坦的地势、一定数量的山丘，宜于种植茶、桑、竹等亚热带植物，在宋代，这里就已成为全国蚕桑业中心。赏梅，是华东线旅游的特色之一。在华东线所属区域中，杭州超山、无锡梅园、苏州邓尉山和南京梅花山均为我国著名赏梅胜地。此外，茶叶、玉雕、蚕丝、紫砂、珍珠和锦绣等华东物产也成为我国著名的旅游纪念品。

---

① 陶卓民，卢亮.长江三角洲区域旅游形象设计和开拓研究[J].经济地理，2005(5).
② 蒋丽芹.论泛长三角区域旅游整合与协作[J].经济问题探索，2009(9).

任务 2　华东线历史概况的导游讲解

知识讲解

一、华东线所属区域的文化地理范围

(一) 华东线所属区域属于吴越古文化区

"吴越"一词隐藏着华东线所属区域的文化地理范围。吴越文化按照地域来说,就是长江中下游文化,主要指今天我们所说的长江三角洲地区。① 吴,古称句(同"勾",gōu)吴,吴地祖先生活在今苏南、皖南、浙江北部一带。越,古称干越、于越,越人祖先生活在今浙江北部及太湖一带。可见,吴越文化区的主体范围是长江三角洲与杭州湾沿岸,今华东线所属区域属于吴越古文化区。

(二) 华东线所属区域属于广义的江南

"江南"有狭义、广义之分。狭义的江南指的就是苏杭,也就是太湖流域一带。"江南"于各个历史阶段所包含的地域范围时有变化,有时甚至横跨长江南北,包括东晋的建康(南京)、南宋的临安(杭州)、明朝的苏州、清朝中期以前的扬州以及清末民国时期的上海,但核心地域始终未偏离过苏南和浙北地区。《中国国家地理》杂志曾邀请地理、气象、语言、经济等领域的专家学者以及诗人从不同的视角为我们阐述了不同的"江南",当把所有搜集来的概念在同一张地图上依次叠加后,可以发现,江南越来越集中到今日的江浙地区,主要就是太湖和西湖流域,也就是苏州和杭州及周边地区。②

二、华东线所属区域的主要历史沿革

(一) 江南文化的史诗时代

吴(句吴)和越(干越)同属古越(百越)族,先秦以前,它们被中原人视为蛮夷之地。泰伯奔吴促成了周文化与吴文化的融合,催生了一种新的吴文化。从商末周初开始,吴和越这两个国家分别在今天的江、浙地区逐渐形成,到春秋后期强盛起来,并相继称霸。也是在这一时期,吴越文化进一步融合,形成独具特色的东南沿海文化——吴越文化。春秋战国时期,凭借两国强大的军事力量,吴越文化开始步入中国历史舞台。

(二) 江南文化的形成时代

魏晋以前,吴越文化的影响力还只局限于江南,江南文化的形成和完善可以说得益于中原文明三次主要的大规模南迁:第一次起源于西晋末年的"永嘉之乱"。匈奴等游牧民族攻陷洛阳,晋室政权流亡南方,建立东晋。北方士族豪门纷纷南迁,进入长江以南,史称"衣冠南渡"。再加上先后有东吴以及南朝定都在建业(今南京),江南经济、文化实现第一次崛起。第二次发生在唐代天宝年间的"安史之乱"时期。隋唐时期,南北大运河为江南一带的经济、文化带来了发展契机,北方的战争一爆发,便促成了北方人口的再度南迁,江南经济、文化又一次获得了繁荣。第三次

---

① 陈尧明,苏迅.长三角文化的累积与裂变:吴文化——江南文化——海派文化[J].江南论坛,2006(5).
② 单之蔷."江南"是怎样炼成的?[J].黄河文学,2009(7).

是宋代的"靖康之难"发生后,宋室被迫南迁,建都临安(杭州),中原文明大举南迁。中原文明的三次南迁不仅带来了江南经济文化的崛起,还促使吴越文化与中原文化相结合,最终确定了江南文化在中国文化版图中的主流地位。

(三)江南文化的辉煌时代

明清时期,"江南"几乎是与"繁华"对等的名词。由于明初,南京第一次成为统一的中国的首都,即使明成祖迁都北京,明朝仍实行北、南两京制度,因而从明代开始,江南成为中国的政治、经济、文化中心。明代江南苏、淞、常、嘉、湖五府交纳给中央财政的税粮之和,已经占全国总和的五分之一,而仅苏州一府就占到近十分之一。清朝建立后,江南的政治地位有所下降,但是经济、文化中心的地位依然稳固。清朝康熙、乾隆皇帝分别六次下江南,可以说是江南文化达到灿烂顶峰的标志。那时的苏州、杭州、扬州简直就是人们心目中的天堂。康熙六年(1667)分江南省为江苏、安徽两省,此后,江南才特指江、浙、皖、沪地区。

(四)江南文化的全球时代

乾隆以后,全国经济中心和南方文化中心逐步转移。在近代中西商贸过程中,上海以其地缘优势和特殊的历史性机遇得风气之先,逐渐脱颖而出,发展为近代中国主要的文化中心和东西方文化交流中心,成为国际化的大都市。2003年以来,以上海为龙头、由十五个城市组成的长三角区域作为世界第六大城市群正在迅速崛起。长江三角洲正在成为我国区域经济发展的重要增长极和亚太地区经济发达地带,以及具有较强国际竞争力的外向型经济示范区。在上海的领航下,江南文化正不断加快走向世界的步伐。

任务3　华东线旅游特色与魅力的导游讲解

知识讲解

一、华东线的旅游特色

(一)华东线所属区域的旅游特色

华东线所属区域包括上海、江苏、浙江和安徽三省一市。

上海以都市旅游闻名,重在打造"精彩每一天"的都市体验;南京、扬州、镇江、常州、无锡、苏州作为江苏的旅游名城,既有自然山水,也有江南园林、水乡古镇等旅游资源,被誉为"情与水的中国文化之乡";浙江旅游资源丰富多样,优美的山水风光与深厚的文化底蕴兼备,堪称"诗画江南""山水浙江";安徽以山岳、生态、文化、宗教为主要特色,徽文化特质鲜明,自然旅游资源、人文旅游资源均丰,不愧是"魅力安徽""精彩山水"。

由此可见,华东线所属区域是一块美丽而富饶的土地,这里不仅有现代化的大都市,而且有著名的历史文化古城;这里不仅有壮丽的名山大川,而且有著名的人文景观。华东线所属区域,以其绝妙的美景、深厚的历史文化内涵吸引着天下游客。

(二)华东线具体旅游城市的特色

华东线具体包括上海、南京、杭州、苏州、无锡、常州、扬州和镇江八座旅游城市。

上海,作为华东线的龙头,以都市风情吸引着四方来客;南京,以悠久的历史文化与古都风貌著称,是名副其实的"六朝古都""十朝都会";杭州,以自然山水及人文景观为特色,整个城市都弥漫着休闲的气息;苏州,以古典园林、江南水乡风情与千年古城见长①,文物古迹与现代文明交相辉映;无锡这颗"太湖明珠"越发闪耀着夺目的光彩,六大发展战略预见美好未来;常州,中华龙城,主题公园搞得有声有色;扬州,两千五百多年的历史文脉,今天依旧焕发着强劲的生命力;镇江,真山真水,积淀了东吴文化、三国文化、六朝文化及其后各时期的文化。②

二、华东线的旅游魅力

俗话说得好,"上有天堂,下有苏杭",江南是中国人为自己构筑的一个梦想的栖息地、一个理想的居住地。据说,南北朝时,江南的陈伯之叛梁北逃,梁朝的丘迟给他写信道:"暮春三月,江南草长,杂花生树,群莺乱飞",便引得陈伯之回到梁朝。晋代的张翰本为江南人士,在洛阳做官,一日,他见秋风起,想起家乡吴中的莼菜、莼羹、鲈鱼脍,遂回到江南,连官都不做了。而到了20世纪末,陈逸飞的油画《故乡的回忆》不仅使得自己在西方赢得了名声,也把一个处于暗淡和遗忘中的水乡古镇推到了明亮处。

作为旅游线路,华东线是国内最热门的旅游线路之一,仅外国游客每年便有三千多万人次前来观光。而作为江南,这里是一个值得生活和安家的地方,一个可以安身和安心的地方;这里更是一个可以追寻旧梦的地方,一个可以创造未来的地方。

导游职业能力测试

⊙ 知识问答

(1) 华东线具体包括哪些旅游城市?
(2) 简述华东线的地理环境特征。
(3) 简述华东线所属区域的文化地理范围和主要历史沿革。
(4) 华东线的旅游特色和魅力主要体现在哪些方面?

⊙ 技能必备

能够对华东线概况进行10分钟左右的导游讲解。

---

① 吴国清.上海都市旅游与华东线区域旅游的互动响应[J].长江流域资源与环境,2009(7).
② 王艳,张建新,刘培学.江苏省旅游形象口号设计探析[J].山东师范大学学报(自然科学版),2010(6).

项目2 宁镇扬导游

模块1 南京导游

模块要求

通过本模块的学习,要求学生具备为旅游者提供南京向导、讲解以及其他相关导游服务的能力。

1. 能够对城市概况进行10分钟左右的导游讲解,具体内容包括南京的历史沿革、地理气候、文教卫生、城建绿化、城市特色及发展蓝图等;

2. 能够对各景区概况分别进行1分钟左右的导游讲解,既要能够简明扼要地介绍景区的概况,又要能够指出景区的特色与魅力;

3. 能够对各主要景点分别进行3分钟左右的导游讲解,既要能够详细介绍景点的具体情况,又要能够凸显一定的景点文化内涵;

4. 能够提供导游常规服务,比如景区景点内的游览指导、最佳拍照点的提示、卫生间位置的提示以及注意事项的提醒等。

任务1 南京城市概况的导游讲解

课前准备

让学生通过查阅文献资料、网络信息,归纳出南京的概况,主要包括南京的历史沿革、地理环境、经济发展和城市特色等。

任务导入

南京是江苏省的省会城市,素有"六朝古都""十朝都会"之称。作为导游员,我们应该如何通过导游讲解,让游客领略到南京的文化底蕴和蓬勃生机呢?

任务1.1 南京历史沿革的导游讲解

知识讲解

一、南京远古文化

约一百二十万至一百万年前,南京一带就有古人类活动。约六十多万至三十五万年前,出现

了"南京猿人"。南京汤山猿人头骨化石的出土,是目前发现的最早的南京人类生活的遗迹。溧水区神仙洞还发现了距今一万年左右的"溧水人"遗址。在现今鼓楼区北阴阳营一带,曾居住过的母系氏族社会的"北阴阳营人",是南京史前社会最早的居民。约五千至四千年前,已掌握青铜器冶炼技术的南京居民多半集中在江宁区的湖熟镇一带,孕育了"湖熟文化",其与众所周知的"河姆渡文化"齐名。

二、六朝古都

三千一百年前,南京是西周周章的封地。周灵王元年(公元前571年),楚国在今六合区设有棠邑,置棠邑大夫,此为南京有历史记载的最早的地方建制。春秋末年(公元前495年前后),吴王夫差在今朝天宫一带筑冶城,开办冶铸铜器的手工业作坊。公元前472年,越王勾践灭吴后,命范蠡在今中华门外的长干里建城,以图消灭楚国,称霸江南,由此开创了南京的城垣史。公元前333年,楚威王大败越国,于石头山筑城,置金陵邑,金陵之称由此得来。

秦始皇统一全国后,东巡至南京,下令拓开淮水,改置江乘,改邑秣陵。汉兴以后,南京又属楚王韩信、吴王刘濞的封地及湖熟、丹阳等郡县。

(一)孙权定都建业

汉献帝建安十六年(211),三国鼎立局面已定,孙权将政治中心由京口(今江苏镇江)迁至秣陵(今南京秣陵关一带),次年在楚国金陵邑城址修建石头城,以资守御,并取"建功立业"之意改称秣陵为建业。黄龙元年(229)四月,孙权在武昌称帝。同年九月,迁都建业,开创了南京建都的历史。

(二)东晋改建邺为建康

280年,晋武帝平吴后,改建业为秣陵。282年,分秣陵北另置建邺县。313年,为避司马邺讳,改建邺为建康。317年,司马睿在建康称帝,建立东晋王朝。

(三)宋齐梁陈定都南京

自229年孙权建都南京起,到589年南朝亡止,其间三百六十年,南京成为东吴、东晋、宋、齐、梁、陈六朝的都城,故有"六朝古都"之称。

三、明初定都南京

1356年,朱元璋攻下集庆路,改名应天府。1368年,朱元璋在应天府称帝,国号大明,年号洪武,定都南京。同年秋八月,正式下诏,以应天府为南京,大梁(开封)为北京,实行南北两京制。洪武十一年(1378),朱元璋以南京为京师,正式定都南京。永乐十九年(1421),明成祖迁都北京,南京为留都。1644年,崇祯帝吊死在煤山,北京陷落。福王朱由崧在南京即位,史称南明。

四、太平天国定都天京

1645年,清军占领南京后,改南京为江南省,改应天府为江宁府,设立两江总督衙门,管辖江苏、江西、安徽三省。1842年8月29日,在南京下关江面的英军舰"康华丽号"上,清政府被迫与英国签订了我国历史上第一个丧权辱国的不平等条约——《南京条约》,从此,中国进入半殖民地半封建社会。1853年,洪秀全率领太平军攻克南京,定都金陵,改名天京,正式建立太平天国农民政权。1864年7月19日,清军攻破天京,太平天国运动失败。

五、中华民国临时政府与国民政府首都

辛亥革命胜利后,孙中山被选举为临时大总统,并宣布改国号为中华民国,定1912年为中华民国元年,以江宁府为国都,并改江宁府为南京府。1912年元旦,孙中山在两江总督署西花厅举行了就职宣誓仪式,建立起中华民国临时政府。后袁世凯篡位,北洋军阀纷争,1927年蒋介石重新定都南京,始置南京市,1928年改为南京特别市,1930年改称南京直辖市,又称首都市,南京成为国民党时期的政治中心。

六、江苏省省会

1949年4月23日,中国人民解放军占领南京,成立南京市人民政府。1952年恢复江苏省,南京为省辖市并作为江苏省省会至今。

任务1.2 南京地理等概况的导游讲解

知识讲解

一、南京地理位置及地形

南京市位于长江下游中部、江苏省西南部、跨江而居,北连江淮平原,东接长江三角洲,与镇江市、扬州市、常州市及安徽省滁州市、马鞍山市、宣州市接壤。其地势可谓是控长江,扼守京沪大动脉,素有"东南门户,南北咽喉"之称。

南京四周低山盘曲,山环水绕,自然风貌独特。气势磅礴的长江自西向东横穿市区,辖内秦淮河、滁河、玄武湖、莫愁湖、石臼湖、固城湖等流域,水网纵横交织,水面占全市面积的11.4%,水资源极为丰富。冈峦起伏的宁镇山地由东向西形成三个分支,切近城市边缘,楔入城区,溧水区境内有茅山山脉,浦口区境内有老山山脉。低山丘陵占全市面积的64.5%,是华东低山丘陵集中的主要区域之一。

南京辖区总面积6 587.02平方千米。现辖玄武、秦淮、建邺、鼓楼、雨花台、栖霞、江宁、浦口、六合、溧水、高淳11个区。2016年全市常住人口达827万。

二、南京气候

南京是亚热带大陆性季风气候,冬冷夏热,四季分明。年平均气温15.4 ℃,年均降水量1 106毫米。这一良好的自然条件加之历代的绿化努力,使南京享有"绿城"之誉。南京春秋短、冬夏长,冬夏温差显著,四时各有特色,皆宜旅游,因此有"春游牛首烟岚""夏赏钟阜晴云""秋登栖霞胜境""冬观石城霁雪"之说。

三、南京市市花、市树

梅花在1982年被评为南京市市花,南京人为什么如此爱梅呢?这和梅花的品格有关。百花园中,梅花最早盛开,所以在花谱中总居第一,素有"一树独先天下春"的美誉。梅花同时还是象征吉祥的植物,有"梅开五福"之说。南京又有梅园新村、梅花山等富有历史意义的梅花胜地,因此在1982年4月19日南京市人大常委会八届八次会议上,梅花被确定为市花,同时雪松被确定为市树。

因此,南京有"梅红松绿市,虎踞龙盘城"的美誉。

四、南京的城市发展战略

南京是中国重要的综合性工业生产基地。南京的电子、化工生产能力在国内城市中居第二位,车辆制造规模居第三位,机械制造业的技术、规模居国内领先地位,家用电器业、建材工业也都具有较大规模。随着改革开放的深入,南京的经济在腾飞,城市建设日新月异。在城市规划方面,采用"跨江发展""一城三区"的发展战略,河西新城拔地而起,江北、仙林、江宁新市区魅力初现,南京将建成长三角先进制造业中心、全省现代服务业中心、长江国际航运物流中心、全国重要科技中心、东部城市绿色中心。在交通方面,南京建立了全方位、立体化、大运量的交通运输网络,铁路、公路、水运、空运、管道五种运输方式齐全,拥有现代化的通信体系。在产业结构上,南京形成了电子、石化、钢铁、汽车、电力五大支柱产业,软件、生物制药、新材料等高新技术产业已形成集聚效应。随着产业结构的调整和优化,第三产业的比重将明显增加。南京先后获得"中国投资硬环境四十优城市"之一、"中国城市综合实力五十强"第五名、"全国文明城市"等荣誉。面向"十三五",南京确立的"一带一路"节点城市、长江经济带门户城市、长三角区域中心城市和国家创新型城市即"四个城市"目标,全面展现了南京发展的区位优势、城市能级和创新驱动城市发展的核心能力,表明了南京在2020年实现全面建成小康社会的同时,还将进入国家创新型城市行列,城市的综合实力和国际竞争力大幅提升。

五、南京的旅游资源

南京作为全国首批历史文化名城,历史文化遗产丰厚,六朝文化、明文化、民国文化作为城市文化的历史积淀,是南京拥有的独特而不可再生的历史文化遗产。南京旅游资源十分丰富,已形成以城中为核心,辐射东南西北的五条旅游线路。城东线以钟山风景区为主,有明孝陵、中山陵等多个景点,城南线以秦淮风光带为主,有夫子庙、中华门、瞻园、雨花台等景点,城西有清凉山、石头城、莫愁湖等景观,形成了山、水、城、林相互交融,自然与人文有机结合的景观特色。南京先后获得"国家园林城市""中国优秀旅游城市""全国城市环境综合整治十佳城市""国家环境保护和国家卫生城市"等称号,被授予联合国人居奖特别荣誉奖。

六、南京的特产

南京特产很多,以雨花石、云锦、盐水鸭、雨花茶最为著名。

雨花石形成于距今二百五十万年至一百五十万年前,是一种天然花玛瑙,它主要产自南京六合区。雨花石是经长江水流的长年冲击形成的,形状如鹅卵石,质地晶莹,花纹颜色绚丽多彩。雨花石因体积小,便于收藏和欣赏,价格便宜,深受广大游客的喜爱。

南京云锦已有一千五百八十年历史,与成都的蜀锦、苏州的宋锦、广西的壮锦并称"中国四大名锦"。南京云锦集历代织锦工艺之大成,元、明、清三朝均为皇家贡品,它以丰富的文化和科技内涵,被专家称作是中国古代织锦工艺史上最后一座里程碑,并被公认为"东方瑰宝""中华一绝"。

南京盐水鸭久负盛名,至今已有一千多年历史。南京盐水鸭皮白肉嫩、肥而不腻、香鲜味美,具有香、酥、嫩的特点。每年中秋前后的盐水鸭色味最佳,故美其名曰:桂花鸭。

雨花茶因产于南京雨花台而得名,以紧、直、绿、匀为其特色,即形似松针,条索紧直,两端略尖,色呈墨绿,茸毫微显,绿透银光。香气浓郁高雅,汤色绿而清澈,叶底嫩匀明亮。沸水冲泡,芽芽直立,上下沉浮,犹如翡翠,清香四溢。品饮一杯,沁人肺腑,齿颊留芳。

南京有两千五百多年生产金箔的历史,目前全国70％、世界60％的金箔生产量出自南京。南京江宁区被中国黄金协会正式命名为"中国金箔城"。

南京的名小吃十分丰富,所谓"秦淮八绝"指南京七家小吃馆的八类十六道名点,分别是魁光阁的五香茶叶蛋、五香豆;永和园的蟹壳黄烧饼、开洋干丝;奇芳阁的鸭油酥烧饼、麻油干丝;六凤居的葱油饼、豆腐脑儿;奇芳阁的什锦菜包、鸡丝面;蒋有记的牛肉锅贴、牛肉汤;瞻园面馆的薄皮包饺、红汤爆鱼面;莲湖糕团店的五色小糕、桂花夹心小元宵。

 导游职业能力测试

⊙ **知识问答**

(1) 南京被誉为"六朝古都",请问是哪六朝?
(2) 南京的气候特点如何?
(3) 南京的市花、市树分别是什么?
(4) 请介绍四种以上南京的特产。

⊙ **技能必备**

能够对南京城市概况进行10分钟左右的导游讲解。

⊙ **技能拓展**

撰写南京城市概况导游词,能把南京城市的特点、特产等内容改编成诗歌、快板词、小品等。

任务2 中山陵的导游讲解与服务

 课前准备

1. 通过搜集资料,了解孙中山的生平、墓址的选择以及中山陵从设计到建造的过程;
2. 熟悉中山陵的游览路线。

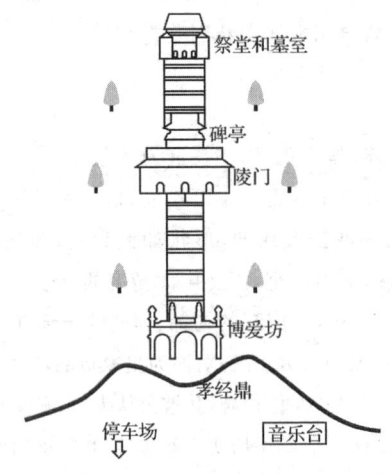

中山陵的游览路线示意图

半月形广场→孝经鼎→博爱坊→墓道→陵门→碑亭→八段台阶→祭堂→墓室

任务导入

人们常说,到了南京没有去中山陵,就等于没有来过南京,可见中山陵在南京旅游景点中处于龙头的地位。但是,陵墓的主人孙中山出生于广东,病逝于北京,为什么他要将自己的墓址定在南京呢?

任务 2.1　中山陵沿途的导游讲解与服务

知识讲解

一、孙中山的生平

(一)出生与少年时期

孙中山,1866 年 11 月 12 日出生,广东香山县(今中山市)翠亨村人。读书时取名孙文,号日新,1886 年改号为逸仙,外国朋友尊称他为"孙逸仙博士"。孙中山早年曾经在日本从事革命活动,因为革命需要而使用"中山樵"的化名,回国后,人们尊称他为孙中山先生。他年少时便立志为民众效劳,先后求学于檀香山、香港等地,毕业后在澳门、广州等地行医。

(二)革命时期

行医过程中,孙中山发现,在当时充满黑暗的社会里,只有通过斗争寻求新的出路,才能解救受苦的百姓。1894 年,孙中山在檀香山约集了华侨志士,建立了中国第一个资产阶级革命团体——兴中会,孙中山成为中国民主革命的先行者。1901 年到 1905 年,资产阶级民主革命得到了广泛的传播,资产阶级革命团体在国内相继建立起来,主要有华兴会、光复会、日知会等等。在孙中山的推动下,一个统一的革命组织——中国同盟会在日本成立。孙中山被选举为总理,并提出了"驱除鞑虏,恢复中华,创立民国,平均地权"的革命纲领,及"民族、民权、民生"的三民主义学说。1911 年 10 月 10 日,湖北革命党人在武昌发动起义。在革命胜利发展的形势下,宣布独立的各省派出代表举行会议,决定在南京成立中华民国临时政府,推举刚刚回国的孙中山为中华民国临时大总统。1912 年元旦,孙中山在南京宣誓就职,中华民国正式成立。临时政府成立后,南北和谈仍在继续,袁世凯用威胁欺骗的手段,达到了窃取革命果实的目的。1912 年 2 月 12 日,清朝最后一位皇帝溥仪宣布退位,在中国长达两千多年的封建君主专制统治结束。次日,孙中山辞去总统之位,由袁世凯在北京宣布就任。袁世凯当上总统后,背信弃义,建立了独裁统治。孙中山开始了讨袁护国、二次革命、护法运动等革命活动。1921 年,孙中山在广州就任中华民国非常大总统。1924 年 1 月,孙中山在广州召开了中国国民党第一次全国代表大会,会上,孙中山重新解释了"三民主义",将旧三民主义发展为新三民主义,确定了"联俄、联共、扶助农工"的三大政策。

(三)病逝

1924 年 11 月,孙中山应冯玉祥之邀抱病北上讨论国家大计,终因积劳成疾,于 1925 年 3 月 12 日在北京逝世。

二、墓址的选择

孙中山先生在世的时候,灵谷寺住持曾经向他推荐过现中山陵一带这块前临平川、后拥青嶂

的风水宝地。1912年初春,孙中山与胡汉民等人到明孝陵一带打猎,当时他环顾四周,对身边的人说:"待我他日辞世后,愿向国民乞此一抔土,以安置躯壳尔。"孙先生临终前也曾嘱咐左右:"吾死之后,可葬于南京紫金山麓,因南京为临时政府成立之地,所以不忘辛亥革命也。"因此,他选择南京紫金山为墓址,从根本上说,是为了纪念辛亥革命,激励革命同人。

三、中山陵的设计和建造

(一)设计和建造者简介

吕彦直,1894年出生于山东东平,毕业于清华大学建筑系,后到美国康奈尔大学深造,得到美国著名建筑师墨菲的指导。葬事筹备处征集陵墓设计方案,31岁的吕彦直以警钟形的设计,名列榜首。此外,他还设计了廖仲恺墓、广州的中山纪念堂等等。后因主持建造中山陵,呕心沥血,鞠躬尽瘁,不幸在工程临近尾声时病逝,终年35岁。

(二)设计用意和建造工程

吕彦直设计的中山陵,平面图呈警钟形,意在警钟长鸣,象征着"革命尚未成功,同志仍须努力"的总理遗训。整个建筑朴实坚固,建造风格中西结合,充分反映了孙中山先生的气概和精神。

陵墓建造工程于1926年3月12日举行,1929年春竣工。历时3年多,耗资240多万银圆。同年6月1日举行隆重的奉安大典,迎接孙中山先生的灵柩。为了迎接孙先生的灵柩,南京政府拨款150万银圆,修筑了第一条柏油马路——西起中山码头,东至中山门,长24里(注:1里=500米)的中山路。同时又改造翻修了明代城门朝阳门,将原朝阳门向北移了100米左右,并改名作中山门。在中山门到中山陵之间还筑了一条长约3千米的陵园路,通往陵园。

游览中山陵前的提醒工作

中山陵自2010年11月12日开始,成为南京免费开放的景点,每日客流量都非常大。乘坐连接景区内外的小火车需要购买乘车票,由于游客较多,因此等待时间较长,导游要事先提醒游客。

任务2.2 "孝经鼎—墓道"的导游讲解与服务

一、"孝经鼎"的导游讲解

各位游客,现在我们来到了中山陵前的半圆形广场。大家请看,在广场正南边有一座八角形石台,上有一尊紫铜宝鼎,三足两耳,重有万斤,内为钢筋混凝土结构,外镶苏州金山石。石台分三层,每层均围以石栏。孝经鼎是中山陵纪念性建筑之一,铸于1933年秋,由戴季陶和广州中山大学全体师生捐赠。鼎高4.25米,腹径达1.23米。正面腹部铸有"智、仁、勇"三个字,为中山大学校训。鼎内竖有一块六角形铜牌,上刻戴母黄氏老夫人手书《孝经》全文,所以得名"孝经鼎"。

二、"博爱坊"的导游讲解

游客朋友们,我们眼前所见的便是中山陵的标志性建筑——博爱坊。博爱坊建于1931至1933年,高12米,宽17.3米,为四柱三楼檐冲天式牌坊。在牌坊的正中写有"博爱"两个金字。"博爱"二字是孙中山先生手迹,原出自唐代韩愈《原道》,为该文的第一句"博爱之谓仁",意思是说,只有对天、地、人有大爱者才能称得上仁者。这两个字很好地体现了孙中山先生"治国天下、博爱众生"的思想。据说孙先生生前最爱题这两个字送人,而"博爱"二字正是对他一生的高度概括和最好写照。

三、"墓道"的导游讲解

参观完博爱坊,请各位随我向前走,眼前所见的是一段长480米、宽近40米的墓道。中山陵的整体设计,既突出中国的传统风格,又自成特色。严格的中轴对称,更给人以庄严肃穆之感。墓道的两边种植了雪松、松柏等植物,代替了古代陵墓墓道惯常放置的石人石兽,更好地象征着孙中山先生的革命精神和高尚品质。其中,雪松是世界四大观赏树种之一,现已成为南京市的市树。

"中山陵"的最佳拍摄点

"博爱坊"是观赏中山陵园之美的最佳处,也是陵园风景的最佳拍摄点。近处青翠的雪松,中远处蓝白色的陵门,最高处的祭堂,更高远处的巍巍钟山,在此处悉数可收纳到镜头中。

任务2.3 "陵门—八段台阶"的导游讲解与服务

一、"陵门"的导游讲解

各位游客,走到墓道的尽头,便是中山陵的第二大广场。各位请看,在广场的正北方向,就是陵门。陵门高16米,宽27米,进深8.8米,单檐歇山顶,由福建花岗岩筑成。在中门横额上,镌刻着孙中山先生手书的"天下为公",出自《礼记·礼运》中的"大道之行也,天下为公",意思是说国家政权不是哪一家的天下,而是天下人的天下、老百姓的天下。这是对"三民主义"中"民权"思想的极好注解,同时,也是孙中山先生毕生奋斗的理想。

二、"碑亭"的导游讲解

穿过陵门,我们眼前的建筑名叫碑亭。碑亭高17米,宽12米,重檐歇山顶,覆以蓝色琉璃瓦。亭中立有一块巨碑,碑的正面刻有国民党元老谭延闿手书的"中国国民党葬总理孙先生于此中华民国十八年六月一日"24个镏金颜体大字。碑额上有阴刻的国民党党徽,突出了孙中山先生党葬的性质。

三、"八段台阶"的导游讲解

很多游客会问:"中山陵到底有多少层台阶呢?"这是有设计用意的。从碑亭到祭堂总共有290级,台阶被分为八个平台,上三下五,其寓意为三民主义、五权宪法(立法、司法、监察、行政、考试)。而从博爱坊到祭堂总共有392级台阶,暗喻了当时全中国有三亿九千二百万同胞。其设计的意图是要游客攀登时记住"革命尚未成功,同志仍须努力"这一总理遗言。

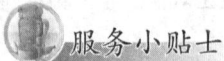服务小贴士

一、提醒游客体会"八段台阶"的绝妙之处

从碑亭往上看,只看见连绵不绝的台阶,而无法看见平台。然而登上台阶到达祭堂顶端的时候,往下看,却只见平台,不见台阶。

二、"奉安大典"紫铜鼎

在第五层平台,可以看见一对大铜鼎,上刻"奉安大典"字样,是当时上海特别市政府捐赠的。大家仔细看,会发现左边那个鼎下面有两个孔。为什么会这样呢?原来这两个孔是1937年末日军攻占南京时炮弹击穿鼎身而留下的弹坑。如今虽时过境迁,但它们仍时时提醒我们莫忘国耻。

任务 2.4　"祭堂—墓室"的导游讲解

知识讲解

一、"祭堂"的导游讲解

登上台阶,现在便来到了中山陵的主体建筑——祭堂。祭堂融合中西建筑风格,长30米,宽25米,高29米,重檐九脊,覆蓝色琉璃瓦。祭堂外墙采用花岗岩砌成。各位请看,在祭堂门额从东往西依次是"民族""民生""民权"六个阳文篆字,由国民党元老张静江所书,在"民生"的门楣上,嵌有孙中山手书的"天地正气"四字直额。在祭堂四周各建一个堡垒式的方屋,祭堂前立了两座华表,高12.6米。

进入祭堂,内以云南产大理石铺地。堂内左右前后排列着直径0.8米的黑色石柱12根,四隐八现,四周墙壁上部为人造石,下嵌黑色大理石。东西护壁上镌刻着孙中山先生手书的《建国大纲》全文。在祭堂正中端置着孙中山着长袍马褂的石刻全身坐像,高4.6米,底座阔2.1米。这座雕像是法籍波兰雕刻家保罗·朗特斯基于1930年塑成,后从巴黎运至中山陵,全部造价150万法郎。坐像下四面的六幅浮雕是截取了孙先生从事革命活动的六幅画面。正面一幅为"如抱赤子",画面上孙中山先生正在精心地为一个患病的幼儿治病。东面两幅是"出国宣传"和"商讨革命",表现了孙中山先生早年奔走革命和创建同盟会的情形。背面一幅为"国会授印",再现了辛亥革命后,议会向孙中山授大总统印的场面。西面两幅浮雕,一幅是"振聋发聩",表现了孙中山

为唤起民众,正向群众宣传革命道理的场景;另一幅是"讨袁护国",描绘了孙中山发表演说,号召人民讨伐倒行逆施的袁世凯的场景。

二、"墓室"的导游讲解

穿过祭堂我们便来到了墓室。墓门分两道,外门是两扇紫铜大门,门上的门钉和铜环上的神兽极富中国传统特色。门楣横额上刻有"浩气长存"四个字,取自孙中山为黄花岗烈士墓所写手迹。第二道门为单扇铜门,门上刻有张静江所写"孙中山先生之墓"七个篆字。

墓室是穹隆状半球形封闭建筑,顶部以马赛克镶成国民党党徽图案。室内呈圆形,地面铺以白色大理石,四壁以淡红色大理石贴面。正中的圆形大理石圹,直径3.9米,深1.7米,四周围以1米高的白色大理石栏杆。圹内墓穴上安放着孙中山的汉白玉卧像,身穿中山装,由捷克雕塑家高琪按孙先生遗体的1∶1形象所作。孙先生的紫铜棺就在卧像下5米左右处。自1929年6月1日奉安大典后,先生的遗体就从未移动过。

在祭堂外西侧后壁有一扇边门,通向墓堡花园。园中为墓室宝顶,呈半球形,周围种植了广玉兰、梅花、桂花等花木。

原创导游词赏析

丰碑屹立传万代

各位游客,现在我们来到了中山陵的碑亭。这是一座气势非凡的建筑。碑亭的顶部采用了重檐歇山顶的屋檐形式,上覆蓝色的琉璃瓦,双层歇山亭檐悄然伸出,蓝色的瓦浪静卧檐边,它似乎暗示着每一位敬仰孙中山先生的游客涌动的心潮。在碑亭的中部,耸立着四根坚实的方柱,柱身雕刻着精美的图案。碑亭的四面各有一个高大的拱门,拱门的边缘也饰有精美的花纹。碑亭底部的基座是由厚实的花岗岩构成的,基座的东、南、西三面设有花岗岩铺成的步行台阶,北面建有宫灯式护栏。整个碑亭的外形给人一种庄严肃穆之感,显示出对孙中山先生无比的崇敬。

碑亭内的正中央矗立着一座高大的花岗岩石碑。碑的顶部饰有祥云,底部雕有高山,寓意着孙中山先生的伟大功绩像祥云一样萦绕神州大地,像高山一样与世长存。碑的正面刻有国民党元老谭延闿手书的"中国国民党葬总理孙先生于此中华民国十八年六月一日"24个颜体镏金大字。碑额上有阴刻的国民党党徽,突出了孙中山先生党葬的性质。而原本孙中山先生遗体的安葬是打算举行国葬的,考虑到先生后事从简的遗愿而改成了党葬。在讨论立碑时,本来计划由汪精卫、胡汉民等人分别撰写墓志铭、传文等,可花了两年时间他们也没能够写出来,最后大家都认为先生的丰功伟绩是文字所无法概括的,于是索性不写铭文,改用现在大家看到的形式。而正是这种无字墓志铭的形式,让每一位敬仰者有了更多的空间去思考,去想象,去体味。

> 这座荟萃着中外建筑精华的碑亭,是用亿万中国人民对孙中山先生卓越功勋的敬仰之意修建而成的,体现了亿万中国人民对孙中山先生伟大历史功绩的由衷景仰。
>
> 这座凝聚着无数革命者心愿的碑亭,是用一百多年来为追求中华民族伟大复兴的革命者的意愿修建而成的,是仁人志士们对孙中山先生不辱使命做出伟大革命贡献的赞扬。
>
> 这座汇聚着千千万万崇敬者敬意的碑亭,是用亿万中国人民对孙中山先生伟大人格的敬佩之意修建而成的,是亿万中国人民对孙中山先生伟大人格的颂扬。
>
> 这座屹立在蓝天白云之下庄重坚实的碑亭,这无字的墓志铭碑,让每一位瞻仰者心潮涌动,正是:
>
> 无字墓铭立苍穹,普天百姓心记功。丰碑屹立传万代,永标功勋镇长空。
>
> (江苏联合职业技术学院南京工程分院 王蔚)

 导游职业能力测试

⊙ **知识问答**

(1) 孙中山先生为什么选择紫金山作为自己的长眠之地?
(2) 简述孙中山先生的生平。
(3) 中山陵的设计者是谁?其方案特点是什么?
(4) 祭堂坐像下六幅浮雕的内容是什么?

⊙ **技能必备**

(1) 能够对孙中山的生平进行1~2分钟的导游讲解。
(2) 能够对中山陵的游览线路进行5分钟左右的导游讲解。

⊙ **技能拓展**

以中山陵的游览路线为切入点,创作一篇5分钟左右的导游讲解词,下节课按小组进行汇报讲解。

任务3 明孝陵的导游讲解与服务

 课前准备

1. 通过搜集资料,了解明孝陵名字的由来、靖难之役、明朝的墓葬制度以及明孝陵的建造特色;
2. 熟悉明孝陵的游览路线。

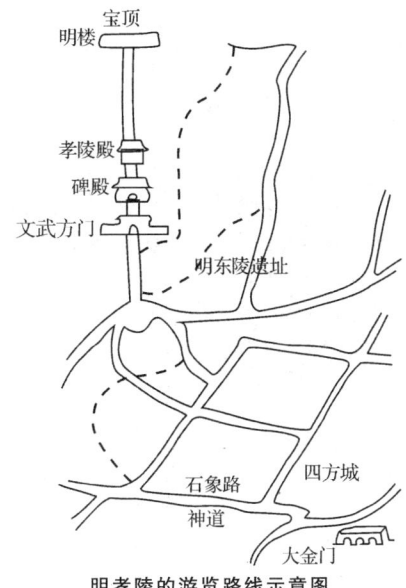

明孝陵的游览路线示意图

①明孝陵引导建筑：大金门→四方城→神道→石象路→翁仲路→梅花山
②明孝陵主体建筑：文武方门→碑殿→孝陵殿（享殿）→方城→明楼→宝顶

南京被誉为"六朝古都，十朝都会"，在哪个朝代南京第一次成为全国的政治、经济、文化中心？

任务3.1　明孝陵沿途的导游讲解与服务

一、明孝陵简要介绍

明孝陵，明代开国皇帝朱元璋和皇后马氏的合葬陵墓。因皇后谥号"孝慈"，故名孝陵。明孝陵坐落在南京市东郊紫金山南麓独龙阜玩珠峰下，茅山西侧，东毗中山陵，南临梅花山，是南京最大的帝王陵墓，也是中国古代最大的帝王陵寝之一。2003年7月3日，联合国教科文组织世界遗产委员会第27届会议决定，将明孝陵列为世界文化遗产，其周边的常遇春墓、仇成墓、吴良墓、吴桢墓及李文忠墓等5座功臣墓也同时被划入世界文化遗产保护范围。会议还决定，将明孝陵与北京十三陵作为明清皇家陵寝的一部分列入《世界遗产名录》。

二、明孝陵名字由来

一说是因为马皇后死后被封谥号为"孝慈"，另一说是朱元璋主张以孝治天下，故得名。

三、靖难之役

靖难之役，是明朝开国皇帝朱元璋死后不久爆发的一场统治阶级内部争夺皇位的战争。明太祖朱元璋将儿孙分封到各地做藩王，藩王势力日益膨胀。他死后，孙子建文帝朱允炆即位。建文帝登基后，采取一系列措施削藩，严重威胁藩王利益。坐镇北平的燕王朱棣起兵反抗，随后挥师南下，史称"靖难之役"。1402年，朱棣攻破明朝京城南京，战乱中建文帝下落不明。同年，明成祖朱棣即位。第二年,改年号为永乐,改北平为北京。1421年,朱棣迁都北京,称北京为京师,南京为留都。

四、明朝的墓葬制度以及明孝陵的建造特色

明朝皇陵陵寝部分恪守南北中轴、东西对称的设计方式,殿堂巨大。坟山封土为宝城宝顶。自明孝陵开始,宝城宝顶成为明清皇家帝陵的形制,只是明代帝陵的宝城宝顶为正圆形,而清代帝陵的宝城宝顶为椭圆形。可见,明孝陵开明清帝王陵墓宝城宝顶形制之先河。

明孝陵在规制上不墨守成规,不刻意南北中轴,而是因地制宜,神道依山势而曲折;建筑上一扫宋前的方上、灵台、上下宫制度。陵寝部分恪守中轴殿堂对称,前方后圆的设计方式,新创宝城、明楼和圆丘宝顶,可以说是明清帝王第一陵。

游览明孝陵前的提醒工作

游览明孝陵有两种方法,一是从中山陵过来由紫霞湖入口进入景区,到达金水桥、文武方门、碑殿、孝陵殿、方城、明楼、宝顶进行游览,然后原路返回由神道离开景区;二是单独游览明孝陵,从神道入口进入参观,依次沿梅花山方向游览。

导游员需要根据团队具体的情况做好提醒工作,与司机联系好停车集合的位置,并及时通知游客。

任务3.2 明孝陵引导建筑的导游讲解与服务

一、"大金门"的导游讲解

各位游客,现在我们来到了明孝陵陵园的大门——大金门,大金门原为单檐歇山顶,上覆黄色琉璃瓦,下有三个门洞。现大金门城座犹存下部分的石须弥座,中间束腰,有浅雕的石刻碗花。

在明孝陵陵园之外,有三件与之相关的文物,分别是宁杭公路北侧路边的"下马坊""神烈山碑"和"禁约碑"。"下马坊"上刻"诸司官员下马",以示对孝陵的尊重;"神烈山"石碑,明嘉靖十年(1531)立;"禁约碑",明崇祯十四年(1641)立,内容是护陵禁约十条,均为明代遗物。

二、"四方城"的导游讲解

各位请看,在大金门的正北处,看到的这个建筑,就是碑亭。碑亭原为正方形,重檐歇山顶,覆黄琉璃瓦,今亭顶已塌,仅存四壁和拱券门,所以民间称为"四方城"。亭中立有一巨大石碑,高8.78米,上竖刻三行九字"大明孝陵神功圣德碑",立碑的时间为永乐十一年(1413),立碑也标志着孝陵工程的全部结束。此碑是目前南京地区最大的一块古碑。碑文长达2 746个字,主要详述关于朱元璋及朱氏贵族的六部分内容:第一,生于凤阳,为句容大族;第二,为民请愿,发迹远远;第三,定都南京,年号洪武;第四,废除旧制,选贤唯能;第五,分封诸侯,平定天下;第六,铭刻朱氏贵族百人。

其实明成祖朱棣原先曾在南京东郊的阳山,派上万民工开凿了一块巨碑,其碑帽、碑身、碑座加起来高达72米,但因为实在太大无力搬运,就弃之不用了。这就是著名的"阳山碑材",堪称碑材中的"吉尼斯世界纪录",已成为明代遗迹一大景观。

请看石碑下面驮碑的这只形似乌龟的神兽。传说"一龙生九子,九子不一样",这是龙的第六

子,名赑屃(bì xì),它能驮重,因此常放在皇帝的碑刻下。

三、"石象路—翁仲路—梅花山"的导游讲解

(一)"石象路"的导游讲解

出了四方城,请各位往西走,现在便来到了孝陵的神道。请看路中间,从东向西依次排列着狮子、獬豸、骆驼、大象、麒麟和马。每种石兽各4只,共24只,分为两组,一立一蹲。狮子是百兽之王;獬豸称为法兽;骆驼俗称沙漠之舟;大象是周边国家奉献的贡物;麒麟是祥瑞之物,可以飞上天;而马比较驯良,可供主人在地上行走。神道上安置这些石兽,其意图一是为了纪念朱元璋的功德;二是为了增加帝陵的威严感;三是起到镇妖避邪以保护陵墓的作用。

(二)"翁仲路"的导游讲解

石象路尽头,我们看到神道拐向东北,进入翁仲路。拐弯处立有一对望柱,也就是常说的华表,古代常常将其立在桥梁、宫殿、城垣或陵墓前,以起到装饰和标志的作用。石望柱高6.25米,呈六棱形,柱身上刻有回转的云龙纹饰。它在这里作为指示道路的标志。

翁仲路上主要有两对文臣和武将的石雕,一对是无须年轻者,另一对是有髯年长者。武将身披甲胄,手执金吾,腰佩宝剑;文臣身着朝服,手秉朝笏,身着大袖朝服,足踏如意靴,形象生动。翁仲路的尽头便是修复之后的棂星门。

(三)"梅花山"的导游讲解

明孝陵的神道并没有恪守中轴对称的设计方式,而是兜了一个圈。各位请看,在路右侧有座小山,称梅花山。梅花山,原名孙陵岗,又称吴王坟,最早是三国东吴大帝孙权墓所在地。相传当年筹建孝陵时,有人建议将孙权墓迁走,朱元璋却说:孙权也是一条好汉,就留着他给我守门吧!梅花山自1929年在山上广植梅花,每逢初春季节,繁花似锦,流光溢彩,游人如织,现已成为全国著名赏梅胜地之一。

服务小贴士

"三块古碑"的位置与游览

下马坊离明孝陵位置较远,一般参观游览时,不包含"三块古碑"这个景点。导游在讲解"三块古碑"时,应将它们的讲解贯穿于大金门的介绍之中。需要和游客指明的是,"三块古碑"所在地才是孝陵大建筑群的入口处。

任务3.3 明孝陵主体建筑的导游讲解

知识讲解

一、"文武方门"的导游讲解

现在我们来到了陵墓陵门——文武方门,它是孝陵的正门(原有五门),三大两小。门额直书"文武方门"四个字。现在我们看到的大门是1999年初重新修复的,恢复了大门原貌,五门、黄瓦、朱门、红墙,相互映衬,流光溢彩,雄浑庄严。在中门东外侧墙前立有一额书"特别告示"碑。此碑是清宣统元年(1909)所立,用日、德、意、英、法、俄六国文字刻成碑文,所书内容为地方官员

重申保护孝陵的注意事项。

二、"碑殿"的导游讲解

穿过文武方门,前面的建筑叫作碑殿,又名御碑亭。殿内陈列着康熙、乾隆皇帝题字的碑刻,因此而得名。殿中共陈列着五块碑,正中一块刻有"治隆唐宋"四个大金字,为康熙三十八年(1699)康熙帝南巡谒陵所题,由曹寅置匾悬挂于享殿重檐之间。碑高3.85米,宽1.42米。"治隆唐宋"的意思是颂扬明太祖治国超过唐宋。"治隆唐宋"碑左右各有乾隆诗碑一块,碑后东西还有卧碑两块,分别记叙了康熙帝在康熙二十三年(1684)南巡江宁谒陵,行了三跪九叩之礼和康熙三十八年(1699)第三次谒陵后,为享殿亲书"治隆唐宋"四个大字。

三、"享殿"的导游讲解

出碑殿,前面就是孝陵的中心建筑——享殿,即孝陵殿的旧址。殿中央供奉朱元璋与马皇后神位,清咸丰三年(1853)毁于兵火。现存台基为三层石造须弥座台基,高约3米,三层龙吐水,台基前后中央踏垛中间的陛石上,上为"二龙戏珠",中为"日照山河",下为"天马行空"。现在大殿殿基上还保存着大石柱础56个。由此可见,当年享殿是由56根金丝楠木大柱支撑的,面阔九间、进深五间的巨大建筑。现在享殿仅存三开间,是清同治年间两次重修的,已辟为供游客休息、购买旅游纪念品的场所,室内同时可以看到朱元璋肖像,肖像上题"太祖遗像"四字,是1980年修明孝陵时,按清末的肖像重新复制的。

四、"方城—宝城宝顶"的导游讲解

(一)"方城"的导游讲解

经过内红门,越过大石桥(又称升仙桥),前面就是方城。方城是宝顶前面的一座巨大建筑,外部用大条石建成(正面自须弥座台基至墙面顶端高16.25米,东西长75.26米,南北宽30.95米)。方城东西两侧各有八字墙一堵,墙面四角饰有砖雕花纹,这些砖雕是明初的代表作品。沿方城正中券门入隧道,中间有54级台阶,直达宝顶之下。正面用条石十三层垒筑的宝顶南墙,上横刻"此山明太祖之墓"七个字,据说这七个字刻于民国初年(1912),是用以回答游人询问的。

(二)"宝城宝顶"的导游讲解

由东西走道折向南拾级而上,登上明楼。我们现在所见的明楼是修复过的,屋顶是重檐九脊,上覆黄色琉璃瓦,墙体为朱红色,凸显皇家建筑的威严。

修筑在独龙阜玩珠峰上的宝顶,是一个直径325~400米的圆形大土丘。宝城指环绕宝顶的1000多米长的砖墙。宝顶上树木参天,它的下面就是埋葬朱元璋与马皇后的玄宫。宝城宝顶的皇陵形制开明清五百多年帝王陵墓之先河。只是明代宝顶大致为圆形,清代帝陵的宝顶改为椭圆形罢了。

 导游职业能力测试

◉ 知识问答

(1)简述靖难之役的经过。
(2)简述明孝陵命名的由来。
(3)简述明朝的墓葬制度以及明孝陵的建造特色。
(4)明朝一共有多少位皇帝?多少个陵墓?为什么?

⊙ **技能必备**

(1) 能够对朱元璋的生平进行 1~2 分钟的导游讲解。

(2) 能够对明孝陵按照两种游览路线分别进行 5 分钟左右的导游讲解。

⊙ **技能拓展**

以明孝陵的游览路线为切入点,创作一篇讲解时间为 5 分钟左右的导游词,下节课按小组进行汇报讲解。

任务 4　总统府的导游讲解与服务

课前准备

1. 通过网络和书籍,了解总统府的历史兴衰和演变过程;
2. 收集有关总统府的故事(不少于两个);
3. 熟悉总统府的游览路线。

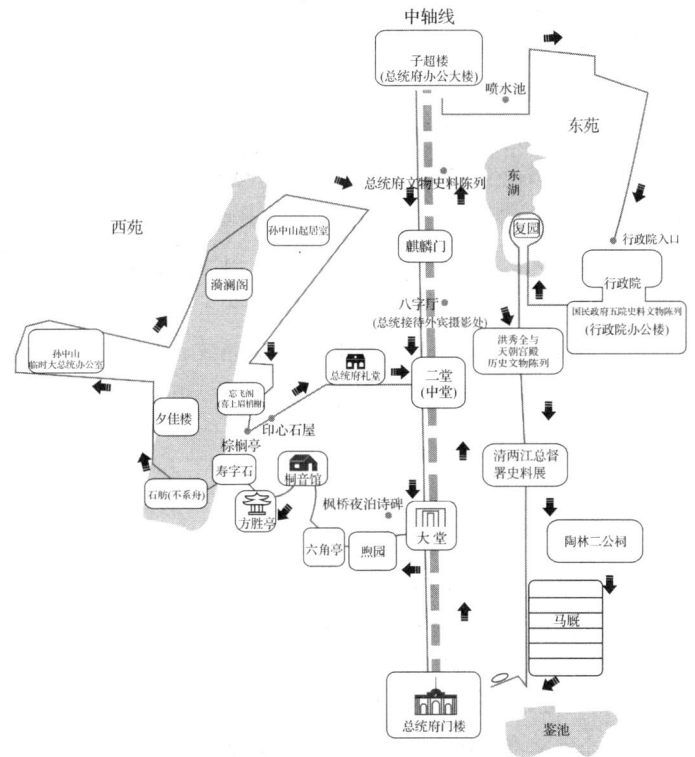

总统府的游览路线示意图

中轴线:总统府门楼→大堂→二堂(中堂)→八字厅(总统接待外宾摄影处)→麒麟门→总统府文物史料陈列→子超楼(总统府办公大楼)

东　苑:国民政府五院史料文物陈列(行政院办公楼)→复园→洪秀全与天朝宫殿历史文物陈列→清两江总督署史料展→陶林二公祠→马厩

西　苑:假山→枫桥夜泊诗碑→桐音馆→方胜亭→棕榈亭→太平湖→石舫(不系舟)→夕佳楼→孙中山临时大总统办公室→漪澜阁→孙中山起居室→忘飞阁(喜上眉梢)→印心石屋

任务导入

总统府是南京数百年历史的见证者,它为什么叫总统府呢?它有多少年的历史呢?作为导游,我们怎样通过精彩的讲解,让游客领略总统府深厚的历史底蕴和无穷的魅力呢?

任务 4.1　总统府沿途的导游讲解与服务

一、总统府的主要历史沿革

总统府始建于明朝初年(1368),朱元璋登上皇位,在皇城西华门外为陈友谅之子陈理修建规模宏大的归德侯府。这就是总统府建筑群的最早来历。

永乐二年(1404),明成祖朱棣封次子朱高煦为汉王,将侯府扩建为汉王府,因此汉王府也称煦园,现存部分是汉王府的西花园。

清代初年(1616),在汉王府的原址上,建起了两江总督署。后在总督署东侧原汉王府旧址上,又设江宁织造署,专门为皇室督办丝织物。江宁织造署曾为清代皇帝的行宫,康熙、乾隆皇帝六次南巡时多次在这里下榻,因此又称"大行宫"。现在的煦园就是当年行宫花园的一部分。

1853年,太平天国定都天京后,洪秀全命人将两江总督署内建筑拆除,兴建天朝宫殿。曾国藩率领湘军进入天京后,烧毁天王府。同治十年(1871),曾国藩重修都督府。

辛亥革命后,这里又成为孙中山先生的临时大总统府;1927年后,国民政府在此办公;1948年5月改称"总统府",直至现在。风风雨雨几百年,总统府见证了中国历史的兴衰、交替,现已成为南京最知名的景点之一,是全国文物保护单位和国家AAAA级旅游景点。

二、总统府的特色与魅力

(一) 中西合璧的建筑风格

经过数朝更迭、几代积淀,总统府建筑群形成了复杂多样的建筑风貌。既有中式大屋顶建筑和四合院,又有西式平房和楼房;既有中国传统的中轴线主建筑的格局,又有逶迤弯曲的西式长廊。中西建筑虽然反差很大,但又被巧妙、有机地结合在一起。总统府大门系二层建筑,钢筋混凝土结构,造型严谨,朝南立面的外部采用标准的八根古罗马爱奥尼亚柱式构图,柱头上雕有精致的巴洛克卷涡纹样,整个裸露部分均作天然石料状处理,是典型的西方古典门廊式建筑。进入大门后,前行数十米,是一座与西式大门形成强烈反差的中式建筑——中堂。大厅内有十八根粗大的立柱,东西各有小门通向礼堂和总统府参军处。北门为拱形木门,门的上部是空格窗,全部为砖木结构。屋顶两脊微翘,覆青瓦,完全是中国传统建筑的式样。但在二堂北面的外部,由屋顶向下倾斜的部分,却又是典型的西方建筑形式。20世纪30年代初期,中国建筑师中的一些有识之士,受西方建筑思潮的影响,大胆探索了中国新民族主义形式的建筑。子超楼就是这种建筑形式的代表作之一。子超楼摒弃了中国传统的宫殿式大屋顶式样,顶部采用钢筋混凝土浇制,立面采用西式的建筑平面组合与立体构图,中间高,两边低,呈对称型,属典型的行政性建筑。20世纪初叶,南京的一些官方建筑受西方折中主义建筑思潮的影响,都争相仿效西方建筑形式,并以此为荣。孙中山临时大总统办公室就是清末两江总督张人骏建造的西式花厅,建成时间是1910年。因位置在总督署的西面,故又称西花厅。这幢花厅,就是典型的仿法国文艺复兴式样,但与西方建筑不同的是,当时的西式建筑多用红砖砌外墙,而该建筑的墙体却用青砖砌筑,内部仍是砖木结构,外面再加以粉饰。南京总统府建筑群,经历了一个多世纪的风风雨雨,一批批风云人物纷纷在此登场、角逐……每一幢建筑,不仅有其独特的建筑风格和丰厚的文化底蕴,还有十分浓重的政治色彩。它已经成为近代中国政治漩涡的中心,成为历史的见证。

（二）深厚凝重的历史文化

历经六百多年沧桑历史的总统府,目前已成为我国最高级别、保存最完好的近现代史遗址博物馆。总统府最早可以追溯到明朝初年,朱元璋在南京建立了统一的明王朝政权,此时修建的归德侯府便是总统府最初的雏形,后明成祖朱棣大规模扩建此府,作为次子的汉王府;清朝时,这里成为两江总督署所在地;后来洪秀全领导的农民起义军在南京建立太平天国,又在这里大兴土木,修建宫殿;孙中山先生领导的早期中国资产阶级革命成功后在南京宣布建立中华民国,这里又变成了临时大总统的大本营;在中华人民共和国成立以前,这里是国民党政府发号施令的最高指挥部,蒋介石、李宗仁在总统府留下了他们的踪迹;1949年,中国人民解放军百万雄师过大江,占领总统府,扯下国民党旗帜,升起了鲜艳的五星红旗,宣告旧时代已经结束,一个崭新的时代开始了。南京总统府具有极为重要的历史价值和无可替代的历史意义。

服务小贴士

游览总统府前的提醒工作

由于中国古建筑历来的美学传统讲究对称,因此游览总统府也被分为了中轴线、东苑、西苑三条线路,一般采用先游中轴线,再游东苑,最后游西苑的顺序。总统府的售票处在总统府门楼往西五十米左右处,洗手间在进入大门左手边。

任务4.2　总统府中轴线景点的导游讲解与服务

知识讲解

一、总统府"门楼"的导游讲解

总统府门楼是一座西式二层建筑,为钢筋混凝土结构,是总统府的标志性建筑。大门的原址为清朝两江总督署的辕门,太平天国时期为天朝宫殿的"真神荣光门"。国民政府成立后,拆除两江总督署辕门后新建了门楼。门楼南立面有八根罗马爱奥尼亚柱,柱上饰有巴洛克卷涡纹图案,结构严谨,具有西洋风格。门楼顶部为阶梯形女儿墙,正中为旗杆。门楼南侧开有三座连顶黑色拱形铁门,向内开启;北侧则是方形,寓意"外圆内方",又有"天圆地方"之意。

二、"大堂"的导游讲解

走进大门,经过办公室和院落,便来到了大堂。太平天国时期,这里是天王府的金龙殿,

又称"荣光大殿",殿内梁柱涂金,饰以龙凤,四壁彩绘极其精美,是洪秀全大朝之地。清军攻占天京后,大殿被毁。六年后,曾国藩重建两江总督署。新建的大堂,内有二十四根红柱,青砖铺地,青瓦盖顶,两端微微翘起,显得凝重庄严。大堂内正中上方"天下为公"四字,为孙中山先生手书。

三、"礼堂"的导游讲解

总统府礼堂原为清代两江总督署花厅,是民国时期重大典礼的活动场所。1948年,蒋介石、李宗仁在这里举行就任总统、副总统的就职大典,外国使臣递交国书,国民政府召开重要会议、举办国宴等都在这里进行。

四、"子超楼"的导游讲解

子超楼是原总统府的办公大楼,建于1934年,均采用进口建材兴建,耗费十多万银圆,1935年底完工,1936年开始启用。初建时名为文书局大楼,后又改为国民政府总办公厅大楼,它是总统府内最重要的建筑。因在国民政府主席林森在任时所建,后为纪念林森,用他的字"子超"来命名。子超楼是一座具有西洋摩登风格的四层小楼,采用钢筋水泥结构,南外墙贴咖啡色耐火砖片,中间六层,两侧五层,成"森"字形,子超楼采用了超大的玻璃窗,造型简洁明快,楼前有西洋古典柱式街灯一对。

子超楼一楼原为国民政府文官处,后成为总统府文书局,主要管理中枢文案、政令、玺印、文印等,负责落实总统交办的事情。子超楼第二层是总统府的心脏,即正副总统、文书局长及秘书长办公的地方,二楼两端有楼梯上下,另装有电梯,这是当年从美国进口的最高档的电梯。二楼南侧两间是文书局正、副局长办公室,北侧为秘书长办公室,东南侧一套三间的大房原为国民政府主席办公室,1948年,蒋介石当选总统后改为总统办公室。我们看到总统办公室墙上悬挂着蒋介石身着戎装的大照片,临窗有一张巨形写字台,一把特制的皮转椅。顶悬法国进口的精美吊灯。办公室东间为蒋介石的休息室,配有卫生间。休息室有10多平方米,铺有木质地板。卫生间的卫生洁具来自美国,地面、墙上均贴有精美的瓷砖,做工考究。办公室西间为书房和接待室。蒋介石办公室对面是副总统李宗仁办公室。三楼是新复原的国务会议厅,正面的汉白玉匾额上,是林森手书的"忠、孝、仁、爱、信、义、和、平"八个大字,字上嵌有"中华民国之玺"的国印,两旁悬挂着民国时期的国旗,上方挂有孙中山先生的肖像。主席台东西摆放,正中朝南是蒋介石的专席,蒋介石的皮椅显得格外高大。国务会议厅西侧有两间休息室,供与会人员谈话、休息之用。四楼为总统府电讯室、卫兵室和职员室,负责中央政府与各部队的联系。五楼是瞭望室,瞭望室上又特制木制亭,供室外参观之用,是总统府的最高处。

服务小贴士

一、总统府"门楼"的导游服务

总统府门楼前是总统府摄影的最佳处,因门楼靠近马路,导游要提醒游客注意安全。

进入大门,导游应请游客先看一下总统府的导览图。总统府有中、东、西三条游览线路,游览时会按顺序游览,因总统府面积很大,路线比较复杂,很容易迷路,请游客一定要跟随导游游览,并在规定的时间在门楼前集合。

二、"大堂"的导游服务

进入大门,左右两侧是类似朝房的办公室,这是清朝官员办公室所在,现在已开辟成了旅游商品区,可供游客自由活动时参观购买。

三、"礼堂"的导游服务

礼堂在大堂走廊的西侧,基本保留了20世纪40年代中期的格局,若游览时间足够,等参观完可来礼堂观看介绍总统府的影片。

任务 4.3 总统府东苑的导游讲解与服务

一、"国民政府行政院大楼"的导游讲解

国民政府行政院大楼由北楼和南楼组成,"行政院"三个字为第一任院长谭延闿所书。北楼一楼现为"国民政府五院史料文物陈列",主要反映了孙中山先生创制的"五权分立"的立法院、行政院、司法院、考试院、监察院的五院制度,以及五院制度的产生、发展、演变的过程。行政院的南楼建于1934年,下层为会议室、秘书室、接待室、资料室等,上层有正、副院长办公室、秘书室、政务处处长办公室、参事室等。

二、"清两江总督署史料展"的导游讲解

游客们,沿东苑大路南行,我们便来到了清两江总督署史料展馆和洪秀全与天朝宫殿历史文物陈列馆。我们首先参观清两江总督署史料展馆,馆名由著名清史专家戴逸先生题写。游客们,谁能告诉我清朝的"两江"是指哪两江呢?是的,当时的两江指江南省和江西省,江西省所辖范围与今天一致,江南省辖今天的江苏、安徽南部及上海。在清朝,总督是地方最高长官,通常兼兵部尚书和右都御史,文官从一品,其职为"厘治军民,察举官吏,修饬封疆"。清朝两江既是清王朝的财税重地,又是人文荟萃之所在。现在的两江总督署大堂是根据史料模拟陈设的。大堂是举行大典、迎接圣旨和举行祭拜活动的地方。正中悬挂于大堂上方的"惠洽两江"匾额为乾隆所题。两侧放置总督职衔牌,公案旁有两把杏黄伞,这是封疆大臣出行仪仗中必不可少的。公案后屏风为朝阳、仙鹤和海潮图案。两旁耳房分文左武右,为休息室。

史料陈列馆门上横匾"清风是式"由乾隆所题,赐予康熙年间总督于成龙。馆内介绍了1842年以来近代史上十二位有影响的总督。

三、"洪秀全与天朝宫殿历史文物陈列"的导游讲解

"洪秀全与天朝宫殿历史文物陈列"的馆名由著名书画家胡绳所题。陈列馆以图片资料、模型等手法再现了天朝宫殿的壮丽景观,反映了太平天国在天京时的历史变迁。陈列馆西半区包括宫殿模型展示厅、史料厅、天王宝座、天王书房和天王内宫等模拟景观,这些模型由苏州古建专家和工匠依当年形制仿建,向人们展现了太平天国时天王宫殿的全貌。东半区的展览共分五部分,即定都天京、社会风情、兴政建制、天京内讧和天国倾覆,系统介绍了轰轰烈烈的太平天国十二年的兴衰史。

"总统府东苑"的导游服务

从子超楼东门出,可登上长廊二层,俯瞰园中以西洋式喷水池为中心的园内景致,亦可下一层经喷水池、文官处宿舍,参观防空洞,也可走长廊东门,经总统府车库进入东花园。

总统府图书馆后平房原为总统府档案馆,此处有一小门可以进入西花园。

任务 4.4 总统府西苑的导游讲解与服务

一、"煦园"的导游讲解

煦园建于清代道光年间,距今已有近两百年的历史。全园面积约 2.2 万平方米。园内花木扶疏,亭台楼阁错落有致,湖山叠石点缀其间,显得小巧玲珑、秀丽雅静,是一座富有江南特色的园林。

二、从月洞门到印心石屋的导游讲解

(一)假山、六角亭、枫桥夜泊诗碑

从月洞门进入园内,左边是一座由太湖石堆成的假山,其东端高处有一座六角亭,亭的下层为一间地室,掩于假山之中,其正对着煦园大门,还设有多个暗口,便于窥视和射击。园内南假山模仿自然山峦叠造,奇峰兀立,洞石相通,精致富有灵气,充分体现了太湖石之瘦、皱、漏、透的特点,北假山暗藏了十二生肖石。这座大假山,在园林构景中起到了欲露先藏、欲扬先抑的抑景作用,创造了一种渐入佳境的情趣。

园内右边有一座碑亭,内有汉白玉石碑,上面刻有唐朝张继《枫桥夜泊》诗句:"月落乌啼霜满天,江枫渔火对愁眠。姑苏城外寒山寺,夜半钟声到客船。"该碑的背面有清末著名学者俞樾考证该诗的碑文,俞樾是清末著名文学家、音韵训诂学家,他在碑文中告诉我们:唐代诗

人张继《枫桥夜泊》诗中"江枫渔火对愁眠"句中的"江枫"实为"江春",是后人误传为"江枫"。

(二)桐音馆、方胜亭、棕榈亭、印心石屋

假山西北面的那座中式园林建筑是桐音馆,它上部为单层歇山式小瓦顶,面阔三间,正中有林散之先生题写的"桐音馆"三个字,重建于清同治九年(1870)。清两江总督曾国藩曾在这里下棋。孙中山先生常在这里会客。

桐音馆的西南有一座双顶古亭,它建于清同治年间,上部为筒瓦双攒尖套顶,远看双亭并列,侧看却是单亭屹立,亭身图案形如方胜,故名"方胜亭"。又因为亭顶双立像一对形影相伴的鸳鸯,因而又称"鸳鸯亭",这种造型的亭台在江南园林中极为少见。在方胜亭中,向东可以看到假山上的六角亭,向西可一览太平湖中的不系舟,视野极佳。

桐音馆向西有一座以树木原干为柱、棕榈为盖的亭子,称为棕榈亭。亭中有一块扁平的太湖石,中间有一个圆洞,像是镶嵌在太湖石中的一面镜子,因而称为"一鉴石"。在唐代,魏征是一位敢于直谏的大臣。他死后,唐太宗李世民说"以铜为鉴,可以正衣冠;以古为鉴,可以知兴替;以人为鉴,可以明得失……今魏征殂逝,遂亡一镜矣"。"一鉴石"借此意而得名,意在提醒人们要修身立德。

从棕榈亭向东,就到了桐音馆的后面,这里有一座大型太湖石假山,假山中有一座印心石屋碑,上面的"印心石屋"四个字为清道光皇帝书,是道光皇帝赐给两江总督陶澍的,以褒奖他在治理黄河淮河上的功劳。石碑长3.5米,高1.13米,和假山巧妙有机地融为一体。

三、太平湖景的导游讲解

(一)太平湖

游客们,现在我们来到了太平湖。太平湖为人工开凿的湖,湖的形状像一个巨大的花瓶,取意平安、太平。整个湖周长约1866米,面积占西花园面积的一半多。湖水清澈,湖四周全部以明代城砖为驳岸,显得非常古雅。湖岸边采用对称布景,南北相对的是不系舟和漪澜阁,东西相对的是忘飞阁和夕佳楼。

(二)不系舟与漪澜阁

在太平湖的南端,有一座长14.5米的仿木船式石舫。这座石舫是两江总督尹继善在清代乾隆十一年(1746)为了迎接皇帝南巡而建造的。石舫上的"不系舟"匾额原为乾隆所题,已无存,现为当代著名书法家费新我所书。石舫分为前后两舱,卷棚屋顶,造型精巧,形象逼真。有石制跳板可以登舟。石舫的尾部有舵,船身用青石做成,船头铺以青砖,船舱顶部覆以黄色琉璃瓦,两侧嵌有青砖雕花栏板,上面雕刻着牡丹、万年青、卷草、猴、鹿、蝙蝠等彩色图案,雕饰富有浓郁的传统民族特色。石舫门柱上端是形象逼真的两只木雕狮子,这是太平天国时期的作品。中国有句古语:"水能载舟,亦能覆舟。"这个形似横卧花瓶的太平湖喻指天下的老百姓,湖上的石舫犹如大清江山,乾隆皇帝题写"不系舟"三个字,是希望人民安居乐业,天下太平安康,大清江山坚如磐石,任凭风吹雨打,永不动摇。

与不系舟遥相对应的漪澜阁,建于湖中露台之上,四面环水,前有平台,左右有小桥与陆地相连,昔日是园主人赏月和听曲的地方。漪澜阁的阁匾由著名书法家武中奇所题,阁开三盈,正面为屏风式门,门上雕刻一瓶一鼎,"瓶鼎"谐音为"平等",这也正是洪秀全太平天国的不懈追求。民国初年(1912),这里是临时大总统孙中山从卧室去西花厅办公必经之地,中山先生也时常在此办公或休息,因此也称之为"中山堂"。

(三)忘飞阁和夕佳楼

站在夕佳楼上,请大家远眺湖对面的建筑。这是一座临水而建的水榭。戗角上有梅花绽放枝头图案的木雕,上面栖有两只喜鹊,好一幅"喜上梅梢"图,故称"喜上眉梢榭"。又因两只喜鹊以水为镜梳妆打扮,居然乐而忘飞,所以此建筑亦被称为"忘飞阁"。忘飞阁三面临水,是观赏晨曦、清晨读书的好地方。

位于太平湖西的夕佳楼,双层檐顶,两面临水,与忘飞阁相对而立。取名"夕佳",意为黄昏赏景佳地。夕佳楼后廊壁上嵌有一碑,称"天发神谶碑"。因发现时即断为三截,故又有"三段碑"之名。此碑碑文亦篆亦隶,是罕见的书法珍品。

四、孙中山临时大总统办公室的讲解

西花园的西侧有幢黄色的中西合璧式的建筑,这就是孙中山就任临时大总统后的办公地点。孙中山从1912年1月1日就职到同年4月3日离任,在这里度过了极不平凡的91天。这里原系清末两江总督端方的私人花厅,是中国最早的西式建筑。这幢建筑共有五间房,分别是孙先生的临时起居室、总统办公室、部长会议室、衣帽间和总长会议室。每一间的陈设都是按当年情景原样摆放。最大的一间是总长会议室,西面墙上挂有一幅照片,真实地记录了总统与内阁成员围坐在一起共商国是的场景,昭示了中国历史上第一次出现民主共和的国家体制,意义非凡。东面墙上挂有孙中山像,像的两侧挂着五色旗。五色旗取红、黄、蓝、白、黑五色,代表汉、满、蒙、回、藏五民族共和。

孙中山临时大总统办公室北面的两幢建筑原为国民政府的参谋本部,现已辟作"革命的先行者孙中山生平事迹展"之用。

服务小贴士

一、"煦园"的导游服务

游完东苑晚清与民国历史陈列馆,进入西花园游览,导游应提醒游客紧跟旅游团,不能走出大门。煦园门前五十米处有卫生间,导游可提醒游客使用。来到煦园门前,可提醒游客照相。

二、"从月洞门到印心石屋"的导游服务

进入月洞门,导游需提醒游客先游左边的假山,并提醒登六角亭的游客注意安全。来到

假山十二生肖石前,可提醒有兴趣的游客,不妨在其中找一找,看能否找出几种生肖石。

在参观游览时,导游需提醒游客这里景点较多,线路复杂,一定要紧跟旅游团,以防走散。游览至忘飞阁时,提醒游客拍照时选好角度,将对岸的夕佳楼框入景中。

游完忘飞阁,经过九曲桥,导游可提醒游客看寿字石,然后游览石舫。留5分钟时间让游客上船游览拍照。

原创导游词赏析

风雨沧桑话门楼

各位游客,欢迎来到南京总统府旅游观光。

如果说古老的南京是一幅浓缩着中国几千年历史的长卷,那么总统府则是这幅历史长卷中,独具神韵的一抹色彩。没有任何一座城市也没有任何一个建筑群能像总统府这样,完整地见证了风云激荡的中国近代历史,它保存着如此众多的中国近代史的文物古迹,成为中国近代百年史上最有力的物证。

各位游客,首先我们来参观总统府门楼。这座门楼的原址为清朝两江总督署的辕门,太平天国时期,洪秀全占领南京,改名天京,在此兴建了规模宏大的太平天国天王宫殿,并在这里建成天王宫殿的大门——真神荣光门。1864年清兵攻破天京后拆毁此门,重建两江总督署辕门。国民政府成立后,于1929年12月拆除两江总督署辕门后新建了门楼。门楼为西式两层建筑,钢筋混凝土结构。朝南面的顶部是阶梯形女儿墙,正中为旗杆。门下是八根古罗马爱奥尼亚柱,柱头上雕有精致的巴洛克卷涡纹图案。正南面开有三座拱形门洞,中间大,两侧小,寓含"南面为君""臣为君辅"的中国传统帝王思想,每门洞内安装一扇黑色镂空的实体大铁门。大门正中挂有国民党原监察院副院长周钟岳先生所书的"总统府"三个木刻包金大字。整座门楼造型严谨,厚实坚固,宏伟气派,可谓典型的西方古典门廊式建筑风格。

如今,大门前面车水马龙,来来往往的人流似乎已经掩盖了这里曾经有过的历史云烟。可是,凝望着那散发着浓郁历史气息的门楼,抚摸着那一块块厚实沉重的长条青石,我们仿佛能够看到一个个头裹方巾、腰佩长剑的太平天国勇士坚定执着的神情,为了保卫家园,他们义无反顾;我们仿佛能够聆听到革命先行者孙中山先生"驱除鞑虏,恢复中华,创立民国,平均地权"的激情澎湃的演讲;我们仿佛能够感受到那些为了革命的胜利、民族的独立和国家的富强,不惜抛头颅、洒热血的将士们不屈不挠、大义凛然的精神;我们仿佛能够看到1949年1月21日,面容憔悴的蒋介石,携宋美龄匆匆登上"美龄号"专机,仓皇逃亡的场景;我们仿佛能够看到1949年4月23日,中国人民解放军将鲜艳的红旗插在了这座门楼上,开创了一个伟大的新时代。

从定都天京的洪秀全到国父孙中山,从蒋介石到林森,他们都曾自这座门楼穿行而过,都曾在这里书写过历史。这扇大门每一次开敞与关闭,都意味着一段新的历史正在载入中国的史册。在滚滚逝去的历史大潮中,总统府的门楼屹立在中国历史中,成为一座永恒的丰碑!

(江苏联合职业技术学院南京工程分院　李甜)

导游职业能力测试

⊙ **知识问答**

(1) 为什么说总统府是中国近代史的见证?

(2) 总统府的建筑特点是什么?

(3) 煦园中假山的特点是什么?

(4) 方胜亭为什么又叫鸳鸯亭?

⊙ **技能必备**

(1) 能够对总统府的历史变更进行1分钟左右的导游讲解。

(2) 能够对总统府的主要景点——煦园进行3分钟左右的导游讲解。

⊙ **技能拓展**

收集总统府中的楹联并逐一解释,下节课按小组进行汇报讲解。

任务5　秦淮河·夫子庙的导游讲解与服务

课前准备

1. 通过网络查询,了解夫子庙的历史演变过程,熟悉夫子庙的景观特色与艺术魅力;

2. 熟悉夫子庙的游览路线。

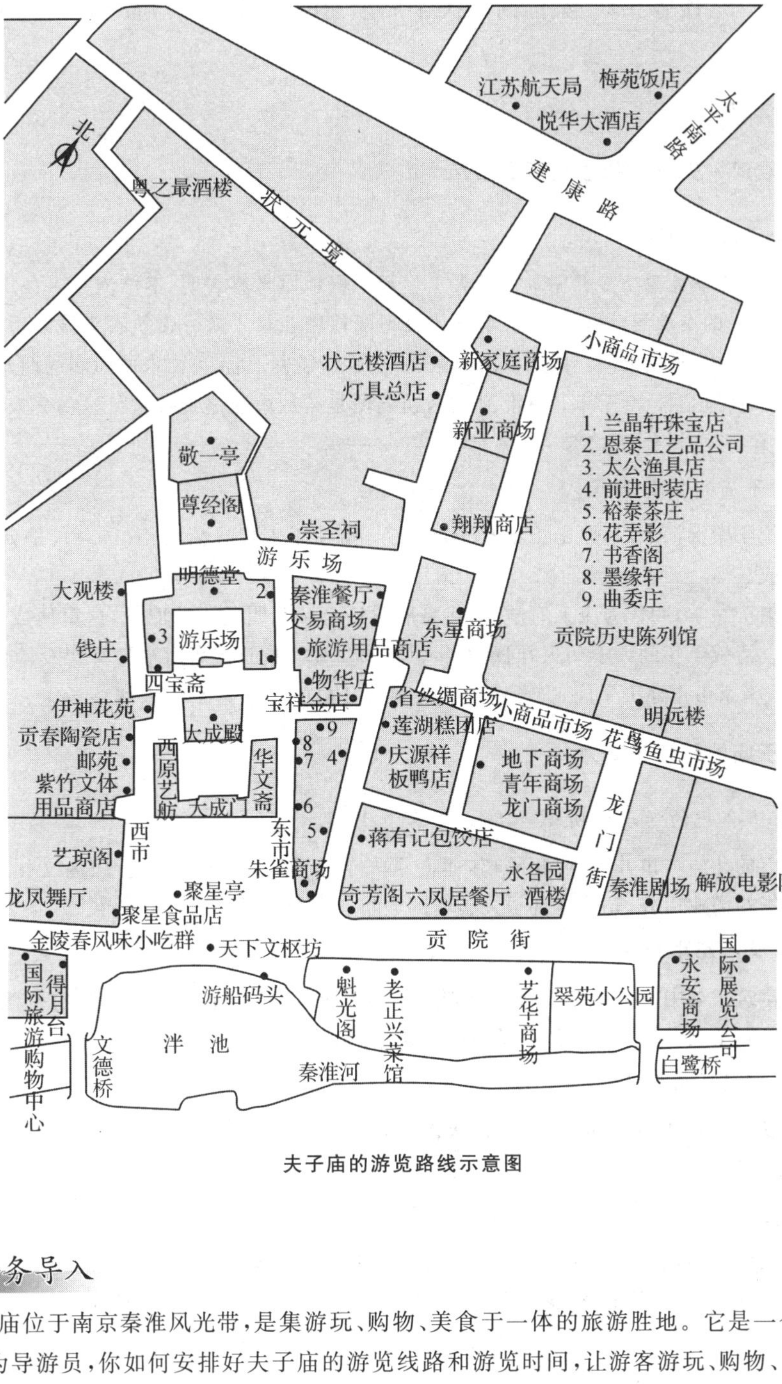

夫子庙的游览路线示意图

任务导入

夫子庙位于南京秦淮风光带,是集游玩、购物、美食于一体的旅游胜地。它是一个开放式的景区,作为导游员,你如何安排好夫子庙的游览线路和游览时间,让游客游玩、购物、品尝小吃三者兼顾呢?

任务 5.1　秦淮河·夫子庙沿途的导游讲解与服务

知识讲解

一、秦淮河·夫子庙的主要历史沿革

（一）秦淮河的由来

相传秦淮河是秦始皇下令开凿的一条人工运河。但地质考察表明，秦淮河是一条历史悠久的天然河流，历史上的秦淮河，河道宽绰。自五代吴王杨行密在长干桥一带筑石头城以后，河道开始变窄，并被分隔成内、外秦淮河。内秦淮河由东水关入城，经夫子庙，再由水西门南的西水关出城与外秦淮河汇合，河流全长10千米。秦淮河从六朝起便是望族聚居之地，商贾云集，文人荟萃，儒学鼎盛，使南京素有"六朝金粉"之誉。

（二）夫子庙的历史沿革

夫子庙位于秦淮河北岸，原是祀奉孔子的地方，始建于宋代景祐元年（1034），是就东晋学宫旧址扩建而成。

元代为集庆路学，明代为应天府学，清代将府学迁至城北明国子监旧址，这里便成为江宁、上元两县县学。清咸丰年间毁于兵火，同治八年（1869）重建。抗日战争时被日军焚毁。

1984年，南京市重建夫子庙，夫子庙也成为免费开放的国家AAAAA级旅游区。

二、夫子庙的特色与魅力

（一）庙市合一的活动场所

一般城市的孔庙与市井、商业相隔离，而南京夫子庙则庙市有机融合。庙内文化氛围浓郁，庙外即是繁华的商业市井，充分体现了夫子庙的繁华和与众不同。

（二）建筑布局中的全国之最

夫子庙建筑布局中有全国最大的照壁，有全国唯一的天然河道改作的泮池，有全国唯一的大成殿三宝——孔子画像、孔子塑像、孔子生平事迹壁画，等等。

（三）浓郁的民俗文化

自六朝以来，夫子庙每逢元宵佳节，灯火满市井，为全国之冠。夫子庙家家走桥、人人看灯的风俗一直延续至今。

（四）发达的商业文化

夫子庙东西两市以其丰富的工艺美术品、古玩字画及其他文化用品交易体现出文化的商业价值，除此之外还有小商品市场、花鸟市场、珍藏品交易市场，夫子庙已成为南京现代商品云集的商业中心区之一。

服务小贴士

游览秦淮河·夫子庙前的提醒工作

1. 夫子庙是一个开放式景区，导游可根据停车位置自行安排旅游线路。夫子庙现有两个大

型停车场,即瞻园路停车场和孔府停车场。

瞻园路停车场位于瞻园对面,若从这里下车,导游可边介绍瞻园边带着游客向夫子庙方向走。进入牌坊一直走便是庙前广场,然后导游可按照一定顺序进行讲解。游览完大成殿、江南贡院、天下文枢牌坊、石栏杆、秦淮画舫、泮池、大照壁,接着走上文德桥,参观乌衣巷、李香君故居、王谢故居,等等。因夫子庙景区公共厕所少,一个在乌衣巷的尽头,一个在瞻园路停车场,如从瞻园路停车场下车,可提醒游客卫生间的位置。

孔府停车场就在夫子庙"美食一条街"的对面,若从这里下车,导游可先带游客参观李香君故居、乌衣巷、王谢故居,接着走上文德桥,再参观大照壁、泮池、秦淮画舫、石栏杆、天下文枢坊、大成殿、江南贡院等等。

2. 导游应根据时间安排游览的景点,最后留出时间让游客品尝夫子庙特色小吃和自由购物,自由活动之前可让游客熟悉夫子庙的景点位置和每条街的特色,同时要提醒游客集合的时间和地点。

3. 为节约游客的购票成本,可向游客推荐夫子庙各景点联票。

任务 5.2 "泮池—棂星门"的导游讲解与服务

知识讲解

一、"泮池、照壁、文德桥"的导游讲解

（一）泮池

泮池是内秦淮河的一部分,自宋以后就成了夫子庙(孔庙)的泮池,又称月牙池,因曲阜孔庙泮水流过而得名。还有一种说法:古时候皇帝讲学的学宫叫辟雍,诸侯讲学的学宫叫泮宫,夫子庙的学宫相当于诸侯讲学的地方,所以这池称"泮池"。泮池作为孔庙水池的特有形制和专用名称,具有特殊的文化寓意。设泮池以蓄水,隐含希望学子从"圣人'乐水'、以水比德"中得到启示之意。泮池、泮桥体现了礼制,蕴含鼓励学子跳跃龙门的殷切之情。泮池中的水绝大多数是活水,这种设计是儒家思想"孔泽流长"的象征。泮池的设置,还增添了孔庙的灵气,优化了整体环境。

（二）照壁

泮池南岸朱红色石砖砌成的大照壁,建于明万历三年(1575),照壁长达110米,气势磅礴,为全国照壁之冠。照壁起遮蔽和装饰作用,是整个夫子庙建筑群的开篇"序言"。泮池北岸石栏则为明正德九年(1514)所建,历经了沧桑变迁之后,成为夫子庙建筑群中保存得最好的古代建筑小品,抗战前曾加以修整。游人至此,凭栏小憩,观览秦淮秀色,心旷神怡。

（三）文德桥

文德桥在泮池的西侧,因儒家提倡文章道德而得名。文德桥六朝时为浮桥,唐代始建木桥,明代建成石墩木架桥,一直沿用到民国时期,现为汉白玉石桥。文德桥是夫子庙秦淮河南北两岸的通行要道。

二、"魁光阁、天下文枢坊、聚星亭、棂星门"的导游讲解

(一) 魁光阁

魁光阁古称奎星阁,又名文星阁。它肇建于清乾隆年间,道光时期曾重修,咸丰时毁于战火,同治年间再度修建,抗战期间日军侵占南京时再次被毁,如今又屹立在秦淮河畔。"奎"是天上二十八宿之一,最初在汉代《考经授神契》佚书中有"奎主文章"之说,又有东汉宋均注曰:"奎星屈曲相钩,似文字之画。"由此,后世把"奎星"演化成天上文官之首,为主宰文运与文章兴衰之神。也因此,在衡文选拔人才的封建社会,奎星阁总是建在文庙之旁。后又把"奎"化为"魁"。

(二) 天下文枢坊

棂星门前,临水矗立着一座高大的牌坊,坊顶置天楼,斗拱翘檐,青瓦压脊,坊柱丹红,坊额青底金字,曰"天下文枢"。牌坊巍峨壮美,十分引人注目。文枢坊始建于明万历十四年(1586),后毁于清代咸丰战火;同治年间重建,为柏木结构,牌坊四周围以红栏,严禁出入。今天的坊额上"天下文枢"四个大字选自颜真卿的字帖,即"天下文化中心"的意思,它是步入文庙的第一道大门。

(三) 聚星亭

在夫子庙广场的西侧有一座精美的亭子,叫作聚星亭,亭虽小,但重檐雕脊;檐角翘飞,有鸟雀欲跃之势,实为罕见的精美古亭。"聚星"二字匾额悬于两檐之间,取"人文荟萃,群星毕集"之意。

(四) 棂星门

庙前广场北面的石砌坊门,就是棂星门,门为石结构,六柱三门,古朴优美,中间横楣刻有篆文"棂星门"。棂星门始建于明成化十六年(1480),后被毁,又于清同治九年(1870)重建。现在的棂星门是 1983 年再次重建的。据传棂星是天上主管教化的星宿,是古代天文学中的"文星",取此名是要表示天下文人学士集学于此的意思。

服务小贴士

一、"外秦淮河画舫"的导游服务

1. 取票时间是上午 9:00 至下午 5:00。
2. 秦淮画舫定点航班为上午 9:30 和下午 2:00。
3. 游览线路:石头城遗址公园—鬼脸照镜子—清凉门—明城墙—西水关—赏心亭—赛虹桥—牧童遥指杏花村—越城遗址—长干门—长干桥—南都繁绘石刻图—中华门城堡。(时间约 60 分钟)
4. 门票价格:白天 60 元/位,晚上 80 元/位。
5. 团体游览需要预约。

二、"文德桥"的导游服务

由于夫子庙是开放式景区,导游要提醒游客紧跟旅游团,以免走失。在文德桥上,导游需提醒游客有秩序地照相,以免造成拥堵。文德桥处于地球的子午线上,所以每逢农历十一月十五日子时,皓月当空,水中月亮正好被这座桥分为东西两边各一半,这一奇观被称为"文德分月",又称

为"文德桥半边月",导游可提醒游客如晚上有时间不妨到文德桥上赏月。

任务 5.3 "大成门—学宫"的导游讲解与服务

知识讲解

一、"大成门"的导游讲解

棂星门的后面便是夫子庙的大门。孔子所创立的儒学经后世传承发扬光大,对我国的文化起到了集大成的作用,因而孔子被封建统治者追封为"大成至圣文宣王",所以此门叫大成门,又称戟门。门额上"大成门"三个字由我国外交部前部长姬鹏飞所书。大成门上布满了纵九横五的门钉,由此可见,在古代,孔子的尊贵仅次于帝王。

大成门两侧各有一扇小门,叫作持敬门。古代每逢初一、十五朝圣和祭孔时,士子们从持敬门进,以示恭敬。

大成门内有《重建夫子庙碑记》,碑文详细记载了夫子庙重建的经过。大成门内左右两侧有砖雕各一,上刻"仁""礼"二字,点明了儒家思想的精髓。

二、"大成殿"的导游讲解

进入大成门,一条石砌甬道通向大成殿的丹墀(chí),这是古代祭孔时举行乐舞的地方,丹墀正中有一尊孔子青铜塑像,高 4.18 米,重 2.5 吨,为全国最大的孔子青铜像。

大成殿是夫子庙的主殿,高 16.22 米,宽 28.1 米,深 21.7 米,是重檐歇山顶的仿古建筑。大成殿重檐飞翘,斗拱交错,龙吻脊中有双龙戏珠立雕,双重飞檐中有海蓝色竖匾,上书"大成殿"三个金色大字。

店内正中悬挂着一幅全国最大的孔子画像,两侧有四"亚圣"颜回、曾参、孟轲、孔汲的汉白玉雕像,殿内陈列着祭孔时用的编钟、编磬等古代乐器。四周墙上还悬挂着三十八幅反映孔子生平事迹的巨幅彩石镶嵌壁画《孔子圣迹图》。

三、"学宫"的导游讲解

孔庙的后面就是学宫。学宫是科举时代本省学子读书的最高学府,所以学宫总是和孔庙建在一起。学宫前左右两侧分别陈列着五块石碑,它们是孔子问礼图碑、集庆孔子庙碑、封至圣夫人碑、封四亚圣碑和筹措朝考盘费碑。

学宫是以明德堂、尊经阁为主体的一组庭院建筑,原有门坊,上书"东南第一堂"。

明德堂是学宫的主体殿堂,是科举时代秀才接受儒家经典熏陶的地方。全国其他的学宫都称"明伦堂",而南京学宫独称"明德堂",据说是宋代文天祥亲自题写了"明德堂"以示效忠国家、报效民族之志气,就一直沿用至今。明德堂现已辟为雅乐宫。

明德堂后面的建筑是尊经阁,它三层四面,原建于明嘉靖年间,用于存放儒家经典,教谕讲课。原尊经阁已毁,现阁建于 1988 年,已成为夫子庙民俗艺术大观园。

"大成殿—学宫"的导游服务

在大成殿,导游带游客顺着中轴线讲解到最后,可留给游客自由参观的时间,让游客原路返回,并提醒游客拍照最佳处在孔子青铜像前和殿内孔子画像前。

任务 5.4 "东西两市—江南贡院"的导游讲解与服务

一、"东西两市"的导游讲解

古代学宫前有东西两条甬道,甬道旁各有三祠两署。民国以后废除科举制度,学宫衰落。祠、署改成学校、教育局及图书馆,甬道也被改成过往船只捎带商品的市场。1987年,南京市政府改造市场,总建筑面积为4 400平方米,采用"青砖黛瓦马头墙,回廊挂落花格窗"的清代徽派建筑风格,形成庙市合一的特色。

二、"江南贡院"的导游讲解

江南贡院始建于南宋孝宗乾道四年(1168),由知府史正志创建,是县府学考试的场所。后经明、清两代的不断扩建,至清光绪年间,江南贡院已拥有考试号舍二万零六百四十四间,考官用房千余间,辅助设施完善,其规模之大、范围之广,为全国考场之冠。清末废止科举,1919年拆除贡院,仅留明远楼、二十余处贡院石刻和一部分号舍作为历史文物,余下部分全部辟为市场。

贡院大门为三阙辕门,正中门上有"贡院"二字,"明经取士""为国求贤"分题于左右两座石坊之上。贡院有三道大门:第一道为头门,第二道为仪门,第三道为龙门。龙门后依次有明远楼、至公堂及戒慎堂。明远楼高三层,四面皆窗,在贡院的中心,作监考之用。"明远"取意《大学》"慎终追远,明德归厚矣"。

"江南贡院"的导游服务

江南贡院定期举行"状元巡游""跳龙门,拜魁星""模拟乡试"及着古装摄影等活动,导游可告知游客选择感兴趣的活动参加。

◉ 知识问答

(1)秦淮河的长度是多少?"十里秦淮"的由来是什么?
(2)夫子庙民居建筑的特点是什么?
(3)夫子庙又叫什么?南京共有几处?其他的在哪里?
(4)夫子庙大门为何取名为大成门?

(5) 夫子庙的特色与魅力是什么？

⊙ 技能必备

(1) 能够对夫子庙的概况进行 1 分钟左右的导游讲解。

(2) 能够对江南贡院进行 3 分钟左右的导游讲解。

⊙ 技能拓展

围绕夫子庙大成殿，创作一篇讲解时长为 3～5 分钟的导游词，下节课按小组进行汇报讲解。

任务6　雨花台的导游讲解与服务

课前准备

1. 通过实地游览、网络查询，了解雨花台的历史演变过程，熟悉雨花台的景观内容与独特的文化魅力；

2. 熟悉雨花台游览路线。

雨花台游览路线示意图

北大门→烈士就义群雕像→纪念碑→纪念碑碑廊→纪念池→雨花台烈士纪念馆→忠魂亭→知名烈士墓→涌泉广场

雨花台原名聚宝山,许多游客可能会问:既然如此,为何会改名为"雨花台"呢?作为导游员,我们应该如何回答游客呢?并且,作为导游员,怎样讲解出雨花台的特色与魅力呢?

任务6.1　雨花台沿途的导游讲解与服务

雨花台基本概况的导游讲解

（一）雨花台地形特点

雨花台位于南京城南,是宁镇山脉的余脉,属于江南丘陵地形。丘陵起伏连绵,海拔一般在55米至65米之间。此地有三岗,即东岗、中岗和西岗。三岗由西南向东绵延3千米至4千米。东岗和中岗就是雨花台。西岗在安德门外,又名菊花台。雨花台顶部呈平台状,所以称"台"。岗丘虽然不高,但地势较为险要,是攻据南京的必争之地,自六朝以来,此地一直为兵家所重。

（二）雨花台名称的演变

雨花台名称经历了一系列变迁。三国孙吴时期,这一带统称为石子岗,又叫长陵。东晋时这里称为石子罡。东晋初年,外族入侵,豫章内史梅颐领兵抵抗,曾屯兵于此,死后在这里立庙,为了纪念他,这里又叫梅岗、梅岭营。唐朝时改称雨花台,其得名于南朝时的一个传说:当年高座寺的云光法师坐在山顶说法讲经,精妙绝伦,感动了佛祖,佛祖散天花以褒,顿时天花乱坠,落花如雨。天花坠地后变成了雨花石。这只是一个传说,事实上山上真的有很多五彩卵石,遇雨即显现花纹,格外美丽多彩,晶莹剔透,因而雨花台又叫作玛瑙岗和聚宝山。

（三）庄严肃穆、气势恢宏的纪念氛围

雨花台有由烈士就义群雕像、烈士纪念碑、纪念碑碑廊、歌墙、荷花池、雨花桥、烈士纪念馆、知名烈士墓和涌泉广场组成的纪念性建筑群,形成了浓郁、庄严、肃穆的纪念氛围。仰望这些气势恢宏的建筑,敬仰之情油然而生。这一组纪念建筑群可与美国的林肯纪念堂相媲美。在1999年第26届世界建筑师大会上,该建筑群获得金奖。

（四）图案奇特、多姿多彩的雨花石

一千二百万至三百万年前,即在第三纪上新世至第四纪初期,古长江就流经现在的雨花台。长江及其支流的水流把中上游的碎石块推向下游。在河床"球磨"的作用下,这些碎石就变成了圆形或扁圆形的卵石,在南京地区沉积和堆积下来,在现在的雨花台、方山、江北六合一带形成了沙砾石层。

雨花石大致可分为两类,一为岩石类,一为矿物类。岩石类又可分为石英砂岩、石英岩、矿质岩、火成岩等。矿物类可分为石英、玉髓、蛋白质等。其主要化学成分是二氧化硅,多呈透明或半透明状,再加上石头中含有的其他不同元素,形成了五彩缤纷的颜色。异彩纷呈的雨花石中以绿色最为珍稀,黑色极其罕见。雨花石的奇妙之处还在于各种颜色千变万化,幻化成各种天然图案,如山川、花鸟、人物等。更有甚者,一些图案与传说故事及文学描绘如貂蝉拜月、唐僧取经、双龙戏珠等暗合,真是"天赐国宝""国之精粹"。

（五）丰富的历史遗迹

雨花台在三国孙吴时期就有了长陵等建筑，也曾是伽蓝林立的地方。东吴时期孙权为僧人康僧会修筑了建初寺和存放舍利的阿育王塔。晋法显和尚驻赐这里五年，翻译了六部佛经，撰写了《佛国记》一书。与雨花台名称由来相关的高座寺更是曾鼎盛一时的庙宇。据《南朝佛寺志》记载："高座寺，晋咸康中造。以地有甘露泉，故亦名甘露寺。"南朝时佛教兴盛，这里逐渐发展成为一个佛教中心。此外，雨花台还有雨花阁、杨邦义剖心处、方孝孺墓，以及辛亥革命雨花台之役阵亡将士人马冢等历史遗迹。

游览雨花台前的提醒工作

雨花台的游览一般是从北大门进，南大门出，导游要提醒游客最后是在南大门集合等车，如果途中走散，请到南大门会合。

任务6.2 "烈士就义群雕像"的导游讲解与服务

"北大门—烈士就义群雕像"的导游讲解

（一）北大门

雨花台烈士陵园的北大门，也是入口的正门，大门由两根花岗岩门柱组成，上面雕刻着两个巨大的花圈，表达了后人对先烈的缅怀和崇敬。石柱高11.7米，寓意1917年11月7日俄国爆发十月革命，列宁建立了工农苏维埃政权。

（二）烈士就义群雕像

从北大门进入陵园广场，在广场中间第三层平台上，最引人注目的是烈士就义群像巨型石雕。这是中华人民共和国成立以来国内最大的花岗岩雕像之一，于1980年清明节前落成。雕像由179块花岗岩石拼镶而成，雕像高8.5米，底座3米，宽14.2米，厚5.5米，总重1 374吨。这组气魄宏伟的浅赭色群雕塑造了九个革命先烈就义前坚贞不屈的形象。其中有党的工作者、工人、农民、战士、学者、学生、报童等。他们横眉冷对敌人的刀枪，表现出革命者视死如归的浩然正气。雕像以上实下虚的手法，着重刻画先烈的面部，细腻地表现了革命者视死如归的神态：工农兵烈士怒目圆睁，宁死不屈；女共产党员平静自若，临危不惧；等等。他们虽然神态各异，但是那种"砍头不要紧，只要主义真"的革命豪情、大义凛然的气概却是一致的。群雕下部虚刻，刀法粗犷，着力表现了烈士崇高伟岸的形象和坚定不移的革命立场。

参观完"烈士就义群雕像"的导游服务

由烈士就义群雕广场前往雨花台主峰纪念碑的路途中，有许多雨花石的销售商店，导游可在此过程中向游客介绍如何欣赏和选购雨花石。

任务 6.3 "纪念碑—荷花池"的导游讲解与服务

知识讲解

一、"纪念碑"的导游讲解

从烈士就义群雕广场出来,循路而上即为雨花台主峰。主峰的纪念碑巍然屹立。顶峰岗畔遍植青松,路边两侧均为龙柏。现在我们看到的是 1987 年新建的纪念碑。这是由建筑大师——东南大学齐康教授综合全国 578 个草案后定稿而建的。碑高 42.3 米,隐含着 1949 年 4 月 23 日南京解放的日期。碑座为缓坡式基座,基座的正南方屹立着一尊高 5.5 米,重 5 吨的烈士铜像,象征着革命者坚贞不屈的高贵人格和追求自由的坚定信念。碑身正面镌刻有邓小平题写的"雨花台烈士纪念碑"8 个镏金大字,背面是由我国著名书法家武中奇书写的铭文。

二、"纪念碑碑廊"的导游讲解

纪念碑下还有一层平台。平台上种植着雪松,四周环以廊庑。廊庑的后墙上是由全国著名书法家赵朴初、欧阳中石、武中奇、萧娴等三十六人书写的三篇马克思主义经典著作:东廊庑后墙上刻的是马克思和恩格斯的《共产党宣言》、列宁的《马克思主义的三个来源和三个组成部分》;西廊庑后墙上刻的是毛泽东的《新民主主义论》。碑刻全长 144 米,共由 180 块黑色花岗岩石碑组成,全文共 47 043 字。

三、"荷花池"的导游讲解

走下碑前的台阶继续向南参观,前方长方形的水池叫荷花池,也称纪念池,周围有围栏环护。荷花出淤泥而不染,香远益清,其高洁的品德,正是烈士精神的写照。荷花池的北面是巨型的"国际歌碑"。在花岗岩制成的石碑上,上部刻着《国际歌》的五线谱和三段汉语歌词全文;下部分别用壮文、维吾尔文、藏文和蒙古文刻着《国际歌》歌词全文。在荷花池南面,立有"国歌碑",其模式与"国际歌碑"相同。荷花池畔,有两尊男女青年塑像。男为军人,持枪脱帽,肃立哀悼;女青年低头默哀,表现了青年一代对先烈的无限追思。

服务小贴士

一、"雨花桥"的导游服务

雨花桥游览步行时间较长,中途可以让游客在雨花桥的长凳上休息一会儿。

二、"荷花池"的导游服务

导游可指导游客在荷花池畔拍照,拍摄时注意将荷花池中的倒影框入镜头中。

任务 6.4 "雨花桥—纪念馆"的导游讲解与服务

 知识讲解

一、"雨花桥"的导游讲解

"国歌碑"的南面是雨花桥,又叫梅韵桥、纪念桥,横跨原山涧间的水塘。桥栏是传统的长凳形式,可供小憩。栏前数十块倾斜的装饰板,上刻圆环和梅花图案。梅花自古以来就因其傲骨凌霜雪而为人们所喜爱,在这里更象征着革命先烈的高贵品质。

二、"纪念馆"的导游讲解

经过雨花桥,就来到了雨花台烈士纪念馆。纪念馆于 1984 年动工建造,1988 年 7 月 1 日正式对外开放。馆体为"凹"字形,东西宽 94 米,进深 49 米,最高处为 26 米,建筑面积约 6 000 平方米,是一座具有传统民族风格的大型建筑。主体建筑有两层,上有三座锥形堡垒。墙用浅色的花岗岩贴面,堡顶屋面覆以乳白色琉璃瓦。它与四周的苍松翠柏相映,宁静典雅,浩气凛然。纪念馆正面门额上镌刻有邓小平题写的"雨花台烈士纪念馆"镏金馆名,上有雨花台陵园的标志图案。馆内陈列着 127 位烈士的生平事迹,其中文字资料达 100 多万字,实物逾千件。现纪念馆目前仍在向全国征集有关烈士的资料和遗物。纪念馆自开放以来,年均接待参观者约 80 万人次。纪念馆是著名建筑大师杨廷宝先生的"绝笔"之作。杨先生逝世后,由东南大学建筑研究所齐康教授将设计建筑方案完善和深化。

 服务小贴士

"纪念馆"的导游服务

(一)拍照的指导

纪念馆前是雨花台景观的集大成之处,导游可提醒游客不要荒废眼前美丽的山水画卷,指导游客选取最佳角度,抓紧时间定格下珍贵的瞬间。

(二)纪念馆参观的提醒

纪念馆内有卫生间,可提醒游客使用。纪念馆内有明确的指示牌指明参观线路,导游应提醒游客按线路指示牌的指示进行参观。

任务 6.5 "思源池—忠魂亭"的导游讲解与服务

 知识讲解

一、"思源池"的导游讲解

雨花台烈士纪念馆的南面是一块小"盆地",现辟为一个平坦的纪念广场。东西两侧为南京青少年林地和茶园。正南的水池称为思源池,意为"饮水思源",不忘烈士抛头颅、洒热血才换来了今天的幸福生活。1997 年在池旁新增了两组墙式雕塑,撷取八个典型片段,表现了南京地区的

革命历程。

二、"忠魂亭"的导游讲解

思源地南部山丘上建有忠魂亭。亭为覆钟形,灰色花岗岩贴面,南北的横额上有江泽民题写的"忠魂亭"三个金字。它是由南京市30多万党员交纳的特殊党费建成的。总耗资约300万元,其中党费240万元,雨花台烈士陵园又追加了60万元。忠魂亭在整个陵区中轴线的最南端。它的外形含义为:学习中国革命的斗争史,学习烈士的光辉事迹,今天的胜利来之不易,要警钟长鸣,居安思危。

服务小贴士

一、"思源池"的导游服务

思源池的整个形状呈广场形,适合家庭和旅游团队在这里拍照留念。

二、"忠魂亭"的导游服务

忠魂亭左右两侧都有通道去往雨花台的南大门。如果约定好最后在南大门集合上车就可以一直向南走。如果约定好是在北大门集合,则提醒旅游者按原路返回。

从北大门开始的雨花台游览到此就结束了。如果时间允许,游客也有兴趣,导游还可以带他们去游览雨花阁和"江南第二泉"。

导游职业能力测试

◉ 知识问答

(1) 请说出雨花台名称的由来。
(2) 游览雨花台可以分为哪几种形式和内容?
(3) 烈士就义群雕像体现了什么主题和思想?
(4) 雨花台景点的魅力主要体现在哪些方面?

◉ 技能必备

(1) 能够对烈士就义群雕像的形态和主题思想进行1分钟左右的导游讲解。
(2) 能够对雨花台的主要景点——烈士纪念碑和纪念碑碑廊进行3分钟左右的导游讲解。

◉ 技能拓展

以雨花阁为讲解对象,从楹联匾额切入,创作一篇讲解时间为3~5分钟的导游词,下节课按小组进行汇报讲解。

任务7 南京大屠杀遇难同胞纪念馆的导游讲解与服务

课前准备

1. 通过实地参观、网络查询,了解南京大屠杀遇难同胞纪念馆的历史演变过程,熟悉南京大屠杀遇难同胞纪念馆的参观内容与独特的文化内涵;
2. 熟悉南京大屠杀遇难同胞纪念馆的参观路线。

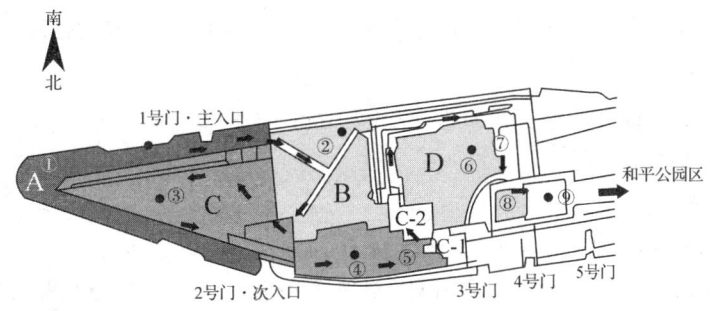

A. 馆前广场　B. 集会广场区　C. 展陈区　D. 遗址区

①馆前广场 ②集会广场区 ③史料陈列厅 ④《古城的灾难》组合雕像 ⑤"历史证人的脚印"铜版路等 ⑥墓地广场 ⑦遗骨陈列室 ⑧"万人坑"遗址 ⑨祭场·冥思厅

南京大屠杀遇难同胞纪念馆参观路线示意图

南京大屠杀遇难同胞纪念馆由集会广场区、展陈区、遗址区与和平公园区四大部分组成,参观的线路是集会广场区→展陈区→遗址区→和平公园区。

作为导游员,我们应该怎么讲解,才能较好地体现出南京大屠杀遇难同胞纪念馆的特点呢?

任务7.1 "集会广场区—展陈区"的导游讲解与服务

一、"集会广场区"的导游讲解

(一)展馆总体介绍

南京大屠杀遇难同胞纪念馆建立在当时南京大屠杀江东门集体屠杀遗址(即"万人坑")上,于1985年8月正式对外开放。1994年至1995年,2005年至2007年两次扩建,现占地7.4万平方米,展陈面积9 800平方米,新馆于2007年12月13日南京30万同胞遇难70周年之际建成开放。整个展馆分为集会广场区、展陈区、遗址区、和平公园区,是一座纪念性的遗址型历史博物馆,也是爱国主义教育基地和全国文物保护单位。

(二)展馆的外形

纪念馆新展馆的整体设计形状为"和平之舟",是一座拔地而起的扬起高高的船头的造型;从侧面看,它又像一把被折断的军刀;从空中看,它呈现为一个化剑为犁的立面。新馆由华南理工大学何镜院士主持设计,原馆由东南大学齐康院士设计完成。

(三)雕塑——《家破人亡》

矗立在馆前的这组铜质雕塑是由中国雕塑院院长、南京大学吴为山教授设计的。最东侧高达十几米的雕塑是《家破人亡》,表现的是南京大屠杀期间,一位母亲抱着死去的孩子仰天呼号的形象。

(四)主题雕塑——《冤魂呐喊》

走进纪念馆,迎面是一座铜质主题雕塑《冤魂呐喊》。劈成两块的巨型三角形棱块造型上刻有呐喊浮雕,寓示着无数亡灵的冤屈与呐喊、挣扎与反抗。整个雕塑造型有不稳定感,造成视觉与心理上的压迫与震撼,所产生的巨大张力隐喻着正义的力量,并预示着中华民族在反抗中的胜利。

(五)灾难之墙

远处的墙叫作灾难之墙,在黑色的花岗岩上刻着由中、英、日、德、葡萄牙、希腊、荷兰等12国文字书写的"遇难者300000"。

(六)标志碑

灾难之墙的东侧是一座十字架形状的标志碑,上面刻着一排表示时间的数字——"1937.12.13—1938.1",这代表南京大屠杀所持续的六周时间。该碑下面铺着一层层碎石,意味着纪念馆建在"万人坑"遗址之上。

(七)和平大钟

灾难之墙的右侧是一个寓意为"倒下的300000人"的抽象雕塑钟架。它用三根黑色的三棱柱和五个褐红色的圆圈,组成了"300000"的数字,中间的三根黑色横梁为一个倒下的"人"字。钟架上挂的是和平大钟,它是由旅日华侨捐资铸造的,钟面上刻着有关南京大屠杀的图文,钟体正面是由中国书法家协会原名誉主席启功先生书写的钟名。每年的12月13日,和平大钟都会被人们撞响。

(八)国家公祭日

2014年2月27日,中国十二届全国人大常委会第七次会议通过决定,将每年的12月13日设立为南京大屠杀死难者国家公祭日。2014年12月13日,中共中央总书记习近平赴南京参加首次南京大屠杀死难者国家公祭仪式。国家公祭日的设立,是缅怀过去,更是抚慰民心、顺应民意的措施,是为了现在和未来的不忘却。同时,国家公祭日的设立,也是中国在更好地与世界沟通,在向世界传递中华民族对于人权和文明的态度,在向世界表达我们热爱和平、维护和平的决心与责任。

二、"展陈区"的导游讲解

(一)门厅

展馆的门厅迎面矗立的是一块锈蚀的巨大钢板,这上面的两张历史照片"尸山"和"血池",是从千余幅历史照片中精心挑选的,上面用中、英、日三国文字对南京大屠杀做了概括性的介绍。

(二)序厅——"遇难者300000"

序厅顶部的造型为一堵坍塌的城墙,墙面上是南京当年的地图。地图上刻有20多处集体屠杀遗址和中、英、日文书写的"遇难者300000"。序厅两侧墙体雕刻着10 000名南京大屠杀遇难者名录。序厅正前方复原了一截江堤,中间是一个巨大的白色花圈,花圈里有遇难者的遗像。每隔12秒钟,在悠远的钟声中将切换一位遇难者的遗像。在波光粼粼的江面上,时断时续地浮现着一批又一批的遇难者的遗像。这是因为当年南京大屠杀主要的集体屠杀地点集中在江边,有10多万具遇难者的尸体被抛入了长江。近处的石台上,放置着《南京大屠杀遇难者名录》《侵华日军南京大屠杀暴行日志》等史料书籍,几台电视机里循环播放着当年侵华日军何时何地、如何屠杀南京市民的历史资料。

(三)基本陈列主题墙

这里展示的是基本陈列主题墙。在一块巨大的钢板上,刻着展览的主题名称:"人类的浩劫——侵华日军南京大屠杀史实展"。

(四)日军飞机空袭南京历史图片

1937年8月15日,日本海军航空队从日本长崎出发,对南京进行了第一次越洋空袭。接着,日军飞机又对南京进行了数月之久的轰炸,致使南京遭受了严重的毁坏。我们可以看到按历史图片复制的当年南京的第七号公共防空壕,顶部悬挂着的就是当年日军正在使用"九六式"舰上攻击机投弹轰炸南京的历史图片,同时还放映着日军飞机当年轰炸南京致使墙屋倒塌的真实历史影像。大家看这幅图,这是被轰炸的受害者王雯玉、曹志坤,日军在南京的轰炸,给他们留下了许多痛苦的回忆。再看这里,这是复原当年遭日军轰炸的街道场景,它们是根据历史照片塑造而成的。旁边陈列的是在南京发现的当年日军使用的自动航空写真机箱。

(五)日军入侵南京历史图片

1937年11月20日,国民政府宣告迁都重庆,同时任命唐生智为卫戍司令长官,投入10余万兵力,守卫南京。12月1日,日本参谋本部下达了进攻南京的作战命令,20多万日军展开了向南京的进攻。中国守军在南京进行了顽强的抵抗,至12月13日,南京沦陷。

我们现在看到的是侵占南京的部分日军指挥官照片。其中有日本华中方面军司令官松井石根、上海派遣军司令官朝香宫鸠彦亲王,朝香宫鸠是裕仁天皇的叔父,还有日本华中方面军第十军司令官柳川平助、日军第六师团长谷寿夫等。

(六)南京沦陷相关史料

1937年12月13日,日军相继侵占中华门、光华门、中山门、太平门等城门后,旋即在南京城内外展开了为期六周的大屠杀。投影机里正在播放当年日本屠杀南京人民的一幕幕历史画面。1937年12月17日,日军部队在中山门举行占领南京入城仪式。松井石根骑在马上进入南京城,显示日本军方的"武威"。日本国内用各种方式彻夜狂欢庆祝南京沦陷。此时的南京陷入了一片恐怖之中,南京市民正面临着一场劫难。这里呈现有日本当时的报纸关于"庆祝南京沦陷"的报道、日本当时发行的"南京沦陷纪念明信片"、日本国内为儿童制作的"南京沦陷棋盘"。

(七)日军屠杀方针及大搜捕相关史料

1937年11月下旬,时任日本华中方面军司令官的松井石根发出命令:"南京是中国的首都,占领南京是一个国际上的事件,所以必须做周详的研究,以便发扬日本的武威,而使中国畏服。"从这个命令我们可以看到,日军想通过屠杀,用武威迫使中国屈服。日军第十六师团长中岛今朝吾的日记中记述了日军"大体上不保留俘虏,全部处理之"的大屠杀方针。日军第六师团司令部也曾接到命令说:"不论妇女儿童,凡中国人一概都杀,房屋全部放火焚烧。"

日军部队在南京城内进行了大规模的搜捕,这是日军部队沿南京中山东路押解青壮年经过中国国民党党史史料陈列馆(现中国第二历史档案馆)门前的场景,图上的牌坊及门楼现仍保留着当年的面貌。这是日军部队将被俘的已解除武装的中国军人,用绳索捆绑后,押往郊外集体枪杀的场景。这是日军部队在南京大街上搜捕难民的场景。

(八)集体屠杀相关史料

展柜中陈列的重机枪、轻机枪是日军当年集体屠杀使用的主要武器。这挺重机枪是日本大正三年式重机枪,每挺枪需配备13个日本士兵,这种机枪杀伤力非常大,日军在集体大屠杀中曾使用过它。这些投影和展板上的历史图片,反映的是当年在南京被日本人屠杀的中国遇难者的累累尸体。这些图片的内容分别是:日军第六十六联军在中华门外将搜捕到的中国军民押往山谷准备屠杀;南京街头遍地是遭日军屠杀的中国人尸体;在长江边被日军屠杀的南京难民尸体;从中山码头、燕子矶、三叉河等集体屠杀遗址出土的日军武器和遇难者遗物。

(九)零散屠杀相关史料

日军在疯狂地进行集体屠杀的同时,还在南京的大街小巷、庭院住宅、寺庙庵堂、村庄田野等处随意杀人,南京城内外多处尸体横陈。根据1946年中国南京审判战犯军事法庭调查立案,日军零散屠杀共有858案,确认被零散屠杀、尸体经过慈善团体掩埋的逾15万具。

日军零散屠杀的方式五花八门,有枪杀、刀劈、焚烧、活埋、水溺、开展杀中国人竞赛、杀中国人取乐、杀中国人祭马等。

(十) 日军毁尸灭迹相关史料

日军在进行南京大屠杀的同时,为了制造假象,对南京大屠杀遇难者采取抛尸长江、放火焚烧、就地掩埋等方式进行毁尸灭迹。

太田寿男是日军第二碇泊场司令部少佐,他在抚顺战犯管理所的供词中,交代了他当时带领800名士兵,用30只小船和10辆汽车,每天在南京下关、浦口一带的江边毁尸灭迹,日军第二碇泊场司令部处理的尸体逾10万具,其他日军部队处理尸体逾5万具,共计逾15万具。

(十一) 南京大屠杀的幸存者见证资料

距离南京大屠杀惨案发生已经半个多世纪了,目前保存了大量的南京大屠杀证言、日军官兵日记及外籍人士当年的见证资料。这里是南京大屠杀幸存者应邀参加的海内外证言活动,这是南京大屠杀幸存者李秀英、夏淑琴、李道魁、潘开明、洛中洋在做证言。让我们记住幸存者李秀英老人说的话:"要记住历史,不要记住仇恨。"

(十二) 档案墙

再往前走是一面巨大的档案墙,上面摆放了12 000多盒有关南京大屠杀的资料。黑色的盒子是南京大屠杀遇难者的个性化档案资料,蓝色的盒子是南京大屠杀幸存者的个性化档案资料,灰色的盒子是南京大屠杀海外证人的个性化档案资料。如果想了解详细证言资料,可以从这些档案盒中或者电脑中查找。

(十三) "前事不忘,后事之师"墙及尾厅

十几米高的墙上镌刻着八个大字"前事不忘,后事之师"。这是1972年中日邦交正常化时,中国总理周恩来提出的。它是建馆的理念,也是建馆的目的。旁边用英语、法语、德语等12种语言书写的"前事不忘,后事之师",目的是让世界上更多的人了解历史,铭记历史。

历史是一面镜子,历史的教训不要忘记。侵华日军南京大屠杀历史事实证明,战争是对人类文明的浩劫,战争是滋长兽性戕害人性的野蛮机器,侵略与屠杀必然造成受害民族的灾难。我们永远不能忘记弱国就要挨打,永远不能忘记覆巢之下无完卵,永远不能忘记国家受侵略、人民遭劫难的历史教训,我们要高举爱国主义旗帜,自强不息,开拓进取,为建设中国特色社会主义,实现祖国统一,维护世界和平而努力奋斗。南京大屠杀基本陈列展览到此结束。请大家到尾厅稍事休息,然后到二楼继续参观"胜利1945"专题展览。

服务小贴士

参观遗址区前的提醒工作

从展陈区出来,由东向西就进入遗址区,这是整个展区的第三部分。要提醒游客走水泥路,不要走到碎石上去。

原创导游词赏析

侵华日军南京大屠杀遇难同胞纪念馆前雕塑

各位游客朋友,大家好,我是你们的导游员,现在我们来到了位于南京江东门的侵华日军南京大屠杀遇难同胞纪念馆。1937年12月13日,日军在侵占南京后,进行了惨绝人寰的大屠杀,在长达六周的时间里烧杀淫掠无恶不作,30万同胞惨遭杀戮,人类文明史上留下了黑暗的一页。为了永远铭记这血的历史教训,反对战争,维护和平,1985年南京市人民政府在日军集体屠杀遗址和遇难者丛葬地所在的江东门建起了这座纪念馆。2007年为悼念南京大屠杀遇难同胞七十周年,著名雕塑家吴为山先生为纪念馆制作了一组青铜雕塑,我们今天的参观就从这里开始。首先我们看到的这座题为《家破人亡》的雕塑,像高11.3米,塑造的是一个被日军侮辱的母亲横抱着刚被杀害的幼子,悲怆绝望地向苍天呼号,而她的身后,已被活埋的丈夫依旧挣扎着将自己的手脚伸出大地,这是怎样的悲剧!中华大地上曾经回荡着多少母亲绝望的呼喊!

请大家随我继续向前,迎面是一组名为《逃难者》的群雕,每座雕像都略大于真人。这组群雕形象地再现了当年无辜百姓在大屠杀中逃难求生的场景。这些逃难者,家已没了,在日军的疯狂屠戮中,在铺满尸体的巷道里,到处寻找着生的希望:

鬼子来了,快跑啊!手无寸铁的平民们,争先恐后要逃离这人间的地狱。

鬼子来了,快跑啊!可被蹂躏的少女却无处可逃,只能用死亡来洗涤自己的耻辱,这被玷污的岂止是美丽的身体,更是人类的尊严!

鬼子来了,快跑啊!可不远处已被寒冷、惊恐凝冻的婴儿怎能听懂这一声声呼喊,依旧趴在母亲的尸体上吮吸着乳汁。

鬼子来了,快跑啊!年迈老人抱着死去的孙儿踌躇彷徨,哪里有宁静的地方,可以安放这未曾灿烂的生命?我们该往哪里去?哪里才是离开这地狱的大门?

在我们的正前方,一座被劈开的山,构成了纪念馆的大门,这是"屠杀之门""死亡之门"。请看我的右手边,是无辜百姓被屠杀的场面,被绳索捆绑着的百姓群情激愤,如波浪一样涌动,却被四周的刺刀围得严严实实;另半边,山顶上一只巨手直指苍穹,那是千千万万冤魂在不屈地呐喊。

游客朋友们,历史在这里被定格,但我们无须一直沉浸在历史的苦难中,历史的沉重感会让我们更加理性地面对民族的灾难,坚强会让我们冷静地把历史的责任放在肩上。前事不忘,后事之师,让我们牢记这段惨痛的历史,永远不让悲剧重演。好了,馆前雕塑就为大家介绍到这里,现在就请大家随我进入馆内参观。

(南京旅游营养中等专业学校　戴斌)

任务7.2 "遗址区"的导游讲解

知识讲解

一、"古城的灾难"大型组合雕塑

下面我们将参观的是南京大屠杀江东门遗址区。

这座雕塑名叫"古城的灾难"。它是由残破的"城墙"、残缺的"军刀"、"历史的桥梁"、遇难者的"头颅""手臂"等组成的雕塑,鹅卵石象征着遇难者的累累白骨,长明灯象征着遇难者的生命之火。

二、"历史证人的脚印"铜版路

"历史证人的脚印"铜版路于2002年12月13日落成,长40米,宽1.6米,铸有南京大屠杀部分幸存者和中国曾经参与远东国际军事法庭成员共222位历史证人的脚印。这两尊雕塑是比较有代表性的幸存者倪翠萍和彭玉珍。

三、墓地广场

墓地广场是纪念性墓地。它以鹅卵石铺地,寸草不生,象征着累累白骨,象征着死亡,而两边翠绿的草坪和院墙外的常青树又象征着生命力和抗战精神;生与死在这里形成了强烈的对比,生与死的主题展示在一线之间。那几株枯树既代表着南京城当年有三分之一的建筑被烧毁,又渲染了凄惨的氛围。我们现在所站的地方是过去的展览厅顶部,它是坟墓造型,由墓墙、墓室、墓道构成。我们站在坟墓的顶部平台,沿着斜坡的围墙,将进入一个半地下的史料陈列室,这里是临时展览厅。在遗址院落内,有枯树、鹅卵石、断墙,有镶嵌在围墙上的三组名为"劫难""屠杀""祭奠"的大型浮雕、17块遇难同胞纪念碑、"母亲的呼唤"立雕、遇难同胞名单墙、遇难同胞遗骸陈列室、"万人坑"遗址,这些共同组成了墓地广场,构成一幅凄惨的场景。

四、遇难同胞名单墙

遇难同胞名单墙长43米,高3.5米,由花岗岩砌成,老百姓称之为"哭墙"。上面刻着10 000多名南京大屠杀遇难者的名单,他们是30多万遇难者的代表。

五、"万人坑"遗址

"万人坑"遗址中布满了于1998年4月至1999年12月期间发掘的遇难者遗骨,遗骨分7层排列,表层达208具,占地170平方米。这批遗骨分布凌乱,有的严重扭曲变形,有的伴有弹穿刀刺痕迹,男女老幼均有,经过法学、医学、考古学和史学等多学科专家的考证,这批遗骨被确认为南京大屠杀遇难者遗骨。

六、"万人坑"遗址遗骸一览表

令人触目惊心的"万人坑"遗址遗骸一览表,详细记录了208位遇难者的年龄、性别等鉴定的情况。

七、祭场

祭场显得庄严、凝重。在黑色的花岗岩石碑前,燃烧着遇难者的长明火,祭场两边是一块块被折断的无字纪念碑,它们象征着被剥夺生命者的身躯。在这里,人们通过献花圈、默哀等形式,寄托对遇难者的哀思和反对战争、祈祷和平的信念。

八、冥思厅

来到肃穆的冥思厅,入口处刻着六个"让"、两个"把",即"让白骨得以入殓,让冤魂能够安眠,把屠刀化为警钟,把逝名刻作史鉴,让孩童不再恐惧,让母亲不再悲叹,让战争远离人类,让和平主导未来"。这个厅由镜面花岗岩贴面,营造出一个深沉的发人深省的悼念环境,在这里,前来悼念的人们可以为遇难者点上一盏红红的烛灯,把它放在流水里,让摇曳的烛光祈祷逝者安息、国运昌盛、世界和平。

任务 7.3 "和平公园区"的导游讲解

知识讲解

一、景观平台

走出冥思厅,来到景观平台,一抹光亮突然出现在眼前,仿佛从黑暗走入了光明。左侧和平公园的景色尽收眼底,中间是一片平缓的水面,右侧是胜利之墙,远处是高大的《和平》雕塑。

二、和平公园

绿色象征着生命。眼前所看到的由绿色的草地、灌木以及雪松、白皮松、银杏、水杉等高大树木组成的和平公园,构建了一片生机勃勃及安宁祥和的景观。

三、水池

眼前的由黑色花岗岩铺面的水池长达 160 米,平静的水面像一面巨大的镜子。冥思厅和胜利之墙投影在水面上,仿佛映照着历史;绿色的树丛、草地和蓝天白云投影在水里,象征着充满和平的今天和满载希望的明天;高大的汉白玉雕塑《和平》倒映在水中,更点明了和平公园的主题。

四、雕塑——《和平》

这是用汉白玉制作的雕塑,它是由我国著名雕塑家、鲁迅美术学院的孙家彬教授主持创作设计的。它由手托和平鸽的母亲与期盼和平的儿童组成,以艺术形式表达中国人民痛恨战争与屠杀、追求和平与发展、期盼人类美好未来的心愿。雕塑总高 30 米,寓意纪念南京大屠杀中遇难的 30 万同胞。正面有 9 级台阶,象征着人类走向持久的世界和平。

 **导游职业能力测试**

⊙ **知识问答**

(1) 请说出南京大屠杀发生的时间和遇难同胞的人数。

(2) 纪念馆门前的雕塑体现了什么主题思想?

(3) 冥思厅里的灯光布置的寓意是什么?

(4) 和平公园的雕塑是谁设计创作的?雕塑的象征意义是什么?

⊙ **技能必备**

(1) 对南京大屠杀遇难同胞纪念馆的概况进行3分钟左右的导游讲解。

(2) 对南京大屠杀遇难同胞纪念馆门前的雕塑进行2分钟左右的导游讲解。

⊙ **技能拓展**

以和平公园的雕塑为讲解对象,从展望未来和平切入,创作一篇讲解时间为3~5分钟的导游词,下节课按小组进行汇报讲解。

 **导游推荐**

⊙ **新景推荐**

1. 阅江楼　　推荐指数:★★★★★

阅江楼位于南京城西北,濒临长江。阅江楼的建筑设计、色彩选定均以朱元璋在《阅江楼记》中所描绘的状况和神采为依据,以明代风格、皇家气派为基本方针,展示阅江楼之巍峨形态和磅礴气势,从而使其高度、体量、气势均可与岳阳楼、滕王阁、黄鹤楼相媲美。阅江楼临江而居,是观赏大江风光的最佳之处。

2. 静海寺　　推荐指数:★★★★

静海寺位于南京城西北部狮子山下,建于明永乐年间,是明成祖朱棣为褒奖郑和航海的功德,同时为供奉郑和从异域带回的罗汉画像、佛牙、玉玩等物品和奇花异木的活株而敕建的。它又是清末《南京条约》的议约地,是中国近代史起点的象征,是爱国主义教育基地。

⊙ **美食推荐**

1. 盐水鸭　　推荐指数:★★★★★

盐水鸭是南京有名的特产,久负盛名,至今已有一千多年历史。此鸭皮白肉嫩、肥而不腻、香鲜味美,具有香、酥、嫩的特点。每年中秋前后的盐水鸭色味最佳,又因为盐水鸭是在桂花盛开季节制作的,故美其名曰:桂花鸭。

2. 鸭血粉丝汤　　推荐指数:★★★★

在南京卖鸭血粉丝汤的摊点星罗棋布,精明的摊主预先将切成小块的鸭血和粉丝煮熟,放在锅中,见有客人来,便捞出鸭血粉丝装在白瓷碗里,然后浇上一勺滚烫的鲜汤,滴上数滴香油,撒上一撮虾米或鸭肠、鸭肝等,再加上一撮香菜。爱吃辣的客人,还可以再加上些辣椒油或胡椒,又香、又辣,色香味俱佳。

⊙ **休闲推荐**

1. 1912时尚休闲区　　推荐指数:★★★★★

1912时尚休闲区呈L形,环绕着南京著名旅游景点总统府,与中华第一商圈——新街口仅距离1千米。占地3万多平方米,总建筑面积达4万平方米,由17幢民国风格建筑及"共和""博爱""新世纪""太平洋"4个街心广场组成。1912时尚休闲区将浓郁的民国历史风味与时尚消费有机结合,是一个类似于上海"新天地"的集休闲、娱乐、观光于一体的时尚街区。

2.南京汤山文化风景区　　　　推荐指数:★★★★★

汤山文化风景区位于南京东郊,该区集碑、泉、洞、湖、寺为一体,融人文景观与自然风光于一炉,独具特色。汤山以温泉著称,是全国四大温泉疗养区之一,这里有举世无双的阳山碑材,有"南京猿人"栖息的汤山溶洞,有巧夺天工的安基湖和被誉为"律宗第一名寺"的隆昌寺等,是休闲旅游的好去处。

模块2　镇江导游

 模块要求

> 通过本模块的学习,要求学生具备为旅游者提供镇江导游、讲解以及其他相关旅游服务的能力。
> 1.能够对城市概况进行8分钟左右的导游讲解,具体内容包括历史沿革、地理位置、气候特点、名称由来、行政区划、人口以及城市特色等。
> 2.能够对景区概况进行1分钟左右的导游讲解,既要能够简明扼要地介绍景区的概况,又要能够体现出景区的特色与魅力。
> 3.能够对主要景点进行3分钟左右的导游讲解,既要能够详细介绍景点的具体情况,又要能够凸显一定的文化内涵。
> 4.能够提供导游常规服务,比如,景区景点内的游览指导,以及景区景点内的最佳拍照点提醒、卫生间位置提示等。

任务1　镇江城市概况的导游讲解

 课前准备

通过预习教材、网络查询、查阅相关书籍,结合地图,熟悉镇江的城市历史沿革,熟悉镇江的经济社会发展概况,掌握镇江的地理、气候、名称由来以及行政区划等其他相关情况。

任务导入

提到镇江,人们便会联想到"天下第一江山""城市山林"等词语,脑海中还会浮现出"水漫金山""甘露寺招亲"等场景,甚至还会想到"镇江香醋"。

那么,镇江到底是一座什么样的城市?它又具有什么样的个性呢?

任务 1.1 镇江历史沿革的导游讲解

知识讲解

一、建制沿革

（一）西周—春秋战国时期

镇江最早的地名为"宜",1954年出土的宜侯矢簋(cè guǐ),记载了周康王南巡到这里,封宜侯矢并赐给田地、弓矢、人口的经过,成为"吴为周裔"的实物佐证。周康王的时代大约在公元前1020年至公元前996年,由此推算,镇江建城至少有三千年的历史。

春秋时,镇江被称作"朱方",是禹的贡地。战国时这里前期属越,后期属楚,楚国将朱方更名为"谷阳",因朱方大部位于宁镇山脉以南,故名谷阳。就这样,纤丽浮华的吴越之地,平添了几分楚风的悲烈与张扬。

（二）秦汉—三国时期

秦始皇统一六国后,改行郡县制,在镇江之地建丹徒县,属会稽郡。

东汉永建四年(129),丹徒县属吴郡。吴主孙策在北固山前峰筑京城,后改为京口。三国吴嘉禾三年(234),改丹徒县为武进县。

（三）西晋—南朝时期

西晋经几次反复,武进县复为丹徒县,属晋陵郡。西晋"永嘉之乱"后,司马睿立都建康,北方巨族也纷纷南下,首先到达的便是镇江。在北方文化的冲击下,镇江在吴文化圈中被进一步边缘化,北方文化从此成为镇江文化的另一个焦点。

永和年间,东晋政权于晋陵侨置徐州,原徐州为北徐州。南朝时设南徐州,治京口。

（四）隋唐时期

隋开皇九年(589),丹徒县与延陵县合并为延陵县。隋开皇十五年(595)置润州,延陵县属润州。唐天宝元年(742),改润州为丹阳郡,仍在丹徒县,故唐朝时又称丹徒为丹阳。

（五）宋元明清时期

宋政和三年(1113),升润州为镇江府,为镇江行政建制得名之始。元改为镇江路,元至正十六年(1356),朱元璋占领镇江,改镇江路为江淮府。明清两代均置镇江府。第二次鸦片战争后,镇江成为近代通商口岸,英殖民者于清咸丰十一年(1861)在此设立租界,镇江成为"国中之国",1927年3月24日,租界由镇江商会接管。

（六）民国时期

1912年1月1日,中华民国成立,废镇江府,使其直属江苏省。1929年2月4日,江苏省省会由南京迁到镇江,抗战期间,又曾先后迁往江都和淮阴。抗战胜利后,1945年10月,江苏省省会迁回镇江。

二、历史文化名人

镇江扼南北要冲,得山水之胜,钟灵毓秀,代不乏才。历代文人墨客纷纷前来寻幽探胜,寄情抒怀,耕耘风雅,播种斯文。其中有李白、杜牧、范仲淹、王安石、苏轼、陆游、辛弃疾等才士名贤。

王昌龄的"洛阳亲友如相问,一片冰心在玉壶",王安石的"春风又绿江南岸,明月何时照我还",辛弃疾的"何处望神州,满眼风光北固楼"等成为千古绝唱,流风遗韵,至今袅袅不绝。李白的"丹阳北固是吴关,画出楼台云水间",杜牧的"青苔寺里无马迹,绿水桥边多酒楼",范仲淹的"山分江色破,潮带海声来",沈括的"楼台两岸水相连,江北江南镜里天",萨都剌的"野人一过竹林寺,无数竹林生白烟",冷士嵋的"槛外晴川甘露寺,窗前秋水玉圌峰",展现出一幅幅活色生香的诗画。

东晋时,中原鸿儒显宦纷纷南下,移居京口者众多,或完成大业,或著书立说,著名的有:南朝宋开国皇帝刘裕(寄奴),撰有《世说新语》的刘义庆,著有《晋书》的臧荣绪,选编《玉台新咏》、诗文与庾信齐名的徐陵,中国第一部诗文总集《昭明文选》的编纂者萧统,著有中国第一部系统文学理论巨著《文心雕龙》的刘勰等。北宋移居镇江的有:著有被誉为"十一世纪的科学坐标"《梦溪笔谈》的科学家沈括,制造出世界上最早天文钟"水运仪象台"的科学家苏颂,书画家米芾,抗金名将宗泽。明清两代镇江名人有:官居吏部尚书兼武英殿大学士的杨一清,主持编修《大清一统志》《佩文韵府》《康熙字典》的张玉书。近代以来有:著有《铁云藏龟》和《老残游记》的刘鹗,著有第一部全面系统的汉语语法专著《马氏文通》的马建忠,历史学家柳诒徵,飞机制造专家巴玉藻,华生电扇发明者杨济川,世界语运动开创者之一符恼武,金融家陈光甫,桥梁专家茅以升,辛亥革命广州起义总指挥、被南京临时政府追授为上将军的赵声,辛亥革命著名将领李竟成、解朝东,爱国民主人士冷遹,诗人闻捷等。

此外,镇江下辖的丹阳市为三国吴大帝孙权和南朝齐高帝萧道成、梁武帝萧衍故里,近代名人有爱国老人马相伯,美术家吕凤子,当代有语言学家、语文教育家吕叔湘;句容市历史名人有被誉为医药鼻祖的葛玄,晋朝道教理论家、炼丹术家和医学家葛洪,南朝道教思想家、医药学家陶弘景等。

任务1.2 镇江城市特色的导游讲解

知识讲解

镇江,涵盖了山水林泉、水陆江城、寺观古渡,绵延了三千多年的悠久历史,融汇了江南文明和中原文化,集中国历史文化名城、中国优秀旅游城市、国家级卫生城市和国家环保模范城市于一身,形成了一幅壮观的长轴画卷。

一、清新秀丽、个性鲜明的山水城、园林城、生态城

镇江是中国首批优秀旅游城市之一。镇江枕山襟江,水陆相连,城在山中,山在城中,自古便以"真山真水、山水形胜"蜚声海内外,有"天下第一江山""城市山林"等美称。现代镇江则将自己的城市特色概括为"南山北水古运河",城内有"三山五岭八大寺"之说。市区的北面,面朝长江、胸挺运河,北固居中,金山、焦山,一左一右,交相辉映,展现出一幅秀美的山水画卷;新世纪着力打造的金山湖景区也日趋完善,北固湾景区、焦山湿地等令游客流连忘返。城市的南郊,山冈连绵,特别是南山国家森林公园,是古人隐居读书的神往之地,林木幽深,泉流鸟鸣,最适合游人休闲;西津渡古街、梦溪园旧址、天下第一泉、芙蓉楼等古迹久负盛名,还有道家"第一福地"茅山、"律宗第一名山"宝华山等等,都是观光旅游的胜地。

二、底蕴丰厚、人文荟萃的历史文化名城

镇江是中国历史文化名城,是吴文化的发祥地。全市有3个国家级文保单位,122处省、市级

文保单位,被誉为"文物之邦"。东汉末年,吴主孙权在北固山修筑"铁瓮城",开创了称雄江东的东吴时代,留下了"甘露寺刘备招亲"的千古佳话。金山寺始建于东晋,到唐代已闻名于世,"白娘子水漫金山"的传说、"梁红玉击鼓战金山"的故事广为流传。焦山碑林、南朝陵墓石刻、英国领事馆旧址是国家级文物保护单位。焦山碑林号称"江南第一碑林",保存了晋、隋、唐、宋、元、明、清历代书法名家和文化名人的书法精品,《瘗鹤铭》被誉为"大字之祖"。南朝宋、齐、梁、陈四个王朝,有三个帝王出生在镇江。南朝陵墓石刻数量之多、形制之大、雕刻之精美、保存之完好,均为全国罕见。其中,镇江博物馆为1890年建造的一组五幢英式建筑,原为英国总领事馆馆址,现收藏新石器时代至近代的三万余件文物精品,其他的有被誉为"一座天然的历史博物馆"的西津渡古街、江南乃至全国现存唯一的喇嘛式过街石塔、被誉为"中国第一库"的民间文化艺术馆等。

现在的镇江是江苏省重要的高教、科研基地,拥有江苏大学、江苏科技大学等5所知名高校。

三、区位优势独特、资源条件优越的港口型开放城市

镇江西距南京50千米,东距上海200千米,处于上海经济圈和南京都市圈的交汇点,区位优势突出。沪宁铁路、沪宁高速公路、京沪高铁、扬溧高速公路、宁常高速公路、312国道、104国道贯穿全境,市区距南京禄口机场仅1小时路程,润扬长江公路大桥和沪宁高速铁路使镇江的区位优势更加明显。

镇江港是全国主枢纽港之一,是全国十大港口之一和长江第三大港口。长江岸线长259千米,其中深水岸线160千米。高资港区、龙门港区、镇江港区、谏壁港区、高桥港区、大港港区、扬中港区构成镇江港口群。镇江口岸是国家一类对外开放口岸,海关、商检、卫检、动植检等查验机构齐全。

四、产业特色明显、富有生机和活力的工业化城市

全市初步形成了精细化工、造纸、铝业、光电子、汽车零配件、新型建材等六大支柱产业。拥有全国最大的醋酸生产企业和铝箔包装材料定点生产基地,亚洲最大的工程塑料生产基地,世界产能第一的造纸生产线,以及国内汽车行业最大的发动机缸体铸造企业等。2009年,镇江人均地区生产总值、人均财政收入等经济发展实绩均列江苏第五位。

根据镇江市委、市政府确定的战略部署,镇江市将新能源、新材料、电子信息、航空制造、海洋工程等列为五大战略性新兴产业,明确了镇江市新兴产业发展方向、发展重点,旨在强化规划引领作用,指导推进新兴产业快速增长,抢占未来产业发展竞争制高点。

任务1.3 镇江地理等概况的导游讲解

知识讲解

一、镇江地理位置及地形

镇江市地处江苏省西南部、长江下游南岸,东南接常州市,西邻南京市,北与扬州市、泰州市隔江相望。

全市土地总面积3 847平方千米,其中,市区1 082平方千米,3个县级市中,丹阳市1 047平方千米,句容市1 387平方千米,扬中市331平方千米。

镇江市地势西高东低,南高北低,呈波状起伏,形成以丘陵岗地为主的地貌特征。最高峰为句容的大华山(海拔437.2米),市区最高峰为十里长山(海拔349米)。

万里长江与京杭大运河在镇江交汇,形成"十字黄金水道"。凭借丘陵和水乡的毗连,凭借舟

楫的便利,镇江成为人文荟萃、商贾云集、通信便捷的"银码头"。

滨江低地和江心沙洲系近代由长江泥沙淤积而成。江中洲地自西向东有世业洲、征润洲、新民洲、江心洲、顺江洲和扬中四洲(雷公嘴、太平洲、西沙、中心沙)。

二、镇江气候

镇江属北亚热带季风气候的温暖亚带,四季分明,温暖湿润,热量丰富,雨量充沛。市区年平均气温15.5℃,降水量1 070毫米,日照时数为2 057.2小时。

三、镇江行政区划和人口

镇江下辖丹阳、扬中和句容3个县级市,京口、润州、丹徒3个区,另有镇江高新区和国家级经济技术开发区——镇江新区行使市辖区经济、社会管理权限。

四、镇江美食

镇江有"美食之乡"之称,以淮扬菜系为主要特色,同时又兼收南北风味。

特色小吃有"肴肉不当菜、香醋摆不坏、面锅里面煮锅盖",人称"镇江三怪";高档特色菜肴有皇家食谱"乾隆御宴";美味佳肴有"长江三鲜"——鲥鱼、刀鱼和鲴鱼。其他还有与天津"狗不理包子"相媲美的镇江蟹黄汤包、名扬海内外的美食佳品扬中河豚等。

五、镇江特产

镇江香醋:已有一百三十多年的历史,具有色、香、酸、醇、浓的特点,"酸而不涩,香而微甜,色浓味鲜",多次获得国内外的嘉奖,为人民大会堂国宴指定食品。

百花贡酒:具有酸、甜、苦、辣、醇五大特色,清光绪年间,被列为皇帝的"贡品"。1909年参加国际性南洋劝业会和巴拿马赛会,获得优良产品奖和金牌奖。

镇江鲥鱼:属鲱科,体扁而长,色白如银,肉质鲜嫩,为一般鱼类所不及。其营养价值很高,含蛋白质、脂肪、铁、钙、磷、核黄素等,被誉为"鱼中之王"。

汉白玉插屏:插屏多以山水风景、人物仕女、花鸟虫鱼为题材,画面清秀古雅,朴素自然,用以布置厅堂,显得高雅阔绰,是上等的室内装饰品。

金山灯彩:镇江灯彩久负盛名,是历史悠久的传统工艺品。镇江著名灯彩世家梅氏兄弟师承传统,又有创新,以其设计精巧、造型美观、装饰华丽受到好评。他们制作的"金龙戏珠"被装饰在1985年日本筑波世界博览会中国馆的门厅上。

绒花制品:镇江制作绒花已有几百年历史,其工序是先将蚕丝加工成熟丝,然后经染色、下条、打尖、传粘等工艺,制成各种产品。绒花制品既是珍贵的艺术佳品,又是颇具特色的旅游纪念物。

小磨麻油:1985年3月荣获国际美食学会和国际旅游观光委员会金质奖章,在省麻油质量评比中多次名列榜首,远销英美等二十多个国家和地区。

镇江膏药:创始于1662年,已有三百多年历史。具有祛风止痛、舒筋活血、消肿顺气等功效,被群众誉为"万能膏"。1980年,镇江"金山"牌膏药被评为国家医药总局优质产品和省优质产品。

导游职业能力测试

⊙ 知识问答

(1) 镇江的周边有哪些城市?

(2) 镇江下辖哪些县级市、区?
(3) 简述镇江的建制沿革。
(4) 列举10位镇江历史文化名人。

⊙ **技能必备**

能够对镇江的城市概况进行8分钟左右的导游讲解。

⊙ **技能拓展**

能够通过歌曲、快板等形式,与欢迎词结合,对镇江进行趣味性的概括介绍。

任务2　金山的导游讲解与服务

课前准备

1. 通过网络查询,了解金山的历史演变过程,熟悉金山的景观特色与艺术魅力;
2. 熟悉金山的游览路线、入出口。

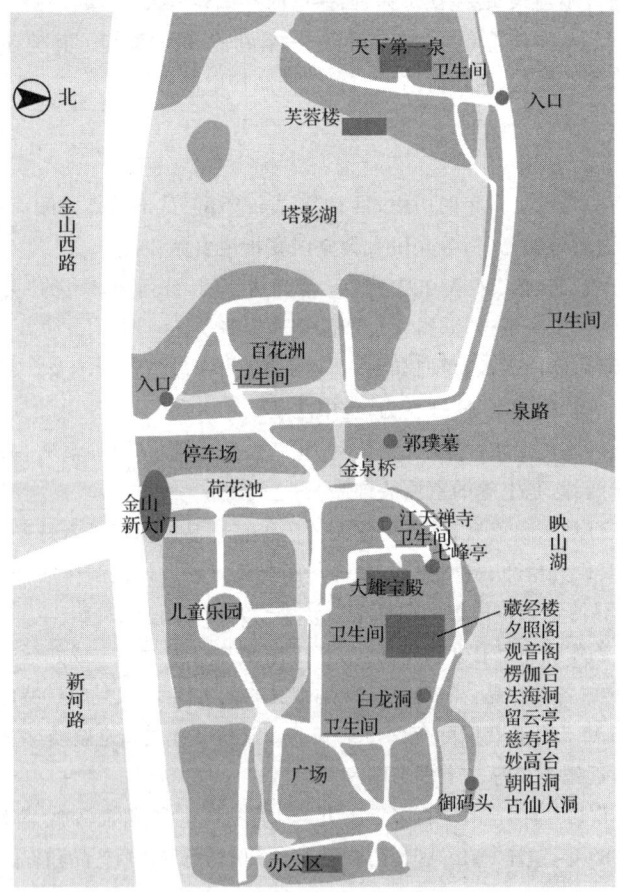

金山公园景点分布示意图

山门→江天禅寺→夕照阁→观音阁→楞伽台→佛印山房→金山四宝→慈寿塔→法海洞→留云亭→妙高台→七峰亭→白龙洞→朝阳洞→古仙人洞→玉带桥→御码头→天下第一泉

很多游客走进金山公园时都会发出这样的疑问:既然是"水漫金山",那水在哪儿呢?

作为一名导游员,应该如何将《白蛇传》的故事与金山的导游讲解结合起来,并且将金山悠久的历史、地形特色和美丽的风光介绍给游客呢?

任务 2.1　金山沿途的导游讲解与服务

一、金山的主要历史沿革

金山雄峙于市区西北、长江南岸,海拔 43.7 米,占地面积为 41.5 万平方米,距市中心(大市口)3 千米。

金山原是长江中的一个岛屿,唐张祜曾有诗云:"树影中流见,钟声两岸闻",即是其真实写照。晋代因其孤立江心,被称为"泽心"。东晋淝水一战,氐族人迁到此处,所以改称"氐浮",也称为"氐父""获符"等。南北朝时,因其形若碧玉浮水,又有了"浮玉"的美名。据宋代《九域志》记载,唐代高僧裴头陀在此修复寺庙时,每天在山间披荆斩棘,开山种田,偶然挖出 100 多两黄金,交给润州刺史李德裕,李德裕将此事禀报皇帝,皇帝令将黄金交给裴头陀作修复寺庙之用,并赐名"金山"。历史上,金山还有"妙高峰""伏牛""青螺""金鳌"等名称。

后因长江水流变迁,清光绪二十九年(1903)左右,金山与陆地连成一片,镇江民间出现"骑驴上金山"的习俗。

中华人民共和国成立后,党和国家十分重视园林事业的发展,对金山逐年开发建设,先后修筑百花厅、芙蓉楼,修缮了"天下第一泉",鉴亭。同时沟通了金山湖与塔影湖水系,水陆连为一体,湖光山色相映,风光分外秀丽,丰富了景区的人文内涵,形成了大金山的格局,呈现出"水漫金山"的意境。2012 年,金山风景区被评为国家 AAAAA 级旅游景区。

二、金山的特色与魅力

(一)佛教文化深

金山在南朝时期就是江南佛教圣地,梁武帝曾在金山进行过第一次水陆道场。到了唐朝,金山寺高僧辈出,众多僧人来此参禅悟道,有道是"上有文殊宝光,下有金山高旻"。宋代以来,在佛印、道月等大师的经营下,金山成为达官贵人、文人墨客的必到之处。

(二)名胜古迹多

金山名胜古迹众多,有 20 多个景点。从山脚到山顶,长廊蜿蜒,殿宇相接,构成丹碧辉映、绚丽精巧的"金山寺裹山":天王殿、藏经楼、紫竹林等庞大建筑傍依山根,七峰亭、妙高台、楞伽台连缀山腰,留云阁、大小观音阁围绕山顶,慈寿塔、江天一览亭则耸立山巅。

(三)神话传说绝

可以说,金山每一座古迹,甚至每一泓清泉、每一方碑碣都有一则神话传说、一段历史掌故,故又称"神话山"。妙高台苏东坡赏月起舞,梁红玉击鼓战金兵,岳飞金山访道月,乾隆金山寻生父,特别是《白蛇传》中提到的白娘子水漫金山寺等,这些千百年来脍炙人口的故事,不仅使金山名闻天下,还给金山增添了更多的文化底蕴。

一、游览金山前的提醒工作

金山公园与金山湖景区目前是两个不同的景点,不能混淆。旅游车须停在金山公园的停车场(或北门),停车场在公园的西侧。导游要提醒游客结束游览之后,回到停车场(如从北门出公园,则在北门出口处集合)。

二、卫生间提醒

进公园后,右手方向有一个卫生间,进入寺院(山上)后便没有卫生间了,导游需提醒游客注意。

任务2.2 "江天禅寺"与"山门—大雄宝殿"的导游讲解与服务

一、"江天禅寺"的导游讲解

江天禅寺通常称为金山寺,是中国佛教禅宗著名的千年古寺。金山最早建寺是在东晋明帝时期,到今天已经有一千六百多年历史。宋朝真宗皇帝赵恒有一次做梦游览了金山寺,就下诏将金山寺改名为"龙游寺"。宋朝徽宗皇帝崇尚道教,在1114年将龙游寺改称为"神霄玉清万寿宫"。清朝康熙二十五年(1686),康熙皇帝陪同他的母亲游览金山寺,见到金山雄伟秀丽,江天一色,立即乘兴亲笔写下了"江天一览"四个大字,并赐寺名为"江天禅寺"。金山寺全盛时期有和尚三千多人,参禅的僧侣达几万人。

现在,金山寺为全国重点寺庙,是镇江的标志。

二、"山门"(天王殿)的导游讲解

寺庙的山门一般是朝南开的,然而金山寺却不同,它的山门是朝西开的。这是为什么呢?金山寺山门朝西开实际上是与当时金山的地理位置有密切的关系。古代金山是长江中的小岛,江水自西向东奔腾而下,游人站在岛上向西望去,能观赏到"大江东去、群山西来"的雄伟壮丽的景观,体会到如诗如画的意境。为了突出这样的意境,增加金山寺的魅力,所以将金山寺的大门朝西开了。

金山寺的山门是一座四柱三门的高大石牌坊,气势雄伟,巍然挺立,山门正中高悬的寺额上书"江天禅寺"四字,是康熙皇帝游金山时亲笔书写的。山门为明代风格,飞檐起翘,斗拱精巧,简洁高雅。山门前的一对大石狮雕刻精细,是明代的石雕工艺品。

天王殿是一座单檐歇山式的清代古建筑,殿中供奉着弥勒佛,弥勒佛的背后是寺庙守护神韦驮像,两旁供奉着四大天王。赵朴初为金山寺题写了"东晋古刹"四个大字,刻在天王殿正面墙上。

三、"大雄宝殿"的导游讲解

金山寺的大雄宝殿历经磨难,七次被毁八次重建,最后一次也是最严重的一次是1948年4月6日下午2时的一场大火,将大雄宝殿化为灰烬。1986年4月大雄宝殿开工重建,1990年10月6日举行大殿落成暨佛像开光庆典。新建的大雄宝殿既保持了佛教寺庙的建筑特色,又采用钢筋混凝土结构,重檐歇山,飞椽斗拱,红色廊柱,黄色琉璃瓦,内外是精美的彩绘,把殿堂内外装饰得金碧辉煌。

大殿内供释迦牟尼、阿弥陀佛和药师佛三尊大佛,两边是十八罗汉像。大佛背后是巨大的海岛塑像,十方三世佛、菩萨、护法诸天隐现其间。海面上有十八尊者像,海岛观音独占鳌头,两侧侍立善财、龙女,法像庄严。大殿正中悬挂着赵朴初先生题写的"大雄宝殿"金字匾额。

大雄宝殿最具特色的是在正脊中央有两面巨大的不锈钢圆镜,如果站在大雄宝殿后面的妙高台上,可以从圆镜中看到金山全景。绕大雄宝殿一圈,就可以看到大殿的壁上镶有六扇檀香木雕圆窗,雕刻精细,山水、人物栩栩如生。这六扇木雕圆窗上刻画的是与佛教相关的历史人物及其传说故事,其中有三扇的内容与金山寺直接关联。这些故事是:东晋时期慧远大师与陶渊明的虎溪三笑,南北朝宝志和尚与梁武帝的倾心交谈,唐代懒残禅师对李陵的点化和鸟巢禅师与白居易的交往,宋代佛印和尚与苏东坡的谐趣,道月大师为岳飞圆梦。

服务小贴士

一、"山门""天王殿"的导游服务

因为金山寺没有山门殿,所以在讲解时导游应向游客讲解寺院建筑知识。并且,导游可提醒游客在大雄宝殿右前方留影能够体现金山"寺裹山"的特点,效果较佳。

二、"大雄宝殿"的导游服务

因建筑是依山而建,所以过了天王殿,导游要提醒游客注意脚下安全。同时要提醒游客在烧香时注意寺院的规定。

任务2.3 "夕照阁—观音阁"的导游讲解与服务

知识讲解

一、"夕照阁"的导游讲解

夕照阁中原来保存着清代乾隆皇帝南巡金山时留下来的7块御碑,现今保存完好的还有4块。石碑记载的内容大都是乾隆6次下江南到金山,对金山胜景的评价和如何继承清室大业的决心。这些石碑引来了许多文人学者的赞叹。

二、"观音阁"的导游讲解

由夕照阁登山而上便来到了观音阁。观音阁又名大士阁,因阁中供奉着观音菩萨而得名。阁内存放有"金山四宝",即周鼎、铜鼓、玉带和金山图,是金山的镇寺之宝,为了保护文物,现在已不再公开展览。

服务小贴士

"夕照阁—观音阁"的导游服务

过了大雄宝殿,需要继续拾级而上,从左边台阶上夕照阁,夕照阁、观音阁内空间狭小,导游

员应提醒游客不要拥挤。

任务 2.4 "妙高台—楞伽台"的导游讲解与服务

知识讲解

一、"妙高台"的导游讲解

妙高台又名晒经台,"妙高"是梵语"须弥"之意译。刘编《金山志》载:"妙高台在伽蓝殿后,宋元祐僧佛印凿崖为之,高逾十丈,上有阁,一称晒经台。"1948年,妙高台与金山寺大殿、藏经楼等同毁于一场大火,如今仅存台址。大雄宝殿屋脊上有两面圆镜,游人站在妙高台上,便可以从镜中看到金山的全貌,圆镜里面照映出金山大雄宝殿后面的景色,特别是宝塔,清晰可见,别具一格。

当年的妙高台还是赏月佳处,并且流传着名士苏东坡在此赏月的轶事,传说苏东坡的著名词作《水调歌头》就是在这里有感而发创作的。此外,"梁红玉击鼓战金兵"的故事也发生在这里。

二、"楞伽台"的导游讲解

楞伽台又名苏经楼,位于金山东南面。"楞伽"是印度语,意思为"不可住",或者说是大海中远不可达、高不可攀的一座大山。这座傍山驳石的楼阁,建筑奇巧,由下而上要经过三重楼阁,每上一层,看似没有去路,但一开洞门,就见有楼梯可上。

楞伽台中央有座玲珑的四方亭,因亭内曾摆放过苏东坡遗留下来的雪浪石,故取名"雪浪亭"。据说苏东坡晚年受老友佛印法师相托在此写过《楞伽佛经》,所以又称"书经台"。

中国佛教协会原会长赵朴初在这里写有"清风明月本无价,近山远水皆有情"的诗句。

服务小贴士

"妙高台—楞伽台"的导游服务

妙高台边上的台阶比较狭窄,导游应提醒游客注意安全。且导游要注意尽量不要做沿途讲解。如两处景点不开放,因门前空间较小,导游讲解时要注意简练,以减少停留时间。

原创导游词赏析

妙高台

游客朋友们,大家好!欢迎到金山参观游览。走过庄严的大雄宝殿,拾级而上,我们就来到了古朴典雅的妙高台。

何为"妙高"呢?《华严经》里说道:四宝所成就是妙,独出众山就是高。"妙高"是梵语"须弥"的意译,寓指佛教中的理想境界。妙高台是金山寺的著名景点,建于距今九百多年的北宋元祐初年,为金山寺僧人佛印法师凿岩创建。妙高台位于妙高峰的平台上,离地约有30米,上面有阁。古时的妙高台下,江水如镜,一望无际,因为有如此的环境才有了"袁绚高歌,东坡起舞"的佳话。妙高台另有名称,因为南方气候潮湿,僧人所藏经书每年都要晒一次,这里阳光充足又背江风,是晒经的好地方,所以又称"晒经台"。

妙高台几经兴废，明代、清代相继重建。1948年，妙高台与金山寺的大殿、藏经楼等一同毁于大火，如今仅存台址，面积约190平方米。岁月不居，世事变换，今天的妙高台已不复当年的景象。但是每当人们游览金山，都要登临妙高台，在此寻踪觅迹，他们在寻觅什么呢？原来，这里不仅演绎过东坡邀月的千古佳话，也曾记载了巾帼女将梁红玉擂鼓战金兵的一段传奇。

宋高宗建炎四年(1130)，金兵大举侵犯江南，一路烧杀，过黄河，跨淮水，临长江，指京口，逼建康，形势非常危急，当时金朝统帅完颜宗弼拥兵十万，奉命阻截的南宋大将韩世忠只有八千人马，兵力相差悬殊。在此危急关头，韩世忠的夫人梁红玉提出埋伏之计，派大股宋兵埋伏在金山西边地形复杂、形势险要的芦荡里，同时自己登上妙高台亲擂战鼓。鼓声助阵，宋军士气大增，头一通战鼓，韩世忠指挥水军，迎战金军；第二通战鼓，韩世忠佯装失利，且战且退；当第三通战鼓震天动地地响起时，韩世忠率领埋伏在芦荡里的战船脱掉伪装，飞向金兵，杀得金兵溃不成军，狠狠打击了金军的嚣张气焰。这一仗取得了决定性的胜利，保住了南宋的半壁河山，奠定了南宋的偏安局面，梁红玉巾帼女将的美名从此盛传天下。在数十年的戎马生涯中，她先后被封为安国夫人、杨国夫人。

今天，当我们带着敬慕的心情站在这妙高台上，凝视着滚滚长江，那咚咚的催人征战的鼓声仿佛还在耳边发出龙吟虎啸般的回响。

妙高鼓声曾经激励过被拘元营、在镇江人民帮助下逃脱虎口的文天祥，妙高鼓声曾经激励过鸦片战争中反抗英国侵略者的镇江军民，妙高鼓声曾经激励过梅兰芳先生创作出京剧《抗金兵》以鼓舞中国军民的抗战热情。这响彻天地间的妙高鼓声会一直激励镇江人民乃至全中国人民，书写更多威武雄壮的篇章。这正是：

金戈铁马千古江山，妙高鼓声传唱不绝！

（江苏联合职业技术学院镇江分院　潘俊）

任务2.5　"留云亭—古仙人洞"的导游讲解与服务

知识讲解

一、"留云亭"的导游讲解

在金山顶峰有一座石柱凉亭，这就是留云亭，也称"吞海亭"，又名"江天一览亭"。亭中石碑是三百多年前康熙皇帝陪同他母亲来金山游览时留下的古迹。当日康熙登高远眺，大江东去，水天相衔，极为壮观。看到此景，康熙兴致大发，提笔书写了"江天一览"四个大字。亭子在康熙二十四年(1685)重修，同治十年(1871)复建，两江总督曾国藩将康熙所写的"江天一览"四字刻在石碑上，放置在亭内。这里是领略金山风姿，俯瞰镇江全城美景的最佳观赏点之一。

二、"七峰亭"的导游讲解

七峰亭位于金山西侧的金鳌岭上，古代这里因为有七座小山峰凸起一字排开，所以也叫七峰岭。

宋朝奸臣秦桧命人将七座小山峰削平,后来建亭,因此改称七峰亭。

现在的七峰亭是一座木柱飞檐七角凉亭,站在这里看金山寺,庙宇建筑层层叠叠裹住金山,宝塔直指云天,能充分领略到金山"寺裹山"的特征。

三、"佛印山房"的导游讲解

佛印山房是宋代佛印法师的住处。由于学识高超,佛印成为金山和焦山两座寺庙的大方丈。且相传苏东坡和佛印是亲密好友,两人经常在这里吟诗作画。苏东坡金山留玉带的故事也广为流传。

四、"古仙人洞"的导游讲解

沿七峰亭北面的石阶向下,有一个山洞,深约 6.6 米,洞外依山建有一座半亭,这就是道教遗迹仙人洞。传说"八仙"之一吕洞宾曾在这里观望江面,所以叫仙人洞。佛教徒也曾将观音供奉在这个洞里,所以又叫白衣洞。

服务小贴士

"留云亭—古仙人洞"的导游服务

留云亭、七峰亭都是金山留影纪念较好的地点,导游可提醒游客在此拍照。

任务 2.6 "慈寿塔—朝阳洞"的导游讲解与服务

知识讲解

一、"慈寿塔"的导游讲解

慈寿塔位于金山的西北峰,最早建于一千四百多年前的齐梁时期,原为两座宝塔,南北相对而立,后倒塌。唐朝时再建,命名为"荐慈塔""荐寿塔"。宋朝元符年间(1098—1100)再次重建,建成一座八角七层塔。明朝初期倒塌,到明隆庆三年(1569)又一次重建,称为慈寿塔。清朝太平天国时慈寿塔毁于战火。光绪二十年(1894),金山寺住持隐儒立誓重建宝塔,慈禧命他自己想办法募捐筹款修建。隐儒奔走南北,多方募化,在两江总督刘坤一的支持下,历时 5 年,募得 2.96 万银两,于清光绪二十六年(1900)将塔重新建成。

如今,慈寿塔砖身木檐,仿楼阁式,七级八面,每级四面开门,每层有走廊和栏杆可凭栏远眺,慈寿塔已不仅成为金山寺的标志,也是镇江市的标志。

二、"法海洞"的导游讲解

法海洞又叫裴公洞,位于慈寿塔西侧的悬崖上,相传是唐代金山寺第二代祖师法海和尚来到金山时居住的地方。现在洞中有法海的塑像一尊。塑像为坐像,慈眉善目。洞口的横额上写有"古法海洞"几个字。

据说法海是唐朝宰相裴休的儿子,裴休信仰佛教,认为富贵荣华不如出家好,因而决心送儿子出家为僧,取名法海。法海遵从父亲的意愿,立志向往佛学,在庐山学道参禅,一心修炼。后来法海到了镇江金山,当时的金山寺寺庙荒废,荆棘丛生,还有蟒蛇出入为害,他将盘踞在岩洞中的一条白蟒斗败了,并将蟒蛇驱赶入海,自己住在洞中。法海来到金山后,最大的愿望是修复金山寺,他曾燃指一节,以示自己修寺的决心。一天,法海和众僧人到江边挖土,偶然挖出黄金一批,就报告润州刺史李德裕,李德裕又上报宣宗皇帝。宣宗命李德裕把黄金给法海作为修复庙宇的费用,并赐名"金山"和"金山寺"。

法海圆寂之后,他的徒弟法孙把他的肉身装金供奉在洞中,后来肉身坏了,又塑了一尊石像,留作纪念。

而在《白蛇传》"水漫金山寺"的神话故事中,却把法海说成是一个破坏白娘子和许仙美满婚姻的恶和尚,遭到世人的谴责,两段传说可谓相去甚远。

三、"白龙洞"的导游讲解

白龙洞原来叫龙洞或者珠洞,位于金山西麓玉带桥旁,洞口狭窄,深不可测。洞外有白娘子和小青白石塑像,洞内有白蛇和青蛇的雕塑。

白龙洞与民间神话传说《白蛇传》里"水漫金山寺"的故事密切相关。据说,许仙被法海骗上金山后,白娘子为了救许仙,脱下绣花鞋抛到江中为舟并呼来东海之水,以水漫金山寺与法海斗法,法海急忙脱下袈裟化成一条长堤,把波涛万顷的海水拦在堤外。白娘子斗法失败,只好收兵,返回杭州西湖边,等待时机报仇。许仙被关在寺内,听到外面战鼓震响,江水翻滚,看到白娘子以孕身力战,自己束手无策,心急如焚。看守庙门的小僧十分同情许仙,私放许仙从白龙洞逃往杭州。许仙在洞中走了好久,到了洞尽头出来一看,已来到了杭州西湖的断桥,白娘子与小青早已在那里等候,夫妻两人得以相见。这就是我国传统戏曲演绎的"断桥相会"的故事。

四、"朝阳洞"的导游讲解

白龙洞的上面就是朝阳洞。朝阳洞又叫观音洞、妙高岩、日照岩。在洞顶的崖壁上刻有"日照岩"三个字,为明人滕谧书写。当金山还在江中的时候,每当旭日冉冉东升,朝阳洞一带的石壁上就呈现出一派金碧辉煌,天上水上一片通红,是少有的日出奇观,所以这里是在金山观看日出的最佳地点。

服务小贴士

"慈寿塔—朝阳洞"的导游服务

1. 导游可指导游客将慈寿塔全景拍下,同时提醒游客此处有不同的上下山道,不要走散。
2. 游览这几个景点的时候,导游需随时提醒带孩子的游客留意自己的孩子,不要走散。同时,上下台阶比较窄,在登塔、钻山洞的时候,导游要提醒游客注意别碰着头。

任务 2.7 "玉带桥—御码头"的导游讲解与服务

知识讲解

一、"玉带桥"的导游讲解

在白龙洞的前方,有座玉带状的桥,这就是玉带桥。传说苏东坡与佛印打赌输了玉带,佛印如获至宝,常给人看。看的人多了,又怕损坏,于是就请人仿照玉带的式样建造了这座桥,供人欣赏。玉带桥长 16 米,桥下碧波荡漾,清澈如镜。

二、"御码头"的导游讲解

御码头位于金山北面,当初金山还在大江当中的时候,人们坐船渡江就是在这里登岸的。御码头共有十三级台阶,两边是汉白玉石栏。清朝康熙、乾隆二帝南巡时,多次来金山,都是由这个码头上岸,所以称为"御码头"。"御码头"三字刻石系陶弦书、陶成章镌刻。在御码头的边上,还有苏东坡曾在此垂钓的"钓鱼台"。

服务小贴士

一、"玉带桥"的导游服务

玉带桥较狭窄,导游可到御码头再进行讲解,然后带领游客往前参观。

二、"御码头"的导游服务

在御码头牌坊前,导游可向游客介绍金山景区的发展前景。

任务 2.8 "塔影湖—天下第一泉"的导游讲解与服务

知识讲解

一、"塔影湖"的导游讲解

过了金泉桥向西,经过各式花台,就来到了塔影湖畔。塔影湖东临云根岛,西与"天下第一泉"景区相接。从湖的西侧看金山,金山塔影倒映水中,清晰可见,塔影湖的名称即由此而来。整个湖面水面开阔,湖水清澈,岸边遍植垂柳,各式建筑沿湖而建,错落有致,景色迷人。

二、"云根岛"的导游讲解

云根岛的主体原是长江中一组天然错综的奇石,是石灰岩经长江波浪长期溶蚀、侵蚀而形成的太湖石。这种岩石多孔,形状奇特。云根岛又名"云根石""石排山""笔架山"和"三岛",岛上建有一座正方形攒尖顶小亭,名为"云根风月亭"。岛上据说有东晋文学家、训诂学家郭璞的衣冠冢,人称郭璞墓。

三、"芙蓉楼"的导游讲解

芙蓉楼始建于东晋孝武帝时期（373—396），距今已有一千六百多年的历史。最初由王恭修建在市区月华山西北，后来毁于战乱。

芙蓉楼之所以能蜚声古今、名扬中外，不仅仅是因为它的自然景观，更重要的是因为唐代著名诗人王昌龄在这里吟成了一首脍炙人口、秀丽动人的诗篇，即《芙蓉楼送辛渐》："寒雨连江夜入吴，平明送客楚山孤。洛阳亲友如相问，一片冰心在玉壶。"

现在我们看到的芙蓉楼是1992年重建的。芙蓉楼位于金山西侧塔影湖畔，是金山西部景区的主体建筑。楼高近17米，建筑面积908平方米，为钢筋混凝土仿古建筑，重檐歇山顶，灰瓦红柱粉墙，秀丽壮美。二楼西面高悬着江泽民同志在1992年视察镇江时写的"芙蓉楼"三个金光大字；二楼东面挂着由著名古典园林学家陈从周书写的"千秋江山"匾额，全楼陈设明式家具，典雅古朴。

芙蓉楼与金山互为对景，是欣赏金山全景的最佳处。芙蓉楼前有掬月亭，亭外有三座玲珑精致的石塔，月圆之夜，明月倒映水中，形成三塔映月的奇观。

四、"天下第一泉"的导游讲解

"天下第一泉"又称中泠泉。唐代名士刘伯刍把此泉评为"天下第一"。中泠泉原与金山同在长江之中，清朝时随金山一齐显现于陆地上。据史料记载，以前泉水在江中，江水受到山石的阻挡，水势曲折流转，形成三股，分为南、中、北三泠，而"天下第一泉"就在中间一泠，故名"中泠泉"。中泠泉上岸后曾经一度迷失，后来在同治八年（1869）被人发现，于是在泉眼四周叠石筑池，光绪年间镇江知府王仁堪又在池的四周建起石栏，修筑庭榭，并在池壁上题写"天下第一泉"五个大字。

"天下第一泉"泉池的南面有一座八角亭，双层立柱，直径7米，十分宽敞，名为鉴亭。寓意以水为镜，以泉为鉴，告诫为官者要清正廉明。

服务小贴士

一、"塔影湖"的导游服务

塔影湖游览可环岛步行，也可乘船，导游要提醒游客统一行动，无论选择哪种方式，都要注意安全。

二、"云根岛"的导游服务

云根岛为湖中一座小岛，上下岛是通过一座小桥，游览时导游要提醒游客注意安全，并尽量缩短在岛上的讲解时间。

三、"芙蓉楼"的导游服务

芙蓉楼正对金山的一面，是欣赏金山全景的最佳地点，也是留影佳处，导游可指导游客拍照留影。在靠近芙蓉楼的北出口处有卫生间，导游应提醒游客使用。

四、"天下第一泉"的导游服务

"天下第一泉"栏杆较低且不闭合，导游要提醒游客注意安全，尤其是拍照时更要注意。

导游职业能力测试

⊙ 知识问答

(1) 金山寺为什么又被称为"江天禅寺"？
(2) 金山的建筑特点是什么？
(3) 除了《白蛇传》中的形象，描述一下法海的另一重形象。
(4) 我国还有哪些泉水被称为"第一泉"？

⊙ 技能必备

(1) 能够对金山的概况进行1分钟左右的导游讲解。
(2) 能够对金山的主要景点——"天下第一泉"进行3分钟左右的导游讲解。

⊙ 技能拓展

以金山寺的山门为讲解对象，从山门朝向切入，创作一篇讲解时长为3～5分钟的导游词，下节课按小组进行汇报讲解。

任务3　焦山景区的导游讲解与服务

课前准备

1. 通过走访焦山景区，了解焦山主要游览景点；通过网络查询和阅读，了解相关佛教知识和书法知识；通过网络查询和阅读，了解鸦片战争时期镇江的历史背景。

2. 熟悉焦山景区的游览路线。

焦山风景区游览示意图

轮渡→定慧寺→乾隆行宫→焦山碑林→鹿苑花园和丹桂园→古炮台遗址→板桥书屋→万佛塔→三诏洞→摩崖石刻→轮渡

任务导入

镇江三山,有人说,金山以"秀"著称,北固山以"险"称奇,焦山则以"雄"见长。还有人说,金山以楼阁取胜,焦山以碑林见长。

那么,我们究竟该如何介绍焦山的"雄"和碑林呢?

任务3.1 焦山景区沿途的导游讲解与服务

知识讲解

一、焦山的地理位置

焦山位于市区东北处,距市中心约5千米,是万里长江中唯一四面环水的游览岛屿。焦山高71米,周长2 000余米,有"中流砥柱"和长江"水上公园"之称。2012年,焦山风景区被评为国家AAAAA级旅游景区。

二、焦山名字的由来

焦山自古以来有"樵山""谯山""浮玉山""狮子山""双峰山""海门山"等很多名称。因为最初焦山十分荒凉,荆棘丛生,没有人烟,只有樵夫会到这里砍柴,所以称为"樵山";又因为此山地处镇江的江防要地,扼守大江,登顶眺望,居高临下,江天一色,尽收眼底,所以又名"谯山";焦山在江中,整座山林木葱郁,满山苍翠,远看好像是碧玉浮江,因而又得名"浮玉山";焦山名称虽然很多,但自古至今通常用的则是"焦山",其原因是东汉末年高士焦光隐居于此,汉献帝三次下诏书召他进京为官,他都婉言谢绝。后来宋真宗为纪念焦光,赐名此山为"焦山"。

三、焦山的特色和魅力

(一)丰富的文化内涵

焦山拥有丰富的文化内涵。焦山有许多珍贵的文物和著名的古迹,摩崖石刻举世闻名,碑林墨宝之多,仅次于古都西安碑林,是江南第一大碑林。因此,焦山又称为"书法山""文化山"。汉代蔡邕的《焦君赞》、梁代江淹的《焦山述怀》、唐代王瓚的诗及《瘗鹤铭》碑饮誉古今,被称为"焦山四古""焦山四绝"。而被称为"大字之祖""碑中之王"的《瘗鹤铭》碑为稀世之宝,具有极高的历史文物价值。

(二)英勇的抗英壮举

焦山自古以来就是军事要地。唐代润州刺史和镇江节度使韩滉,曾造楼船和战舰三十余艘,配备海军官兵五千多人在大江上操练。南宋抗金英雄韩世忠率领官兵数千人,驻扎焦山反击金兵之事,已成为历史佳话,英风千载,流传后世。清道光二十二年(1842)七月,英国发动了扬子江侵略战役,英军舰侵入长江时,曾遭到副都统海龄率领镇守焦山的青州兵和旗兵数千人的英勇抵抗和沉重打击,在我国近代反帝斗争史上,写下了光辉的一页。恩格斯曾高度评价镇江军民的英勇抗敌:"如果这些侵略者到处都遭到同样的抵抗,他们绝对到不了南京。"

(三)独特的建筑布局

焦山的占地面积较大,林木较多,寺庙建筑大多掩映在林荫之中,与焦山融为一体,形成"山裹寺"的布局。和金山相比,焦山高大雄伟,以苍翠茂盛的林木取胜。

游览焦山前的提醒工作

焦山位于长江之中,需要过江才能到达江对岸的主要游览景区,过江时,导游应提醒游客上船时注意安全,并讲明到达江对岸以后的集合时间和地点。

任务 3.2 "定慧寺"的导游讲解与服务

定慧寺最初的名字叫普济庵,创建于东汉兴平年间(194—195),距今已有一千八百多年的历史,是江南最古老的寺庙之一。宋朝时称普济禅院,元代改称焦山寺,康熙四十二年(1703),康熙皇帝南巡时改名为定慧寺,取意"由戒生定,由定发慧"。"定慧"是佛教修行的方法。

清同治七年(1868),定慧寺由禅宗改为净土宗,定制三年传戒一次。定慧寺在明代全盛时期有殿宇近百间,僧人三千多,参禅的僧侣数万人,定慧寺两旁还有十八座庵寺,在当时是规模很大的寺庙,为我国著名的古刹。佛教界对定慧寺曾有"十方丛林""历代祖庭"之称。

一、"山门"的导游讲解

由于长江河道变迁,河床淤积,水位升高,原山门柱基多年被淹。现在我们看到的山门是新修的,于 2002 年 9 月竣工。

山门朝南,面向象山,游人在此展望,有"大江东去,群山西来"之感。门前有一对明代石狮,威武森严。门楣正中镌刻着焦山方丈茗山法师手书的"焦山胜景"四个金字。山门两旁悬挂有一副颇有气魄的楹联"长江此天堑,中国有圣人"。在山门迎面的照壁上有明代进士胡缵宗所题的"海不扬波"四个大字,显示了佛教世界清平之意。

二、"山门殿"的导游讲解

山门殿属于单檐歇山式仿古建筑。殿前悬挂着茗山法师书写的"焦山定慧寺"匾额。

三、"钟鼓楼"的导游讲解

山门殿后面是钟鼓楼,为两层仿古建筑。东侧是钟楼,内挂大钟,并供奉着地藏王菩萨,所以也称为地藏殿。佛寺有"晨钟暮鼓"之说,即早上撞钟,傍晚击鼓用以报时。

四、"亭桥"的导游讲解

钟鼓楼后面为焦山定慧寺特有的建筑——亭桥。东侧为焦公亭,西侧为茗公亭,它们是纪念汉代隐士焦光和当代高僧、定慧寺方丈茗山法师而建的纪念亭。

五、"天王殿"的导游讲解

天王殿正面墙上刻有"横海大航"四个篆体大字,寓意着有"江中浮玉"之称的焦山像海洋中的一艘巨轮,正在乘风破浪,将广大僧众渡向幸福清平的彼岸。天王殿中间的须弥座上供奉着笑口常开的大肚弥勒佛,弥勒佛像背后是韦驮塑像,其身穿少年武士装束,手里拿着金刚杵,守护着大雄宝殿的佛祖。天王殿东西两侧供奉着形象高大、栩栩如生的四大天王,又称"四大金刚"。

穿过天王殿,有一座木结构的古式方亭,亭中竖立一块石碑,碑面上刻有乾隆第一次南巡时作的《游焦山歌》,背面是乾隆第三次来焦山时作的《游焦山作歌叠旧作韵》。因是皇帝手书刻碑建亭,故称"御碑亭"。

六、"大雄宝殿"的导游讲解

大雄宝殿是定慧寺的主体建筑,定慧寺最早的大雄宝殿是唐代法宝禅师创建的。大雄宝殿上的"定慧寺"横额是清朝康熙皇帝亲笔书写的。

大雄宝殿屋顶藻井上的雕龙描凤是宋朝时候的彩绘,整个藻井不用一根钉子,全部用小方块木板拼合而成,国内外罕见。大雄宝殿内有两盏长明灯,清朝康熙皇帝所写的"香林"匾额高悬于烛光香烟之中,充分体现出庄严肃穆的宗教气氛。大殿正中的莲花宝座上供奉着释迦牟尼佛、药师佛(左侧)、阿弥陀佛(右侧)的坐像,大殿的东西两侧供奉着十八罗汉塑像。

大殿前还有两株近五百年的、人称"活化石"的银杏树,雄姿不减当年,每到秋天即为焦山一大胜景。在大雄宝殿西侧的院子里,有一口人工井,号称"东泠泉",相传是焦光炼丹取水之处,也称炼丹井。

服务小贴士

"定慧寺"的导游服务

游览了大雄宝殿之后,导游应带领游客从天王殿东侧出去,并提醒游客不要回头走天王殿。参观过定慧寺后,导游可以带领游客沿放生池边走,继续向前参观。

任务 3.3 "观澜阁"的导游讲解与服务

知识讲解

定慧寺东的观澜阁是乾隆皇帝南巡时的行宫。乾隆曾六下江南、七上焦山,这座两层楼阁的行宫建于他第三次下江南的前一年(1761),是一座精致小巧的古雅庭院。建阁的时候,阁前还没有形成沙滩,江水滔滔,惊涛拍岸,波澜起伏,涛声震天,所以称它为"观澜阁"。相传乾隆曾在阁上检阅水师。现在观澜阁已整修一新,喜迎各方游客。阁前的一排古枫杨挺拔秀丽,楼上下东、南、西三面,明窗若镜,登楼可观赏壮丽的江景。

服务小贴士

"观澜阁"的导游服务

由于观澜阁内参观面积较小,导游讲解后可以让游客自行参观阁内的人物蜡像,导游则在观澜阁出口处等待游客,参观时间大约为5分钟。

任务 3.4 "焦山碑林"的导游讲解与服务

知识讲解

焦山以碑林见长。焦山有"书法山"的称号,焦山碑林在1988年1月被国务院列为第三批全

国重点文物保护单位之一。2002年维修、扩建了焦山碑林,新增面积3 000平方米。目前焦山碑刻博物馆拥有馆舍面积7 000多平方米。

焦山碑林博物馆分序馆、史料馆、文苑馆、瘗鹤铭馆等部分。焦山碑林藏碑上承六朝,下迄民国,共有四百余方。这些碑刻分别陈列在四室(唐、宋、元、明宝墨轩室)、四亭(御碑亭、兰亭、仰止亭、瘗鹤铭亭)和十三条回廊里,碑刻中篆、隶、真、行、草书各具风貌,融汇了历代书法之精妙,凝聚了千年石刻之精美。

一、《瘗鹤铭》碑

《瘗鹤铭》是中国书法发展史上的重要石刻。《瘗鹤铭》原来是在焦山西麓栈道岩石上的摩崖石刻,后来因为山石崩塌,坠入江中,很长时间不为人知。到了北宋初期,有一次冬季水落石露,经人辨认,发现是《瘗鹤铭》。因为《瘗鹤铭》书体古拙奇峭,雄伟飞逸,就引起了一些书法家的重视。《瘗鹤铭》落水前,并没有文字记载,落水以后,石碎字残,由于水下椎拓困难,有人为了求得字体,索性就凿石取字。又因为它只载甲子,不列朝代,只书别号,不写姓名,一千多年来,对残缺的《瘗鹤铭》进行的补佚文字、考证撰书者的研究,从来也没有停止过,但至今仍然是仁者见仁,智者见智,说法不一。清康熙五十二年(1713),闲居镇江的苏州知府陈鹏年,招募人打捞《瘗鹤铭》,历时三个月,终于捞出残刻五块,放在焦山定慧寺大殿左侧。1960年建焦山碑林时,将这几块残刻移放到宝墨轩内,建亭保护。现存的《瘗鹤铭》残碑由江中捞起的五石拼接而成,按前人研究考订的文字定位图,将断裂、缺字的地方加以连接,现在的碑高260厘米,宽210厘米,字径8厘米至15厘米不等,铭文起自左行,即自左向右书写,一反古碑刻自右向左的常例,这是《瘗鹤铭》的一大特点。石刻现存93字,其中11字不全。

《瘗鹤铭》到底由谁书撰,一直是个谜。据资料记载,关于《瘗鹤铭》的撰书者一般有五种说法,分别是东晋王羲之说、南梁陶弘景说、唐朝顾况说、唐朝王瓒说、唐朝皮日休说。

《瘗鹤铭》的价值,并不在于对它的作者的考证及其全文的补佚,而在于它本身的书法艺术。它是我国书法从隶书向楷书演变过程中的著名石刻之一,也是我们今天研究书法发展史的重要实物资料。

二、魏法师碑

魏法师碑,碑高242厘米,宽87厘米。碑下有龟趺,昂首怒视,碑脊上刻有4条巨龙相互缠绕,俯瞰左右,形成圆肩。全碑有正文33行,每行75字,记叙了魏法师的生平,于唐代仪凤二年(677)由胡楚宾撰文、张德言书写。清代金石学家叶昌炽称赞此碑为"初唐妙品",是国内稀有的唐碑,也是江南现存最完整的初唐碑刻,对研究唐初的政治、军事和道教的关系有重要的价值。

三、《兰亭序帖》碑

此碑是米芾所临。米芾(1051—1108)为宋朝四大书画家之一,擅长行书。原墨迹由崖渊父收藏,后被文征明发现,勒石并跋。碑高44厘米,宽114厘米。此碑原藏于归安吴云"二百兰亭斋",同治年间移至焦山。米芾所书在焦山的碑刻中还有《米芾游焦山题记》《题文同墨竹诗》《城市山林》等。

四、《禹迹图》碑

宋代《禹迹图》石刻,长、宽各约100厘米,图文并茂,是我国现存最早的石刻地图之一。图面包括的范围,东至黄海岸边,西至青海祁连山,南至海南岛,北至黄河北沿,图中标有主要山水的位置和州郡的名称,反映了我国宋代的地理面貌。《禹迹图》石刻我国现存仅两方,一方存镇江,另一方存西安。

五、乾隆御碑

乾隆御碑,碑高150厘米,宽200厘米,碑文数百字,是清朝乾隆帝在乾隆四十五年(1779)第五次巡幸焦山时所作的游焦山的诗文。碑有九龙戏珠嵌边,饰以云纹。乾隆曾六下江南,写了不少碑文,但此碑面积之大、雕刻之精、形态之美堪称之最。

"焦山碑林"的导游服务

导游在焦山碑林中参观讲解时,应放慢脚步,根据游客对书法的喜好程度给游客适当的时间去欣赏。因为碑林中参观路线相对于游客而言比较陌生,所以在参观过程中导游应时刻提醒游客跟紧团队,以免在碑林中迷失方向。

任务3.5 "鹿苑花园和丹桂园"的导游讲解与服务

鹿苑花园和丹桂园位于焦山碑刻博物馆以东。鹿苑曾养过梅花鹿和马鹿。鹿苑以东为花园,园内种有各种花草。近几年来,在焦山东部的芦苇滩上种植了大量金桂、银桂等各种桂花,形成了一个新的景点——丹桂园。一到秋天,丹桂园内桂花盛开,香气醉人,吸引了众多的游人前来观赏。

"鹿苑花园和丹桂园"的导游服务

在碑林出口处有卫生间,导游可提醒游客使用,并告知游客5分钟后在丹桂园门口集合。

由于鹿苑花园和丹桂园的面积比较大,导游不能让游客在这里自由活动,应建议游客在游览过其他景点后若时间充裕可以到这里参观。

任务3.6 "古炮台遗址"的导游讲解与服务

焦山东侧的山脚下,石块嶙峋,八个用石灰土夯实的炮堡,呈扇形,面对着长江的入海口,这就是著名的焦山炮台。抗战时,炮台遭到日军一定程度的破坏,现为省级文物保护单位。

"古炮台遗址"的导游服务

导游应给游客足够的时间去参观古炮台遗址,亲身感受古炮台的沧桑雄壮之美,并建议游客在此拍照留念。

原创导游词赏析

焦山古炮台

各位游客，大家好！众所周知，镇江有"三山"——金山、焦山、北固山。每座山上都有座寺庙，焦山也不例外。我听见有游客说：我怎么没有看见寺庙呢？这就是焦山独特的建筑风格所在了。《水浒传》"宋江智取润州城"一回中有这样一段话："焦山有座寺，藏在山凹里，不见形势，谓之山裹寺！"

焦山风景区位于镇江市东北距市中心约5千米的长江之中，与对岸的象山夹江相峙。焦山高71米，满山苍翠，以其"中流砥柱"的雄伟之势令人神往。东汉末年，有位叫焦光的高士曾隐居于此，当时汉献帝三次下诏书请他进京当官，都被他婉言谢绝了。后人为了纪念他这种三诏不起的高风亮节，就将此山改名为"焦山"。

过江下船后向东走，我们就来到了焦山东麓，这里树林茂密，怪石嶙峋，八座炮台排列成马蹄形面对着长江，这就是焦山的著名景点——抗英古炮台。至今每个炮垒内还存有3 000～4 000千克重的大炮。炮台虽然经历了多年风雨的侵袭，却仍然十分坚固，大家知道这是什么原因吗？据镇江史料记载，焦山炮台是以优质的材料和方石为基，以黄土、石灰、细砂配糯米汁捣拌成三合土，分层浇灌夯实，表面涂上黑色保护剂，因此异常坚固。整个炮台呈暗堡式，炮台内分设大炮。每个炮堡都附有一座小弹药库，另有一座大弹药库在炮垒南端门外偏西处。

焦山扼守着长江的咽喉，自古就是兵家必争之地。1840年鸦片战争时期，清政府为了加强防务，决定建造焦山炮台，与圌山、象山、江都都天庙三处炮台形成犄角之势。1842年7月，英军发动了扬子江战役，从吴淞口进入长江，一路西上，气势汹汹，直逼镇江。在副都统海龄的率领下，镇江守军毫不畏惧，面对80余艘敌舰，焦山炮台毅然开炮，猛烈的炮火打得英军措手不及，在江面乱成一团，可惜焦山炮台的炮弹打完后没有后援，英军乘机而上，守军终因寡不敌众，1 500多名将士全部壮烈牺牲，海龄也自焚殉国。这场可歌可泣的战争得到了革命导师恩格斯的赞扬，他说："如果这些侵略军到处都能遭到同样的抵抗，他们绝对到不了南京。"

焦山炮台是我国人民抗英反帝斗争的重要遗迹，同时也是镇江人民浴血御敌、狠狠打击外国侵略者的铁证。青山巍巍见证昔日悲壮，江水滔滔传唱英雄赞歌。一百多年后，我们有幸踏上这片遍洒英雄热血的土地，登上这座庄严肃穆的古炮台，眼前是巍峨青山，大江东去；耳边是松涛阵阵，惊涛拍岸，那抗击侵略者的震天怒吼仿佛穿越了一百多年的历史，回响在我们的耳边。我为我的家乡有这样的英雄而骄傲，我为我生活在镇江这座英雄的城市而自豪！

（江苏联合职业技术学院镇江分院　周书文）

任务 3.7 "板桥书屋"的导游讲解与服务

知识讲解

在焦山双峰之阴的别岭上,有一座别致的方形四合院,称"别峰庵"。清代大书画家、诗人郑板桥当年曾在这里读过书,别峰庵因此闻名遐迩。

郑板桥,名燮,江苏兴化人,乾隆年间进士。他擅画兰竹,书法融合了隶、楷、行三体。他的字、画、诗,世称"三绝",在"扬州八怪"中,郑板桥这一"怪"最负盛名。郑板桥在焦山读了一年书,于乾隆元年(1736)考中进士,在离开焦山步入仕途以后,他仍念念不忘当年读过书的焦山,曾多次推荐朋友到焦山读书。

服务小贴士

"板桥书屋"的导游服务

焦山虽不高,但登至板桥读书处,导游可以让游客在这里参观,顺便休息一下,接着再带领游客继续攀爬。

任务 3.8 "万佛塔"的导游讲解与服务

知识讲解

万佛塔是一座新建的仿明清风格的宝塔,七级八面。其实,焦山在元朝时曾经有一座宝塔。明朝时焦山宝塔毁于倭寇,从此焦山就一直没有宝塔。茗山法师为了恢复古迹,完善佛寺格局,决心修建焦山万佛塔。万佛塔由同济大学设计,高45米,建筑面积583平方米,1998年5月奠基动工,1999年9月11日举行开光仪式。

塔内由下至上每一层分别供奉地藏菩萨、观音菩萨、普贤菩萨、文殊菩萨、药师佛、阿弥陀佛和如来佛(即释迦牟尼佛)。宝塔之下建有地宫,茗山法师的骨灰盒舍利子原来就放置在这里,现已转放到焦山后山塔院内。

服务小贴士

"万佛塔"的导游服务

这里是焦山的最高处,导游应提醒游客选取最佳角度留影,定格下如画的美景。

任务 3.9 "三诏洞"的导游讲解与服务

知识讲解

由百寿亭出来继续下山,就来到了"三诏洞"。三诏洞又名"焦公祠",是为了纪念东汉隐士焦光而建造的。相传东汉末年,学士焦光不愿做官,避乱流于镇江,隐居在此,生活十分清贫。汉献帝刘协闻其高名,曾三下诏书请焦光出山做官,他都拒不应诏,世称"三诏不起",故名"三诏洞"。

清光绪二十四年(1898),焦光的后裔焦尔昌重新整修此洞。洞内塑有焦公坐像,焦光身着隐士服,脚穿草鞋,右手拿书卷,正襟危坐,从容自若。

服务小贴士

"三诏洞"的导游服务

从"三诏洞"下山,路比较滑,导游应提醒游客注意安全。

任务 3.10 "摩崖石刻"的导游讲解与服务

知识讲解

摩崖石刻位于焦山西山麓的临江岩壁上,整个摩崖石刻长达 200 余米,高 10 多米,气势磅礴,蔚为壮观。摩崖石刻除了闻名遐迩的《瘗鹤铭》外,还有唐、宋、明、清等朝代的石刻。唐宋石刻有 19 方,这些石刻中有著名的书画家米芾、吴琚、赵孟奎,著名的诗人陆游、贺铸以及刘龟年、范柔中等名家的题刻,它们不仅有较高的书法艺术价值,还有极其珍贵的史料价值和思想价值。

服务小贴士

"摩崖石刻"的导游服务

从"摩崖石刻"下山的路比较滑,导游应提醒游客在欣赏书法的同时注意安全。

导游职业能力测试

⊙知识问答

(1)和金山相比,请说出焦山景区的地理位置和建筑风格。
(2)请说出焦山名字的由来。
(3)焦山景区的文化内涵主要体现在哪些方面?
(4)"三山"之中,焦山有何独特的魅力呢?

⊙技能概况

(1)能够对焦山的概况进行 2 分钟左右的导游讲解。
(2)能够对焦山的主要景点——瘗鹤铭馆和古炮台进行 3 分钟左右的导游讲解。

⊙技能拓展

创作一篇介绍瘗鹤铭碑的导游词,讲解时间为 3~5 分钟,下节课按小组进行汇报。

任务 4 北固山的导游讲解与服务

课前准备

1.通过网络查询,了解北固山的历史演变过程,熟悉北固山的景观特色与艺术魅力;
2.熟悉北固山的游览路线。

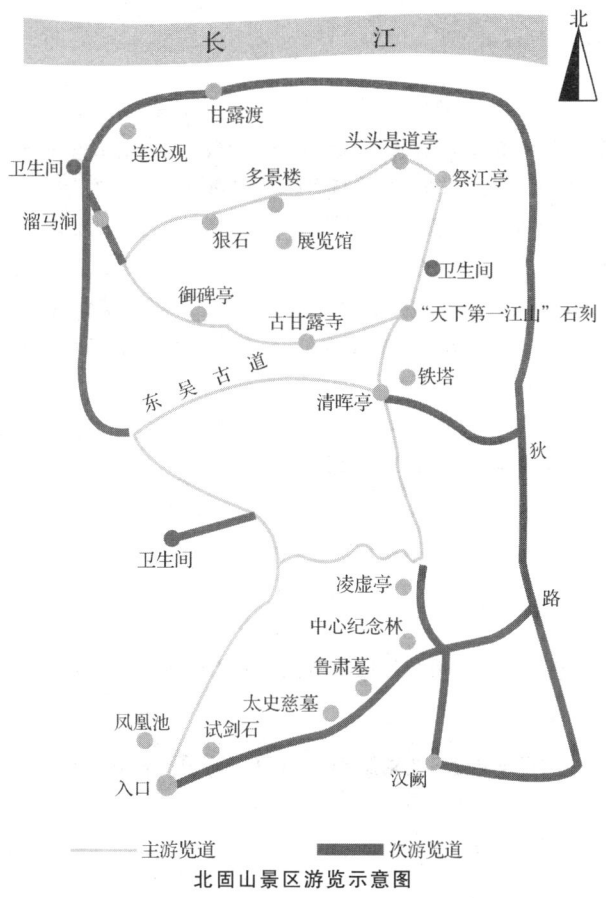

北固山景区游览示意图

大门→试剑石→凤凰池→溜马涧→狠石→多景楼→头头是道亭→祭江亭→"天下第一江山"石刻→古甘露寺→御碑亭→铁塔→汉阙→太史慈墓→鲁肃墓→中山纪念林→凌虚亭

任务导入

"何处望神州?满眼风光北固楼。千古兴亡多少事?悠悠!不尽长江滚滚流。"这首满腔热血、荡气回肠的词想必大家都听过,那么,词中所描写的北固楼以及北固楼所在的北固山,风光究竟如何呢?

任务 4.1 北固山沿途的导游讲解与服务

知识讲解

一、北固山概貌

北固山,主峰海拔仅58.5米,唐代以前,北固山犹如半岛伸入江中,三面临水,山壁陡峭,形势险固,因名北固。一千五百年前,梁武帝萧衍来此,北览长江壮丽景色,脱口赞道:"此乃天下第一江山也。"

二、北固山的特色与魅力

北固山前、中、后三峰原是相连的。前峰古称正峰,三国时曾修筑铁瓮城和孙权宫殿,宫殿后为大都督周瑜帅府。中峰古称北固峰,后峰即北峰,又名别岭,为北固山的主峰。明代时抗倭将士将前峰与中峰之间凿断,现在所说的北固山,是指后峰与中峰。

北固山的历史文化多与三国故事有关。镇江在三国时期是东吴的政治中心,209年,孙权与刘备联盟,一起抵抗曹操,引发了一场名垂千古的赤壁之战。赤壁之战奠定了三国鼎立的格局,孙权于229年称帝,统治江东五十余年。今天,游人来到北固山感受到的更多是《三国演义》中演绎的历史,比如第五十四回"吴国太佛寺看新郎,刘皇叔洞房续佳偶"所说的故事便在民间流传甚广。

南宋大词人辛弃疾任镇江知府期间,也经常登临北固山,留下了许多令后世传唱的壮丽诗篇。北固山正是这样一座充满了英雄豪气的山,深受人们的喜爱。

服务小贴士

游览北固山前的提醒工作

游览北固山需要攀登,导游应提醒各位游客做好登山的准备,并告诉游客旅游车停在北固山的停车场。

任务4.2 "凤凰池—溜马涧"的导游讲解

知识讲解

一、"凤凰池"的导游讲解

传说明太祖朱元璋曾在"凤凰池"召选过本地的儒生,并告诫他们要"守法、守业、守诚"。宋景炎元年(1276),爱国名将文天祥被元军抓住,押解途中经过镇江,因等船过江停留了10多天。在这期间,镇江人民舍身相救,使文天祥逃脱了元军之手并投入抗元的斗争中。文天祥脱险后曾作诗赞誉镇江人民的忠义之举:"经营十日苦无舟,惨惨垂心泪血流。渔父疑为神物遣,相逢扬子大江头。"现在我们看到的这块"文天祥镇江脱险渡口遗址"记事石碑是1991年建的。

二、"试剑石"的导游讲解

这块一分为二的巨石叫作"试剑石",又名"恨石"。相传孙刘联姻后,有一天,孙权和刘备同游凤凰池。刘备见池边有一块巨石,拔下随从身上的佩剑,仰天暗自默祷:"我若能顺利返回荆州,成霸主之业,剑下石裂;若死于此地,剁石不开。"他手起剑落,只见巨石应声而裂。孙权见此问刘备:"你为何恨这块石头?"刘备假意地回答说:"我年近五十,不能为国清除贼党,心中异常愤慨。现蒙国太招我为婿,是我一生幸事。我向天问卦,如能破曹兴汉,就劈开这块石头,现果真如愿。"这时孙权暗想:"刘备莫非用此话来蒙骗我?"于是也将宝剑拔出:"我也来问问天意,如能破除曹操,我将石头劈开。"他也暗中祈祷:"如能再取荆州,兴旺东吴,石头也裂为两半。"随即挥剑劈开另一块石头,于是就这样留下了两块试剑石。

其实,试剑石的形成源于地质的演变。在距今约一亿多年的白垩纪时代,因火山爆发,岩浆喷溢出地表而形成了火山岩,由于其质地坚硬,且多裂缝,再经风化剥蚀而成为现今的形状,并非什么钢刀利剑劈开的。

三、"溜马涧"的导游讲解

溜马涧,又叫"驻马坡""跑马坡""溜马坡",相传是孙权和刘备二人赛马的地方。刘备来东吴招亲,有一天与孙权在甘露寺中喝酒,见长江江风浩荡,白浪滚滚,一只小船在风浪中出没,驾船的人操作自如,如履平地,刘备不禁赞叹道:"南人善驾舟,北人善骑马,信有之也。"孙权听了刘备的话暗自想道:"刘备莫非是嘲笑我不会骑马?"就下令手下的人牵过马来,然后飞身上马,驰骋下山,随后又加鞭催马回到了岭上,对刘备说道:"难道南人真不会骑马?"刘备听了这话后也骑上马,飞奔下山,又回上山来,两个人将马停在山坡上,扬鞭大笑。后来人们称他们赛马的地方为"溜马涧",又名"驻马坡"。

任务 4.3 "狠石—祭江亭"的导游讲解与服务

一、"狠石"的导游讲解

"狠"是古代一种野兽的名字,狠石又叫石羊,但没有角。据说孙权曾经骑在狠石背上和刘备一起商议破曹大计,定下了赤壁之战的妙计。

二、"多景楼"的导游讲解

多景楼因米芾题写了"天下江山第一楼"的匾额而闻名天下。多景楼与湖北黄鹤楼、湖南岳阳楼并称为长江中下游三座名楼。

多景楼俗称"相婿楼"或"梳妆楼"。相传,孙尚香出嫁当日在楼上布置洞房,梳妆打扮,楼下则派兵持枪拿刀保卫,刘备一见胆战心惊,孙尚香见此情景,只好下令撤了刀枪,刘备这才敢上楼进入洞房。

多景楼是北固山观景最好的地方,宋元以来成为历代文人雅士、达官贵人宴请赋诗的地方。陈毅同志当年登临多景楼时曾感慨地说:"不要画画了,这里就是万里长江画卷!"

三、"祭江亭"的导游讲解

祭江亭,又叫"江山第一亭""凌云亭"。相传刘备死于白帝城内,夫人孙尚香在东吴听到消息后,悲痛欲绝,身穿孝服,到江边的凌云亭设奠遥祭,然后投江殉情,所以后人就把这座亭子称为"祭江亭"。

"多景楼"的导游服务

1. 多景楼是观赏北固山风景最佳处,导游应提醒游客不要错过眼前美丽的山水画卷,指导游客选取最佳角度,抓紧时间留影纪念。

2. 祭江亭后有卫生间,导游可提醒游客使用,并告知游客 5 分钟后在亭内集合,再继续游览后面的景致。

原创导游词赏析

北固山多景楼

"何处望神州？满眼风光北固楼。千古兴亡多少事？悠悠！不尽长江滚滚流。"南宋词人辛弃疾的这首满腔热血、荡气回肠的词想必大家都听过，词中的北固楼就坐落在北固山的后峰顶上。我们现在就来到了被誉为京口"三山"之一的北固山。

北固山素以"天下第一江山"闻名于世，山高58米，南北长约500米。北固山虽然很难与三山五岳相比，但在一马平川的江南平原上，一山飞峙大江边，也蔚为壮观。而因其山壁陡峭，形势险固，所以被称为北固山。三国时孙权初见北固雄姿，顿生豪情，因此东吴最早建都就在镇江，王宫和帅府便设在前峰之上。自此，北固山的一亭一楼、一草一木都与三国故事紧紧相连了。

各位游客，请看，我们眼前的这座阁楼式建筑，便与刘备招亲的故事有关。相传刘备要娶孙权的妹妹孙尚香，出嫁时孙尚香在此楼梳妆打扮，所以称其为"相婿楼""梳妆楼"。而它的古名就是辛弃疾词中所称的"北固楼"。现在我们称其为"多景楼"。

多景楼的楼名取自唐朝宰相李德裕《临江亭》中的诗句"多景悬窗牖"。又因米芾题书"天下江山第一楼"的匾额而闻名于世，是古代万里长江三大名楼之一，与湖南洞庭湖畔的岳阳楼、湖北的黄鹤楼齐名。

多景楼为两层建筑，回廊四通，面面皆景。登上多景楼，极目远眺，山光水色，奇景多姿，真有凌空飞翔之感。"百年戎马三分国，千古江山一倚楼。"东看，滔滔江水，一泻千里，焦山如碧玉般浮现在万顷烟波中；西望，千峰万岭，山峦重叠，与碧空融为一体；近处的金山，清丽可爱；远处的扬州，隐约可见。雄姿奇景美不胜收！难怪陈毅同志当年登临北固山时曾感慨地说："不要看画了，这里就是万里长江画卷！"

多景楼是观赏北固山风景最佳处，宋元以来一直是历代文人雅士聚会赋诗之所。辛弃疾任镇江知府期间，经常登楼抒怀，留下了许多千古传诵的壮丽诗篇。除了开头的那阕《南乡子》，他又写下了《永遇乐·京口北固亭怀古》："千古江山，英雄无觅孙仲谋处。舞榭歌台，风流总被雨打风吹去……"一句"凭谁问，廉颇老矣，尚能饭否"，抒发了词人报国无门的满腔悲愤。

"青山遮不住，毕竟东流去"，爱国词人早已随着长江水远去了，只有江边的荻花和两岸的青山还能记住那过往的岁月。登临北固山，看漫漫长江，滚滚东流，爱国词人那"年少万兜鍪(móu)，坐断东南战未休。天下英雄谁敌手？曹刘！生子当如孙仲谋"的感慨便仿佛回响在耳边，那爱国之情荡气回肠，怎能不激起我们对祖国山河的无限深情？

(江苏联合职业技术学院镇江分院 茅蓉)

任务 4.4 "天下第一江山—铁塔"的导游讲解

知识讲解

一、"天下第一江山"的导游讲解

南朝时梁武帝萧衍登上北固山,面对雄伟壮观的自然景色,不禁赞叹:"北固山真是天下第一江山",并当即书写了"天下第一江山"六个大字。到了宋朝,淮东总管、书法家吴琚重新书写了"天下第一江山"这六个字,刻石嵌在壁上,后来不知去向。清朝康熙四年(1665),镇江府通判程康庄再次临摹吴琚的手迹,刻成石刻,长4米,高1米,横向书写,上款题有"延陵吴琚书"几个小字。

二、"古甘露寺"的导游讲解

甘露寺的建筑方式采用了"以寺镇山"的手法,形成了"寺冠山"的特点。甘露寺的规模虽然不大,但是知名度很高,清朝康熙、乾隆皇帝先后来此拜佛。

甘露寺的陈列依照的是"刘备招亲"故事中的场景。东面为"刘备招亲"的故事画展,以图文形式详细介绍了刘备招亲的故事;中间为刘备与孙尚香的新房,房中塑有刘备与孙尚香的新婚蜡像;西面,吴国太端坐正中,乔国老和刘备、赵云分立于左右两侧;右边,周瑜与鲁肃坐而谈论;左边,孙尚香在帘后偷看刘备。

其实,甘露寺是唐敬宗时期李德裕所建,三国时代山上并没有寺庙。刘备招亲确有其事,但乔国老说媒、吴国太相婿则完全是后人的杜撰。

三、"铁塔"的导游讲解

铁塔是我国现存的六座古老铁塔之一,也是江苏省境内唯一的古铁塔。铁塔始建于唐朝宝历元年(825),是唐代润州刺史李德裕为"资穆皇(唐穆宗)之冥福"所建。后屡毁屡建,现塔为四层,一、二层是宋代制品,三、四层系明代所铸。

铁塔西边有块《望月望乡》诗碑,碑上诗文系日本使臣阿倍仲麻吕所作,阿倍仲麻吕汉名晁衡,自幼聪明好学,于716年被选为遣唐留学生,次年从大阪出发来华。晁衡在中国长安进国子监太学读书,后考中进士,与唐代著名诗人李白、王维等交谊甚深。唐太宗对他的才华非常器重,先后任命他担任唐王朝秘书监卫尉卿、镇南都护等职。753年,晁衡受命为唐使,与鉴真大师及日本使臣东渡,途中船泊扬子江畔,夜晚月光皎洁,晁衡思绪万千,想到三十六年未回故乡,欣然提笔,写下了著名五言诗《望月望乡》,诗中写道:"翘首望东天,神驰奈良边。三笠山顶上,想又皎月圆。"

任务 4.5 "太史慈墓—中山纪念林"的导游讲解

知识讲解

一、"太史慈墓"的导游讲解

太史慈是东莱黄县(今山东)人,他有勇有谋,武艺高超,史书上称他"猿臂善射,弦不虚发"。年轻时,曾向刘备请兵击退了黄巾军,解了孔融之围,孔融称他为"吾之少友",即年轻的朋友。后追随孙策,辅佐孙权屡建战功。建安十一年(206),太史慈与曹操部将张辽交战时,中箭受伤,回到京口后不治身亡,终年41岁,孙权将他厚葬在北固山下。

二、"中山纪念林"的导游讲解

1930年春天,为了纪念国父孙中山先生逝世5周年,镇江各界人士数万人组成造林大军,在镇江的土地上大面积植树,这次造林活动,对城市的保护和美化起到了比较大的作用。为了纪念这次活动,镇江人民建造了这座中山纪念林塔。塔高3.56米,塔的下部四周刻有"总理遗训",塔的上部刻有"中山纪念林"几个大字。

导游职业能力测试

⦿ 知识问答

(1) 请说一说北固山景区的概貌以及特色与魅力。
(2) 请说一说与北固山有关的历史文化名人。
(3) 刘备招亲的故事是真的吗?
(4) 北固山为何有"天下第一江山"的美名?

⦿ 技能概况

(1) 能够对北固山的概况进行2分钟左右的导游讲解。
(2) 能够对北固山的主要景点——多景楼和古甘露寺进行3分钟左右的导游讲解。

⦿ 技能拓展

为多景楼创作一篇导游词,讲解时间为3~5分钟。

任务5　茅山的导游讲解与服务

课前准备

1. 通过网络查询,了解茅山的历史传说、典故,熟悉茅山的景观特色;
2. 熟悉茅山的游览路线。

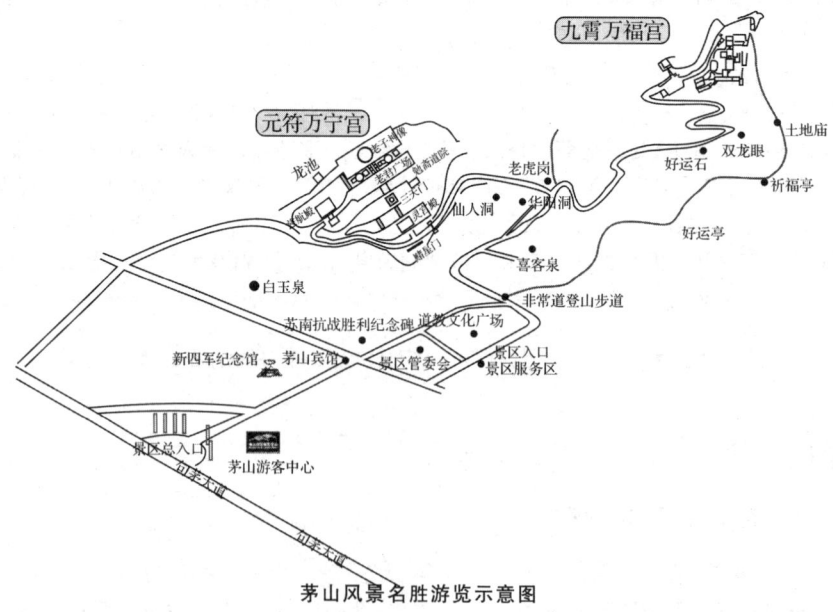

茅山风景名胜游览示意图

景区牌坊→喜客泉→九霄万福宫→元符万宁宫→仙人洞→华阳洞→苏南抗战胜利纪念碑→新四军纪念馆

任务导入

早就听说:"要好运,到镇江,镇江茅山,第一福地。"游客可能会问:为什么称茅山为"第一福地"?茅山有何特色呢?

任务 5.1 茅山沿途的导游讲解与服务

知识讲解

一、茅山的主要历史沿革

茅山原名句曲山,又称地肺山,位于江苏省西南部镇江市句容境内。茅山因山势迂回,形似"已"字,"勾曲而有所容",故名勾容(古代句、勾二字相通,故又称句容或句曲)。又因为古人认为茅山是昆仑山的余脉,山如地中之肺,四周之洞为肺叶,地穴之水终日沸腾不止若肺管,故比之以肺,称为地肺山。现"茅山"一名是为了纪念茅氏兄弟而改。

(一)展上公栽植白李

茅山风景优美,吸引着历代名士高人到此巡游、隐居、修炼。相传黄帝时代中原人展上公就到伏龙山溪(今茅山玉晨)修炼,并栽植白李,成为茅山盛产桃李之先导。

(二)泰伯、仲雍采药 吴王夫差筑宫

泰伯、仲雍曾采药句曲山中,百姓感其恩泽,从之日众,乃建国号勾吴,即吴国之前身。春秋末年,吴王夫差筑梧园宫于句曲山。

(三)始皇埋璧 三茅炼丹

《茅山记》记载:秦始皇三十七年(公元前 210 年),始皇游会稽还,登句曲北陲,埋白璧一对于良常,深七尺,命李斯篆文。

西汉始元五年(公元前 82 年),咸阳人茅盈、茅固、茅衷三兄弟先后定居句曲山,采药炼丹、治病济民,并于此山得道成仙。后人为纪念他们,改句曲山为三茅山,简称茅山。

(四)葛洪行医 弘景隐居 宝志劝善

西晋时,女道人魏华存修道于茅山,被尊为茅山宗的开山太师。

东晋许谧、许翙(huì)父子曾在茅山修炼,并与杨羲合造《上清经》,创立了茅山上清派。之后,道教理论家、炼丹术家、医学家葛洪也在此行医,著《肘后备急方》,在医学、炼丹史上留下世界最早记录。晋末至宋、齐、梁时期,茅山修道者日众,比较著名的有马朗、马罕、陆修静、孙游岳、钱妙真、陶弘景等。其中,齐梁陶弘景自号"华阳隐居",隐而为政,人称"山中宰相";而梁代高僧邑人宝志结庵华山(即今宝华山,为茅山余脉),劝善为仁,丹青圣容,成为"帝师"。

(五)唐宋崇道建宫观 李时珍采药茅山中

唐宋年间,朝廷崇信道教,在茅山大兴土木,赐宝赠物,敕建宫观。明代著名药物学家李时珍曾经到过茅山,实地考察采集中草药,与茅山有关的药物品种有近 400 种被写进了《本草纲目》中。

(六)陈毅、粟裕抗战 李四光勘查茅山

1938 年 6 月,陈毅、粟裕率领新四军进入句容,创建以茅山为中心的苏南抗日根据地。20 世纪 30 年代初,著名地质学家李四光曾到茅山进行地质勘查,茅山因此成为一处标准地点载入了

中国地质史册。

二、茅山的特色与魅力

（一）悠久的道教圣地

茅山道教源远流长，在中国道教史上享有很高的声望和地位，有"秦汉神仙府，梁唐宰相家"的美誉。道教名著《道藏》中的《洞天记》称茅山是"十大洞天"的"第八洞天"、"三十六小洞天"的"第三十二洞天"、"天下七十二福地"的"第一福地"。唐宋两代，茅山道教达到了鼎盛时期，前山后岭，峰巅峪间，宫、观、殿、宇等各种大小道教建筑多达三百余座、五千余间，道士数千人，有"三宫、五观、七十二茅庵"之说。茅山道长杨世华说："茅山每一寸土地下面都堆积着丰厚的历史，浸润着丰富的中国道教文化；每一处建筑、每一个景点都折射、传递着悠久的历史信息。"俗话说，"要好运，到茅山"，一直以来茅山都是游人朝山敬香必到之处。

（二）著名的革命圣地

茅山因山区地势险要，西邻南京，北濒长江，东至淞沪，南下浙西，历来是兵家必争之地。1937年12月初，日军侵占了茅山，烧杀抢掠，残暴蹂躏，民无宁日。1938年6月，陈毅、粟裕率领新四军第一、二支队和先遣支队进入茅山地区，广泛发动群众，开展抗日游击战，创建敌后抗日根据地，茅山成为全国六大山地抗日根据地之一。现在的茅山，已成为政府机关、部队、企事业单位、党团组织进行爱国主义、革命传统教育的重要基地。

（三）优美的风景胜地

茅山自然风光清新秀美，山区形胜独特，树木繁茂，景色迷人，"大峰小峰连中峰，当天削出玉芙蓉"。茅山以大茅峰、中茅峰、小茅峰为主体，自古就有九峰、十九泉、二十六洞、二十八池之美景。主峰大茅峰海拔372.5米，景区面积约为71.2平方千米。这里的山不高却秀雅，这里的水不深却澄净。春游茅山，山林滴翠，草木芬芳；夏游茅山，绿树成荫，葱茏一片；秋游茅山，天高云淡，色彩斑斓；冬游茅山，银装素裹，雾凇飘情。2013年10月，茅山风景区被评为国家AAAAA级旅游景区。

游览茅山前的提醒工作

游客可乘车上山，也可步行上山。若乘车，导游应提醒司机谨慎驾驶，注意安全。对于步行上山的游客，导游应提醒其自备饮用水，并根据天气预备雨具或防晒品。

任务5.2　"景区牌坊—喜客泉"的导游讲解与服务

一、"景区牌坊"的导游讲解

1986年，茅山被江苏省人民政府批准为省甲级风景名胜区，2001年被国家旅游局评为AAAA级旅游区。2008年，茅山提出"建设国内著名风景名胜区、长三角重要旅游目的地、国家AAAAA级旅游区"的目标，投入近2亿元改建了景区大门以及景区部分景点、道路等。新建的景区大门牌坊，牌楼顶书"茅山风景名胜区"七个大字，两旁楹联为"秦汉神仙府，梁唐宰相家"。

关于这副楹联所指之事,传说秦时,李明真人修炼于古炼丹院(今乾元观),西汉三茅兄弟也来此修炼……南朝齐梁时期著名的道教思想家、医学家陶弘景(456—536)隐居茅山,梁武帝礼聘不出,但朝廷有大事必来咨询,时人称他为"山中宰相"。这便是茅山有"秦汉神仙府、梁唐宰相家"之说的来历。

二、"喜客泉"的导游讲解

与茅山齐龄的喜客泉为茅山十九泉之首,位于大茅峰西北麓。2003年初正式对外开放。泉周以片石砌成,直径2至3米,游人行至泉边,鼓掌几下,泉内水珠顿时上涌,状似翠岭吐玉,又如客临泉喜,此状,宋代尤袤诗有云"幽泉见客喜",元代吴全节亦有"万珠寒涌碧琉璃,山色天光堪一池"之句。20世纪90年代初,电视剧《中国泉》中迎客泉即指此泉。

服务小贴士

一、"景区牌坊"的导游服务

导游应提醒游客在购票时,不要急于购买他人兜售的香烛,可在跟车上山后进山门前购买,价格更便宜。

二、"喜客泉"的导游服务

导游可提示游客在喜客泉泉边鼓掌或跺脚,喜客泉就知道来了客人,顿时冒出一串串珍珠般的水泡,就像是泉水在致欢迎辞。这就是"茅山三怪"之一的"怪泉"。

任务5.3 "九霄万福宫"的导游讲解与服务

知识讲解

一、"九霄万福宫"概况的导游讲解

九霄万福宫,简称"九霄宫""万福宫""顶宫",是茅山道院的主体部分。该宫始建于东汉永平三年(60),初为石坛、石屋,供奉三茅真君像,齐梁年间成宫观,明万历二十六年(1598)敕赐"九霄万福宫"。

二、"九霄万福宫"内部建筑的导游讲解

九霄宫坐北面南,极盛时宫内有藏经、圣师二楼阁,太元、高真、二圣、灵官、龙王五殿堂,毓祥、绕秀、怡云、种壁、礼真、仪鹄六道院,左右两侧道舍、客堂等建筑百余楹。整个宫观雄伟壮观,金碧辉煌。后经清末太平天国运动、抗日战争等,整个道宫先后被毁,仅残存二十余间。1982年开始修复,至1994年已修缮了灵官殿、太元宝殿、龙王殿、宝藏库、飞升台、三天门、仪鹄、迎旭道院和经堂等。新建了藏经楼、情云楼、白鹤厅、二圣殿、养真堂(宾馆)、九霄餐厅、东山门、西山门、龙池、九龙壁和坍池、栏杆等。

三、"茅山四宝"的导游讲解

九霄万福宫中今陈列许多道教文物,其中最为著名的是宋哲宗赐给茅山道士刘混康八件珍

宝之中的前四宝——玉印、玉圭、哈砚、玉符。

（一）玉印

玉印，长6.8厘米，宽6.4厘米，厚2厘米，印把高3.8厘米，上有瑞兽钮，刻篆体阳文"九老仙都君印"六字。每逢茅山香期，来茅山进香的香客都要在香袋、腰带上盖此玉印，意欲借此消灾延寿、遇难呈祥。

（二）玉圭

玉圭，又称为"宗坛玉圭"，因茅山是道教上清宗坛之故。玉圭长34厘米，宽7.1厘米，厚0.7厘米，通体晶莹剔透。玉圭上部之纹理远看似翩飞的蝙蝠，近观似飞龙在天；中部之纹苍茫若云雾之缭绕；底部之纹则似层峦叠嶂岚气袅袅，能随季节的交替而变幻出不同的颜色。玉质细腻，春秋之时常有"汗水"渗出。

（三）哈砚

哈砚，亦系玉质，呈长方形，长9厘米，宽4.4厘米，高1厘米，表面有墨堂而无墨池，墨堂长6.4厘米，宽3.2厘米，玉质呈白色，对其哈气，砚内顿渗水珠，舔笔而蘸，自成丹朱之色。该砚左上角有两道细纹，形若小鱼，形态逼真。每日子午之时，两条小鱼便合于砚池内，人称"子午归槽"。

（四）玉符

玉符，又名"镇心符"，白玉刻制，长9.66厘米，宽7.1厘米，厚0.6厘米，上刻篆体阴文"合明天帝日敕"六字。合明天帝日与古代五行五方之说暗合，此符有驱邪除恶保佑平安的意思。

服务小贴士

"九霄万福宫"的导游服务

"九霄万福宫"是茅山的主要景点之一，游客众多，导游应提醒游客紧跟团队，一是防止走散，二是能听清讲解。

任务5.4 "元符万宁宫"的导游讲解与服务

知识讲解

一、"元符万宁宫"概况的导游讲解

元符万宁宫始建于唐代，初名潜神庵，简称"印宫"。梁代天监年间（503—519）陶弘景曾结庐于此，在"龙池"旁修炼。北宋江宁府奉旨为刘混康修建宫观，历时九载，于宋徽宗崇宁五年（1106）竣工，赐名为"元符万宁宫"。茅山是道教第一福地，元符宫所在的茅山积金峰南腰处，幽洞密集，怪石林立，山水秀美，风光迷人，是福地之中的福地。

二、"元符万宁宫"相关景点的导游讲解

元符万宁宫现主要有灵官殿、碑亭、万寿台、老子神像、道教文化长廊等胜景。

（一）睹星门广场与灵官殿

睹星门亦称石碑坊，原是宫内道士观星望气之处。门之左右石壁上刻有"第八洞天""第一福

地"八个填蓝正楷大字。

过睹星门,拾阶而上即至灵官殿,殿额石上书刻"敕赐元符万宁宫"七字,门前两侧各置石狮一尊,左雌右雄,虽残缺不全,但极古朴自然。

(二)碑亭与万寿台

出灵官殿后门,上越二十余级台阶即至碑亭,碑亭后为万寿台,古称彰台。整个台坊建筑浑然一体,雕工精细,古朴大方,是茅山历史上重要的道教建筑物之一。

(三)老子神像与道教文化长廊

出神台,便是老君广场(道祖广场)。老子神像坐落在茅山积金峰南侧山腰、老君广场的中央。1997年元月至1998年6月,经国家宗教局和江苏省人民政府批准,茅山道院自筹资金,在茅山积金峰南侧元符万宁宫老君殿旧址,塑造了一尊总高达33米(含神台5米)的露天太上老君神像。神像采用主钢架蒙皮结构,共用226块紫铜板焊接而成,总重量达106吨(1998年11月6日已入选世界吉尼斯纪录)。广场上最引人注目的是老子神像身后贴山壁而建的120米东西文化长廊。此廊在全国道观中堪称华夏第一。

(四)"怪坡"

元符万宁宫内往"老子神像"广场方向的急转弯处,有一段约30米长的上坡路段,当汽车挂空挡或者熄火后,在处于没有任何外力的情况下,汽车还自动往上坡行驶,这是一位游客在汽车急转弯时突然熄火后无意中发现的。这便是茅山"三怪"之一的"怪坡"。据有关专家分析,这是由于视觉误差而引发的假象,看似上坡的地方实为下坡。

服务小贴士

"元符万宁宫"的导游服务

(一)注意老子神像的左手掌心

老子神像左手捋须,右手持太极扇,慈眉善目,仙风道骨。在他左手掌心处有一个天然形成的巨大蜂窝,此有"蜂拥而至""八面来风(蜂)"之寓意。

(二)安全提醒

元符万宁宫景区地形复杂,地面用花岗岩铺设,导游应提醒游客"观景不走路,走路不观景",特别是雨雾天气,地面湿滑,更要小心慢行,以防跌倒。

原创导游词赏析

茅山老子神像

茅山老子神像位于元符万宁宫的老君广场,建造于1998年。老子神像坐南朝北,高33米,重106吨,是用226块紫铜板焊接而成的。这种巨型铜像,不仅在中国,即使在全世界同类神像中,也是最高、最大的,真可谓"老子天下第一"。

站在老子神像下面,怎能不对这位道教之祖产生敬畏之感呢?游客朋友们请看,老子神态安详,自然亲切,左手捋须,右手持太极扇,慈眉善目,仙风道骨,仿佛正在给我们讲经传道呢!

老子神像身后的百米文化长廊图文并茂地诠释了老子博大精深的哲学思想。老子思想的主要内容是：首先，老子认为"道"是天地万物的本原，是最高的哲学概念，因而提出"天法道，道法自然"的思想；其次，老子还提出了辩证法思想，指出任何事物都有矛盾对立的两方面，矛盾双方可以互相转化，主张"守静"可以"以弱胜强"；再次，老子在政治上提倡"无为而治"；最后，老子主张"鸡犬之声相闻，老死不相往来"的原始纯朴的小国寡民思想，具有一定的保守性。

大家再看，老子神像的左手掌心筑有一个巨大的蜂巢。神奇的是，这蜂巢还随风见长，如今竟有长约1米、宽近40厘米那么大了。人们戏言，这情景寓意着海内外宾客的"蜂拥而至"，更象征着茅山的兴旺昌盛、欣欣向荣。

有关老子神像的神奇色彩，还有两段故事，我现在就来跟大家讲讲。

首先，老子神像的建造过程是非常神奇的。1997年3月23日，老子神像动工时，施工现场挂了六幅写着"抢时间，争速度"等标语的白布，挂好后，随即乌云四起，狂风怒吼，大雨倾盆而下。见此情景，茅山道院朱易经道长点拨说，道教"以五为尊，以黄为贵"，建议挂五幅以黄色为底色的条幅。嘿，真神奇呵！这以后连续二十二天滴雨未下。

还有更神奇的呢！老子神像基础工程结束前，神像底座后面的山坡出现大面积滑坡，塌方面积近万方，唯独神像底座正后方完好无损。道长们说，老子神像在保天下太平，祈国泰民安。大家在老子神像前赶紧许个愿吧！

（江苏联合职业技术学院镇江分院　姚金荣）

任务5.5 "仙人洞—华阳洞"的导游讲解与服务

知识讲解

一、"仙人洞"的导游讲解

仙人洞位于大茅峰北侧、元符宫的边上，距离元符宫的山门不到百米，相传古时候曾有仙人在洞内潜心修炼，并且得道成仙，所以称之为"仙人洞"。

洞内景观奇特。现可进入的洞长有250多米，洞有三层，层层相通。从洞口进入150米长的下洞，洞中石笋、石钟乳、天然大理石随处可见。中洞有四厅，一厅里有一组钟乳石，远远看去就像"八仙过海"。二厅内的钟乳石又仿佛是悬挂着的盏盏龙宫灯。三厅别具一格，石钟乳构成连绵起伏的山脉，山上卧着长1.2米的"大海龟"，龟背上有一个酷似唐僧取经的造型，上方还有一只展翅飞舞的"凤凰"。四厅内细细观赏，"八百罗汉"栩栩如生。上洞烟笼雾锁，人行其间如腾云驾雾。

清朝文人孙星衍赋诗赞曰："垂乳甘可餐，流膏滑难触。心疑转仙境，旷荡见平陆。"

二、"华阳洞"的导游讲解

华阳洞位于茅山老虎岗山坡西侧，是茅山最负盛名的天然溶洞。相传三茅真君曾隐居洞中修道，齐梁陶弘景还在此设立了"华阳三馆"，著书立说，收徒传教。

洞口上方刻有三个大字——"华阳洞",每字约 1 米见方,传为苏东坡手迹。康熙南巡到茅山,曾给此洞留下"第八洞天"的墨宝。据清笪重光《茅山志》记载,华阳洞共有东、西、南、北五个洞口(南分两口),亦称五便门,其中三显二隐,东西长达 22.5 千米,南北深达 17.5 千米,现在所见为华阳洞西口。

唐代诗人储光羲写有七绝《题茅山华阳洞》:"华阳洞口片云飞,细雨濛濛欲湿衣。玉箫遍满仙坛上,应是茅家兄弟归。"

服务小贴士

一、"仙人洞"的导游服务

仙人洞内比较湿滑,光线昏暗,地面不平,导游应提醒游客注意慢行。

二、"华阳洞"的导游服务

在钻华阳洞山洞的时候,导游应提醒游客注意别碰着头。

任务 5.6 "苏南抗战胜利纪念碑—新四军纪念馆"的导游讲解与服务

知识讲解

一、"苏南抗战胜利纪念碑"的导游讲解

1938 年夏,陈毅、粟裕等同志率领的新四军东进抗日,创建以茅山为中心的苏南抗日根据地。人们因戏剧《沙家浜》知道新四军在苏南作战过,但很多人可能不知道指挥部在茅山地区。1995 年,为纪念抗战胜利 50 周年,经省市批准,在距纪念馆东 300 余米的望母山顶建成一座高 36 米的"苏南抗战胜利纪念碑"。1997 年冬,人们发现"纪念碑前放鞭炮,纪念碑下听军号"的奇观,于是参观瞻仰的人更是络绎不绝,根据这个物理现象,当地的人们编造了一个关于一名新四军小号手的故事,认为这是新四军小号手的英魂看见革命胜利了,便吹起军号欢庆胜利。为了纪念这位小号手,后来又建了一座小号手的雕像。

二、"新四军纪念馆"的导游讲解

茅山新四军纪念馆位于大茅峰西麓,1985 年 9 月落成开馆,原名"新四军茅山抗日斗争历史陈列馆"。1998 年 10 月,重建的纪念馆开馆。

新馆为两层方形建筑,门楼为茅山三峰造型,馆名由江泽民同志题写。新馆分为 6 厅,建筑面积达 3 000 多平方米,展出革命文物 1 400 余件、图片 2 000 余幅,新增中央领导及新四军老战士题词 300 余件。

茅山新四军纪念馆是江苏省十大爱国主义教育基地和德育教育基地之一。

服务小贴士

一、"苏南抗战胜利纪念碑"的导游服务

"纪念碑前放鞭炮,纪念碑下听军号"为茅山第三怪——"怪号",2006 年 4 月 3 日,该奇闻申报上海

吉尼斯世界纪录获得成功。对有兴趣的游客，导游可适当用"地形说"和"碑结构说"进行解释。

（一）地形说

有的专家在考察后认为，苏南抗战胜利纪念碑所在的望母山，处在大茅峰和二茅峰两座山峰之间，其地形恰好形成一个喇叭口状，军号声可能就是由纪念碑下燃放的鞭炮在山谷中的回声与纪念碑空体发出的共鸣作用而形成。

（二）碑结构说

为了揭开军号之谜，茅山新四军纪念馆曾先后请来上海、南京等高校的建筑、声学、地质专家前来考察。专家组对纪念碑发声现象做出如下物理解释：由于塔碑采用了空心结构，当在纪念碑台阶下用单次声（如鞭炮、发令枪等）脉冲激发，声脉冲入射到碑体时，产生了高次谐波共振，并且反射。碑体的反射声入射到碑体下方的台阶上，再次形成音调的变化。由于每段台阶的坡度不同，因而从各段台阶反射回的音调发生变化，到达人耳的时间也有所差别，因此形成了不同音符连奏成军号声的效果。

二、"新四军纪念馆"的导游服务

2004年年底，中共中央办公厅、国务院办公厅印发《2004—2010年全国红色旅游发展规划纲要》，确立了全国30条"红色旅游精品线路"。"茅山新四军纪念馆"是第4条线——"南京—镇江—句容—常熟"线中的重要景点。

导游职业能力测试

知识问答

（1）请说出茅山有哪些主要景点。

（2）茅山有哪"三怪"、哪"四宝"？

（3）概括叙述老子思想的主要内容。

（4）与镇江其他景点相比，茅山的魅力主要体现在哪些方面？

技能必备

（1）能够对茅山的概况进行3分钟左右的导游讲解。

（2）能够对茅山的主要景点——九霄万福宫和元符万宁官进行2分钟左右的导游讲解。

技能拓展

九霄万福宫是茅山的主要景区之一，其包含的景点众多，请在熟悉景点概况的前提下，对景点进行排序，看看按什么顺序能够更方便、科学、合理地游览。

导游推荐

新景推荐

1. 西津渡古街　　推荐指数：★★★★★

西津渡古街位于镇江城西的云台山麓，是依附于破山栈道而建的一处历史遗迹。西津渡古街是镇江文物古迹保存最多、最集中、最完好的片区，是镇江历史文化名城的"文脉"所在。

地址：江苏省镇江市西津渡街25号。

交通路线：润扬大桥（镇江方向）下桥转长江路，过了金山公园不远，在街的右侧就可以看到西津渡古街的游客接待中心。

2. 葛仙湖　　　　　推荐指数:★★★★

"葛仙湖畔垂杨稀,古塔座下寒蛩饥。夜影入潭珠玉满,祥光普照斗牛微。"葛仙湖公园在句容华阳镇西,原名郭西塘,现名为葛仙湖公园,是为纪念东晋道教理论家、医学家、炼丹家葛洪而建,对游客免费开放。园中建有大圣塔、葛仙观、华阳书院、三台阁等仿古建筑景观,另有湖岸九曲长廊、湖心三潭印月等景观。

⊙ **美食推荐**

1. 味美的长江特产　　　推荐指数:★★★★★

焦山一带的江中,水产资源丰富多样,其中以"长江三鱼"即刀鱼、鲥鱼、鲴鱼最为著名。焦山刀鱼不仅具有大、肥、嫩、鲜的特点,而且还有明显的季节性,以清明前捕获的刀鱼为上品。鲥鱼在谷雨以后进入长江,身体侧扁,周身多硬骨,肉质鲜嫩,鳞下有丰富的脂肪,烹调时不用去鳞,以保其真味,清蒸、红烧均可,以清蒸为最佳,若以姜末、香醋佐食,味道更美。鲴鱼肉味鲜美,鳔肥且厚,每年春秋两季上市,以三四月间尤为肥美,烹调时以白汁鲴鱼口味最佳。

地址:金山之侧,江鲜一条街,整条街南起长江路,北至引航道渡口。

交通路线:从沪宁高速镇江西出口,沿金光大道往金山方向,至金山脚下,从长江路往江边,行不过千米即到。

2. 镇江"三怪"　　　　推荐指数:★★★★

自古名城出名食,镇江"三怪"的传说古老而富有魅力,在镇江流传着颇具顺口溜色彩的《三怪谣》:"香醋摆不坏、肴肉不当菜、面锅里面煮锅盖",故有"不到长城非好汉,不尝三怪太遗憾"之说。

地址:镇江宴春酒楼,解放路 87 号(新店)/大西路人民街 17 号(老店)。

⊙ **休闲推荐**

镇江市银山门古玩城　　　推荐指数:★★★★★

镇江银山门室内古玩城是在银山门商街基础上扩建而成的,占地 2 500 平方米,总营业面积 6 000 平方米,为全国最大的室内古玩市场。已拥有 130 多个古玩商铺,古玩藏品门类齐全、品种众多,正是古玩收藏爱好者的淘宝之地。

模块 3　扬州导游

模块要求

通过本模块的学习,要求学生具备为旅游者提供扬州向导、讲解以及其他旅游相关服务的能力。

1. 能够对城市概况进行 10 分钟左右的导游讲解,具体内容包括扬州的历史沿革、地理位置、气候特点、名称由来、行政区划和人口以及城市特色等;

2. 能够对景区概况进行 1 分钟左右的导游讲解,既要能够简明扼要地介绍景区的概况,又要能够指出景区的特色与魅力;

3. 能够对主要景点进行 3～5 分钟的导游讲解,既要能够详细介绍景点的具体情况,又要能够凸显一定的景点文化内涵;

4. 能够提供导游常规服务,如景区景点内的游览线路、最佳拍照地点、卫生间位置及注意事项等。

任务1　扬州城市概况的导游讲解

课前准备

1. 通过网络查询，查阅相关书籍，结合地图，了解扬州的城市历史沿革、地理位置、气候特点、名称由来、行政区划和人口数量等，掌握扬州的城市特色；
2. 熟悉扬州主要旅游景区景点分布状况和路线。

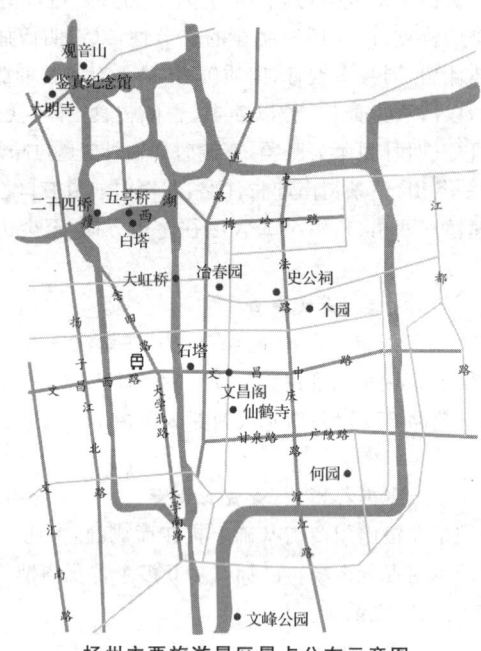

扬州主要旅游景区景点分布示意图

任务导入

一句"腰缠十万贯，骑鹤上扬州"，激起后世多少人对扬州这座城市无尽的向往。而出自李白《送孟浩然之广陵》中的"烟花三月下扬州"，更使游览扬州成为人们今天旅游的时尚。

那么，扬州到底有何魅力吸引着古往今来的游客呢？

任务1.1　扬州地理的导游讲解与服务

知识讲解

一、扬州的地理位置

扬州，地处江苏中部，吴头楚尾，俗称"淮南江北海西头"。东部和盐城市、泰州市毗连；南部濒临长江，与镇江市隔江相望；西部与南京市、滁州市交界；北部与淮安市接壤。由于扬州位于长江、运河交汇处，自古便是商贾通贩要津、东南经济中心。

二、扬州的地形与气候

扬州市辖区北部地形为丘陵,京杭运河以东和沿江地貌为长江三角洲漫滩冲积平原,地势平坦。

扬州属于亚热带季风性湿润气候区。受季风环流影响明显,四季分明,气候温和,自然条件优越。

三、扬州的自然资源

(一)水资源

扬州地处江淮交汇处,河湖密布,水系发达。扬子江奔腾东去,古运河穿城而过,瘦西湖静卧一隅,还有漕河、护城河、小秦淮河、二道河、明月湖、邵伯湖、高邮湖、宝应湖、白马湖等则由南而北依次排开,南水北调东线工程源头亦在境内,全市水域面积约占总面积的31%。

可以说,瘦西湖浸染了扬州秀雅的性格,大运河滋润了扬州庶俗的风情,而长江则澎湃了扬州雄阔的胸襟。

(二)生物资源

温和的气候、充沛的水源以及肥沃的土地,为扬州带来了富饶的物产。扬州是著名的"鱼米之乡",境内盛产粮、棉、油等,全市农作物和畜禽品种丰富。水不但给扬州奉献了主粮,还滋养了得天独厚的水生动植物:鱼类有鲤、鲫、青、草等19个品种,虾、蟹等资源亦很丰富。

(三)矿产资源

扬州还拥有丰富的石油、天然气、煤炭、地下温泉和矿石等矿产资源,目前已发现矿产资源6类20种。

最佳旅游时机的提醒

所谓"烟花三月下扬州",每年的春季,扬州迎来旅游旺季,四、五月份也是游览扬州的最佳时间。每年4月18日—5月18日,扬州都会举行"烟花三月经贸旅游节",此时的扬州烟雨蒙蒙,稀有的琼花正当盛开,花香扑鼻,是旅游的黄金季节。

任务1.2 扬州历史的导游讲解与服务

扬州,建城史可上溯至公元前486年,迄今已有两千五百多年的历史。

春秋时期,人类第一条人工运河邗沟在扬州开挖;汉代最早开发了扬州的经济,在这里开矿铸钱、煮海制盐;隋炀帝则开通了扬州至余杭的南运河;唐宋时期,扬州已成为东南第一大都会,享有"商贾如织""富甲天下"的美誉;明代,扬州成为盐务中心和漕运咽喉;清代,扬州是世界上十座五十万人口的大城市之一。

一、世界运河名城

周敬王三十四年(公元前486年),吴王夫差北上争霸中原,开邗沟、筑邗城,邗沟边上用于屯聚兵力的邗城就是后来楚怀王十年(公元前319年)重建的广陵、项羽更名的江都、隋唐时期的扬州。邗沟连接了江淮,长约170千米,比世界著名的巴拿马运河和苏伊士运河都早了2 300多年。

隋大业元年(605),隋炀帝利用邗沟、洛水等河道,沟通了长江、淮河、黄河,后来又联通了北面的海河、南面的钱塘江,"南北大运河"形成,构建了人类文明史上第一张水路交通图。

元朝统一中国后,元世祖忽必烈以其雄才大略,对运河裁弯取直,从河北直下山东、江苏、浙江,从北京到杭州缩短了900多千米的航程。这就是现在我们说的"京杭大运河"。

"京杭大运河"以"中国大运河"的名字申报世界文化遗产,并于2014年6月22日被列入《世界遗产名录》;扬州也以通史式的古城遗址被列入申遗的预备名录。

二、辉煌的经济成就

扬州一万年前成陆于长江冲积平原,六千年前即开始种植水稻(高邮龙虬庄遗址)。最早时期的"扬州"为中国古代九州之一,包括了今天的福建、浙江、江西、安徽、上海和江苏的苏南、苏中等地域。随后,三千年的建国史(西周古干国),两千五百年的建城史和运河史,汉、唐、清三朝的繁荣史,铸就了扬州中国名城的历史基础。

汉代,扬州是王侯的封地,吴王刘濞"即山铸钱,煮海为盐",加上"围垦围田"的农、工、商全面发展,扬州迎来第一次繁荣。

隋朝,隋炀帝开挖运河,促进了江、淮、黄三大流域的经济、文化交流,加上唐代手工业的兴起,扬州成为"扬一益二"的东南第一大都会,是唐代粮、草、盐、铁的运输中心,也是我国盛唐对外交往的四大名港中"海上丝绸之路"的起点,还是波斯商人珠宝营运的集散地。扬州在盛唐迎来了第二次繁荣。

明清时,扬州是两淮盐运中心,掌控六省行盐行情。清代,扬州独占漕运、盐运、河务三大要政之利,扬州盐政收入占朝廷总收入的近四分之一。康熙、乾隆皇帝各六次巡幸,使得扬州的政治、经济、文化地位一升再升,海盐、药材、茶叶、珠宝四大物流集散,使扬州成为世界名城。扬州也迎来了空前的第三次繁荣。

服务小贴士

"运河扬州段"旅游线路推荐

运河扬州段是大运河最古老的一段,并入选《世界遗产名录》。扬州古运河穿城而过,水质清澈,沿岸古迹林立,风土人情独特有趣。

旅游线路推荐:从长江入口处开始,沿岸有瓜洲古渡、全国四大名刹之一的高旻寺、盛唐"海上丝绸之路"的渡口扬子津、鉴真东渡码头宝塔湾、伊斯兰宗教名胜普哈丁墓,以及新老运河的分水岭茱萸湾等。水线再向北延伸可顺游古驿站高邮、"莲藕之乡"宝应等。

任务1.3 扬州名称由来与行政区划的导游讲解

一、名称由来

扬州,古代作杨州(按:汉碑中杨字皆从"木",从"手"系后人所改,王念孙有详细考证),"杨州"的名称最早见于《尚书·禹贡》:"淮海惟扬州。"这是古人心目中的一个广泛的地理概念,范围包括今淮水、黄海、长江流域内的江苏、安徽、江西、浙江、福建等省。

今天的扬州,春秋时称"邗",秦汉时称"广陵""江都",东晋、南朝置"南兖州",北周时称"吴州"。汉朝时的扬州包括江苏南部、安徽淮河以南及浙江、福建、江西三省。三国时魏、吴各有扬州,吴扬州治建业,魏扬州治寿春。隋开皇九年(589)改吴州为扬州,但总管府仍设在丹阳(今南京)。唐武德八年(625),唐高祖将扬州治所从丹阳移到江北,从此广陵才享有扬州的专名。

二、行政区划

扬州现设邗江区、广陵区、江都区3个市辖区和宝应县1个县,高邮市、仪征市2个县级市,是联合国人居奖获奖城市、全国文明城市、中国温泉名城。中国大运河高邮段入选《世界遗产名录》;扬州被列为中国"海上丝绸之路"8个申报世界遗产城市之一。2016年末,全市户籍总人口为461.67万人,市区户籍总人口为232.47万人。

任务1.4 扬州经济的导游讲解

扬州是开放的新兴现代城市。扬州在历史上就是著名的开放城市。唐代,扬州是东南地区的最大都会和对外进行经济文化交流的四大港口之一,当时寓居海外的扬州经商者达五千多人,在扬外商达一万多人,扬州成为"海上丝绸之路"的著名港口。高僧鉴真大师从这里六次东渡到达日本。韩国的崔致远、阿拉伯的普哈丁、意大利的马可·波罗等都曾在此留下足迹。1988年,扬州被批准对外开放,现已与七个国家的九个城市结为友好城市或友好合作城市。扬州的对外经济合作不断加强,与包括德国奔驰、美国高露洁、荷兰飞利浦等世界五百强企业在内的一批大公司合资合作,已形成了汽车、船舶、电缆、精细化工、化纤及纺织面料、食品六大支柱产业和电子信息、新材料、生物工程三大新兴产业。

以扬州船舶业为例,扬州的造船业从春秋战国时就已起航,唐代内河行艓大都产自扬州的中央直属船场。经过近年来的蓬勃发展,扬州船舶工业已形成"三园一区",即邗江船舶(重工)产业园、江都船舶工业园、仪征船舶工业园和太平洋船舶配套产业基地,集聚了大洋造船、中海运(江苏)造船基地等大型船舶建造厂及一百多家中小造船企业,成为华东地区中小船舶建造基地。

任务1.5 扬州旅游的导游讲解与服务

扬州是国务院公布的首批历史文化名城、首批中国优秀旅游城市。这里风景秀美,旅游资源丰富,

集北方妙景之雄,兼南方佳境之秀,有"淮东第一观""竹西佳处"之说。同时,扬州还有"鱼米之乡""工商之城""园林之城""文化之都"等称誉。2018年,扬州将举办江苏省第十九届运动会、第十届江苏省园艺博览会;2021年,扬州将举办世界园艺博览会。

一、城市荣誉

世界级:联合国人居环境奖城市。

国家级:中国人居环境奖城市、中国优秀旅游城市、国家卫生城市、中国和谐管理城市、国家园林城市、全国首批历史文化名城、全国双拥模范城、国家环境保护模范城市、国家信息化试点城市、国家生态建设示范城市、全国创建文明城市工作先进城市、中国最适宜投资城市以及公众心目中的中国和谐之城等。

二、扬州主要特产

俗话说得好:"扬州匠,苏州样。"扬州雕刻工艺首推制玉业,玉雕作品《大禹治水》自乾隆年间问世,至今仍是江苏玉作的标志性作品。而刻漆、平磨螺钿、骨石镶嵌三者工艺之精,也使扬州有了漆器王国之称。"天上星星地下灯,苏州扬州琉璃灯",赞美的是扬州的纱灯,扬州灯彩外形精美,内饰秀雅。说到盆景,扬州以树桩盆景为长,一寸三弯,功在剪扎。至于刺绣,扬绣则以追随中国画笔墨内涵为意境,开创了自己的仿古写意绣特色。

扬州的特产还有"富春""五亭"牌速冻包子、扬州特色炒饭、"三和四美"牌酱菜、牛皮糖、扬州"三把刀"(理发刀、修脚刀、厨刀)、扬州"三头宴"、高邮双黄蛋等等。

三、扬州美食

淮扬菜自古与川、鲁、粤菜并称为四大菜系,淮扬菜注重本味、讲究火工、擅长炖焖,口味清淡鲜美、甜咸适中。淮扬菜又分为扬州菜、镇江菜、淮阴菜等流派,其中,扬州菜以"三头"(拆烩鲢鱼头、扒烧整猪头、蟹粉狮子头)为代表。若想考验厨师的刀工,不妨点一道"大煮干丝"。扬州师傅以刀工精细著称,特别精于食材雕刻,"厨刀"正是著名的"扬州三把刀"之一。而比这些大菜更出名的则是各色扬州点心和小吃。

扬州十大名点:三丁包子、千层油糕、双麻酥饼、翡翠烧卖、干菜包、野鸭菜包、糯米烧卖、蟹黄蒸饺、车螯烧卖、鸡丝卷。

十佳风味小吃:笋肉锅贴、扬州饼、蟹壳黄、鸡蛋火烧、咸锅饼、萝卜酥饼、鸡丝卷、三鲜锅饼、桂花糖藕粥、三色油饺。

十佳特色小吃:四喜汤团、生肉藕夹、豆腐卷、笋肉小烧卖、赤豆元宵、五仁糕、葱油酥饼、黄桥烧饼、虾籽饺面、笋肉馄饨。

如今,冶春、富春、福满楼、共和春、菜根香等百年老店经历时间与市场的考验,仍旧焕发着生机,吸引了全国各地慕名而来的食客前来品尝。

服务小贴士

"扬州早茶"的导游服务

导游需提醒游客:扬州早茶上午10点以后基本结束,国有茶社一般下午1点停止营业。所以,要吃扬州著名的早茶得赶早。当然午饭、晚饭也可点一些早茶里的小吃,但一些名点心可能就没有了,而且也没有早茶的气氛。

导游职业能力测试

⦿ 知识问答

(1) 简述扬州名称的由来。
(2) 扬州的繁荣主要在哪几个朝代?
(3) 简述扬州盐商与扬州繁荣的关系。
(4) 扬州城市最大的特色是什么?

⦿ 技能必备

能够对扬州的城市概况进行10分钟左右的导游讲解。

⦿ 技能拓展

学习一段扬州小调或快板等,介绍扬州的特色。

任务 2　瘦西湖的导游讲解与服务

课前准备

1. 通过网络查询和预习教材,了解与瘦西湖有关的典故,熟悉瘦西湖的主要景观特色与艺术魅力;
2. 熟悉瘦西湖的游览路线。

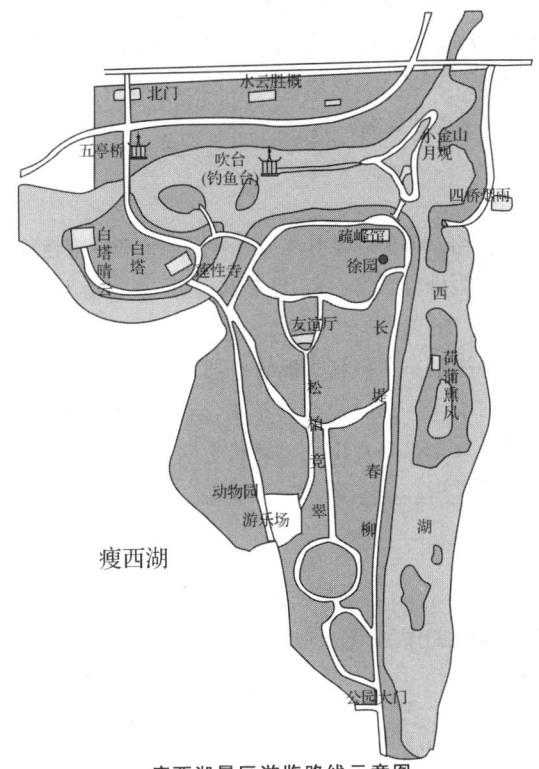

瘦西湖景区游览路线示意图

大虹桥→南大门→长堤春柳→徐园→小金山→钓鱼台→五亭桥→白塔→二十四桥景区→万花园景区

 **任务导入**

提到杭州,很多游客可能会想到西湖,是的,杭州之美在于西湖。

那么,扬州的瘦西湖又有何特别之处呢?

任务 2.1　瘦西湖沿途的导游讲解与服务

 **知识讲解**

一、名园简介

瘦西湖,位于扬州市北郊,是扬州园林的代表,也是我国著名的湖上园林群。瘦西湖原名炮山湖,又名保障湖。隋唐时期,瘦西湖沿湖陆续建园。及至清代,由于康熙、乾隆皇帝分别六度南巡,形成了"两岸花柳全依水,一路楼台直到山"的盛况。清代杭州人汪沆,鉴于西湖在杭谚中有"销金锅子"之号,所以当他来扬州炮山湖,只见垂杨连绵、虹桥入画,于是将扬州西湖与杭州西湖对比后,得出了"也是销金一锅子,故应唤作瘦西湖"的结论。瘦西湖由此得名,且为人们所承认,至今名播中外。

瘦西湖风景区现有游览区面积 100 万平方米左右,是蜀冈——瘦西湖国家级风景名胜区的核心组成部分,融南秀北雄于一体,利用自然地形,加以人工整理,处处显示独特风貌,在我国古典园林中别具一格。1988 年被国务院列为"具有重要历史文化遗产和扬州园林特色的国家重点名胜区"。2010 年被评为国家 AAAAA 级旅游景区,成为扬州首个国家 AAAAA 级旅游景区。2014 年 6 月,瘦西湖被列入《世界遗产名录》。

二、风景特点

瘦西湖清瘦狭长,水面长约 4 千米,宽不及 100 米。近人巧取瘦西湖之"瘦",小金山之"小",点明扬州园林之妙在于巧"借":借得西湖一角,堪夸其瘦;移来金山半点,何惜乎小。在清代康乾时期已有"园林之盛,甲于天下"的美誉。

瘦西湖景色宜人,名园胜迹散布在窈窕曲折的一湖 L 形碧水两岸,从乾隆御码头开始,沿湖过冶春、绿杨村、红园、西园曲水,经大虹桥、长堤春柳,至徐园、小金山、钓鱼台、莲性寺、白塔、凫庄、五亭桥等,再向北至蜀冈平山堂、观音山止。湖长十余里,俨然一幅次第展开的国画长卷,既有天然景色,又有扬州独特的风格。

 **服务小贴士**

一、游览瘦西湖前的提醒工作

瘦西湖的游览一般是从南门进,游过万花园从北门出。因此,旅游车会停在瘦西湖公园北门的停车场。导游应注意提醒游客结束瘦西湖的游览之后,在北门集合。

二、开放时间

瘦西湖的开放时间为 7:30—18:00。晚上开放夜游,时间为 18:30—22:00,全程坐船。游船:大虹桥→小金山或钓鱼台→二十四桥,约20分钟,普通画舫,可坐20人,费用是200~300元/船;夜游(3月中旬至10月中旬开放),大虹桥至二十四桥往返,约45分钟,豪华画舫,费用是80元/人。

三、游览指南

瘦西湖四季游玩向导:春有烟花三月赏花游园会(亦有夜游瘦西湖活动);夏有瘦西湖之夏荷花节;秋可闻桂赏菊;冬赏红梅迎春花。景区的各大路口都设有景区图,方便游览。湖边有脚踏船和电动船提供出租,根据不同船型,租船费用大概为每小时25~45元。

任务2.2 "长堤春柳—钓鱼台"的导游讲解与服务

知识讲解

一、"长堤春柳"的导游讲解

步入瘦西湖南门,脚下是600米的长堤,两岸遍植夭桃绿柳,每到春季,依依柳色映衬着一片姹紫嫣红,尽显春之妖娆美景。长堤春柳堤边的柳与别处不同。隋炀帝开挖运河时,翰林学士虞世基建议在河堤两岸大量插柳,既可护堤,又可遮阴。隋炀帝大喜,亲手先栽一株,又赐垂柳姓杨。所以,扬州的柳树称为杨柳。如今,杨柳成了扬州市树。

堤的尽头是"桃花坞",电视剧《红楼梦》中林黛玉葬花的取景地便是这里。

二、"徐园"的导游讲解

园中有园是瘦西湖的特色。长堤春柳的北端,原是清初韩园桃花坞故址。为了纪念参加辛亥革命的军长、后被人炸死的徐宝山而重建,故称徐园。

门额上"徐园"二字由扬州晚清孝廉"风先生"吉亮工书写。"徐"为行楷,"园"为行草,两种不同的字体却和谐成趣。

徐园规模不大,占地仅6 000平方米,但庭院结构得体、错落有致。内有听鹂馆、春草池塘吟榭、疏峰馆等景。听鹂馆前陈列着两具铁镬(huò),并立有《铁镬记》碑,这两具铁镬相传为南朝萧梁时的镇水之物,距今已有一千四百多年。

三、"小金山"的导游讲解

穿过徐园,越过小虹桥,就是小金山。

瘦西湖本无山,小金山是瘦西湖中一小岛,原名长春岭,建于清代中叶。当时为了让乾隆皇帝能直接乘船去平山堂,扬州豪绅在瘦西湖的西北新开挖了莲花埂新河,小金山就是用开挖出来的河泥人工堆积而成的。沿着山路,拾级而上,山顶有"风亭"一座,是全园最高点,匾额为清代著名诗人、学者阮元所题。

四、"钓鱼台"的导游讲解

过小金山,朝五亭桥的方向,有钓鱼台将湖水劈开,湖面豁然开阔。

(一)钓鱼台的来历

小金山的西麓,一条岸柳成行的长堤,直伸向湖心。长堤的顶端就是钓鱼台,又名"吹台"。

钓鱼台建于清乾隆年间,原来是演奏丝竹乐器的地方。相传乾隆皇帝逛到这儿,不知怎的忽然产生钓鱼的兴致。于是立即有人送上了渔竿。可是瘦西湖里的鱼却偏偏不听话,平日里一呼百应的乾隆皇帝钓了半天,就是没有一条鱼上钩。这下陪同的扬州盐商着急了,当即悄悄选了几个水性好的水手带着活鱼潜到水下。水手们举着荷叶,靠荷茎来换气,等上面的乾隆渔竿一落,就将活鱼挂上了钩。这下乾隆爷自然是龙心大悦了。

(二)钓鱼台的特色

在中国,以"钓鱼台"命名的景点非常多,扬州的钓鱼台是众多钓鱼台中体量最小却极富特色的一座。它是中国名亭建筑的典范,是中国园林"框景"艺术的代表作品。站在钓鱼台上向北60°方向,可以透过北边的圆洞看到五亭桥横卧波光,而透过南边的椭圆形洞则正好可以看到巍巍白塔。这一景象一彩一素、一卧一立,堪称绝妙。那洞中借景的画面正好对应了"三星拱照"的名称。

"钓鱼台"的导游服务

1. 导游可提醒游客:钓鱼台是瘦西湖景区中拍照的经典之处。从钓鱼台前右侧看去,正中圆洞恰好收入"五亭桥"一景,左面圆洞正好收入"白塔"一景,五亭桥和白塔俨然成了钓鱼台墙上的两幅画卷。这完美的景中景,是我国园林景点中借景效果最好的景点之一,也是游人拍照最多的地方。

2. 钓鱼台游玩过后要从原路返回,由于旅游旺季游客众多,在此处拍照留影的人也很多。因此,导游应提醒游客在往返途中和拍照时尤其要注意人身和财产安全。

任务2.3 "五亭桥—白塔"的导游讲解与服务

一、"五亭桥"的导游讲解

钓鱼台前的这座环拱石桥就是五亭桥。因为建于莲花堤上,形状像一朵盛开的莲花,所以它又叫莲花桥。五亭桥建于清乾隆二十二年(1757),横跨瘦西湖两岸,桥基厚重有力,呈"工"字形,桥身长60多米、高7米多,仿北京北海的五龙亭和十七孔桥而建。整座建筑风格既显北方之雄,亦成南方之秀,因而被著名桥梁建筑专家茅以升评价为"中国古城交通桥与观赏桥结合的典范"。

五亭桥所处位置水面宽阔,是赏月的佳处。《扬州画舫录》中有这样一段记载:"每当清风月满之时,每洞各衔一月。金色荡漾,众月争辉,莫可名状。"道出了五亭桥赏月的绝妙体验。

二、"白塔"的导游讲解

五亭桥南面为莲性寺,原称"法海寺",初建于元代,清康熙四十四年(1705),改名为"莲性寺"。寺内白塔,已有近二百年的历史。

相传1784年,乾隆皇帝坐船游览扬州瘦西湖,从水上看到五亭桥一带的景色,不由遗憾地说:只可惜少了一座白塔,不然这里看起来和北海的琼岛春阴就像极了。说者无心,听者有意,财大气粗的扬州盐商当即花了十万两银子跟太监买来了北海白塔的图样,当晚连夜用白色的盐包堆成了一座白塔。这就是在扬州流传至今的"一夜造塔"的故事。

白塔高27.5米,下面是束腰须弥塔座,八面四角,每面三龛,龛内雕刻着十二生肖像。和北海白塔的厚重稳健不同,瘦西湖白塔比例匀称,玉立亭亭,和身边的五亭桥相映成趣。

服务小贴士

"五亭桥"的导游服务

1. 五亭桥是瘦西湖的标志,也是扬州市的"城徽"。导游可提醒游客在湖畔以五亭桥为主景、后面的白塔为映衬留个影。

2. 五亭桥北面有卫生间,导游可提醒游客使用,并留出几分钟的时间让游客稍作休整或拍照留影,再游览后面的景致。

原创导游词赏析

石桥壮美,莲花绽放

各位游客,参观完了琼花园,现在我们来到了五亭桥。

五亭桥是整个瘦西湖北部景区的焦点。大家不妨在湖畔以五亭桥为主景,以后面的白塔为映衬,留影纪念。五亭桥是清朝巡盐御史高恒为了迎接乾隆皇帝第二次下江南而修建的,至今已有二百多年的历史。因为它修建在莲花梗的旧址上,且鸟瞰之下像一朵盛开的莲花,所以叫作"莲花桥",又因为桥上建有五座风亭,所以老扬州人都约定俗成地叫它五亭桥。

我国是桥的故乡,平桥、浮桥、廊桥、拱桥等一应俱全。而我们眼前的石桥是一座不可多得的亭桥,亭因桥而建,桥因亭更美,它是中国桥梁建筑中集南秀北雄为一体的典范之作。那么,这座桥是如何体现它的南秀北雄的呢?我们先看它的桥基,桥基是用大块青石砌成的,使得整个桥基厚重有力,体现出一种壮美;再看桥上的五座风亭,线条柔美,秀丽典雅,宛如五朵盛开的金莲绽放在桥上,又突出了江南的秀气。且桥基下十五个大大小小的桥洞也为雄伟的桥基增添了几分灵动。整座桥的直线与曲线两种设计线条完美结合,既有力与美的相辅相成,又有雄与秀的高度和谐。

拾级而上,桥上是五座风亭。亭者,停也,所以我们不妨停下来环顾四周,欣赏一下这里的风景。宽阔的湖面会让你觉得豁然开朗,大家往东看,就会看到我们刚刚经过的小巧精致的钓鱼台。往西看,二十四桥景区中的熙春台,大气端庄。五亭桥巧妙地将相对开阔的空间划分营造出南方的淡雅透逸和北方的厚重大气两种空间风格,又连同南边的白塔和湖中的岛屿,相互呼应,自成一体,构成一幅错落有致的美丽画卷。湖上有桥,桥上有亭,亭上有风景。无论是从点到面,还是从整体到局部都体现出五亭桥风景南秀北雄相互融合的和谐与自然之美。

各位游客,站在桥上,让我们来想象一下五亭桥的月圆之夜,《扬州画舫录》有一段动人的描述:"每当清风月满之时,每洞各衔一月。金色荡漾,众月争辉,莫可名状。"真正是"面

面清波涵月影,头头空洞过云桡,夜听玉人箫"的绝妙佳境。

　　沿桥而下,您看这一级级石阶缓缓向前延伸,仿佛述说着对您的千般留恋。让我们再回过头来看看这犹如出水芙蓉的五亭桥,别有一番风味。这绽放在桥上的五朵金莲姿态秀美,蕴含着佛教"出五浊世,无所染著"的精义,象征着神圣的佛教理想,承载着普度众生的美好愿望。它让人联想到"出淤泥而不染,濯清涟而不妖"的高贵品格,正直清廉的高风亮节,使人们向往那清净无染的脱俗心境,憧憬着光明自在的美好世界。

(江苏联合职业技术学院扬州商务分院　徐晓庆)

任务 2.4 "二十四桥景区"的导游讲解与服务

知识讲解

二十四桥景区由二十四桥、熙春台、玲珑花界、望春楼四处景点组成。

唐代诗人徐凝在《忆扬州》中有"天下三分明月夜,二分无赖是扬州"之句,这里的"无赖"有似憎而实爱之意。诗人杜牧则写了一首《寄扬州韩绰判官》:"二十四桥明月夜,玉人何处教吹箫?"据说,每年中秋之夜,泛舟五亭桥下,十五个桥孔洞洞相连,每孔中都有一轮明月荡漾其中。因此,郁达夫将二十四桥的明月评为中国南方的"四大秋色"之一,扬州也有了"月亮城"之称。

一、"二十四桥"的导游讲解

(一)建筑特色

二十四桥为石拱桥,呈玉带状,桥长24米,宽2.4米,桥上下两侧各有24个台阶,围以24根白玉栏杆、24块栏板,处处与"24"相对应。

(二)名称由来

关于二十四桥到底指哪座桥,至今众说纷纭。一是二十四座桥说,据《一统志》载,隋朝时曾置二十四座桥于扬州,唐朝时仍可见到那二十四座桥,分布在当时扬州最繁华的街道上。二是排序编号说,有人认为,二十四桥是扬州城里排序编号为第二十四座的桥。三是泛指、代指说,即以含蓄、朦胧、夸张的手法来泛指扬州桥梁之多。四是一座桥说,宋代有几位诗人,他们描写的二十四桥,认为是指这一座桥。

二、"熙春台"的导游讲解

转过白塔,前面就是熙春台。熙春台是二十四桥景区的主体建筑,它与小金山遥遥相对,都处在湖面的转折处。"熙春"一词出自老子的"众人熙熙,如享太牢,如春登台",意指熙春台前人来人往摩肩接踵的繁华场面。它是当年为乾隆皇帝祝寿的地方,所以这一景又被称为"春台祝寿",也因此这里处处体现出皇家园林富丽堂皇的宏大气派。

尤其值得一提的是,从这里远眺,白塔、碧水、五亭桥、杨柳岸……瘦西湖的天际线多年未变。

三、"玲珑花界"的导游讲解

"玲珑花界"广种芍药,自古以来,广陵芍药就与洛阳牡丹齐名。玲珑花界长廊建有供游人休息的观芍亭。

四、"望春楼"的导游讲解

望春楼是与玲珑花界隔湖相对的建筑,下层南北两间分别为水院、山庭,将山水景色引入室内。卸去楼上的门窗就变成了露台,是中秋赏月的好地方。

望春楼与西面的熙春台隔湖相望。望春楼之西为"小李将军画本轩",两者之间有水池曲桥相连。

"二十四桥景区"的导游服务

1. 二十四桥声名远扬,游客到此都想拍照留影。导游可提醒游客,在二十四桥拍照,效果最好的地方不在桥上,而在桥下。在桥的南面即河岸边取景最为经典。

2. 二十四桥西南方位有卫生间,导游可提醒游客使用。

任务 2.5 "万花园景区"的导游讲解与服务

一、万花园概况的导游讲解

万花园面积达 66.7 万平方米,集旅游、度假、休闲于一体,新建、恢复了探花惊艳、石壁流淙、簪花亭、洛春堂等新景点,并将之前建设的白塔晴云、望春楼、小李将军画本轩、静香书屋等景点也全部揽入园区,院内平岗曲阜、石山流泉、佳木名卉布列,陆上水间处处楼台、座座桥亭,尽显湖上园林的旖旎风光。

二、万花园主题特色的导游讲解

万花园具有花事、博览、观奇、体验、智趣、休闲、教育、生态、娱乐、审美十大功能。万花园强调与瘦西湖沿线景点的融合、衔接、过渡;强调空间的整体性和瘦西湖发展脉络的延续;强调"万花"主题,在塑造群芳竞秀氛围的同时,多方位展示花与国家、花与城市、花与名人、花与诗词、花与民俗、花的寓意等花卉文化。每年的 4 月 18 日至 5 月 18 日为扬州国际经贸旅游节,此时万花园也会在晚上举行灯会等大型活动。

"万花园"的导游服务

赏万花园的最佳时间为 4 月中旬至 5 月初。从 2007 年 4 月 18 日起,万花园正式并入瘦西湖风景区,游客既可以直接进入万花园,也可以通过五亭桥或者瘦西湖北门进入万花园。万花园不单独收费,游客可凭瘦西湖门票及年票等进入万花园观光游览。

 **导游职业能力测试**

⊙ 知识问答

(1) 瘦西湖的最大特色是什么？
(2) 介绍二十四桥名称由来的几种说法。
(3) 与杭州西湖相比，扬州瘦西湖的魅力主要体现在哪些方面？
(4) 南秀北雄的巧妙结合在瘦西湖园林景点中多次使用，请试举两例。

⊙ 技能必备

(1) 能够对瘦西湖的概况进行1分钟左右的导游讲解。
(2) 能够对瘦西湖的主要景点——五亭桥进行3分钟左右的导游讲解。

⊙ 技能拓展

创作一篇讲解时间为3~5分钟的介绍二十四桥的导游词，下节课按小组进行汇报讲解。

任务3 大明寺的导游讲解与服务

课前准备

1. 通过网络查询和书籍查询，了解鉴真大师的生平，熟悉大明寺的主要景观和文化；
2. 熟悉大明寺的游览路线。

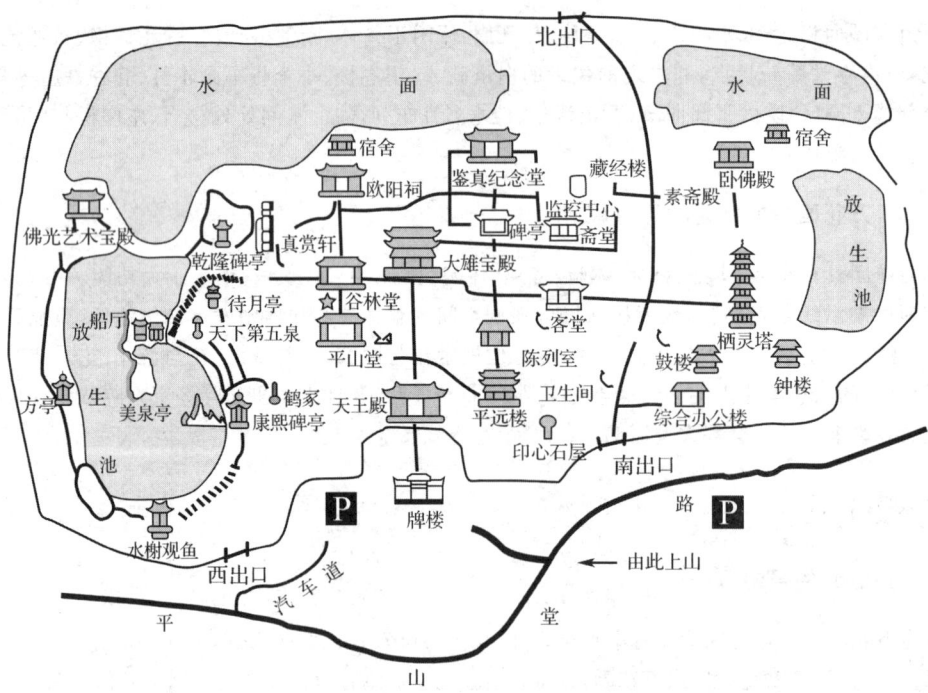

大明寺游览路线示意图

牌楼→山门殿→仙人旧馆→大雄宝殿→西苑芳圃→鉴真纪念堂→栖灵塔、卧佛殿、钟鼓楼

都说"烟花三月下扬州",很多游客都是冲着扬州桃红柳绿的自然风光而来。有的游客可能会说:到了扬州,为什么要游览大明寺呢?

这时,作为导游员,我们应该如何回答游客的疑问呢?

任务3.1 大明寺沿途的导游讲解与服务

一、大明寺的主要历史沿革

(一)千年古刹,历史悠久

大明寺因初建于南朝刘宋孝武帝大明年间(457—464)而得名,具有一千五百多年的历史。

(二)历经劫难,终获新生

隋朝仁寿元年(601),隋文帝杨坚为庆贺其生日,下诏于全国建塔三十座,以供养佛骨,大明寺遂建"栖灵塔",塔高九层,宏伟壮观,被誉为"中国之尤峻特者",故寺又称"栖灵寺"。

明万历年间,扬州知府吴秀重建大明寺,崇祯十二年(1639)漕御史杨仁愿再次重修。清康乾盛世,大明寺扩建为"扬州八大名刹"之首。清乾隆三十年(1765),乾隆巡游扬州,改题"法净寺"。然而咸丰三年(1853),寺庙又毁于战乱。此后,大明寺几经修建,规模渐大。

"文化大革命"时期,"红卫兵"以"破四旧"为名,要砸烂寺庙内佛像。周恩来总理紧急电谕,命令坚决保护大明寺古迹。地方政府及时封闭了寺庙,使古刹幸免于难。1979年,寺庙全面维修,佛像贴金,大明寺焕然一新。1980年,为迎接鉴真大师原夹纻坐像回国巡展,复名"大明寺"。

二、大明寺的特色与魅力

大明寺位于江苏省扬州市蜀冈中峰,因集佛教庙宇、文物古迹和园林风光于一体而历代享有盛名,是一处历史文化内涵十分丰富的民族文化宝藏。唐天宝元年(742),名僧鉴真东渡日本前,即在此传经授戒,该寺因此名闻天下。

(一)宗教文化深厚

大明寺是一座历史悠久的千年古刹,已形成了以大雄宝殿为核心的清代建筑群落。唐代鉴真大师曾主持此寺,传经讲律。今大明寺内的鉴真纪念堂为唐代风格建筑,于1963年鉴真圆寂一千二百周年时奠基,1973年建成,正殿须弥座上供奉的以干漆夹纻制作的鉴真坐像,闭目冥思,神态坚毅安详。

(二)人文景观丰富

欧阳修讲学和游宴的平山堂、苏东坡所建的谷林堂及欧阳文忠公祠等都是后世文人墨客所中意的景观。大明寺的文化底蕴十分丰厚,历朝历代不乏丽辞华章:山门外东偏壁上刻有"淮东第一观"五字。此碑石用宋代著名词人秦少游赞颂大明寺景观的句意书刻,字由金坛书法家蒋衡书写。清雍正帝曾为大明寺题联:"万松月共衣珠朗,五夜风随禅锡鸣。"乾隆题联:"淮海奇观别开清净地,江山静对远契妙明心。"大明寺东侧晴空阁北院东廊壁上,嵌有清代著名书法家邓石如的篆书《般若波罗蜜多心经》碑刻,乃国内罕见的篆书之宝。在大雄宝殿的东廊南壁上,还嵌有邓石如的篆书石刻一方:"岂有文章惊海内,更携书剑客天涯。"这也是邓氏石刻珍品。

(三)园林风光优美

景区内西花园部分以"天下第五泉"为主体,四水环绕,以康熙、乾隆碑亭为次,亭榭巧合,参差错落,池水波光,景树荷浮,令人目不暇接,流连忘返。

服务小贴士

游览大明寺前的提醒工作

从停车场往大明寺走的途中,会遇到路边卖香的小贩,导游应建议游客在山脚下正规购物商店购买。扬州市政府倡导敬"三支香"等文明方式,禁止长香、斗香、盘香等各种大体积香进入佛教寺院,因此导游应提醒游客购买三支香即可。

任务3.2 "牌楼—山门殿"的导游讲解与服务

知识讲解

一、"牌楼"的导游讲解

(一)牌楼的来历

牌楼为纪念栖灵塔和栖灵寺而建,四柱三楹,下砌石础,仰如华盖。中门之上面南有篆书"栖灵遗址"四字,为清光绪年间盐运使姚煜手书,字体雄美。

(二)牌楼附近建筑

牌楼前面南而踞的一对石狮按皇家园林规格雕镌,造型雄健,正头,蹲身,直腰,前爪平伏,傲视远方。它们是扬州名刹重宁寺的古老遗物,20世纪60年代移至此处。寺前东西院墙上分别嵌着两块石碑,东为蒋衡山书"淮东第一观",西为王澍书"天下第五泉"。

二、"山门殿"的导游讲解

(一)门额

大明寺的山门殿兼作天王殿,正门上方所书的"大明寺"三个字是全国政协原副主席、中国佛教协会原会长赵朴初集隋代《龙藏寺碑》而镌,字体古风流溢。

(二)殿内

殿内供有弥勒像,背面为护法韦驮,两旁分立持国、增长、广目、多闻四大天王。

服务小贴士

"山门殿"的导游服务

出了"山门殿",在进入大雄宝殿之前,为了避免走回头路,可以先去仙人旧馆,导游要提醒游客跟紧团队,不要先进大雄宝殿。

任务3.3 "仙人旧馆—大雄宝殿"的导游讲解与服务

知识讲解

一、"仙人旧馆"的导游讲解

"仙人旧馆"由平山堂、谷林堂、欧阳文忠公祠三部分组成。它们纪念的是北宋的"文仙"欧阳修和他的学生"词仙"苏东坡。

（一）平山堂

北宋庆历八年(1048)正月，欧阳修由滁州调任扬州知府，在大明寺西侧修建了一座平山堂，并在堂前种植垂柳一株，后人称之为"欧公柳"，此处还留下了"坐花载月"的典故。今日的平山堂，以清同治九年(1870)遭兵火毁圮重建的建筑为基础，于20世纪80年代重修而成。平山堂面阔五间，堂前花木扶疏，凭栏远眺江南诸山，"远山来与此堂平"，故名平山堂。堂前有楹联多副。

（二）谷林堂

元祐七年(1092)二月，苏东坡从颍州改知扬州。为纪念恩师，苏东坡不仅在公余经常来平山堂追怀恩师，还在佛殿之后专门修建了谷林堂，取他自己的诗句"深谷下窈窕，高林合扶疏"两句各第二个字命名，体现了淡泊超然的情趣。

（三）欧阳文忠公祠

虽然欧阳修在扬州任职不过一年时间，却因惠政而深得民心，因此，在欧阳修生前，扬州百姓就为其建立一座生祠。后来年久祠废，人们便改祀于平山堂。清光绪五年(1879)，两淮盐运使欧阳正墉在谷林堂后又修建了"欧阳文忠公祠"，以纪念祖先欧阳修。今天的欧阳文忠公祠，中楹供石刻欧阳修画像，厅堂正中悬"六一宗风"匾额。最神奇的是，由于镌刻时巧妙地运用了光线的折射，画像呈现出"远看白胡须，近看黑胡须"的特殊效果。

二、"大雄宝殿"的导游讲解

（一）殿内供奉

大雄宝殿是寺庙的主体建筑，大雄宝殿内法相庄严，经幢肃穆，法器俱全。正中坐于莲花高台之上的释迦牟尼大佛，被尊称为"大雄"。大佛两侧是他的十大弟子中的迦叶和阿难，东首坐着药师佛，西首坐着阿弥陀佛。佛坛背后是"海岛观音"泥塑群像，两边是十八罗汉像。

（二）关于十八罗汉

大雄宝殿东西两侧的神台上，塑有十八罗汉。据传在玄奘法师翻译的《法住记》中，只有十六罗汉，到了五代时，画的罗汉图上又增加了两个，说是增加了《法住记》的作者庆友和译者玄奘，于是成了十八罗汉。还有一种说法是，佛教传到中国后，不断地演变，中国的佛教徒在原来的十六罗汉基础上又创造了降龙、伏虎罗汉，这样就成了现在的十八罗汉。

服务小贴士

"大雄宝殿"的导游服务

旅游旺季游客较多，导游在带领游客游览完大雄宝殿之后，紧接着可以去西苑芳圃，也可以

参观鉴真纪念堂,视情况而定。此时导游应提醒游客跟紧团队,不要走散。

任务 3.4 "西苑芳圃—钟鼓楼"的导游讲解与服务

知识讲解

一、"西苑芳圃"的导游讲解

(一)康熙御碑亭

康熙御碑亭呈四方形,单檐歇山,四周有廊,亭壁饰以扇面形镂空花窗。亭除东墙外,其余三面均设有门。亭内有御碑一方嵌于东壁,是康熙帝题写的关于杭州灵隐寺的五言诗。

(二)乾隆御碑亭

乾隆御碑亭单檐歇山顶,坐北朝南,三面敞饰,北墙嵌有御碑三方。据《重修平山堂欧阳文忠公祠》碑刻记载,乾隆曾五次南巡淮扬。乾隆每到扬州都要多次游览大明寺平山堂,每游一次都要写不少诗篇。

(三)天下第五泉

据唐人张又新《煎茶水记》所载,这里的泉水在当时被品评为天下第五。宋欧阳修在《大明寺泉水记》中称:"此井为水之美者也。"

二、"鉴真纪念堂"的导游讲解

(一)布局介绍

从大雄宝殿往东,迎面便是鉴真纪念堂。

鉴真纪念堂于 1973 年开始兴建,由我国著名建筑学家梁思成先生参照日本唐招提寺的金堂主持设计。纪念堂分为两组建筑。一组为四松堂构成的清式四合院,南为纪念馆,北为门厅,由游廊周接;另一组为仿唐式四合院,有纪念碑亭、纪念堂,再由抄手游廊将两处建筑周接。园内樱花为 1980 年鉴真大师像回故里时,招提寺森本孝顺长老所赠。

纪念堂坐北朝南,面阔五间,进深四间。正殿中央为鉴真漆木坐像,是扬州市雕塑艺术家刘豫按照日本唐招提寺"模大和尚之影"而造,只见鉴真法师结跏趺坐,合闭双目,神态安详。殿前石灯笼也是鉴真大师像回故里时,招提寺森本孝顺长老所赠。

(二)鉴真东渡

鉴真东渡日本前,曾为大明寺住持。从唐天宝元年(742)起,他先后十余年,历尽艰险,直至第六次才东渡成功。鉴真将我国佛学、医学、语言文学、建筑、雕塑、书法、印刷等介绍到日本,为中日两国的文化交流做出了重要的贡献。

邓小平同志曾经评价:"在中日人民友好往来和文化交流的历史长河中,鉴真是一位做出了重大贡献,值得永远纪念的人物。"因此,对扬州而言,鉴真不仅是宗教品牌,更是扬州的文化品牌和城市品牌。

三、"栖灵塔、卧佛殿、钟鼓楼"的导游讲解

（一）栖灵塔

栖灵塔由隋文帝仁寿元年（601）下诏令初建，塔内供奉佛骨（舍利子），故称"栖灵塔"。唐代诗人李白、刘禹锡、白居易等均曾登塔赋诗赞颂。可惜在唐武宗会昌三年（843），一代胜迹化为焦土。1992年重建此塔，1996年元月正式对外开放。塔高九层，雄踞蜀冈，古城风貌尽收眼底。

（二）卧佛殿

卧佛殿新建于1996年，殿内供奉的汉白玉释迦牟尼佛卧像，体长5.8米，重18吨，是缅甸仰光市市长吴哥礼先生赠送的。其四周放置的长达78米的屏风上的绘画再现了日本僧荣睿、普照邀请鉴真法师东渡日本传法，鉴真历经千辛万苦抵达日本，在日本传经说法十年的艰辛历程。

（三）钟鼓楼

栖灵塔南面还有两处建筑，东面的是钟楼，西面的是鼓楼。所谓晨钟暮鼓，其实是古代的一种计时方式，早晨敲钟表示一天开始，晚上击鼓表示一天劳作结束。

如今每年除夕之夜，扬州大明寺还会举办听钟声活动，晚上11时42分10秒，方丈就在此钟楼上敲响第一声钟，当第108记钟声撞响时，正好是新年元旦的零点。

"栖灵塔和钟鼓楼"的导游服务

导游需提醒游客，景区内栖灵塔和钟鼓楼两处景点均需另外收费5元。

> **鉴真精诚照太清**
>
> 各位游客，现在我们就来到鉴真纪念堂，这是一座仿唐风格的院落。首先大家看到的是鉴真纪念碑，汉白玉卧碑正面为郭沫若题写的"鉴真大和尚"五个字，背面是赵朴初书写的铭文。步入院落，四周是围廊，院中立有一座长明石灯笼，灯笼里的火种是从日本奈良传过来的，象征着鉴真精神的薪火相传。院落正北就是鉴真纪念堂的主体建筑了，它是我国著名建筑设计大师梁思成先生的杰作。纪念堂建于石台之上，红柱托顶，简练大气的唐式斗拱上为单檐庑殿顶，四周回廊相抱，方棂漏窗，一代唐风跃然眼前。
>
> 进入大殿，中央须弥座上就是鉴真大师的干漆夹纻像。该像的原作存于日本奈良，被奉为日本国宝，每年只向公众展示三天，是难得一见的珍贵文物。1980年鉴真原夹纻像被送回中国"探亲"，暂时在大明寺供奉着。为了永久纪念这位大师，扬州漆器工艺美术家用传统工艺逼真地仿制了这座干漆夹纻像并陈列于此。大家请看这座漆像，鉴真大师结跏趺坐，身披袈裟，盲目闭合，面露微笑，显现出得道高僧平和出静的大彻大悟，体现了鉴真大师传播大唐文化，以造福东瀛为己任的圆满功德。
>
> 坐像两侧是鉴真东渡的木船的仿制品、日本奈良唐招提寺的照片以及有关鉴真大师东渡日本的介绍。鉴真是唐朝扬州人，14岁出家，是一位博学多才的佛学大师，为了弘扬佛

法，宣扬盛唐文化，他立志东渡日本。他六次东渡，五次失败，前后历经十年，虽双目失明却矢志不渝，终于在66岁高龄时东渡成功，到达日本。鉴真大师在日本的十年，不仅弘扬佛法，同时还把盛唐的绘画、书法、雕塑、医药、印刷、建筑等文化带到日本，所以时至今日，日本民众都尊称鉴真大师为"日本医学之祖""日本建筑之父""日本文化的恩人"。鉴真大师在76岁时圆寂，他的弟子以他的遗容拓出脸膜，用干漆夹纻工艺，为后世留下了这尊形神兼备的鉴真造像。

鉴真六渡东瀛，表现了他为人传道的一片精诚。为传播佛法和中华文化，他不顾海涛凶险、疾病饥饿、世俗偏见，矢志不渝。六次扬帆，六次挺进，六次抗争，智勇、坚毅、不屈不挠的精神使他获得成功。

鉴真六渡东瀛，表现了他普度众生、众善奉行的高尚境界。他将佛法与先进文化传播到日本，为日本文化的进步立下不朽功劳。十年弘法，十年传业，十年创新，中华文明之花终在日本生根发芽。

"鉴真盲目航东海，一片精诚照太清。"鉴真精神若天上一轮明月，永远散发着睿智的清辉。

（江苏联合职业技术学院扬州商务分院　徐晓庆）

 导游职业能力测试

⊙ **知识问答**

(1) 大明寺始建于哪个朝代？

(2) 大明寺的特色与魅力是什么？

(3) 佛教庙宇的"三宝"是什么？

(4) 鉴真东渡的历史意义是什么？

⊙ **技能必备**

(1) 能够对大明寺的概况进行1分钟左右的导游讲解。

(2) 能够对大明寺的主要景点——鉴真纪念堂进行3分钟左右的导游讲解。

⊙ **技能拓展**

查找有关鉴真东渡的事迹介绍，下节课在课上汇报展示。

任务4　个园的导游讲解与服务

 **课前准备**

1. 通过网络查询、书籍查阅、实地走访等方法，了解个园名称的由来，熟悉个园的特色与魅力；

2. 熟悉个园的游览路线。

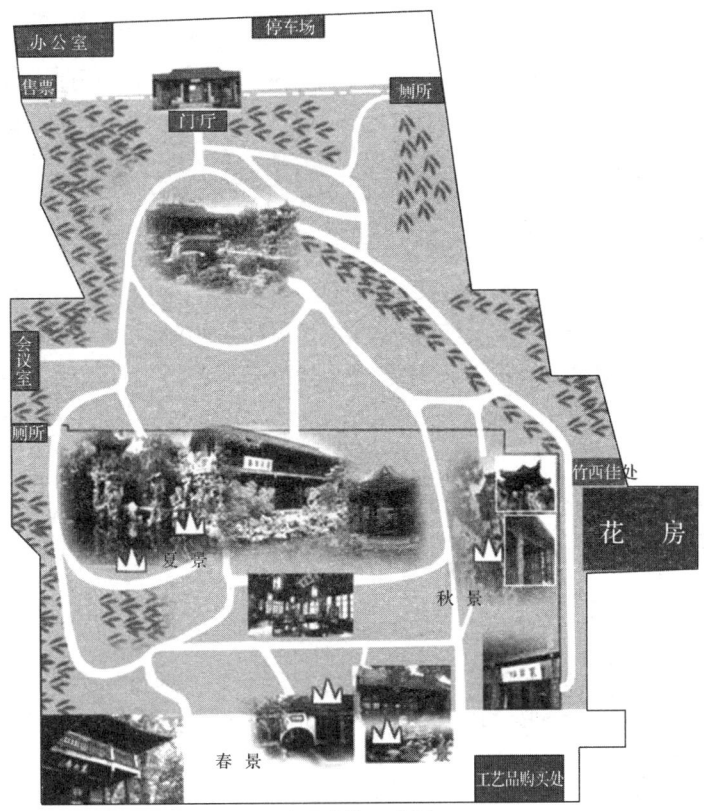

个园游览示意图

北大门→万竹园→竹西佳处→南部住宅→四季假山

任务导入

由于之前已经参观了瘦西湖湖上园林,许多游客可能都会说:"扬州园林已经见识过了,为何还要安排我们游览个园呢?"

作为导游员,我们应该怎么讲,才能较好地体现出个园的特色与魅力,让游客感觉不虚此行呢?

任务4.1 个园沿途的导游讲解与服务

知识讲解

一、个园名称的由来

(一)与园主人有关

个园始建于清嘉庆二十三年(1818),由两淮盐业商总黄至筠在明代寿芝园旧址上扩建而成。黄至筠是个有文化修养的儒商,生性爱竹,而"竹"字是由两个"个"字组成,个园的名称体现了主人的情趣和智慧。

（二）与造园意境有关

个园以竹石取胜，园内植竹万竿，三片竹叶可以形成"个"字，竹的一半也是"个"字，就是竹叶在白墙上的影子也是"个"字。因此，取袁枚"月映竹成千个字"的句意命名为"个园"。

二、个园的特色与魅力

（一）叠石艺术

个园虽不大，但处处体现出造园者的匠心独运。个园的叠石艺术，采用分峰用石的手法，运用不同石料堆叠成春、夏、秋、冬四景，堪称中国园林的孤例。四季假山各具特色，表现出"春山艳冶而如笑，夏山苍翠而如滴，秋山明净而如妆，冬山惨淡而如睡"和"春山宜游，夏山宜看，秋山宜登，冬山宜居"的诗情画意。

（二）竹文化

除了四季假山之外，游个园，一是要观竹，二是要品味其中蕴含着的丰富的竹文化。个园的竹子，一是数量多，有近两万竿；二是品种多，园内现有龟甲竹、斑竹、金镶玉竹、玉镶金竹、慈孝竹、铺地竹等六十余种。

（三）盐商文化

住宅部分是园主人黄至筠一家日常起居之所。一厅一堂、一梁一柱无不显示出主人的家居生活的考究与奢华，印证着扬州盐商财力的雄富，是游客了解盐商文化的一个好地方。

三、个园的荣誉

2005年，个园被誉为国家 AAAA 级风景旅游区，全国二十家重点公园之一。2013年，电视艺术片《扬州个园》在美国获得了第46届休斯顿国际电影电视节本类组别最高级别的"Worldfest 雷米奖"。2016年个园成为首批国家重点花文化基地之一。

游览个园前的提醒工作

个园以四季假山为名，因此应提醒游客按照导游指引的方向和顺序游览，以便完整地感受一年四季周而复始的自然规律，体验园林设计的绝妙之处。

任务 4.2 "北大门—竹西佳处"的导游讲解与服务

一、"北大门"两侧楹联的导游讲解

北大门两侧的楹联是草体字，上联"春夏秋冬山光异趣"，讲的是园子里有春夏秋冬四季不同的叠石风光；下联"风晴雨露竹影多姿"，说的是个园得名的缘由。

二、"万竹园"的导游讲解

(一)竹子品种的介绍

个园有竹六十余种,近两万竿,现主要介绍以下几种:

龟甲竹:个园最奇特珍贵的要属龟甲竹,此竹的节片像龟甲又似龙鳞,竿基部节间连续呈不规则的短缩肿胀,并交斜连续如龟甲状,象征着健康长寿。

孝顺竹:也叫慈孝竹,新笋紧靠老竹生长,像是遵从"父母在,不远游"的古训一样。

斑竹:又叫湘妃竹,绿色的竹竿上呈现着紫色的斑点,宛如泪痕,它和民间传说中娥皇、女英哭舜的动人故事紧密联系在一起。"斑竹一枝千滴泪"代表忠贞的爱情。

(二)竹子的文化内涵

松、竹、梅被誉为"岁寒三友",而梅、兰、竹、菊被称为"四君子"。竹象征着"正直、虚心、有气节"的品格。张九龄评价它"高节人相重,虚心世所知";苏东坡更是说"宁可食无肉,不可居无竹,无肉使人瘦,无竹使人俗";"扬州八怪"之一郑板桥最擅长画竹,他"眼中之竹、胸中之竹、手中之竹"的著名理论对美学、文艺学的发展有很大的影响。

三、"竹西佳处"的导游讲解

"竹西"出自唐代杜牧吟咏扬州的诗句"谁知竹西路,歌吹是扬州";宋代词人姜夔又有"淮左名都,竹西佳处"的词句。

服务小贴士

"北大门—竹西佳处"的导游服务

1. 个园入口东侧有卫生间,导游可做提醒。
2. 导游应提醒游客文明参观,拍照时不要扶着竹子。
3. 景点票价:旺季45元,淡季30元。开放时间:7:15—17:30。

任务4.3 "四季假山"的导游讲解与服务

知识讲解

一、春景

春景为四景之首,在月洞型圆门两侧,数竿修竹枝叶扶疏,并配以青绿色的石笋,一真一假,体现了春日雨后竹林的盎然生机。粉墙上书写着"月映竹成千个字"。

二、夏景

春景往西北方向有一池,池中植有莲花,池边以青灰色太湖石为主,利用太湖石瘦、皱、漏、透的特点堆叠出夏山的景象,取"夏云多奇峰"之意。山上有一亭,名"放鹤",亭旁栽有古柏,颇具苍翠之感,取松鹤延年之意。夏池中的"丑石",绝似"丑"字,因而得名,可谓是"丑到极致就是美"。

向东走就来到了宜雨轩,这里装饰清雅又不失华贵,窗户是彩色玻璃和绢帛质的。当时的彩

色玻璃都是从西洋重金购得,有"一寸玻璃一两黄金"之说。穿过石梯,来到抱山楼。抱山楼是大型的宴会厅,七间式,可宴百人。抱山楼正面悬挂一方匾额,上面题写"壶天自春"四个大字。"壶天"是说园林不大,"自春"则指离开滚滚红尘进入此园,尘世的纷争烦恼被丢诸脑后,怡然自得,春意顿生。

三、秋景

由"夏"至"秋",便是黄石假山。黄石呈棕黄色,棱角分明。整座山体拔地数丈,峻峭凌云,显得壮丽雄伟。进入山腹,如入大山之中,险奇之处随时可见。中峰高耸奇险,下有石屋,可容十几人,内设石桌、石凳、石床,通风良好,四季干燥,颇具生活意趣。沿腹道攀缘而上,可至山顶拂云亭。登山远眺,瘦西湖、平山堂等远景,皆入园内,心思巧妙,令人赏心悦目,正所谓秋山宜登者也。

四、冬景

往东南方向,便来到冬景区的小苑。冬山用宣石(石英石)堆叠,石质晶莹雪白,每块石头几乎看不到棱角,给人雅致而有起伏之感。山旁有几株梅花和一棵参天古榆。南面高墙上有二十四个风音洞,到了冬天,后面的巷风袭来,不时发出呼啸之声。造园者不光利用雪色来表现冬天,还巧妙地将风声也融合到表现手法中去,令人拍案叫绝。

回廊尽处有一瓶门,一转,又入春园,让人不由得感慨:"冬天已经到了,春天还会远吗?"

服务小贴士

"秋景"的导游服务

秋山宜登,但有诀窍:"明不通暗通,大不通小通,直不通曲通。"导游可事先提醒游客,也可设置悬念,让游客体验后再做讲解。

原创导游词赏析

个园秋山

如果说个园的春山是开篇,夏山是铺展,那么我们眼前的秋山则是高潮。各位游客,我们现在就来到了个园的秋山。秋山以黄石叠成,用石泼辣,气势磅礴,植物配置以枫树为主,间杂松柏。秋山的主面向西,每当夕阳西下,松之苍绿、枫之火红与山石之褐黄在暮色中明净如妆,极具画意,据说它还是石涛大师叠石的作品呢!不知不觉间,我们遇到岔路了,这儿有三个石洞,哪一个可以下山呢?告诉您一个口诀:"明不通暗通,大不通小通,直不通曲通",大家一起试试吧!

经过了弯弯曲曲的山中小径,我们终于进入了秋山的腹部了,相信大家对这个下山的口诀已经深有体会了吧,大家细想一下,其实,这句口诀不也暗含人生的真谛吗?秋山的腹部别有洞天,我们面前的石桌,其上方有"天窗",此桌可以四人围坐,或两人下棋品茗,别有一番天然野趣。石桌东有一石床,床头灯台、床边踏脚一应俱全。石床对面为石窗,窗下置石几,两侧设石凳。您看此处,有桌,有床,有窗,有几,还有凳,分明是一个功能齐全的石屋,所以亦称之为秋山石屋。而窗外是一个小小的庭院,四壁皆山,有小小的花坛,内植罗汉松一林。可不要小瞧这个小花坛哦,从庭院的布局来看,它的存在打破了两个僵局:第一,如果没有这个花坛,从石屋出来时,岂不是出门就碰壁吗?有了它,我们不仅不会碰壁,还有了两条大路可走。第二,如果没有它,人在院中,四面皆壁,岂不成了"囚"。中国古人造屋非常讲究风水,就算是建石屋也不能不有所避讳。

秋山位于园东,每当夕阳西下,黄石丹枫,倍增秋色,人行其间也真的仿佛置身于秋日山林中了。秋山上还有一处"驻秋阁",人人都是爱春恐秋的,个园主人为何要在此"驻秋"呢?原来园主人黄至筠少时境遇坎坷,中年是他事业成功、人生得意的阶段。人生的秋天对他来讲真是一个金色的季节。春华不如秋实,春日虽有繁花似锦,但只有秋日的累累硕果,才会让人深切地体会到成功的喜悦。"驻秋"在这里不仅再度点出了秋的魅力,也一语道破了园主人为什么要不惜笔墨从不同角度来极力渲染秋的主题,同时它也是秋山最精彩的总结。

在此,我借秋山的寓意,祝愿各位游客在人生旅途中步步登高、硕果累累、再创辉煌。

(江苏联合职业技术学院扬州商务分院 徐晓庆)

任务4.4 "南部住宅"的导游讲解与服务

知识讲解

一、布局介绍

住宅部分依照坐北面南、前宅后园的传统而设定。据说个园鼎盛时期的住宅分别以"福、禄、寿、财、喜"为主题,纵向排列,目前保存下来的只有东、中、西三路,分别对应着"福""禄""寿"的主题。

二、"东路建筑"的导游讲解

东路住宅前后三进,主题是"禄"。绕过厨房、卧室、书房,便可来到管家接客的清美堂,堂的梁木是千年不腐的楠木,它的屋檐上一层刻有"禄"字,下一层刻有梅花鹿图案。

三、"中路建筑"的导游讲解

中路住宅前后三进,前进为正厅,中进和后进为住宅,称之为前厅后寝,主题是"福"。其中,汉学堂是大宅主厅,是黄家正式的礼仪接待场所。主人一般在这里接客和考察子孙学问,屋檐上刻"福"字,下刻蝙蝠图案。

四、"火巷"的导游讲解

火巷前宽后窄,这种建筑格局给人"庭院深深深几许"之感,营造出大宅门的幽深和神秘。

五、"西路"建筑的导游讲解

西路住宅前后三进,主题是"寿"。清颂堂是个园最大的厅堂,也是扬州古民居遗存中最高的厅堂。清颂堂是接待贵客的地方,高轩富丽,不仅梁柱皆为楠木,就连隔板都是由千年柏木制成的。屋檐上刻"寿"字,下刻寿桃图案。

中进与后进为二层楼宅,称之绣楼。三面置回廊,同样亦有两层,称复道廊。两侧设耳门,皆为"明三暗五"的格局,即看上去是三间,实为五间横排,将里间作为套房。在封建社会,受礼制等级制度的规矩,平民只能建正房三间,民间为避之规矩就巧妙地采取"明三暗五"的组合。其实这

也是使用功能上的需要。

房间前置小天井,筑花坛,非常雅静,具有极强的私密性,通常作为闺房、书斋、密室之用。

服务小贴士

"南部住宅"的导游服务

游览完南部住宅,导游应提醒游客跟紧团队,下一站是四季假山之"春景",不要误走到"冬景"。

导游职业能力测试

◉ 知识问答

(1) 个园的园主人是谁?
(2) 个园的设计体现了那个时代人们怎样的生活情趣和文化特征?
(3) 个园的特色与魅力是什么?
(4) 简述"四季假山"的叠石风格。

◉ 技能必备

(1) 能够对个园的概况进行1分钟左右的导游讲解。
(2) 能够对个园四季假山中的一景进行3分钟左右的导游讲解。

◉ 技能拓展

查找竹子的文化内涵和象征意义并讲述出来。

任务5 何园的导游讲解与服务

课前准备

1. 通过网络查询、书籍查阅、实地走访等方法,了解何园的特色与魅力;
2. 熟悉何园的游览路线。

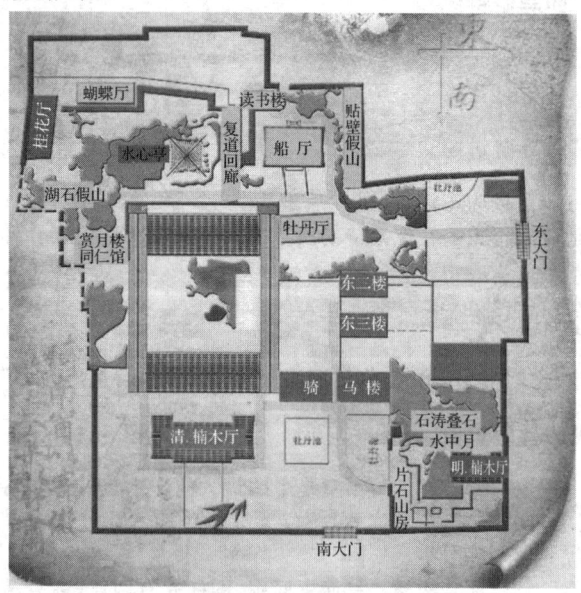

何园的游览路线示意图

东门→东园→西园→园居院落→片石山房

任务导入

游览完个园之后,许多游客可能会问:"既然个园是扬州最负盛名的园景之一,并且是中国园林的孤例,那我们还有必要再去游览何园吗?何园又有何魅力值得我们一看呢?"

作为导游员,我们应该怎么讲解,才能较好地体现出何园的特色与魅力呢?

任务 5.1 何园沿途的导游讲解与服务

知识讲解

一、何园的历史

(一) 建园

何园又名"寄啸山庄",是清乾隆年间双槐园的旧址,由清光绪年间任湖北汉黄道台、江汉关监督、清政府驻法国公使的何芷舠于清同治元年(1862)所造,园名取自陶渊明"归去来兮……登东皋以舒啸,临清流而赋诗"之意,辟为何宅的后花园,故而又称"何园"。何园的建造历时达13年,占地14 000余平方米,建筑面积达7 000余平方米。

(二) 扩园

光绪九年(1883),园主归隐扬州后,购得吴氏片石山房旧址,扩入园内,前后历时21年之久。

(三) 评园

何园是扬州大型私家园林中最后问世的一件压轴之作,2005年,中国文物学会会长、园林泰斗罗哲文称之为"晚清第一园"。

二、何园的特色与魅力

(一) 景观特色

第一,扬州有"园林多是宅"的说法,许多园林的名称冠以主人姓氏,如徐园、汪氏小苑、何园等,花园与宅第融为一体。

第二,何园因其建筑手法独特多样,艺术风格上南北兼容、中西合璧,而成为扬州园林的经典代表。园主人将西方建筑特色带回了文明古国,并吸收中国皇家园林和江南诸家私宅庭园之长,又广泛使用新材料,使该园吸取众家园林之经验而有所出新。

第三,何园里还蕴藏着四个"天下第一",即"天下第一廊""天下第一窗""天下第一亭"以及"天下第一山"。

(二) 人文魅力

游览何园可以真切了解一位集官僚、盐商、隐士、教育家多重身份的传奇人物曲折隐秘的心路历程,具体地感知一个由封建走向开明的世家大族的兴衰荣辱历史、一套完整的治家哲学和生活方式以及家族中人精彩曲折的命运。

 服务小贴士

一、游览何园前的提醒工作

何园中,假山、水池、回廊等建筑丰富巧妙,导游应提醒游客中的老人、小孩在家人陪同下参观,在景区游览时要结伴而行,防止走散。

二、景点票价和开放时间

景点票价:旺季 45 元,淡季 30 元。
开放时间:7:30—17:15。

任务 5.2 "东园"的导游讲解与服务

 知识讲解

一、"牡丹厅"的导游讲解

牡丹厅的名称和特色,来自东墙歇山顶尖上嵌着的凤凰牡丹图案的砖雕。整幅作品大拙中见大巧,细密中藏神奇,是清代晚期难得一见的精品。同时,砖雕中的"牡丹"就是何园的园花。

二、"贴壁假山"的导游讲解

60 多米的贴壁山,就像嵌在墙上一样,沿着墙面走向一路攀缘,把原本封闭压抑的高墙深院,变成了一座抱拥天地自然山川的"城市山林",同时也起到了防火的作用。山下有水绕,山上有月亭,尽头有盘山蹬道与回廊相连,给人一种"山重水复疑无路,柳暗花明又一村"的遐思。

三、"船厅"的导游讲解

整座厅形似船形,四周通透的玻璃花窗,古朴俊秀,在卵石、瓦片铺就的水波状地面上,多了一份迎风的灵动。厅正前方的方石板甬道像是登船的跳板,厅檐下低低的台阶好比船上的甲板。厅两旁廊柱上悬挂着"月做主人梅做客,花为四壁船为家"的楹联,更是点出了"船"的主题。可以说是"旱园水做"的典范。

四、"读书楼"的导游讲解

翰林公子读书楼是何园文脉的象征。何氏家族从父亲何芷舠这辈起通过科举做了大官,留下了厚学重教、诗礼传家的门风。先后出了祖孙翰林、兄弟博士、父女画家、姐弟院士等。

 服务小贴士

一、拍照佳处的提醒

"贴壁假山"和"船厅"是"东园"中较有特色的建筑,导游可提醒游客此处是拍照佳处之一。

二、"牡丹厅"的导游服务

导游可提醒游客,牡丹厅可免费提供轮椅自助服务,偶遇风雨,也可以在牡丹厅内借到雨伞。

任务 5.3 "西园"的导游讲解与服务

知识讲解

一、"复道回廊"的导游讲解

复道,就是在双面回廊的中间夹一道墙而形成,起到分流作用。被誉为"天下第一廊"的复道回廊,上下两层,曲直勾连,贯穿全园,总长 1 500 多米,可以说是中国立交桥的雏形。也有人把回廊称为串楼,绕西园一周就有 400 多米,"四面串楼环水抱,几堆假山叹自然"。

回廊旁边的铁栏杆都是当时的原物,俯身仔细辨别,上面均刻有"延年益寿"的字样。回廊上的花窗被称为"天下第一窗",窗面开阔,造型各异,做工精细,被专业人士称为园林花窗中罕见的极品。窗格和壁板上,还刻有苏东坡、唐伯虎、郑板桥等人的诗画,窗户中间的墙壁上也有古人诗句的石刻。

二、"水心亭"的导游讲解

池中央的"水心亭",有"天下第一亭"之称。池东有石桥与亭台相连,亭南有曲桥浮水与之相通,据称这是中国仅有的一座水上戏台,专供园主人观赏戏曲、歌舞和纳凉赏景之用。当初建园的时候,还没有音响设备,戏台借用水面和四周环廊的回声,以增强其音响的共鸣效果。《红楼梦》《还珠格格》《毕昇》等一百多部影视剧曾把此处作为影视拍摄基地。

三、"蝴蝶厅"的导游讲解

"蝴蝶厅"是主人用于宴请宾客的宴厅,因厅角昂翘,像振翅欲飞的蝴蝶,故称蝴蝶厅。厅内木壁上刻着历代名碑字画。

四、"湖石山"的导游讲解

在水心亭的对面,池水西面的围墙边有一座湖石假山,与池北侧的蝴蝶厅、南面的赏月楼巧叠相连,浑然一体。

假山层峦叠嶂、透迤向南,山上古木参差、花草掩映,让人领会到"空山新雨后,天气晚来秋。明月松间照,清泉石上流"的意境。

五、"赏月楼"的导游讲解

"赏月楼"是园主人为母亲祝寿而专门建造的,又称怡宣楼,这里是全园赏月最佳场所。廊旁的铁栏杆都是当时从国外进口的,均刻有"延年益寿"字样。

六、"同仁馆"的导游讲解

以"同仁"二字作为馆名,为的是纪念曾在何园创办的一所学校——同仁中学。此馆所在地,就是一间当年曾书声琅琅的教室。"同仁馆"是海峡两岸和世界各地同仁学子永不忘怀的一片绿洲,同时也是连接海峡两岸和世界各地中华儿女的一条金色纽带。

服务小贴士

"蝴蝶厅"的导游服务

导游应提醒游客,复道的交叉口一面通向"读书楼",一面通向"蝴蝶厅",不要走岔路。

任务5.4 "园居院落"的导游讲解与服务

知识讲解

一、"玉绣楼"的导游讲解

玉绣楼的主体建筑是前后两座砖木结构的二层楼,既采用中国传统式的串楼理念,又融入西方的建筑手法,如采用法式的百叶门窗、日本式的拉门、法式的壁炉、铁艺的床等等。此外,地面设通风孔、地下建近两米高的透气层等设计体现了住宅建筑功能和人性化的建筑理念。

二、"骑马楼"的导游讲解

骑马楼是何园的客舍。骑马,意味着异乡和征途。何园客舍取"骑马"为名,别有一番新意。

三、"清楠木厅"的导游讲解

清楠木厅又名"与归堂",是目前扬州保存的最大、最完整的一座楠木厅,此处为主人会客的地方。楠木厅正厅大门两侧,融合了西方建筑的手法,运用整块4平方米大、9毫米厚的玻璃,采光效果极好。

服务小贴士

"玉绣楼"的导游服务

玉绣楼内有何氏家族史料陈列室,此处是了解何氏家族的兴衰历史和家族中人精彩曲折命运的地方,如有游客对此内容感兴趣,导游可做详细讲解。

任务5.5 "片石山房"的导游讲解与服务

知识讲解

一、"石涛叠石"的导游讲解

片石山房是明末清初画坛巨匠石涛叠石的人间孤本。石涛,原名朱若极,是清代著名的山水画家,开辟了扬州画派,为"扬州八怪"的先驱。此园的设计,以石涛画稿为蓝本,顺自然之理,行自然之趣。园中假山丘壑中的"人造月亮"是一处奇观,盈盈池水,盎然成趣。假山内藏有一所石屋,是夏日消暑的好地方。

二、"水中月"的导游讲解

扬州又有"月亮城"之称,有诗云:"天下三分明月夜,二分无赖是扬州。"而"水中月"景点就是赏月的极佳处。

三、"明楠木厅"的导游讲解

片石山房的东面,是何园保存年代最久的一幢建筑,距今已有四百多年的历史,厅西侧有一只"不系舟",寓意"平平稳稳,一帆风顺",坐在舟上可俯视池鱼。

服务小贴士

"水中月"的导游服务

在"水中月"景点,感兴趣的游客可以自己去"探险",寻找月亮倒影的源头,导游应提醒游客注意安全。

导游职业能力测试

⊙ **知识问答**

(1) 请说出何园的园主人是谁。

(2) "船厅"属于什么造园手法?

(3) 与个园相比,何园的魅力主要体现在哪些方面?

(4) 何园最大的建筑特色是用一条走廊贯穿全园,请问这条廊叫什么?全长多少?

⊙ **技能必备**

(1) 能够对何园的概况进行1分钟左右的导游讲解。

(2) 能够对何园中的"复道回廊"进行3分钟左右的导游讲解。

⊙ **技能拓展**

了解何氏家族的兴衰荣辱历史、治家哲学和生活方式以及家族中著名人物的故事,下节课按小组进行汇报讲解。

导游推荐

⊙ **新景推荐**

1. "双东"历史街区　　推荐指数:★★★★★

东关街全长1 122米,宽约5米,位于古城扬州的东北角。"双东"是东关街和东圈门的简称,历史上为扬州的水陆交通要冲,也是商业、手工业和宗教文化的中心,在这里既可以领略运河风光、市井风情,还可以了解诸多奇闻逸事。

2. 凤凰岛　　推荐指数:★★★★

凤凰岛旅游区位于扬州市东郊,有"湖上伊甸园"之美称,距市区仅10千米,水陆交通十分便利,是华东地区保存最完好的原生态旅游区。旅游区由"七河八岛"组成,景区内生长多种野生动物和珍贵的树种,成千上万只白鹭等稀有野生候鸟栖息于此,被专家认证为苏中保存最完好的原生态区。游客在此可参观青花瓷山庄,看凤凰阁,赏天鹅湖,观农艺坊,过索桥等。

⊙ 美食推荐

1. 富春茶社　　　　推荐指数：★★★★★

富春茶社始创于1885年,一百余年来,经过几代人的不懈努力和精心经营,逐步形成了花、茶、点、菜结合,色、香、味、形俱佳,闲、静、雅、适取胜的特色,被公认为淮扬菜点的正宗代表。巴金、朱自清、冰心、林散之、吴作人、梅兰芳、赵丹等大家都在此留下了墨宝和赞语。

2. 卢氏盐商古宅　　　　推荐指数：★★★★★

卢氏盐商古宅是晚清时期扬州最大的一座盐商豪华住宅,被誉为"盐商第一楼"。它将扬州的美食、盐商文化巧妙地结合起来,满足了不同层次游客的不同需求,让游客既可以吃又可以玩,更可以领略卢氏古宅深厚的文化底蕴。如今的卢宅,不仅因古建筑吸引着人们的眼球,新推出的早茶、下午茶更让人流连忘返。目前推出的茶点以卢氏菜谱中的蒸饺、汤包和五丁包等为主,游客在古宅中可品尝淮扬特色茶点,别有一番风味。

⊙ 休闲推荐

1. 京华城休闲旅游区　　　　推荐指数：★★★★★

扬州京华城休闲旅游区地处扬州新城西区核心位置,占地2 500亩(注:1亩≈666.7平方米,下同),超大面积的生态广场、花园绿地、湖泊河道,实现了移步换景、一步一景的效果。区内融旅游、餐饮、零售、休闲、娱乐、会展、教育、体育、文化、艺术、婚庆、政府服务及住宿等功能及高品质、国际化、"24小时无时差"的服务于一体,是新型的休闲好去处。

2. 文昌商圈　　　　推荐指数：★★★★

文昌商圈是扬州市的商业中心,文昌阁、四望亭、石塔寺、八怪纪念馆等著名景点均在其内。它是一座园林式、街区型,集购物、餐饮、商务为一体的综合性场所。商圈内的万家福、文昌广场、金鹰商场、时代广场等都是购物的好地方。

项目 3　苏锡常导游

模块 1　苏州导游

模块要求

通过本模块的学习,要求学生具备为旅游者提供苏州向导、讲解以及其他相关旅游服务的能力。

1. 能够对苏州城市概况进行 10 分钟左右的导游讲解,具体内容包括苏州的主要历史沿革、地理位置、气候特点、名称由来、行政区划、人口和城市特色等;

2. 能够对景区概况进行 1 分钟左右的导游讲解,既能够简明扼要地概括景区的概况,又能够体现出景区的特色与魅力;

3. 能够对主要景点进行 3 分钟左右的导游讲解,既能够详细介绍景点的具体情况,又能够凸显一定的景点文化内涵;

4. 能够提供导游常规服务,如景区景点内的游览指导及最佳拍照点、卫生间位置等。

任务 1　苏州概况的导游讲解与服务

课前准备

1. 通过查找资料、实地探访、网络检索等方式,了解苏州的城市概况;

2. 以"我眼中的苏州"为主题,从苏州的景点、历史、文化、经济、特产、工艺等方面,选取一个或多个熟悉的切入点,在课堂上进行 3 分钟左右的现场演讲。

任务导入

中国最美是江南,江南最美是苏州。

作为国家首批二十四个历史文化名城之一的苏州,历史悠久,人文荟萃,自然和人文景观较多,作为导游员,我们应该如何讲解,才能突出苏州特有的文化韵味呢?

任务 1.1　苏州地理的导游讲解

一、苏州的地理位置

(一) 位置

苏州位于长江三角洲中部,地理位置优越,东邻上海,南连浙江,西拥太湖,北靠长江。

(二) 行政区划及人口

苏州市总面积 8 488.42 平方千米,市区面积 1 649.72 平方千米,其中新建城区 74 平方千米,古城区 14.2 平方千米。

苏州市下辖姑苏、虎丘、吴中、相城、吴江 5 个区,常熟、张家港、昆山、太仓 4 个县级市。

2016 年 12 月底,全市实有人口 1 375 万,户籍人口 67.82 万。

(三) 交通

地面交通,苏嘉杭高速公路贯穿南北,沪宁高速公路、京沪铁路、沿江高速公路和 312 国道连接东西;空中交通,东有上海虹桥机场和浦东机场,西有光福机场和无锡硕放机场,南有杭州萧山国际机场。

二、自然环境

(一) 气候及物产

苏州位于北亚热带湿润季风气候区,温暖潮湿多雨,季风明显,四季分明,冬夏季长,春秋季短。因此,苏州的太湖区域盛产碧螺春茶、洞庭红橘、白沙枇杷、紫红杨梅、太湖银鱼、太湖莼菜等特产,可谓"月月有花、季季有果、天天有鱼虾"。

(二) 地形

苏州地势低平,平原占总面积的 54%,平均海拔 4 米左右。东南部地势低洼,西南部多小山丘。穹窿山主峰高 351.7 米,为全市最高点。

(三) 水城

苏州滨江近海,北枕长江,西抱太湖,举世闻名的京杭大运河纵贯南北,望虞河、娄江、太浦河等连接东西,阳澄湖、昆承湖、淀山湖等散布其间,大小湖泊 300 多个,河道 2 万多条,全市水面占总面积的 42.5%,被誉为"东方威尼斯"。

任务 1.2　苏州历史的导游讲解

苏州是一座历史悠久的古城,有四千多年的文字史、两千五百多年的建城史,是全国首批二十四个历史文化名城之一。

一、史前——悠悠吴地,中华源流

苏州古为吴地,处于太湖平原和整个长江三角洲的中心,是中华文明的发祥地之一。苏州太湖中的三山岛，经鉴定为旧石器时代遗址，被称为"三山文化"，这是长江下游地区首次发现旧石器时代的遗址。

位于苏州工业园区唯亭镇陵南村阳澄湖南岸的草鞋山遗址，经过两次发掘，发现其文化层次多，出土遗迹、遗物丰富，从地层叠压关系可以看出其文化层的先后次序是：马家浜文化、崧泽文化、早期良渚文化、典型良渚文化，直到进入春秋时代的吴文化。

二、夏——禹定震泽，姑苏伊始

古书记"禹时，吴为裸国"，大禹治水时"解衣而入，衣带而出"，禹定震泽，姑苏伊始。

夏商有干族建于干国。

三、商、周——泰伯奔吴，文风初肇

(一) 泰伯、仲雍让国

殷商后期，泰伯、仲雍奔吴，与当地土著打成一片，建立了江南第一个部落性质的国家，号"句吴"，苏州称吴，便源于此。

(二) 归附周朝

当句吴传到仲雍五世孙周章时，泰伯的侄孙姬发（周武王）灭了商朝，建立了中原政权周王朝。封周章为同姓"子爵"诸侯，吴国国君。自此吴国纳入周朝版图。

四、春秋——强吴时代，争霸舞台

(一) 吴国崛起

春秋时期，吴王阖闾命伍子胥建阖闾城。伍子胥"相土尝水，象天法地"，建起"七堰八门六十坊"的阖闾大城。此后，苏州城址再未移动过，是全国唯一一座历经两千余年仍保持在原城址上的古城。至今，苏州还保留着许多有关西施、伍子胥等历史人物的古迹。

吴国又重用孙武，训练出一支强悍的军队，西征击败楚国，攻破其都城郢（今湖北荆州附近），又北上击败齐国，称霸中原。

(二) 吴越争霸

公元前496年，吴王阖闾乘越王允常去世，其子勾践继位之际，起兵攻越。吴越两军战于樵李。吴军败退，阖闾死于途中。

过了两年，吴国出动精兵攻越国。夫椒一战，越军大败，越王勾践被吴军包围于会稽山。文种、范蠡说服勾践忍辱图存，厚赂吴王夫差的宠臣伯嚭，向吴王求和。吴王夫差允许求和，但条件是越国必须臣服于吴国，并要勾践到吴为奴三年。

勾践回国后，励精图治，越国很快富起来。相反，吴王夫差因胜利而骄傲自满，腐化堕落，偏信奸佞伯嚭，杀害忠诚的相国伍子胥，政治日趋腐败。公元前473年，越军第三次大规模进攻吴国，将夫差包围在姑苏山上，夫差掩面自杀。越国成为地跨江、淮的东方大国。

越王勾践来吴后，曾置国都于吴五年，至越王翳，又迁都于吴，直至越国灭亡。

五、名称沿革

苏州，古称句吴。公元前221年，秦统一全国，苏州始称吴县。东汉永建四年（129）"设吴郡"，以后称过吴国、吴州等。589年，隋文帝置苏州，延称至今。后又称平江府、长洲。太平天国

时期为苏福省首府。民国时称吴县。1949年后初称吴县,后正式更名为苏州。

任务1.3　苏州城市精神的导游讲解

知识讲解

一、崇文

千百年来,苏州崇文重教、力学好古,文风昌盛、人才辈出,产生了孙武、高启、唐寅、顾炎武、蒯祥、冯梦龙、毛晋、孙云球、叶桂、沈寿等众多名家,是名副其实的人文荟萃之地。

二、融合

刚与柔、雅与俗、古典与现代、城市与乡村,这些看似矛盾的东西在苏州都完美地融合在了一起,可谓博采众长、协调发展。

三、创新

苏州人的创新精神,很大一部分体现在手工工艺和农业上,苏州的手工工艺和农业是以精细精致见长或为风骨的。崇尚精细精致,一脉相承,与现代科技相融合相配合,成为今天苏州人的新风尚新风骨,创出现代工艺的新天地。

四、致远

苏州商品经济发达,不仅是商品生产的基地,丝绸、稻米、茶叶、工艺制品,都闻名遐迩,还是大宗商品贸易出口的基地。今天的苏州,"致远"是一种胸怀胸襟,欢迎客商云集,亦容得下客商云集。

任务1.4　苏州旅游特色的导游讲解

知识讲解

一、总述

苏州是我国首批优秀旅游城市之一,自然旅游资源和人文旅游资源丰富且极具特色。全市现有各级各类文物保护单位690处,各类博物馆13个,市区控制保护古建筑200处,成功加入世界遗产城市联盟,是全世界为数不多的同时拥有世界文化遗产和非物质文化遗产的城市之一。2016年1月,苏州被住房和城乡建设部评为首批"国家生态园林城市"之一。2017年5月,苏州成功举办世界城市峰会。

二、旅游特色

(一) 千年古城

苏州古城始建于公元前514年,具有"三双"特点,即双护城河、双城门、双棋盘格局,形成"三纵三横一环"的河道水系和"小桥流水、粉墙黛瓦、史迹名园"的独特风貌。

(二) 苏州园林

苏州园林甲天下,现保存完好的古典园林有六十余处,中国四大名园中,苏州就有拙政园、留

园两个。拙政园、留园、环秀山庄、网师园、狮子林、艺圃、耦园、沧浪亭、退思园九座古典园林已被联合国教科文组织列入《世界遗产名录》。

（三）水乡古镇

苏州是江南水乡的典范，拥有周庄、同里、甪直、木渎、锦溪和枫桥等千年古镇。

（四）太湖

太湖是中国五大淡水湖之一，太湖水面的75%在苏州境内，太湖72峰有48峰在苏州。

三、特色工艺

评弹、昆曲、苏剧被喻为苏州文化的"三朵花"。

苏绣与湖南湘绣、四川蜀绣、广东粤绣同被誉为我国的"四大名绣"。

桃花坞木刻年画与天津杨柳青木刻年画齐名，世称"南桃北杨"。

苏州的缂丝、雕塑、宋锦、玉石和红木雕刻等，各有千秋，巧夺天工。

导游职业能力测试

⊙ 知识问答

(1) 苏州城建造的年代和当年的形制是什么？
(2) 简述苏州的行政区划。
(3) 苏州的城市精神是什么？
(4) 苏州有哪些特色旅游产品？

⊙ 技能必备

能够对苏州的概况进行5分钟左右的导游讲解。

⊙ 技能拓展

选择来自重庆、北京、大连、广州的旅游团之一作为你所带领的旅游团，对其进行苏州概况的介绍，创作一篇讲解时间为3~5分钟的导游词，下节课按小组进行汇报讲解。

任务2　虎丘的导游讲解与服务

课前准备

1. 通过网络查询和预习教材，了解虎丘的主要景观与特色；
2. 熟悉虎丘的游览路线。

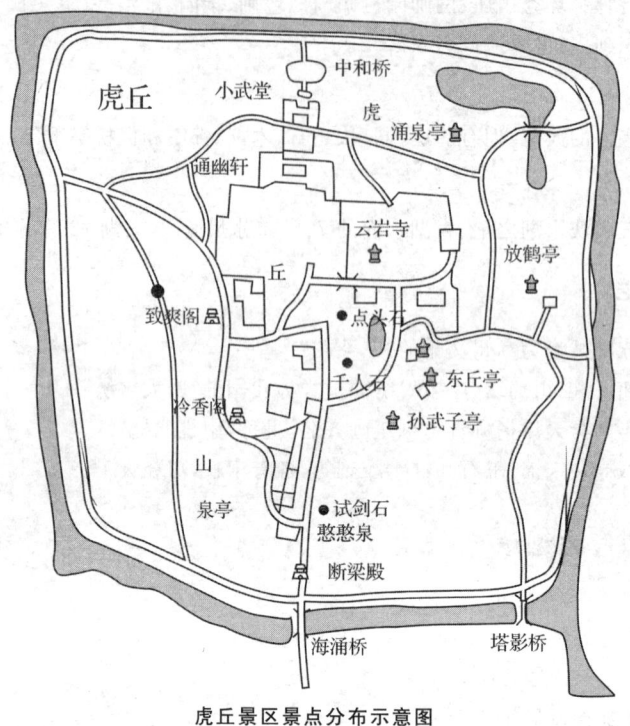

虎丘景区景点分布示意图

海涌桥→断梁殿→憨憨泉→试剑石→枕石→真娘墓→千人石、生公讲台→二仙亭→剑池→五十三参→云岩禅寺大殿→云岩寺塔

任务导入

"到苏州不游虎丘乃憾事也",这是宋代大文豪苏东坡对虎丘的赞叹。

作为导游,我们应该如何引导游客去感受这"吴中第一名胜"呢?

任务 2.1　虎丘沿途的导游讲解

知识讲解

一、虎丘得名

远古时代,虎丘曾是海湾中一座随着海潮时隐时现的小岛,历经沧海桑田的变迁,最终从海中涌出,成为孤立在平地上的山丘,故名海涌山。

公元前496年,吴王阖闾去世,归葬海涌山。盛传下葬三日之后,有一白虎蹲于海涌山上,世说为吴王霸气凝聚而成。从那以后,便有了虎丘的称谓。

二、虎丘历史沿革

虎丘是苏州两千五百年历史的一部百科全书,和苏州古城一样历史悠久。相传春秋时期,吴王阖闾的离宫就在这里。阖闾去世后也葬在这里。据《史记》等书记载,阖闾生前喜爱的"扁诸"

"鱼肠"等三千柄宝剑一同秘藏于此,引得越王勾践、秦始皇、东吴孙权都曾先后来此探宝求剑,却都一无所获。

东晋时,司徒王珣及其弟司空王珉在山中营建别墅,咸和二年(327),舍宅为寺,称东寺、西寺。刘宋高僧竺道生从北方来此讲经弘法,留下了"生公说法,顽石点头"的佳话以及众多声名远播的古迹。

宝历元年(825),白居易出任苏州刺史,领导苏州百姓自阊门至虎丘开挖河道,使之与运河贯通,沿河修筑塘路直达山前,又绕山开渠引水,形成环山溪。自此,虎丘水陆称便,游人络绎不绝。为纪念白居易的功绩,后人称塘路为白公堤,也就是今天的山塘街,号称"七里山塘"。唐武宗灭佛运动之后,虎丘山寺合二寺为一,并从山下迁移到山上,逐步形成保留至今的依山而筑的格局。

五代时期,虎丘的寺院和胜迹得到了进一步的维修和发展。虎丘现有的佛塔,就是五代后周显德六年(959)至北宋建隆二年(961)的建筑。

北宋至道年间(995—997),苏州知州魏庠奏改虎丘山寺为云岩禅寺,由律宗改奉禅宗。南宋绍兴初(约1131),高僧绍隆到虎丘讲经,创虎丘派。

明代是虎丘历史上的多事之秋,曾三次发生火灾,毁而复建。到了清代,康熙和乾隆六次南巡,每次都要光临虎丘,有几次回京途经苏州还要重游虎丘。可惜,太平天国至抗日期间,由于战乱,虎丘一片荒芜景象。

中华人民共和国成立后,苏州市园林管理处开始对虎丘逐步进行全面修葺。1996年,虎丘被命名为省级风景名胜区;2002年,虎丘被国家旅游局评定为首批国家AAAA级景区;2011年,虎丘被评为国家AAAAA级旅游景区。

任务2.2 "海涌桥—真娘墓"的导游讲解

 知识讲解

一、"海涌桥"的导游讲解

海涌桥为花岗岩材料建成的仿古式石拱桥。在这里观赏虎丘,山藏寺里,丘如蹲虎。

二、"断梁殿"的导游讲解

断梁殿是寺庙的二山门,建于元代至正四年(1344)。它的正梁不是一根整木,而是分两段接合,所以称断梁殿,或称双梁殿。断梁殿全殿不用金属构件加固,采用了菩萨顶、棋盘格、琵琶吊等建筑工艺,只用竹木钉榫,反映出古代劳动人民的聪明才智和高超技艺。

断梁殿正梁上,朝南悬挂着"大吴胜壤"的巨幅匾额,画龙点睛地表述了虎丘在苏州诸多旅游景点中的重要地位。朝北悬挂着"含真藏古"的巨幅匾额,暗示着虎丘有真山真水真人真事,还有古墓古泉古寺古塔。

三、"憨憨泉"的导游讲解

憨憨是我国梁代著名的高僧。传说他的眼睛不好,患有目疾,虎丘山的方丈可怜他,收他做个挑水和尚,当时挑水的路很远,有一次他挑水途经这里,感到有些疲惫,就坐在这里休息,不知不觉间睡着了,他梦见一位高僧对他说这里有一处泉眼可通大海,醒后他就用双手触摸这片地,在这里摸到了一些青苔,他想有青苔就说明这地下一定有水,于是他用挑水的扁担在这里挖,大

约挖了七七四十九天,终于一脉泉眼涌了出来,泉水治好了他的目疾。因这口井是他所挖,所以取名"憨憨泉"。

四、"试剑石"的导游讲解

"试剑石"三字由北宋吕升卿所书,是指这块中间裂开的大石块。它引出两个故事:第一个故事是吴王阖闾命干将、镆铘铸剑,终于炼出两把举世无双的宝剑,阖闾为试剑的锋利,对着这块石头手起剑落,将石头一劈为二。第二个故事是秦始皇东巡至虎丘,求吴王宝剑,一只老虎挡坟而踞。秦始皇用剑斩虎,未中虎身却误砍石块,留下此痕。事实上,这块石头是典型的火山喷出的凝灰岩,久经风化,一条大缝沿着石头表面的裂隙日渐形成。

另一块石碣上刻有元代顾瑛的诗句:"剑试一痕秋,崖倾水断流。如何百年后,不斩赵高头。"诗的前两句,是描写试剑时的情景;后两句,是对时政发表感慨。

五、"枕石"的导游讲解

枕石是一块圆卵形大石,形状像个大枕头。相传晋代高僧竺道生(人称生公),倚此石看经,困了就枕着此石休息。因此,人们称这块石头为枕石。

六、"真娘墓"的导游讲解

真娘,本名胡瑞珍,唐代苏州歌妓。出身京都长安一个书香门第,为逃避安史之乱,流落苏州,被诱骗到山塘街"乐云楼"妓院。因才貌双全,很快名噪一时,但她只卖艺,不卖身。当时,一个富家子弟王荫祥,用重金买通老鸨,想留宿于真娘处。真娘为保贞节,悬梁自尽。王荫祥得知后,懊丧不已,悲痛至极,斥资厚葬真娘于名胜虎丘,并刻碑纪念,且栽花种树于墓上,人称"花冢"。当时的苏州刺史白居易为其写了墓志铭。

任务 2.3 "千人石—剑池"的导游讲解

知识讲解

一、"千人石"的导游讲解

(一)千人石

据说,吴王夫差替父治丧之后,为保守秘密,将一千多名参与造墓的工匠杀死,鲜血把这块石头染成了红色。其实,虎丘的岩质是酸性流纹岩,它的石质原本就是红色的。

(二)千人坐——生公讲台

相传晋代,高僧竺道生在此讲经说法,聚石为徒,讲到妙处,白莲盛开,顽石点头。附近的白莲池便有石头刻着"顽石"二字。

二、"二仙亭"的导游讲解

亭子中有两块石碑,雕刻着两位神仙:陈抟老祖和吕洞宾。

二仙亭还有两副对联,一副是"梦中说梦原非梦,元里求元便是元"。上联是讲陈抟的故事,下联是道家之道,从道出发,通过研究精妙深奥的道理才能得道。另一副对联是"昔日岳阳曾显

迹,今朝虎丘再留踪",意思是吕洞宾先在岳阳楼显过迹,又来虎丘留过踪。

三、"虎丘剑池"的导游讲解

"虎丘剑池"四个大字相传是唐代大书法家颜真卿的手笔。"虎丘"二字岁久剥落后,明代万历四十二年(1614),由石刻名家章仲玉钩摹补刻,新旧石刻一气呵成,难辨真伪,故有"假虎丘,真剑池"之说。

四、"剑池"的导游讲解

虎丘有两大景点,一是虎丘塔,另一个就是剑池。剑池是一方狭长的清池,从空中俯视,本身就似一把宝剑,而且相传,吴王阖闾在墓中藏剑三千,故名剑池。据《元和郡县志》载:"秦皇凿山以求珍异,莫知所在。孙权穿之亦无所得,所凿之处遂成深涧。"

崖左壁红色的"剑池"二字相传为东晋王羲之所书,实出自元周伯琦之手。崖壁右侧蓝色的"风壑云泉"四字,是我国宋代著名书法家米芾书写的,四字概括了这里的景色:侧耳可听风声,举目可赏岩石,抬头可观云彩,低头可看流泉。

任务2.4 "五十三参—云岩寺塔"的导游讲解与服务

知识讲解

一、"五十三参"的导游讲解

从千人石到云岩禅寺大殿,要登五十三级台阶,称为"五十三参"。"参"来源于善财童子"五十三参,参参见佛"的典故。

二、"云岩禅寺大殿"的导游讲解

大殿是虎丘云岩禅寺现存唯一的一座佛殿,原先这里是宣扬禅宗的场所,现在,这里是以小乘佛教的陈列方式排列的。殿内供奉释迦牟尼佛,两旁分别是迦叶和阿难,大殿的东西两壁上挂有十八罗汉画像屏。

三、"云岩寺塔"的导游讲解

虎丘塔,也称云岩寺塔,始建于五代后周显德六年(959),落成于北宋建隆二年(961),已经有一千多年的历史。现在看到的宝塔,是经过七次火烧而遗留下来的塔心部分,平面八角形,七层,为全国重点文物保护单位。

云岩寺塔是一座有名的斜塔,据初步测量,塔高47.7米,塔顶部中心点距塔中心垂直线已达2.34米,倾斜角为3°59′。

偏斜是塔基不均匀引起的。虎丘后山为土堆砌,前山为巨石,塔身重约六千吨,再加上地下水、地表雨雪渗透等自然因素影响,塔便倾向东北土堆的一边。

服务小贴士

"五十三参—云岩寺塔"的导游服务

1. 在海涌桥处,导游应提醒游客站在桥上拍照,并指导游客选取最佳角度,将断梁殿和虎丘塔一并摄下,将两千年的古建筑身影带回家。

2. 在拍摄虎丘全景时,导游应提醒游客,在虎丘塔下不好拍全景,应该在御碑亭前空地的石柱上取景,这样才能拍下虎丘塔全景。

原创导游词赏析

虎丘塔

各位游客,我们现在来到了今天要参观的最重要的景点——虎丘塔,虎丘塔也称作云岩寺塔,俗称虎丘斜塔,是全国重点文物保护单位。既然称呼为"塔",肯定与佛教有关,那我们就先来谈谈虎丘与佛教的渊源吧。

虎丘是江南有名的佛教圣地之一。讲到虎丘的佛教文化渊源,最早要追溯到晋代。东晋司徒王珣和司空王珉兄弟,在虎丘营造馆舍作为别墅,后舍宅为寺,称虎丘寺。唐代因避唐高祖李渊祖父李虎名讳,改虎丘为武丘,寺庙称为武丘报恩寺。经历了唐武宗时期的毁寺之灾后,寺庙重新修建,五代时始建佛塔,也就是我们现在看到的这座虎丘塔。

虎丘塔经过七次火烧只遗留下塔心部分,塔呈平面八角形,共七层,高47.7米。游客朋友们,我们很容易发现塔身是倾斜的吧,虎丘塔是一座有名的斜塔,据初步测量,虎丘塔比意大利比萨斜塔矮6米,塔顶部中心点距塔中心垂直线已达2.34米,是比萨斜塔的一半,倾斜角为3°59′。偏斜的现象,是塔基不均匀引起的。那么塔基为什么不均匀呢?这是因为塔基建在阖闾墓的封土堆上,地基比较松软,塔身较重,加上地下水、地表雨雪渗透等自然因素影响,导致塔身向东北倾斜,也就是向后山倾斜。据说该塔从元代开始就逐步倾斜了。

而关于这座斜塔,还有个神话故事呢。传说,塔神发现塔倾斜后,生怕塔倒掉,于是每天晚上潜入苏州人的梦中,让他们合力把塔往反方向拉,塔是保住了,但苏州人每天起来,都觉得自己腰酸背痛,所以要吃撑腰糕。当然,故事是假的,但编造故事的苏州人,也是出于保护古塔的愿望。而现实中为了保护古塔,苏州市委、市政府和广大园林工作者,从1965年开始,历时5年来加固地基,在塔基下人工打44个孔,灌注钢筋水泥,在44个桩下做水泥壳体,地下防水更换部分砖体,再采用铁箍喷浆、围桩灌浆等方法,较好地解决了塔身的开裂和地基的松软问题,从而有效地保护了这座千年古塔。

值得一提的是,根据苏州市园林局提供的资料,在整修虎丘塔的过程中,考古人员发现了大批珍贵文物,如石函、经箱、铜佛、铜镜、越窑青瓷莲花碗等。特别是楠木经箱底部,写着建塔的年代,从而确切地解决了关于该塔建筑的时间问题。该塔始建于五代后周显德六年(959),落成于北宋建隆二年(961),距今已有一千多年的历史。

虎丘是苏州城沧桑历史的见证。高高耸立在山顶的虎丘塔已经成为苏州的标志。发现苏州,感悟苏州,请君到虎丘,苏州人的一部春秋尽在虎丘!

(江苏联合职业技术学院苏州旅游与财经分院 王丽)

⊙ 知识问答

(1) 请说出虎丘名字的由来。

(2) "千人石"的意思有几层？

(3) 剑池为何没有开挖？

(4) 虎丘塔为何会倾斜？

⊙ 技能必备

(1) 能够对虎丘概况进行3分钟左右的导游讲解。

(2) 能够对虎丘主要景点——云岩寺塔进行3分钟左右的导游讲解。

⊙ 技能拓展

以千人石为立足点，以虎丘是"苏州历史风云演变的大舞台"为切入点，创作一篇讲解时间为3～5分钟的导游词，下节课按小组进行汇报讲解。

任务3　拙政园的导游讲解与服务

1. 通过网络检索、查阅资料等途径，了解拙政园概况和景点布局；

2. 熟悉拙政园的游览路线。

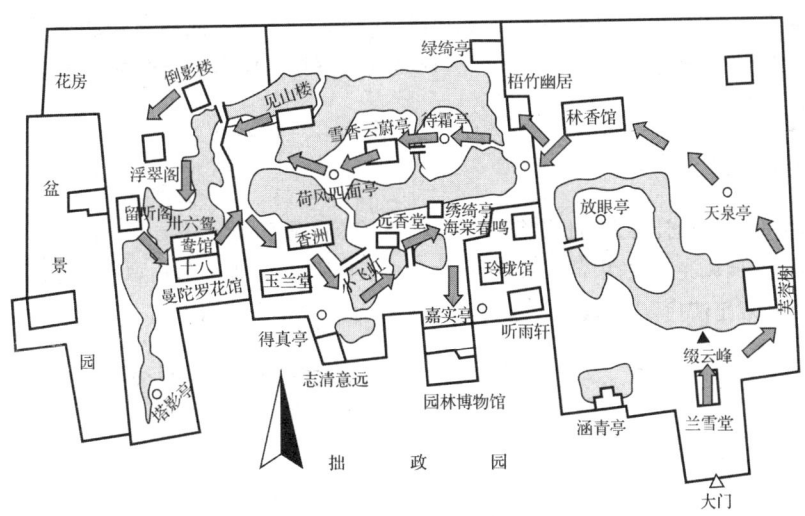

拙政园的游览路线示意图

兰雪堂→缀云峰→芙蓉榭→天泉亭→秫香馆→放眼亭→复廊→倚虹亭→梧竹幽居→待霜亭→雪香云蔚亭→荷风四面亭→见山楼→别有洞天→与谁同坐轩、笠亭→倒影楼→浮翠阁→留听阁→得少佳趣厅→香洲→小沧浪→得真亭、松风水阁→小飞虹→远香堂（倚玉轩、绣绮亭）→枇杷园

任务导入

拙政园既是我国四大园林之一,又是世界文化遗产,还是我国首批 AAAAA 级景区。号称"天下园林之母"的拙政园,到底魅力何在?在讲解过程中,我们又该如何让游客领略到它的过人之处呢?

任务 3.1　拙政园沿途的导游讲解

知识讲解

一、历史地位

拙政园被誉为"天下园林之母",先后被评为全国四大名园之一、苏州四大名园之一、全国首批重点文物保护单位、世界文化遗产、全国 AAAAA 级旅游景区。

二、第一任园主

王献臣,字敬止,号槐雨,明代弘治六年(1493)进士,升为御史(监察御史),但仕途不顺,曾两次被东厂缉事诬陷、动刑、下狱,贬为广东驿丞,后任永嘉知县,罢官后居家,心里的痛楚无法言表。1509 年,买元代大鸿寺遗址,拓建成园。

三、园名内涵

园名是据西晋潘岳《闲居赋》中的"筑室种树……灌园鬻蔬……此亦拙者之为政也"而来。意思是说,"我"之所以要起"拙政园"这个名字,就是要像潘岳一样隐退于林泉之下,像陶渊明一样守拙归园田。

四、全园布局

据传,拙政园的设计者为明代文征明。耗时 16 年,占地 51 950 平方米,分三个部分:东部为归园田居,以田园风光为主;中部又名复园,为全园精华所在,以池岛假山取胜;西部又名补园,园内建筑大都建成于清代,为张履谦补建,建筑风格明显有别于东部和中部。

任务 3.2　"兰雪堂—复廊"的导游讲解与服务

知识讲解

一、"兰雪堂"的导游讲解

堂名出自李白"春风洒兰雪"之句。
中间屏门上有一幅漆雕画,是拙政园的全景图。

二、"芙蓉榭"的导游讲解

芙蓉榭一半建在岸上,一半伸向水面;正面一池荷花,背后一堵高墙;一边开阔,一边封闭,反

差强烈,是夏日赏荷的好地方。

水榭进门的门框上装了一个雕花圆光罩,临水的门框上装了一个雕花长方形落地罩,形成"天圆地方"的框景。

三、"天泉亭"的导游讲解

相传,这里原是元代大弘寺的遗址。筑园时,在寺井上造了"天泉亭"。

亭是一座重檐八角亭,从外面看似乎是两层,在里边看却只有一层。出檐高挑,攒尖戗角,外部形成回廊,围柱间有坐槛。亭北为平岗小坡,亭周围草坪环绕,花木扶疏。

亭子之所以取名"天泉",是因为亭内有口古井,相传为元代大宏寺遗物。此井终年不涸,水质甘甜,因而被称为"天泉"。

四、"秫香馆"的导游讲解

秫香馆是东部的主体建筑,馆墙外以前是农田,每当丰收季节,秋风送来一阵阵稻谷的清香,故而得名。

馆窗的裙板和束腰上,刻有48幅黄杨木戏文浮雕,有"状元及第""洞房花烛"等场景,还有《西厢记》中"张生跳墙会莺莺""莺莺拜月""拷红""长亭送别"等戏文,雕镂精细、层次丰富、栩栩如生,展示了苏州古典园林丰富的文化内涵。

五、"复廊"的导游讲解

拙政园东部和中部,由一条长长的复廊隔开,廊的墙壁上开有25个漏窗,人们信步走在游廊里,随着漏窗花纹的更换,园内的景色也在不断变换。这种现象,称作"移步换景"。

"兰雪堂"的导游服务

拙政园是苏州最大的私家园林,景点众多,在参观兰雪堂时,导游应结合漆雕画向游客指明游览路线。

任务3.3 "倚虹亭—见山楼"的导游讲解与服务

一、"倚虹亭"的导游讲解

站在倚虹亭旁,向西眺望,在小桥流水之上,古树花木之间,屹立着一座宝塔,这便是拙政园赫赫有名的借景手法——远借北寺塔。

二、"梧竹幽居"的导游讲解

"梧竹幽居"为中部池东的观赏主景。此亭背靠长廊,面对广池,亭旁种有梧桐和翠竹以应景。梧桐为圣洁高昂的树;翠竹乃刚柔忠义之物。匾额为明代文征明的墨宝。

"梧竹幽居"最有特色的当数四个大大的圆洞门,恰似四个巨大的镜框,镶嵌着苏州园林一年四季的风光:南面桃红柳绿,西面嫩荷吐尖,北面梧桐秋雨,东面梅花怒放。

亭旁还有一副对联:"爽借清风明借月,动观流水静观山。"对联的上联是用清风明月来描绘自然风光的无限美好,下联则用乐山乐水来揭示旅游观光对陶冶情操的作用。

三、"雪香云蔚亭"的导游讲解

雪香云蔚亭位于池中西部土山上的制高点。雪香,是指梅花飘香;云蔚,是指林木茂盛。顾名思义,此亭适宜雪天赏梅,因此又称冬亭。亭周围竹丛青翠,林木葱郁,颇有城市山林的趣味。

亭上有"山花野鸟之间"的匾额和"蝉噪林愈静,鸟鸣山更幽"的对联。"山花野鸟之间"是对苏州古典园林"天人合一""顺应自然"的哲学思想和"咫尺山林""以小见大"的审美观念最通俗、最绝妙的注解。对联上有文征明的落款,内容取以动托静,闹中取静之意。

四、"荷风四面亭"的导游讲解

荷风四面亭,坐落在园中部池中小岛上,此亭四面皆水,因荷而得名。亭单檐六角,四面通透,亭中有抱柱联:"四壁荷花三面柳,半潭秋水一房山。"寥寥几笔,勾画出拙政园春夏秋冬的风景特色。其妙处还有,联中蕴含着一、二、三、四的序数。

五、"见山楼"的导游讲解

见山楼底层被称作藕香榭,沿水的外廊设吴王靠,小憩时凭靠可近观游鱼、中赏荷花、远眺园内诸景。上层为见山楼,取自陶渊明"采菊东篱下,悠然见南山"的诗句。

见山楼三面环水,似苍龙嬉水。见山楼是龙头,爬山廊是龙身,云墙是龙尾,门洞是龙嘴,曲桥是龙须。

1860—1864 年,太平天国忠王李秀成曾住过这里。

服务小贴士

"倚虹亭—见山楼"的导游服务

导游应指导游客注意拍摄角度,比如想拍摄北寺塔的借景,要站在倚虹亭前的露台上。

任务 3.4　"水廊—得少佳趣厅"的导游讲解与服务

知识讲解

一、"水廊"的导游讲解

拙政园水廊是苏州园林中的三大名廊之一。曲折蜿蜒的水廊,地面贴着池面。池面上波光粼粼,地面上高低起伏,使人如同踩着池面,随水漂浮。

二、"笠亭—与谁同坐轩"的导游讲解

亭名取自苏东坡的诗句:"与谁同坐?明月清风我。"

与谁同坐轩好像一把扇子,轩顶的瓦面像扇面,后面笠亭的尖顶恰似扇把,连接得天衣无缝。

三、"倒影楼"的导游讲解

取名"倒影楼",是因为从楼前的池塘里可以清楚地看到这幢楼阁的倒影。

楼的下层,叫"拜文揖沈之斋",名称由文征明拜见沈周的故事而来。文征明是明代"四大才子"之一,沈周曾是文征明的绘画老师,他们对苏州文化艺术的发展做出过重大贡献。

中间屏门上雕刻有"扬州八怪"之一郑板桥的无根竹图,并配有诗词,是不可多得的珍贵文物。

四、"留听阁"的导游讲解

阁名出自唐代李商隐的"秋阴不散霜飞晚,留得残荷听雨声"之句。

南面飞罩是银杏木立体雕刻松、竹、梅、鹊的花纹,构图匀称,手法精巧。

隔扇裙板上刻有蟠螭(夔龙)图案,据说是太平天国忠王府遗物,有较高的艺术价值和历史价值。

五、"得少佳趣厅"的导游讲解

圆洞门上方有四个砖雕篆体字"得少佳趣"。意思是说,进得门来,才能渐入佳境,稍得乐趣。

厅为美化的"鸳鸯"结构。外面看是一个屋顶,里边是四个屋面;外面看是一个大厅,里边分为两个客厅;北面客厅是夏天纳凉用的,南面客厅是冬天取暖用的。大厅建于清代,北厅的楹额"卅六鸳鸯馆"是清代状元洪钧的墨宝,南厅的楹额"十八曼陀罗花馆"是清代状元陆润庠的佳作。鸳鸯是美满姻缘的象征,曼陀罗花是延年益寿的吉祥物。据说,西方极乐世界每天都普降曼陀罗花,当今世上,只有多福多寿的人才能见到。又传,曼陀罗花与山茶花相似,所以,这里种有十八棵宝株山茶应景。

厅四角有耳房,供演员化妆、佣人等候传唤之用。

服务小贴士

"水廊—得少佳趣厅"的导游服务

导游可提醒游客注意拍摄角度,拍摄与谁同坐轩,要站在水廊上,并将笠亭一并摄入,形成"折扇";再如,"小飞虹"是苏州园林中仅有的廊桥,造型优美,可在小沧浪处取景拍摄。

任务3.5 "香洲—远香堂"的导游讲解

知识讲解

一、"香洲"的导游讲解

香洲得名出自唐代徐元固的诗句"香飘杜若洲"。"洲""舟"同音,实际上是一座船型建筑,称

为石舫或旱船,如一只官船在荷花丛里徐徐而行。"香洲"这艘石舫,集中了亭、台、楼、阁、榭五种建筑类型。船头为荷花台,茶室为四方亭,船舱为面水榭,船楼为澄观楼,船尾为野航阁。

苏州为江南水乡,建石舫以应景。此外,石舫又称不系舟,一艘没有缆绳的扁舟,象征着没有牵绊的人生,归隐江湖的闲适,非常契合苏州园林"隐逸"的文化背景。

二、"小沧浪—小飞虹"的导游讲解

"小沧浪"典出《楚辞·渔父》,取自"沧浪之水清兮,可以濯我缨;沧浪之水浊兮,可以濯我足"。这是一座三开间的水阁,两面临水,跨水而居,构成一个静谧的水院。

朱红色的廊桥"小飞虹"倒映在水里,水波荡漾,犹如彩虹,是观赏水景的最佳去处。

三、"远香堂"的导游讲解

远香堂是拙政园中部的主体建筑,为清乾隆时所建。堂北平台宽敞,池水旷朗清澈,广植荷花。远香堂为四面厅,四面镶有玻璃落地长窗,室内陈设典雅精致,可坐在厅里品茶观景。

堂名取自宋代周敦颐《爱莲说》中"香远益清"之句。园主借花自喻,表达了高尚的情操。两边有一副80字对联,是苏州园林中最长的对联,记载了当年八旗奉直会馆达官贵人聚会时的盛况。

 原创导游词赏析

拙政园与谁同坐轩

各位游客,现在我们来到的是拙政园的与谁同坐轩,与谁同坐轩的轩名取自苏东坡的诗句:"与谁同坐?明月清风我。"这句诗表达了诗人孤标傲世的情怀,园主人取"与谁同坐"的轩名表达了自己与苏子同样的人生志趣。

请大家从我站的位置看过去,与谁同坐轩整体看起来像不像一把折扇?大家看,轩顶的瓦面好像折扇的扇面,而后面笠亭的尖顶又恰似折扇的扇把,简直连接得天衣无缝。正因如此,与谁同坐轩又被称为扇亭。那么园主人为什么要如此设计呢?我们先来说一说扇吧。

中国扇文化是器物文化的一个重要分支。它源于生活,又高于生活。它的创造和发展来自于生活的需要,比如祛暑、招凉、拂尘、遮阳、引火等。同时扇子服务生活,装点生活,介入文人的生活,并由此渗透到社会生活的方方面面,成为物质文明和精神文明的有效载体。

那么在这里,拙政园的主人为什么要把亭子建成折扇的形状呢?

除了刚才讲到的原因之外,还有另外一种说法。

我们来看,与谁同坐轩所处的位置是拙政园的西部,它是在原来补园的基础上修建的。补园的主人张履谦,祖上是做扇子起家的。而后,张家后代都有收藏扇子的习惯,有的竟收藏各种折扇达几百把之多。后代为了感祖上之恩,就在补园中建了扇亭。

其实跟扇子有关的还有一个重要的方面,就是昆曲。

在昆曲中,折扇是表演中击节"拍曲"和"踏戏"的一个重要道具,《牡丹亭》里的杜丽娘和柳梦梅,手里就常拿着一把折扇。

古代苏州私家园林的一个重要特点,就是都喜欢在花园里听昆曲。很多园主人都专门辟出听曲的场所,比如待会儿我们要去游览的鸳鸯厅就是这样的场所。拙政园主人张履谦不仅懂扇,还对中国传统文化有着浓厚的兴趣。他不仅欣赏昆曲,自己也爱唱昆曲,经常在园中举办曲会,还专门请了名曲家来补园教子孙学昆曲。昆曲后来的发展和振兴,实际上也有张家后人的一份功劳。

另外,由折扇演化而来的檀香扇,也是苏州非常有名的旅游工艺纪念品,大家如果感兴趣的话,不妨选购几把,带回去赠送给亲友。

(江苏联合职业技术学院苏州旅游与财经分院　王丽)

导游职业能力测试

⊙ 知识问答

(1)请说出拙政园名字的含义,名字与园主人经历有什么关系?
(2)请解释"爽借清风明借月,动观流水静观山"的含意和意境。
(3)拙政园为什么被称为"天下园林之母"?请举例说明。
(4)请简单介绍香洲的构造。

⊙ 技能必备

(1)能够对拙政园的概况进行3分钟左右的导游讲解。
(2)能够对拙政园的主要景点之一——香洲进行3分钟左右的导游讲解。

⊙ 技能拓展

查找拙政园西部与苏州昆曲相关的资料,以西部某个建筑为切入点,创作一篇讲解用时为3～5分钟的导游词,下节课按小组进行汇报讲解。

任务4　留园的导游讲解与服务

课前准备

1.课前按小组的形式,通过查找资料、实地探访、网络检索等途径,熟悉、了解留园,拍摄图片制作成课件;

2.熟悉留园的游览路线。

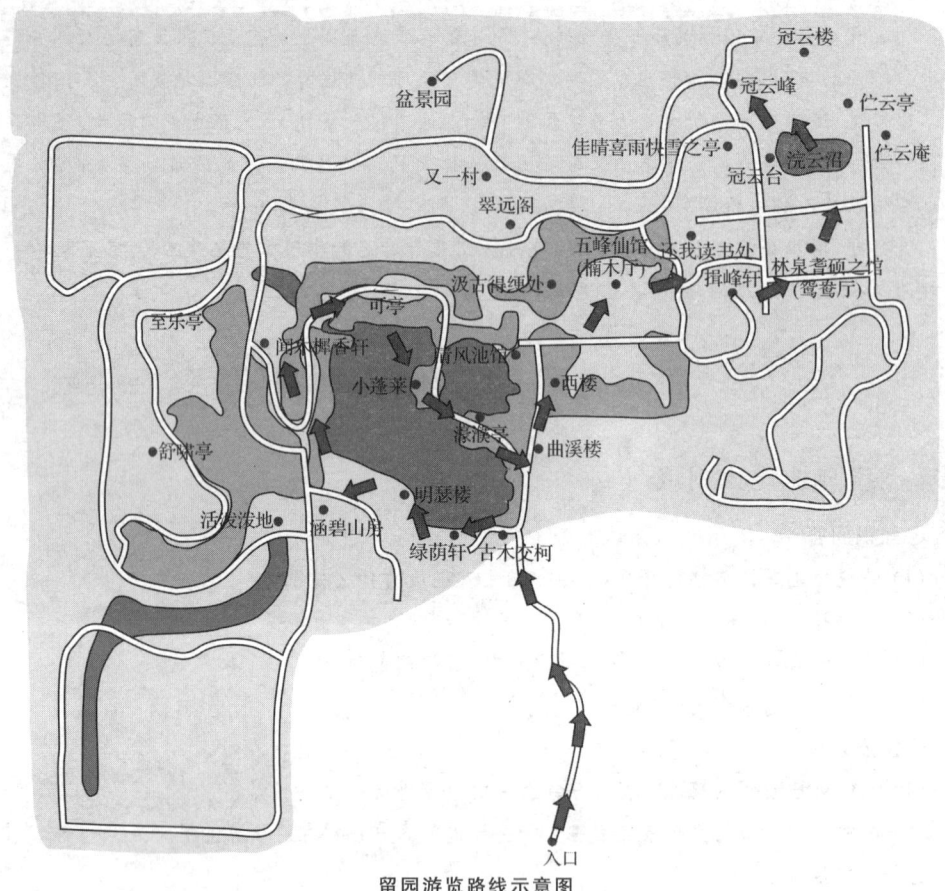

留园游览路线示意图

吴下名园→长廊→古木交柯→绿荫轩→明瑟楼→涵碧山房→爬山廊→闻木樨香轩→可亭→小蓬莱→濠濮亭→曲溪楼→五峰仙馆→石林小院→林泉耆硕之馆→冠云峰

**任务导入**

留园是全国四大名园之一、世界文化遗产,又是苏州明清时期私家园林的典型代表,其地位和知名度很高。

作为导游,在讲解中,如何既突出它作为园林的共性,又能体现它自身独特的魅力呢?

任务 4.1 留园沿途的导游讲解

一、历史地位

(一) 全国四大名园

1961年,留园与拙政园、北京颐和园以及承德避暑山庄一起,作为中国古典园林被列入首批国家重点文物保护单位,因此这四个古典园林也被称为"中国四大名园"。

(二) 苏州四大名园

网师园、狮子林、拙政园、留园统称"苏州四大名园",素有"江南园林甲天下,苏州园林甲江南"之誉。

(三) 世界文化遗产

1997年,苏州古典园林又被联合国教科文组织整体列入世界文化遗产,留园就是首批四个典型例证之一。

二、园主人

明嘉靖年间,太仆寺卿徐泰时建此园,叫东园;清嘉庆三年(1798),广西右江兵备道、洞庭东山人刘蓉峰对东园加以改建,取名涵碧山庄,又叫花埠小筑,地方百姓习惯称刘园;清光绪二年(1876),园归盛康,扩大规模,缮修加筑,取"刘"字谐音,改名"留园"。

任务 4.2 "留园大门—濠濮亭"沿途的导游讲解

一、"留园大门"的导游讲解

(一) 屏门

门厅正中屏门上嵌有一幅缀玉留园全景图。这是1986年,为纪念苏州古城建城两千五百周年,由扬州工匠用两千五百枚各类玉石薄片相缀而成。在全景图上方高悬着一方匾额,写着"吴下名园"四个大字,由当代著名版本目录学家、上海图书馆前馆长顾廷龙所题写。在全景图屏门背面刻有清代朴学大师俞樾所著、吴进贤所书的《留园记》。

(二) 天井

沿长廊前行,有两方小小的露天空间,苏州人称之为天井,由于它们面积太小,所以又称为"蟹眼天井",主要是为采光而设计的。

(三) 砖雕门额

回廊门楣上的砖刻门额"长留天地间"篆刻书法,是元代周伯琦(字伯温)所写,有三层含义:第一,"留"通"刘";第二,留园景色太美,让人流连忘返;第三,"留"字寓意留园这一精美典雅的古典园林能永久地保留下去。

(四) 长廊

留园的长廊,营造出一种压抑的氛围,从园林审美来看,这段长廊相对于秀美的中部园景,大有"欲扬先抑"的审美效果。同时,造园者巧妙地使廊、屋相接,并且在比较封闭的暗处设计了"蟹眼天井"来采光,用富于变化的建筑技巧使廊在空间上产生出明与暗、大与小的对比,令游人在不断变化的空间中,欣赏着各种布置独到的园林小品。

因此,长廊不仅被园林专家评定为"留园三大名廊"之首,而且在整个苏州古典园林的廊形建筑中也是一处佳例。

二、"绿荫轩"的导游讲解

绿荫轩西面原有一棵三百多年的青枫树,东面又有榉树遮日,故得此名。轩内匾额上"绿荫"两字,由当代书画家王个簃所书。轩南墙壁上嵌有"华步小筑"石额一方。"华",即"花";"步",通"埠"。留园北面有山塘河通向"吴中第一名胜"虎丘。虎丘自明清以来就以出产茉莉花、代代花等名贵花木闻名。以前,留园附近有装卸花木的河埠,所以这一带旧名"花步里",而留园主人将自己的园子称为"华步小筑",无疑是一种自谦。

三、"涵碧山房"的导游讲解

出绿荫轩向北,绕过明瑟楼就来到了涵碧山房。

涵碧山房是中部花园的主厅,取宋代理学家朱熹"一水方涵碧,千林已变红"之意命名。这里濒临水池,每当盛夏时节,池内荷花盛开,是夏季赏荷的绝佳之处。厅内"涵碧山房"匾额上的篆书是由香禅居士潘中瑞所书。

四、"爬山廊"的导游讲解

在涵碧山房西侧,可见一条长廊曲折逶迤于中部假山上。一般把这种依山高下起伏的长廊称为爬山廊。爬山廊既是园中的一景,又是景点之间相衔相连的一条固定的旅游路线。

爬山廊沟通了峰林参差的西部山冈和轩馆栉比的东部景区,将游人在不知不觉中引到中部假山之上的闻木樨香轩。在爬山廊中部的西墙上,嵌有明代吴江松陵勒石名家董汉策所刻"二王法帖"。"二王"是指晋代大书法家王羲之、王献之父子。这里的"二王法帖",主要有《奉橘帖》《快雪时晴帖》《送梨帖》等,堪称留园一绝。

五、"闻木樨香轩"的导游讲解

沿长廊,便可来到中部花园中的最高建筑——闻木樨香轩。从建筑形式上看,实际上是一个依廊而建的半亭。木樨,即桂树,每当深秋,这里四周都荡漾着桂花的香气,是欣赏秋景的绝佳之处,故而得名。"闻木樨香"还颇富禅意,它似乎在暗示人们,佛理就像这桂花香气,虽然看不见、摸不着,但它却无时不在、无处不在,只要用心参禅,人人都可以顿悟得道。

轩前有一副对联:"奇石尽含千古秀,桂花香动万山秋。"这是一副状景联,描写了眼前实景,又透出几分禅意。

六、"可亭"的导游讲解

(一) 可亭

出了闻木樨香馆,有一处供游人停留小憩的亭子——可亭。可亭六角飞檐攒尖,四周植有梅花,宜观赏雪景,为留园中部欣赏冬景之佳处。

(二) 对面石舫

从可亭往南看,明瑟楼连着涵碧山房,二者前似船头,后若船尾,相辅相成,共同构成了留园清池旁一条生动的画舫,不仅成为江南风物的真实写照,还彰显了留园主人"泛若不系之舟"的隐逸情怀。

每当清风徐来,吹皱一池清水,明瑟楼和涵碧山房便宛如一艘徐徐出航的画舫,随波摇动起来。

(三) 铺地

在可亭北面的假山后有一段长50余米的花街铺地,用鹅卵石和碎瓷、石片、瓦片等各种材料筑成海棠花纹和"暗八仙",犹如织锦铺地一般给人以美感。

七、"小蓬莱"的导游讲解

走过曲桥,来到中部水池的小岛"小蓬莱"。传说大海中有蓬莱、方丈、瀛洲三座仙山。秦始皇曾经派徐福前往求长生不死之仙丹,又在自己的宫院中仿造三座仙山。此后,在水池中构筑三座"仙山",即所谓"一池三岛"就成了古典园林常用的造景手法。

八、"濠濮亭"的导游讲解

过小蓬莱东侧小桥便来到了濠濮亭。濠、濮都是古代河流的名字。据说,庄子曾在濮水垂钓,也曾与惠子在濠梁观鱼,这里以古人的观鱼和垂钓来唤起一种超脱世间烦恼的自由感,表现出归隐江湖、归情自然的超然情趣。

任务 4.3 "五峰仙馆—冠云峰"的导游讲解与服务

知识讲解

一、"五峰仙馆"的导游讲解

(一) 五峰仙馆

五峰仙馆是留园东部的主要建筑。这座大厅,素有"江南第一厅堂"之美誉。因前厅内梁柱均为楠木,所以又有楠木厅之称。因南面小院中湖石假山,有庐山五老峰的写意神韵,于是取唐代李白"庐山东南五老峰,青天秀出金芙蓉"的诗意,将大厅命名为五峰仙馆。厅中匾额上的"五峰仙馆"四字是园主盛康请金石名家吴大澂所题。

楠木厅本是留园主人当年举行重大宴饮以及婚丧寿喜的场所,由于封建时代讲究男女授受不亲,为方便同时接待男宾女眷,大厅中间以木屏、纱隔和飞罩等装饰构件将厅内一分为二,南为主,北为次,内外有别。南面宽敞明亮,座椅严格按规制摆放,是主人宴请男宾之处;而北面则相对局促,专为女眷而辟。正中银杏木屏上刻有光绪年间马锡藩所书《兰亭序》全文,二十四扇纱隔下方的群板上刻有花篮、葫芦、竹笛等"暗八仙"图案,纱隔上半部装裱着张辛稼先生的绢本花鸟画。厅北侧的一副对联让人过目不忘:"读书取正,读易取变,读骚取幽,读庄取达,读汉文取坚,最有味卷中岁月;与菊同野,与梅同疏,与莲同洁,与兰同芳,与海棠同韵,定自称花里神仙"。这副由清末状元、溥仪座师陆润庠所撰写的名联,寥寥数语,道尽了古代文人士大夫对于读书修身、道德文章终生追求的志趣与理想。

（二）大理石座屏

大厅北侧一角，有一块圆形大理石座屏，直径达1.4米，国内罕见。石面纹理色彩构成一幅天然水墨画。尤为令人称奇的是，石面左上方有一轮天然的"朦胧月"，给人以"雨后静观山"的意境。这块大理石和太湖石精品冠云峰，以及冠云楼中的鱼化石并称为"留园三宝"。

二、"石林小院"的导游讲解

（一）庭院

小院门洞上方有"静中观"三个字。大院要"动中观"，小院要"静中观"。现在，大家站在这个角度看一看，小院正中的太湖石，上面的这块石头像不像俯冲下来的老鹰，下面的石头像不像昂头向上的猎犬？所以这块太湖石叫作"鹰犬斗"或"鹰斗猎狗峰"。前面的墙上好像有一面镜子，镜子里边有这只老鹰的背影。其实，它是石林小院南面小亭的漏窗，里面的背影是另一块石头，这种用隐蔽手法构成的对景、漏景、框景，匠心别具，恰到好处，让人感到院子很大，层次很深。

（二）揖峰轩

此轩轩名取自朱熹"前揖庐山，一峰独秀"。刘蓉峰爱石成癖，有"石痴"米芾遗风。揖峰轩环境幽雅，不妨作为三四个好友论诗作画、操琴对弈的好地方。古人读书总要找一个幽静的地方，陶渊明讲，"既耕亦已种，时还我读书"，"还我读书处"便是主人的书房，它在揖峰轩的后边。

三、"林泉耆硕之馆"的导游讲解

林泉耆硕之馆是留园东部的主体建筑。"林泉"是山水自然的别名，"耆"指六十岁以上的老者，"硕"指有学问名望的人，"耆""硕"合在一起是对德高望重之人的尊称。这里原是隐逸高士的聚会之处，富有浓郁的书卷气。从建筑形式上看，这是一个典型的鸳鸯厅结构建筑。

林泉耆硕之馆的南厅正中屏门上刻有冠云峰图，系清末作品。这里布置着香妃榻、红木架穿衣镜以及大理石座屏，简洁典雅。南厅外天井中，东、西各种一棵金桂，中间石库门上有"东山丝竹"四字门额。"东山"原指晋代谢安在浙江上虞的隐居地，在此指代隐居。"丝竹"在此指音乐。石库门外原有戏厅，是主人听戏赏曲的地方。

四、"冠云峰"的导游讲解

林泉耆硕之馆的北廊正对着"留园三宝"之一的太湖名石——冠云峰。冠云峰，取《水经注》"燕王仙台有三峰，甚为崇峻，腾云冠峰，交霞翼岭"之意而命名。古人称石为云根。尤其太湖石形状、色质近似云彩，所以自古多以云来命名湖石名峰。其两旁还立有两块湖石作为陪衬，分别命名为瑞云峰和岫云峰。这就是著名的"留园三峰"。"留园三峰"中尤以冠云峰高大奇伟，壁立当空，嵌空瘦挺，孤高磊落，其具备了古人对太湖石的八字审美标准，即"瘦、皱、漏、透、清、丑、顽、拙"。

冠云峰传说是北宋末年为宋徽宗采办"花石纲"时遗留在江南的一块名石。后来几经周折，到清代被颇有"石痴"遗风的留园园主盛康购得。他为欣赏此峰，还特意在石峰周围建造了一组亭台楼榭，都以"冠云"来命名，可谓匠心独运。

五、"冠云楼"的导游讲解

冠云楼为观冠云峰而设，曾名"云满峰头月满天楼"。楼下为"仙苑停云"。建筑为三开间五架屋，东西两面又各接一间四架屋。楼下正中壁上嵌有古代鱼化石一方，为"留园三宝"之一。

 服务小贴士

"冠云峰"的导游服务

"留园三宝"之一的冠云峰,可谓是留园的"镇园之宝",导游在此处可以引导游客,移步换景,从不同角度欣赏,来发现冠云峰不同的美。

 原创导游词赏析

留园闻木樨香轩

各位游客,循着爬山廊,我们现在来到中部花园的最高建筑——闻木樨香轩。从建筑形式上看,此轩实际上是一个依廊而建的半亭。大家看它的名字,"闻木樨香轩",木樨指的是什么呢?就是桂花。大家看,这里四周种满了桂花树。那么我要考考大家了,桂花是什么时候开花呢?是的,我们有句话叫作"八月桂花遍地开",桂花是阴历八月开的。每年仲秋,在闻木樨香轩里,看明月高悬,倒映在水中,怡人的桂花香飘送过来,此处是不是赏秋景的最佳地方呢?当然,"闻木樨香轩"的命名还含有深刻的禅理,佛教的禅宗讲究悟道,道就像桂花香一样无所不在,无处不有,但却是看不见、摸不着、无影无踪的。

刚才说到桂花是八月开的,所以八月又叫桂月,两个字颠倒一下,就是月桂,月桂之名可是源于一个神话传说哦:月亮里面就有一棵桂花树,相传汉朝时有个名叫吴刚的人,学仙时犯了过失,被天帝罚去砍月亮中的桂花树。那棵桂花树高五百丈,还有神奇的自愈功能,吴刚砍一下,斧头一停,树上的创伤就立刻自动愈合了,吴刚就只能永远砍下去。这棵不死之树就叫月桂。之后呢,人们称科举高中为"月中折桂""折月桂",隐含及第折桂、荣耀至极的意思。

与及第折桂的意思相联系,旧时人们把子孙仕途畅达、尊荣显贵称作"兰桂齐芳",这里,兰、桂就是指代子孙。比如《红楼梦》最后写到李纨之子贾兰和宝玉之子贾桂的科举高中,不就是暗合了"兰桂齐芳"吗?

"桂"还与"贵"同音,因而桂也就成为象征富贵的吉祥物。在日常生活中,桂子、桂花,也包含了"贵子"的寓意。比如传统吉祥图案"连生贵子"就是莲花和桂花的纹图。

这些都可以看出中国人对桂花是十分喜爱的,桂花不愧是我国十大名花之一。

那就请大家在这里稍作休息,闻一闻这木樨香,悟一悟这佛家理!

(江苏联合职业技术学院苏州旅游与财经分院 王丽)

 导游职业能力测试

◉知识问答

(1) 请说出留园名字的含义是什么,它与园主人有什么关系?
(2) 留园中部一年四季典型的观景处在哪里?
(3) "留园三宝"是指哪三宝?
(4) 太湖石的特点有哪些?

⊙ **技能必备**

(1) 能够对五峰仙馆进行3分钟左右的导游讲解。

(2) 能够对留园的主要景点——冠云峰进行3分钟左右的导游讲解。

⊙ **技能拓展**

找找留园主人爱石的相关资料,以留园某座石峰为切入点,创作一篇讲解时间为3～5分钟的导游词,下节课按小组进行汇报讲解。

任务5 狮子林的导游讲解与服务

1. 通过网络查询,了解狮子林的前身和历史演变过程,熟悉狮子林的景观特色与艺术魅力;
2. 熟悉狮子林的游览路线。

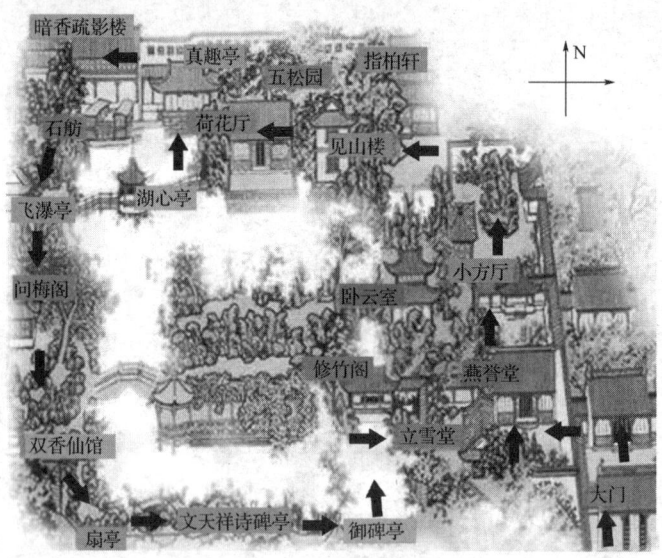

狮子林游览路线示意图

大门→贝家祠堂→燕誉堂→小方厅→九狮峰→揖峰指柏轩(中部假山)→荷花厅(花篮厅)→真趣亭→暗香疏影楼→飞瀑亭→问梅阁→双香仙馆→扇亭→文天祥诗碑亭→御碑亭→立雪堂

大多数的园林名字都是"××园",为什么狮子林却称"林"呢?它与狮子又有何渊源?与苏州其他园林相比,它有什么特殊之处呢?

任务 5.1 狮子林沿途的导游讲解

知识讲解

一、狮子林的主要历史沿革

(一)天如禅师建"狮子林"

元至正二年(1342),高僧天如禅师惟则的弟子们为其师建禅林,因天如禅师的师父中峰禅师曾倡道于天目山狮子岩,取佛书"狮子吼"之意,故将禅林命名为狮子林,后易名为"菩提正宗寺""狮子林圣恩寺"。

(二)倪云林作图扬名

明洪武六年(1373),73岁的大书画家倪瓒(号云林)途经苏州,应方丈之邀曾参与造园,并题诗作画(绘有《狮子林图》),使狮子林名声大振,成为佛家讲经说法和文人赋诗作画之胜地。

(三)黄熙改称五松园

清乾隆初,寺园变为私产,与寺殿隔绝,名涉园,园主人黄熙高中状元后改称五松园。

(四)贝润生扩建祠堂花园

1917年,五松园为颜料买办商贝润生购得,经九年修建、扩建,仍名狮子林,园东为贝氏家祠、族学和住宅,园西为原花园。

二、狮子林的特色与魅力

(一)高僧留迹的禅意园林

元朝至正元年(1341),一位名叫惟则的高僧,应弟子之邀,来到苏州传禅。次年,弟子们为他买地筑屋,建造了一座禅林,这便是狮子林。"林"是禅宗丛林的省称,指寺院。尽管几经荣衰兴废,但是狮子林始终都保持了禅宗遗风。

在来到苏州之前,惟则高僧曾在浙江天目山的狮子岩修行二十余年,而惟则的师父中峰明本是在狮子岩得道的。狮子林以"狮子"命名,既表明了这座禅林与传禅基地狮子岩的联系,又寄托了禅僧们不忘师祖的情感。在佛门之中,由于杰出的僧人也被称为狮子,因此,不但高僧说法被称为"狮子吼",而且高僧的法座也被称为"狮子座"。由此可知,狮子林的名字更多反映的是禅门清规。园中多处皆出自禅宗典故,如"问梅阁""立雪堂"等。

(二)云林画本与假山王国

在狮子林创建的年月里,狮子林成了那些笃信禅宗的文人们前来谈禅访道的地方,留下不少诗画。其中,以元代著名画家倪云林所画的《狮子林图》影响最为深远,以至于后来,仍然有人将狮子林称为"云林遗韵"。倪云林所画的《狮子林图》,经过辗转流传,最后传入宫中,并深得康熙和乾隆两位皇帝的喜爱。乾隆皇帝自第二次南巡起,每次南下,都必游狮子林。

狮子林最引人瞩目的还在于它拥有一片奇秀幽趣、嶙峋多姿的太湖石假山群,有"假山王国"之誉。主假山(旱假山)区、岛上假山(水假山)区、南部假山区(以上三区统称为主假山)历史久远,迄今已有六百多年。西部假山(土山)、真趣亭旁假山片、黄石假山片(小赤壁),系1918年最后一位园主贝仁元扩建时所为。狮子林假山是中国园林大规模假山的仅存者,具有重要的历史

价值和艺术价值。

任务 5.2 "狮子林大门—贝家祠堂"的导游讲解

 知识讲解

一、"狮子林大门"的导游讲解

入口大门上的"狮子林"三个字为清代乾隆皇帝御笔亲题,东面砖额上书写为"师子林"而非"狮子林",是因为古时中国最初无狮子,东汉时才由西域传入,因狮子为佛教圣物,故翻译经书的人为表虔诚写作"师子",梁代才改写为"狮子"。

二、"贝家祠堂"的导游讲解

(一) 门厅

门厅面阔 20 米,中有将军门,两旁置有抱鼓石,石上有"狮子戏绣球"和"刘海钓金蟾"的浮雕。大门上方悬挂红底金字的乾隆"狮子林"御匾。

进了高达 94 厘米的门槛,便是轿厅,两边为轿夫歇脚的长凳。

(二) 祠堂屋顶

祠堂是供奉、祭祀祖先,族人聚会的地方,在屋顶上有福、禄、寿三位神仙和一个小孩的塑像,表明了园主希望他的子孙后代能够光宗耀祖。

(三) 祠堂前回廊

走廊的木栏杆上雕有牡丹、凤凰及寿字图案,上面有带花瓶与贝叶图案的挂屏。贝叶是书写佛经时用的,既反映了狮子林是禅宗修学悟道的地方,又有另一层纪念意义,即狮子林的最后一位园主姓贝。两边的砖额上有"敦宗""睦族"的刻字,表示家族和睦。

(四) 贝家祠堂

中间就是贝家祠堂。正中的一块匾上有苏州名家顾廷龙手书的"云林逸韵"四个字,是赞扬狮子林的设计者之一倪云林的设计有虚静清逸的韵味。

任务 5.3 "燕誉堂—九狮峰"的导游讲解

 知识讲解

一、"燕誉堂"的导游讲解

"燕誉"出自《诗经》里"式燕且誉,好尔无射"。"燕"意为安闲,亦通宴,"誉"通豫,意为欢乐,合起来就是安详、快乐的意思。门前有花街铺地,中间是一个"寿"字,边上是五只蝙蝠,取"五福捧寿"的意思,说明园主希望他和他的家族长寿、康宁、快乐。

燕誉堂的建筑是苏州园林中著名的鸳鸯厅。前面称为厅,后面称为堂。前厅接待贵宾或男宾,后堂是女眷聚会的场所。厅堂在建筑风格上有所不同,一定程度上体现了男尊女卑的封建思想。

二、"小方厅"的导游讲解

小方厅,因厅堂方正而得名。请看两边的大型空窗,东窗外是素芯蜡梅,西窗外是城市山林,两幅框景如两幅山水画,尽显造园主人的匠心,可谓意境深远。

三、"九狮峰"的导游讲解

由湖石假山堆砌成的九狮峰,位于小方厅北亭院的花坛内,形态俯仰多变,气势雄伟。细心寻找,会发现不同形态的九只狮子憨态可掬,天真可爱。九狮峰是用若干块湖石镶嵌接叠的,没有斧凿痕迹,叠石技艺相当高超。峰后墙上有四扇漏窗,分别雕镂着琴棋书画的图案。

原创导游词赏析

燕誉堂

我们今天来到的是苏州四大名园之一——狮子林。它的前身是一个寺观园林,后来成为私家园林,而他的最后一位主人贝润生是一个富商,所以风格上与苏州其他的文人园林有一些区别。我们就从眼前的狮子林的主体建筑——燕誉堂说起。

先来看看厅堂前的小院。院中地面有鹅卵石组成的精美铺地。大家看,正中是一个"寿"字,四周是蝙蝠图案,蝙蝠的"蝠"与福气的"福"谐音,因而可以代表"福"。这里有五只蝙蝠,所以这幅铺地被称为"五福捧寿"。据说人一生中有五种福气:第一是长寿,第二是富裕,第三是康宁,第四是善德,第五是善终。也就是五福寿为先,然后通过劳动取得财富,拥有健康和安宁的环境,在生活中多做好事积点善德,无病无痛地寿终正寝,这种说法体现出一种美好的世俗愿望。再请大家注意下,院中的石阶也很特别,它整体像一朵云,仔细看,会发现是用一块太湖石做成的不是很明显的三层落差阶梯。假如你只用了一步跨过,意味着你今后将会"一步登天",两步的话,就是步步高升,三步就是"平步青云",大家可以试一下,你需要几步呢?

再来看厅堂。燕誉堂是狮子林中很有特色的一个厅堂。燕誉,取自《诗经》当中的"式燕且誉,好尔无射"。"燕"与"宴会"的"宴"相通,意思是宴请宾客的安乐之所。中间的屏风把厅堂分为了南北两个厅。北面悬有"绿玉青瑶之馆"的匾额,绿玉和青瑶都是美玉,主人用玉名来寓意吉利富贵。从建筑角度来看,燕誉堂是一个鸳鸯厅。在苏州常常会把长得像又有所区别的一对东西称为鸳鸯。比如在苏州方言中,"一双鸳鸯袜子"就是说两只不一样的袜子。那么在同一屋顶下分隔出的两个厅,其装饰或功能有所区别的就称为鸳鸯厅。我们来看看两厅的装饰到底有什么不同,请大家跟我一起站在中间落地光罩处,在这个位置,我们两边都可以看到。从上往下看,我们做个对比,朝南的这边是雕有花纹的方形梁,而朝北的这边的梁是圆形的且没有雕刻。继续往下看,南面墙上是白窗,有大理石挂屏,北面墙上是花窗,挂有字画。两厅摆设的苏式家具也有很大区别,一边豪华,一边简陋。我们再来看旁边的落地窗,南面是透明的,采光很好,我们还可以看到院中的景色,院中有一个花坛,内有湖石、两棵玉兰树等,大家如果把这堵白墙想象成为白纸,那植物石笋就是图画中的内容了,当主人站在落地窗旁,眼前就是一幅水墨画;而北边是园主人贝润生装上的彩色玻璃花窗,光线较暗也看不见外面的景色。我们一做对比,自然就会发现南边这个厅比北边这个厅更精致豪华些,所以在接待宾客的时候,身份地位高的客人坐南面而身份地位低的则坐北面,这是封建等级思想的体现,最典型的就是男尊女卑了,当男女同处这一厅堂时,一般南面就是男主人招待男宾的地方,而女主人就在背面的绿玉青瑶之馆招待女宾。

让我们在燕誉堂这里体会一下园主人过着富足的家庭生活时的那种安逸与满足,您是否也觉得"好而无射"呢?

(江苏联合职业技术学院苏州旅游与财经分院　王莉丽)

任务5.4 "揖峰指柏轩—真趣亭"的导游讲解与服务

知识讲解

一、"揖峰指柏轩"的导游讲解

揖峰指柏轩曾经是僧人讲经说法的地方。厅堂上方悬挂着"揖峰指柏"匾,"指柏"指的是禅宗论经指柏一事。唐代禅师从谂在传授禅教宗义时,不论弟子问他什么,他总是回答一句话:"庭前柏树子",意思是要参禅者从玄妙的暗示中自行体会。

贝氏翻建后,指柏轩也是贝家亲属们聚会的地方。屏门后有楼梯,于楼上倚窗眺望,可见奇峰林立。"揖峰"便是取自宋代书画家米芾见石峰作揖的典故。

二、"假山王国"的导游讲解

眼前的这座假山峰是目前古典园林中最著名的湖石假山,其中有四条山道,互相缠绕,错综复杂,当年乾隆皇帝在其中转了两个时辰也没转出去。清代学者俞樾赞誉狮子林"五复五反看不足,九上九下游未全"。当代园林专家童俊评述狮子林假山"盘环曲折,登降不遑,丘壑宛转,迷似回文"。

假山里面还有一个棋盘洞,传说是吕洞宾和铁拐李下棋的地方。假山峰上有"含晖""吐月"等名石。卧云室坐落在假山丛中,为旧时和尚坐禅处。

三、"花篮厅"的导游讲解

花篮厅面水而筑,前有平台。厅南14扇落地长窗,刻有唐诗各一首,厅北6扇长窗均刻有山水人物故事。厅内步柱不落地,柱端雕刻成花篮形状,故名曰"花篮厅"。厅中间设屏门4扇,南刻松寿图,表达了主人家健康、长寿的美好愿望;北雕王同愈撰汉代仲长统《乐志论》。此外,"水殿风来"的隶书横匾,还点出了这里是夏天赏荷的好地方。

1945年,此厅曾经举行过日军的受降仪式。

四、"真趣亭"的导游讲解

真趣亭因乾隆皇帝亲笔御题的"真趣"二字而得名。关于"真趣"二字,这其中还有一个故事:当年,乾隆游园,见狮子林里假山石形态各异,十分有趣,就亲笔御题了"真有趣"三个字。接驾的状元黄熙,觉得其中的"有"字太俗,就请皇上恩赐"有"字给他,而留下了"真趣"二字,所以现在看到的匾额上只有"真趣"两个字。

由于是皇帝亲临之地,亭内装饰金碧辉煌,绘有凤穿牡丹图案,雍容华贵。亭上还装饰有"秀

才帽"的装饰,寓意深远,暗指"秀才本是宰相苗"。园主人意在教育子孙后代发愤学习,期望子孙有朝一日金榜题名。

"假山王国"的导游服务

许多导游到"假山王国"这里便安排游客自由活动,以满足游客攀爬假山的兴致,但请注意:第一,要提醒游客集合的时间、地点;第二,假山面积大,通道窄,出口多,又靠近水池,要注意安全,可沿一个方向走,这样比较省时省力。

任务5.5 "暗香疏影楼—立雪堂"的导游讲解

一、"暗香疏影楼"的导游讲解

暗香疏影楼取"疏影横斜水清浅,暗香浮动月黄昏"的诗意得名,指代周围种有梅花。楼依湖而建,底层为通道。二楼南面可欣赏到大部分园景。

二、"问梅阁"的导游讲解

问梅阁是西部园景的主体建筑,筑于土山之上,阁前遍植梅树。阁中桌椅、吊顶都是梅花形,窗纹用冰梅纹,书画内容亦与梅有关。

"问梅"的含义,源于王维的《杂诗》:"君自故乡来,应知故乡事。来日绮窗前,寒梅著花未?"另有禅宗公案里马祖问梅的故事。禅师马祖派人去余姚大梅山测试弟子法常,并向法常带去了这样的问话:"大师近来佛法有变,以前说即心即佛,现在说非心非佛,不知你怎么看?"法常答道:"这老汉是在迷惑人,他说他的非心非佛,我只管即心即佛。"马祖听了以后,认为法常对于自己的信仰已经十分坚定,便对众人说:"梅子熟了。"

三、"文天祥诗碑亭"的导游讲解

文天祥诗碑亭又名正气亭,亭内碑刻是文天祥狂草手迹《梅花》诗:"静虚群动息,身雅一心清。春色凭谁记,梅花插座瓶。"此诗借梅咏怀,体现了文天祥正气凛然的高尚情操。

四、"立雪堂"的导游讲解

（一）立雪堂

在立雪堂有一个典故,说的是北宋时期,游酢和杨时二人冒雪在门外候见堂内的程颐老师,以表明虚心好学,所以又叫程门立雪。这充分体现了园主旨在宣扬尊师重教的思想。其实立雪堂的来历,也源于一则著名的禅宗故事。禅宗二祖慧可初次参见达摩时,达摩不肯收他为徒,此时正值天降大雪,于是对其说"雪红传禅",慧可为表决心便拿出随身戒刀断己左臂,然后又抄起一捧红雪,对祖师说道:"天降红雪了。"于是得传衣钵。

（二）庭院湖石

庭院中的三块湖石分别像螃蟹、牛和狮子。这一组湖石名称叫作"狮子静观牛吃蟹"。这是园主为了暗示一种禅宗教义,为人处世不要太认真,糊涂一点为好,而"牛吃蟹"也是反映了一种马马虎虎的意思。湖石金蟾只有三只脚,据说它本来在刘海身边,是乘刘不注意的时候逃出来的,刘海后来知道它躲在了贝家园林的一口井里,便用金钱串成钓竿把它钓了上来。从此,金蟾的真身回到了刘海的身边,而肉身却留在了贝家,成了贝家的族标。

 导游职业能力测试

⊙ **知识问答**

(1) 请说出狮子林的园名是什么意思。
(2) 狮子林与禅宗公案相关的景点是哪几处?说说其禅宗典故和意义。
(3) 请解释燕誉堂的含义。
(4) 真趣亭有什么典故?

⊙ **技能必备**

(1) 能够对狮子林的概况进行2分钟左右的导游讲解。
(2) 能够对狮子林的主要景点——燕誉堂进行3分钟左右的导游讲解。

⊙ **技能拓展**

以狮子林的禅宗背景为切入点,创作一篇讲解时间为3~5分钟的导游词,下节课按小组进行汇报讲解。

任务6 网师园的导游讲解与服务

 课前准备

1. 通过网络查询,了解网师园的历史演变过程,熟悉网师园的景观特色与艺术魅力;
2. 熟悉网师园的游览路线。

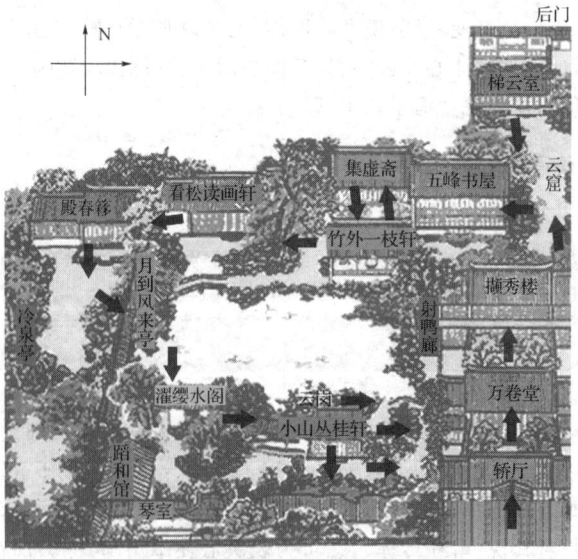

网师园游览路线示意图

轿厅→万卷堂→撷秀楼→梯云室→五峰书屋→集虚斋→竹外一枝轩、射鸭廊→看松读画轩→殿春簃→月到风来亭→濯缨水阁→云岗→引静桥→小山丛桂轩

任务导入

苏州园林众多,网师园占地面积只有8亩多,如此小的一个园林,又建在苏州城南非常窄的一条巷子里,似乎毫不起眼,那么它又有何特殊之处值得称道呢?

任务6.1　网师园沿途的导游讲解

知识讲解

一、网师园的主要历史沿革

(一)史正志筑"万卷堂"

南宋淳熙年间(1174—1189),吏部侍郎史正志(扬州人),在朝中身为大臣,面对南侵的金兵,一味贪生求和被罢了官,流落到苏州,于1174年请人建了一座宅园,自誉藏万卷书,取园名"万卷堂",并在大门对面造圃,意思是泛舟五湖,自号"渔隐"。

(二)宋宗元建"网师园"

清代乾隆中(1785年左右),光禄寺少卿宋宗元隐退,购万卷堂故址,重新规划布置。起名为网师园,自比渔人,号"网师"并以此为花园命名,一方面借史正志花圃"渔隐"的原义,亦有隐居自悔之意,另一方面因为园旁边有巷名王思,取其谐音罢了。

(三)瞿远村奠定现在布局

乾隆末年(1795),太仓富商瞿远村买下此园,添筑梅花铁石山房、小山丛桂轩、濯缨水阁、蹈和馆、月到风来亭、云岗、竹外一枝轩、集虚斋等建筑,遂成现在布局的基础,由于园主瞿姓,故又称"瞿园",亦称"蘧园"。

(四)清朝末期主人更迭频繁

同治年间,网师园为江苏按察使李鸿裔所有,更名为"苏邻小筑"。光绪二十二年(1896),李鸿裔嗣子少眉增建撷秀楼。

光绪三十三年(1907),园归清光绪朝将军达桂。

辛亥革命后,东北军阀张作霖以30万两银子从达桂手中购得此园,民国六年(1917),赠予其师张锡銮作为庆寿大礼,易名"逸园",又称"张家花园",筑琳琅馆、道古轩、殿春簃、箩月亭诸胜。

1940年,书画文物鉴赏家和收藏家何亚农买下这座园林,复用"网师园"旧名。

(五)1949年后修复开放

1950年,何亚农后人将网师园捐献给国家。

1958年,苏州市园林管理处对网师园进行全面整修,扩建了梯云室,增修了涵碧泉、冷泉亭,使住宅园林修葺一新。1958年10月,网师园正式对外开放。

二、网师园的特色与魅力

(一)小园极则

园占地只有8亩多,但麻雀虽小,五脏俱全。全园分为住宅、花园、园中园三部分,且叠山、理水、建筑布局、花木配置无一不精。陈从周教授在《中国名园》一文中称"网师园是造园家推崇的

小园典范"。曾被德国政府授予联邦德国大十字勋章的德国著名园艺家、鉴赏家玛丽安娜·鲍榭蒂女士在其《中国园林》一书中指出："我觉得网师园是苏州最体面雅致、最完整的私家园林。"

（二）享誉世界

1978年春，纽约大都会艺术博物馆友好人士来苏州参观，他们对网师园的殿春簃赞叹不已，决定仿照殿春簃建造一座古典庭院。由于是按明代建筑艺术特色设计建成，因此定名为明轩。明轩于1979年10月下旬动工，1980年4月竣工。明轩全长30米，宽13.5米，四周是7米高的封闭山墙。网师园开中国园林艺术走出国门之先河。1997年，网师园被联合国教科文组织列入《世界遗产名录》。

任务6.2 "网师园大门—轿厅"的导游讲解

 知识讲解

一、"网师园大门"的导游讲解

（一）大门

大门为两扇对开，下面是二尺五寸的高闸板，均涂上黑色油漆，大门两旁置抱鼓石，上面是狮子滚绣球浮雕，额枋上装有阀阅。这种装饰，体现了园主地位的显赫。

进入门厅，首先要经过可装可拔的门槛，贵宾来了，仆人们忙忙碌碌地拔下门槛；贵宾走了，又忙忙碌碌地装上，反映的是封建门第等级制度。

（二）大门庭院

左右各植盘槐一株，象征"槐门"。东西设有巷门，东侧还设便门，前有照壁，壁间设栓马环成行。

二、"轿厅"的导游讲解

（一）轿厅布置

门厅即轿厅，是旧时停放轿子的地方。进门后，厅内左右安放着两条长长的赖凳，轿厅旧时是宾客主人落轿的地方，一般接待时也可在此小坐待茶，所以轿厅俗称茶厅。在该厅的东侧，有一座轿子，它是由红木和竹子做成的，轿子上有很多蝙蝠的图案，象征很多福气。轿厅后顶部有砖砌家堂，以供奉祖先牌位，砖雕已有七百年历史。轿厅两边有两个小天井，江南俗称"蟹眼天井"，因其形状像螃蟹的眼睛得名。

（二）匾额与屏风

厅正中悬有"清能早达"匾额，这是苏州现代著名书画家张辛稼书写的。"清能"是指为政清廉，德才兼备；"早达"指早年发达。下方是网师园全景漆雕屏风。

任务 6.3 "万卷堂—梯云室"的导游讲解与服务

知识讲解

一、"万卷堂"的导游讲解

万卷堂又称积善堂,厅正中高悬着明朝"四大才子"之一文征明所书的"万卷堂"匾额。主人不愧是书香门第,自喻藏万卷书,两旁挂着张辛稼的对联"紫苜夜湿千山雨,铁甲春生万壑雪"。这里是园主人宴请和接待宾客的场所。中间置铜鼓一只,作装饰用。

二、"砖雕门楼"的导游讲解

大厅南面正对一座雕镂精致、巧夺天工的砖刻门楼,这座门楼制作于乾隆年间,高约 6 米,幅宽 3.2 米,厚 1 米,被誉为"江南第一门楼"。门楼上部是蔓草图案,人们寄予它茂盛、长久的吉祥寓意。门楼中间为字碑,刻有"藻耀高翔"四字。"藻"是水草的意思,"藻耀"指文采华丽,"高翔"是展翅高飞的意思。两侧兜肚,左侧刻有郭子仪上寿立体戏文图。郭子仪活了八十四岁,八个儿子、七个女婿都是朝中命官,可谓大贤大德,这幅郭子仪上寿砖刻即表示"福寿双全"之意。左侧刻有周文王访贤立体戏文图。文王以大德著称,姜子牙以大贤著名,文王访贤即用来比喻德贤齐备。这一层周围还有一圈微缩栏杆,好像古时戏台上的栏杆。下面是蝙蝠图案,两侧为狮子滚球及花卉图案,中有三个"寿"字,象征福禄寿三星高照。

三、"撷秀楼"的导游讲解

穿过大厅是面宽五间带厢内厅,俗称女厅,名曰"撷秀楼",匾额为晚清著名学者俞樾所写。撷是采撷、撷取的意思,撷秀就是揽取秀色之意。楼前天井东西对植桂花二株,东为金桂,西为银桂。女厅是晚清光绪二十二年(1896)建造的,它体量小,楼不高,是住宅的后厅,园主起居之所,后通小花园,是一个比较含蓄、舒适、自在的生活环境,这里的陈设富有旧时女眷活动的特色。

四、"梯云室"的导游讲解

梯云之意,取自唐张读《宣室志》中所载周生八月中秋以绳为梯、云中取月的故事。梯云室庭前西墙有一座湖石叠成的峰洞假山,是用云头皴手法堆叠而成,有登道曲折而上,可以通往书楼。这里是借梯云取月之意。此室是二层楼建筑,原是园主子女的内室。轩内当中有一座落地飞罩,雕刻双面鹊梅图,寓意喜上眉(梅)梢。院中有荷花和渔网的图案的铺地。另有蝙蝠和松鹤的图案,寓意幸福长寿。

服务小贴士

"梯云室"的导游服务

游览完网师园的住宅区,再往北走可出网师园北门至苏州十全街上,导游可提醒游客如无须出门可回行至西面五峰书屋,此处有茶室和卫生间。

网师园砖雕门楼

各位游客,我们眼前的这座门楼,被誉为"江南第一门楼"。历经了三百多年的沧桑,门楼依然保存得非常完好。这座砖雕门楼大约6米高,3.2米宽,1米厚,是徽派建筑的典型代表。我们看它的砖雕部分,大致可以分为四层。

最上面一层有六组斗拱,和两边的昂嘴组合在一起,形成了六个大大的"寿"字。

第二层是蔓草图,蔓草枝繁叶茂,连绵不断,象征着昌盛、久远。两侧垂柱上,雕着精美的花篮头、狮子滚绣球和二龙戏珠的图案。

最具精华的部分集中在第三层,匾额上赫然书写着"藻耀高翔"四个大字,这是出自《文心雕龙·风骨》中的"唯藻耀而高翔,固文笔之鸣凤也",意思是文章有好文采就如同鸣凤高翔。主人以此激励儿孙们要刻苦学习,仕途展翅,体现了"学而优则仕"的中国传统教育的理念。

再来看两侧的透雕。东边是文王访贤图。你们看,文王单膝下跪,而姜子牙则长须飘飘,在渭河边钓鱼,一副愿者上钩的姿态。西边是"郭子仪上寿"图。郭子仪是唐代的重臣名将,他有八个儿子、七个女婿,都在朝中做官,图中,子孙后辈正在为他做寿,真可谓是福禄寿三全。

这里还有这么一个细节值得我们来关注,大家跟我再走近些,你们看,这两幅透雕的下面,还有几根小柱子,这是什么呢?原来它们是戏台前的栏杆!有了这些栏杆,我们就可以把这些透雕看作是微缩版的戏台,台上正上演着精彩的戏文,是不是别有一番风趣?

如果说第三层是雅韵传唱,那么,第四层则是俗文化的展示。

最下面的这一层,中间有三个圆形的"寿"字,"寿"字的周围,有很多蝙蝠和云朵的图案。"蝙蝠"的"蝠"与"福"同音,象征着"福"。云朵则寓意平步青云,高官厚禄。这样,又是一个福禄寿三全了。

明清时期,徽商鼎盛,身影遍布大江南北。徽派建筑随着徽商的脚步,影响到各地,成为当时的主流时尚,网师园门楼上精美的砖雕艺术,就是徽派砖雕发展到了极致的作品。

在这些砖雕中,我们可以看到,徽派砖雕经历平雕、浮雕,到这里,发展为镂雕和透空雕。在这座门楼上,几乎汇聚了所有类型的雕刻手法。徽派建筑的砖雕技艺和吴地人精细、高品位的文化追求相融合;俗文化中的福禄寿传统祝愿和吴地文化人高雅的志趣相融合,再加上戏曲文化的渗透,集中反映在这网师园的门楼上,成就了徽派砖雕的最高境界。吴地文化和民间艺术的灿烂光芒在这里也显得格外耀眼。

最后,我们再来欣赏一下眼前的这座砖雕门楼,在这蘸着水磨出来的清水砖上,透着灰的色彩。灰是一种从来也不显得新,永远也不会旧的色彩,正是这种不张扬、不起眼的色调,向人们款款地诉说着吴地文化黑与白之间苍苍莽莽的永恒。

(江苏联合职业技术学院苏州旅游与财经分院　李慧)

任务 6.4 "五峰书屋—竹外一枝轩"的导游讲解

知识讲解

一、"五峰书屋"的导游讲解

此处为南宋园主史正志的万卷堂故址，书屋面阔五间，旧时为园主藏书读书处，楼上为读画楼。该屋前后均有庭院，门前院中叠放了一座造型奇特的湖石假山，书屋的名字取李白诗句"庐山东南五老峰，青天削出金芙蓉"之意。

二、"集虚斋"的导游讲解

五峰书屋西边紧挨着的便是三开间的楼堂，取名"集虚斋"，这里是园主修心养性的场所。"集虚"极富道家思想色彩，其出自《庄子·人间世》的"惟道集虚。虚者，心斋也"，"虚"指心中澄澈明朗的境界，"心斋"为养心之所。这里园主人借"集虚"二字来表明自己与世无涉的清高和向往渔樵隐居之乐的志趣。

三、"竹外一枝轩"的导游讲解

（一）"竹外一枝轩"

竹外一枝轩原为园主子女读书写字的地方，在此读书，白天可见缥缈云彩，夜间则见秀美的月亮。轩名取自宋代苏轼"江头千树春欲暗，竹外一枝斜更好"之诗意，"一枝"指梅花，"暗"指枝叶茂盛。

（二）半亭"射鸭廊"

竹外一枝轩旁是水阁式建筑半亭射鸭廊，它取自唐代诗人王建"新教内人唯射鸭，长随天子苑东游"的诗意。斗鸭、射鸭是古代宫苑中的嬉戏之事，盛行上千年。这里借指园主人邀请诗友品茗雅集之处。

任务 6.5 "看松读画轩—殿春簃"的导游讲解与服务

知识讲解

一、"看松读画轩"的导游讲解

（一）轩内

看松读画轩为冬景所在，在网师园众多亭榭轩阁中有其独特的意趣。看松读画轩内的家具一律为明式风格，由红木制成，造型简洁大方，色泽素雅。再看该轩和庭柱有一副叠字抱柱联："风风雨雨暖暖寒寒处处寻寻觅觅，莺莺燕燕花花叶叶卿卿暮暮朝朝"，上联意思是风吹落叶，雨打芭蕉，春暖冬寒之际皆有无限之景，可让人去寻幽觅芳；下联意思是在此尽可花前月下，卿卿我我。全联从正面、侧面共同描绘出看松读画轩前四季明媚秀丽的风光。

（二）轩外

轩前两棵古木，一为白皮松，已有两百余年历史；二为古柏，相传是南宋万卷堂园主史正志手

植,至今已有八百多年历史,为园中最古、最高的大树,其树梢已枯,中侧枝垂挂干上,依然苍翠。轩内两旁的几案上有两段高约二尺、直径一尺多的灰色柱形圆石,为硅化木。这是一种一亿五千万年以前,陆地上广泛分布的常绿乔木的化石,这种历经亿万年的硅化木化石,成为时代永久的象征,封建统治者把它看作政权万世稳固的象征,人民群众则把它视为坚贞不屈精神的化身。

二、"殿春簃"的导游讲解

(一)"潭西渔隐"

从主园曲桥朝西走,有一小门,上有砖额"潭西渔隐"。"潭西"即地西,"渔隐"是史正志万卷堂的旧号。

(二)殿春簃

穿过小门是一处书房庭院,为园主子女读书处,名殿春簃,又称内园。"殿春"出自苏东坡诗句"尚留芍药殿春风"。小院曾是芍药圃。"殿春"指春末,"簃"指阁楼旁的小屋。园中有精雅书房两间,为旧时书斋。殿春簃是园内听曲的好地方。

(三)涵碧泉

小院西南为涵碧泉,泉名取自宋朝朱熹诗"一水方涵碧"之意。

(四)冷泉亭

泉北有半亭,因旁边有涵碧泉而得名,亭中一块巨大的灵璧石,因颜色乌灰,像展翅欲飞的苍鹰,俗称"鹰石",相传此石原为明代江南才子唐伯虎遗物。

(五)"先仲兄所豢虎儿之墓"碑

1932年,国画大师张善子、张大千寓居殿春簃,张善子养乳虎作临本,名虎儿。后来虎儿病死,葬于园中。张大千特地题写"先仲兄所豢虎儿之墓",从台湾寄来大陆。网师园将其勒碑留念。

服务小贴士

"殿春簃"的导游服务

在殿春簃,"先仲兄所豢虎儿之墓"碑在书房外西墙角落中,不太容易发现,导游可指点游客。

任务6.6 "月到风来亭—小山丛桂轩"的导游讲解

知识讲解

一、"月到风来亭"的导游讲解

亭在园内彩霞池西,六角攒尖形,三面临水。底部以黄石堆砌了三个石洞,亭内设"鹅颈靠",供人休息。亭心直径3.5米,高5米余,戗角高翘,黛瓦覆盖。亭内天花板上悬一盏红木宫灯,亭中立着一面大镜。亭内悬挂"月到风来亭"篆体匾额,取自宋人邵雍诗句:"月到天心处,风来水面时"。每到农历八月十五,这里可作为中秋赏月佳处。

二、"樵风径"的导游讲解

连接着月到风来亭,有一条南北向高低蜿蜒的爬山廊,廊壁间嵌砖额为"樵风径","樵风",即采薪归来乘着顺风,"径"寓隐居之意。廊壁嵌有十块书条石。

三、"濯缨水阁"的导游讲解

水阁歇山卷棚,坐南朝北,高架水上,为夏日景点。以"濯缨"命名,突出"渔隐"的主题,取《楚辞·渔父》"沧浪之水清兮可以濯我缨,沧浪之水浊兮可以濯我足"之意,园主人用"濯缨"表示自己避世隐居或清高自守之意。濯缨水阁内有一副对联,"禹寸陶分,曾三颜四",为郑板桥所写,引自四个典故:古代大禹对一寸光阴的珍惜,东晋陶侃勤奋谦逊的学习态度,曾子每天自我反省的精神,颜子不听不为不符合法制规范和道德准则的言论。

四、"云岗"的导游讲解

从濯缨水阁往东走,便是黄石叠砌的云岗,它山体高俊、古朴、自然,造园家借鉴国画山水画中云岗山体的趣味,刻意表现其矗立于天池之畔,云雾缭绕的情趣。环山有石径,后山有蹬道可供登高,山上有青枫、玉兰。

五、"引静桥"的导游讲解

引静桥是苏州最小据说也是全国最小的石拱桥,俗称小拱桥,誉称袖珍小桥。游人过桥三步便成,所以又叫三步桥。桥长 2.45 米,宽 0.92 米,用花岩石砌筑,两侧配有石栏,东西各 5 个台阶,桥面中心有牡丹图案,架于池东南水涧之上,下设东台阶,是一个 1 平方米大小的篆体"寿"字,寓意走过小桥,健康长寿。此桥是南宋遗物,桥旁闸门上方有一块立石,上刻"待潮"篆字,水洞两侧嵌有宋代石刻"磐涧"二字。

六、"小山丛桂轩"的导游讲解

小山丛桂轩,背对小山云岗,上植丛桂,秋时浓香四溢,旧时为园主花厅,供生活起居兼会客之用。北周文学家庾信《枯树赋》中有"小山则丛桂留人"句,此处意境颇符,故以"小山丛桂"命名,寓款留宾客之意。

 导游职业能力测试

⦿ 知识问答

(1) 请说出网师园的园名是什么意思。
(2) 网师园为什么在欧美游客中名气和口碑很好?
(3) 砖雕门楼为何被称为"江南第一门楼"?
(4) 殿春簃被哪个国家哪个博物馆仿建?

⦿ 技能必备

(1) 能够对网师园的概况进行 1 分钟左右的导游讲解。
(2) 能够对网师园中的"江南第一门楼"进行 3 分钟左右的导游讲解。

⦿ 技能拓展

以网师园的中部水池为例,对其理水手法进行分析,并说说其特殊之处,下节课按小组进行汇报讲解。

下江南:华东线导游

任务7 寒山寺的导游讲解与服务

1. 通过网络查询,了解寒山寺的历史背景,熟悉寒山寺的几个景区的分布;
2. 熟悉寒山寺的游览路线。

寒山寺游览路线示意图

山门→天王殿→罗汉堂→大雄宝殿→藏经楼→钟楼→塔院→碑廊

苏州寺观众多,寒山寺凭什么在众多寺庙中脱颖而出呢?

来寒山寺的外国游客众多,其中又为何以日本游客为数最多呢?

任务7.1 寒山寺沿途导游讲解

知识讲解

一、寒山寺的主要历史沿革

（一）梁代的"妙利普明塔院"

寒山寺始建于南朝梁武帝天监年间(502—519),距今已有一千四百多年的历史。

传说普明禅师圆寂后归葬枫桥,佛门建造灵塔以志纪念,称为"妙利普明塔院"。

（二）唐代更名为"寒山寺"

唐代贞观年间(627—649),浙江天台诗僧寒山曾住于此,为纪念寒山这位高僧,改寺名为寒山寺。

宋代更名为普明禅院及枫桥寺。

（三）元明至今沿用"寒山寺"

从姚广孝《寒山寺重兴记》可知，最晚从明代永乐三年（1405）起，寒山寺"方丈则设寒、拾、丰干之像，不敢忘其所自也"。

1980年，寒山寺被批准为首批全国重点开放寺院之一。

二、寒山寺的特色与魅力

（一）寒拾遗踪

唐代时，寒山、拾得两位高僧到此，后人为纪念寒山，改寺名为寒山寺。寒山确有其人，是唐朝诗僧，曾往国清寺，与丰干、拾得两位国清寺僧交好，著有《寒山子诗集》留世。佛门弟子一直认为，寒山、拾得分别是文殊、普贤两位菩萨转世的高僧，并把他们神化为我国的"和合二仙"，成为人们喜闻乐见的神仙。清代雍正皇帝敕封寒山为"和圣"、拾得为"合圣"。

（二）诗韵悠悠

唐代诗人张继的《枫桥夜泊》诗，更是使寒山寺家喻户晓。该诗不但在我国流传极广，而且很早就传到了东邻日本，清代著名学者俞樾在《重修寒山诗记》一文中说过："其国三尺之童无不能诵是诗者。"在东南亚、欧美，这些诗句也很受青睐。

（三）古刹钟声

寒山寺的钟声不但有悠久的文化历史内涵，还有奇妙的功能，这功能可用"闻钟声，烦恼清，智慧长，菩提生"这12个字来概括。菩提，在梵文中意为"觉悟""大彻大悟"。

（四）交往纽带

据民间传说，当年拾得和尚乘了寒山寺里的一口钟，漂洋过海到过日本一个名叫萨堤的地方，传播佛学和中国文化。这个故事曾以连环画的艺术形式在日本的1989年第4期《中国医报》杂志上登载，题为"寒山寺钟声"，由此，更使寒山寺多了一个动人的中日友好话题。而民间相传，张继诗中涉及的钟，历经沧桑，在明末流入日本。清末，日本山田寒山先生四处探寻，欲将此钟归还原主，但终无下落，便募捐集资，铸一对青铜钟，一送寒山寺，一留日本馆山寺。

任务7.2 "五古"与"山门"的导游讲解

知识讲解

一、"五古"的导游讲解

（一）古运河

寒山寺旁的京杭大运河，促进了南北物资和文化交流，也给苏州的经济带来了繁荣。

（二）古镇

寒山寺所在的枫桥镇，位于运河边，往来的商船为枫桥镇带来了经济的繁华，使此地成为当时苏州的豆米集散地。如今此处依然为粉墙黛瓦的民居，一派姑苏水乡风光。

（三）古关

大运河和上塘河交汇处的铁铃关，建于1557年，为明代抗击倭寇的关隘。铁铃关城楼雄伟，是保卫明代苏州城的"外三关"之一。

（四）古桥

寒山寺西侧大运河上的江村桥和枫桥，诗人张继名句"江枫渔火对愁眠"中的"江枫"，就是指这两座桥。尤其是枫桥，位于铁铃关前，原名"封桥"，为闸口，后谐音改为"枫桥"。

（五）古寺

古寺指寒山寺。

二、山门的导游讲解

（一）照壁

墙上"寒山寺"三个大字为浙江东湖名士陶浚宣所写，字体古朴苍劲。

（二）山门

寒山寺的山门，即大门，是朝西的。为何朝西？德高望重的寒山寺老方丈性空法师曾指点迷津，他说过四个字："因地制宜。"隋代开的大运河，至唐宋之际日益繁忙。苏州是水乡，庙门朝西靠河边，便于路过的商贾、船民、农民、信徒乘船来此朝拜进香。再者，人们熟知唐玄奘西天取经的故事，西是佛祖居住地，西方又称极乐世界，光明圣洁，无一切烦恼，庙门朝西也表示崇敬向往佛国圣地，一举两得，何乐而不为！另外，按照五行学说，水能克火，山门朝西靠河，也可以大运河的水来克火。

任务7.3 "天王殿—大雄宝殿"的导游讲解

知识讲解

一、"天王殿"的导游讲解

迎着山门坐在佛龛中的那尊金装佛像是弥勒佛，佛像笑容可掬，袒胸露腹，笑迎客从四方来。佛像两旁的楹联写道："大肚鼓圆，能容天下难耐事；满腔欢喜，迎接世间有缘人。"佛像背后有一尊威风凛凛的将军像，面朝里，对着大雄宝殿，手拿金刚杵，那是护法韦驮。

二、"花坛"的导游讲解

向前走是寒山寺的主庭园，左侧的花坛两面嵌着两块长条石刻，一块为明代崇祯年间刻的"寒拾遗踪"；另一块为清末江苏巡抚程德全写的"妙利宗风"。八个遒劲漂亮的大字，简明扼要地点出了寒山寺一千四百八十多年来的历史。

三、"罗汉堂"的导游讲解

这里的五百尊罗汉，都是香樟木雕成的镀金罗汉，是清代雍正年间的文物。在罗汉堂中央，矗立着一尊观音铜像，高2.5米，重1.5吨，是由日本宗教画院、日本禅宗画家协会赠送的，于1995年落成。

四、"大雄宝殿"的导游讲解

（一）露台

在大雄宝殿花岗岩铺地的露台上可欣赏三件东西：一是露台的栏杆，均用汉白玉雕成，刻以莲花等花纹饰物。二是铁香炉,炉上刻有"大化陶熔"四个字,"大化"意为"佛的教化","陶"比喻造就、培养,"熔"可作熔铸金属或浇制成器具时用的模型解。综合四字就是,按佛教教义规范培养信徒,使顽者归化,脱胎换骨,暗示佛的神通广大。三是大殿前的一对石柱,称露盘,是和尚就餐前放饭盛水,以供所谓饿鬼食用的器具,反映佛教的慈悲为怀。

(二)大雄宝殿前部

"大雄"指的是释迦牟尼,意为像大勇士一样,一切无畏。宝殿正中坐在莲花上的就是佛教创始人释迦牟尼。佛祖左边站立的眉毛雪白的长者名叫迦叶,佛祖右边站立的年轻的僧人叫阿难,他们是如来的得力弟子。佛祖逝世后,迦叶在灵鹫山主持了佛教信徒第一次集会;阿难是佛祖的堂弟,聪明智慧,擅长记忆,跟随佛祖二十五年,把佛祖生前的话语写在贝叶树的叶子上,成为佛经。大雄宝殿两侧沿墙分列十八罗汉坐像,都是明代的铁铸金罗汉,是从山西五台山请来的。

(三)大雄宝殿后部

殿后右侧木架上挂着一口钟,左侧木架上放鼓,体现了出家人晨钟暮鼓的修炼生活,这里右侧悬挂着的钟,与众不同,这就是当年日本山田寒山送来的铜钟。该钟全名为仿唐青铜乳头钟。钟上的铭文全是汉字,为1905年的日本首相伊藤博文所写。钟右边墙嵌有清代佛教居士大鹤山人郑文焯画的指画"寒山子像"。特别值得一看的是背后正中墙上的寒山、拾得石刻像,为清代"扬州八怪"之一罗聘所画。寒山手指指地,笑口微开,拾得则袒胸笑颜,更逗人喜爱。石碑上方刻有诗篇,其中两句为:"我若欢颜少烦恼,世间烦恼变欢颜。"全篇内容都是劝人变烦恼为欢喜。

任务 7.4 "藏经楼—碑廊"的导游讲解与服务

一、"藏经楼"的导游讲解

远望藏经楼屋顶,可见唐僧、孙悟空等西天取经塑像群,楼上秘藏珍贵佛经,楼下叫"寒拾殿",为当时中国佛教协会赵朴初会长所写。这里供奉着真人大小的木质全身寒山、拾得雕像,寒山手持荷花,拾得捧着方棱圆口净瓶,一"荷"一"瓶",取其谐音"和平",意为和和气气,平平安安。清代雍正皇帝敕封寒山为"和圣",拾得为"合圣"。所以"和合二仙"就是寒山、拾得被人们神化后的代称。旧时举行婚礼时,喜堂内高挂和合神像,以图和气好合的好口彩和好气氛。也有在家里厅堂内常年悬挂的。寒拾殿后墙的背面立着一块巨碑,刻着千手千眼观音、韦驮和关公等人物。两壁墙上嵌书条数十方,上刻《金刚经》及诗词文章。

二、"钟楼"的导游讲解

著名的钟楼就在寒拾殿旁,楼上悬挂的铁钟外径达120厘米,铸于清光绪三十二年(1906)。1979年除夕夜,苏州举办首届除夕寒山寺听钟声活动,108声钟声就来自这里。至今,已连续举办30多届。除夕夜11点42分10秒,方丈在此钟楼上敲响第一声钟,此时万籁俱寂,人人心诚听梵音。当第108记钟声撞响时,正好是新年零点。苏州市市长年年在此致新年贺词,把听钟声活动推向了又一个高潮。寒山寺除夕听钟声活动已成为我国旅游界开拓最早、从未间断、影响深远、效益良好的特殊旅游项目。寒山寺的夜半钟声为何敲108下呢?原来,这一习俗在唐代就十分盛行。后来,随着中日文化交流,此风俗在日本流传至今。民间盛传:人生有108个烦恼,登寒山寺钟楼撞钟,或聆听钟声,便能消除烦恼,逢凶化吉。

三、"塔院"的导游讲解

寒山寺始建时就有塔,名叫妙利普明塔院,后毁于战火。此塔于1995年秋建成,1996年10月30日开光。塔为仿唐木结构楼阁式塔,五层,呈正方形,高42.2米,镀金的铜塔刹重12吨,高9.6米,金山灿烂,塔四周挂有108个风铃,塔内各层都有木梯供信徒和游人登临。

四、"碑廊"的导游讲解

(一)老碑廊

沿钟楼下的走廊、小道前行,即达老碑廊。碑廊中最具代表性的就是自古至今留下的《枫桥夜泊》诗碑,寺中《枫桥夜泊》诗碑到底有几块呢?很多,而且还在增加中,但是有"一诗六碑千古流芳"之说,也就是说其中有六块颇有来历。老碑廊里有一块碑为明代被称为诗、书、画"三绝"的巨匠文征明所写,因寺失火,已成残碑,虽剩下不到十字,但笔迹流畅秀劲。保存最为完好的,为清代俞樾所书,碑之拓片流传甚广,极为公众称颂。

另外,碑廊内与俞樾手书的碑相对而立的是康有为1920年在寒山寺题诗之碑,诗曰:"钟声已渡海云东,冷尽寒山古寺风。勿使丰干又饶舌,化人再到不空空。"碑廊内还陈列着明唐寅的《化钟疏》碑。

(二)新碑廊

新碑廊位于塔院四周。

寒山寺的《枫桥夜泊》诗碑,始出于北宋翰林学士、郇国公王珪(1019—1085)之手,早已失传。苏州碑刻博物馆于1996年重刻了王珪书写的《枫桥夜泊》诗碑。现立于塔旁新碑廊。

新碑廊内,一块为民国年间的国史馆馆长、与张继同名同姓的河北沧州人张继所书,不幸的是他于1947年12月14日书写,第二天便猝然逝世。这块堪称绝笔的诗碑保存较好,近年才陈列在普明塔院内。一块是1993年刻成、由革命先烈李大钊先生书写的诗碑。一块为大画家刘海粟86岁时所写。

 服务小贴士

"碑廊"的导游服务

寒山寺有新老两处碑廊。新碑廊在塔院,围绕普明宝塔四周;老碑廊在大雄宝殿南,需要回行一段,其中,俞樾的《枫桥夜泊》诗碑单独修了一块立在弘法堂东侧。新老碑廊两处都是历代游寒山寺的文人题写的相关诗、文拓成的碑,为寒山寺独特的文化瑰宝。导游在介绍的时候需要介绍一些代表性的石碑,因此要记住其位置和来历。

 原创导游词赏析

钟　楼
"月落乌啼霜满天,江枫渔火对愁眠。姑苏城外寒山寺,夜半钟声到客船。"

唐代诗人张继的这首《枫桥夜泊》，让寒山寺的钟声绵延千古，而我们接下来要游览的就是这钟声的源头——钟楼。我们可以看到这是一个两层建筑，二楼悬挂的是清代光绪年间所铸造的大钟。钟楼门上有一副对联："钟声明慧眼，月色照禅心"，意思是说寒山寺的钟声含有发人深省的禅意。说到钟声就又要说到诗人张继了。当年他在回乡途中泊于枫桥，满怀愁绪，夜不能寐，凌晨里却传来了寒山寺的钟声，这钟声驱散了江上的寒霜，也点亮了诗人心中的明灯，他顿时有感而发，写下了千古绝唱《枫桥夜泊》，所以《枫桥夜泊》诗和寒山寺之间的关系可以说是诗因寺成，寺因诗名。尽管寺庙几经兴废，但是古往今来，吟咏题写《枫桥夜泊》却从未间断，更让这寒山寺的钟声增添了穿越古今的悠悠诗韵。

在苏州地区，每年除夕夜，众多的中外游客会聚在寒山寺，参加寺里举行的听钟声活动，大钟在晚上11时42分10秒撞响，一共108下，当寒山寺方丈撞响最后一声时，正好是新年的零点。苏州城顿时沸腾了，人们在相互的喜悦祝福声中，共迎新年的到来。

那么为什么钟声要敲响108下呢？首先，因为一年有12个月，24个节气，72个候，这些数目相加正好为108。除夕夜敲108下钟声，寓意着一年的终结，有除旧迎新的意思。其次是佛教有"闻钟声，烦恼清，智慧长，菩提生"的说法，并认为人生有108个烦恼，因此听108声钟声，便可消除烦恼，得到层层解脱。

苏州寒山寺除夕听钟声活动自1979年开始举办，至今走过了38个年头，已经成了苏州旅游极具代表性的一个特殊旅游项目了。当苏州人聆听着祈福的新年钟声时，日本列岛的千家万户通过电波，也能同步听到寒山古刹的108声钟声。这是因为寒山寺的钟和日本颇有渊源，早年张继诗中的那口钟据说就是流入了日本，清末日本人山田寒山又重铸送来过一口钟，这一去一来，寒山寺的钟就成了中日交往的见证。如今寒山寺除夕听钟声活动，已经成为中日文化交流的桥梁，更成为中日两国人民之间和平的纽带。

寒山寺的钟声，能荡涤尘世的忧愁与烦恼，传递出当年张继对故乡亲人的深深思念和如今苏州人民对和平安宁的美好心愿。盛世鸣钟，但愿这寒山寺的钟声更响、更长、更广！

（江苏联合职业技术学院苏州旅游与财经分院　王莉丽）

任务 7.5 "弘法堂—大钟大碑园"的导游讲解

知识讲解

一、"弘法堂"的导游讲解

弘法堂里供着三尊铜像，正中为唐代高僧玄奘。右侧供奉的是另一位唐代高僧鉴真。鉴真像对面供奉的是日本高僧空海，为日本真言宗密教创始人，被誉为"日本的鉴真大师"。空海法师于852年去世，日本天皇追赐其"弘法大师"的谥号。

二、"大钟大碑园"的导游讲解

（一）大钟

从寒山寺宝塔往南，进入大钟大碑园，迎面是一座新建的大钟楼，钟楼高为28.9米，由台基、

主体建筑和宝顶三部分组成。世界第一大佛钟就悬挂在钟楼内。大钟正面是工整的"古寒山寺"四个大字,钟裙边上铸有九幅精美的飞天图及六铣口裙边,钟体上刻七万多字的《大乘妙法莲华经》一部。大钟重108吨,是根据佛门梵钟的特点,寓意为消除人生的108种烦恼,钟高8.608米,最大边直径为5.242米。整个钟体造型浩大、厚重、秀美,钟声悠扬动听,是一件反映中华梵钟文化的艺术珍品,这口大钟被上海大世界吉尼斯总部确定为世界上最大的佛钟。

(二) 大碑

出大钟楼往南60米,"中华第一诗碑"巍然屹立,大碑由碑帽、碑身和碑座三部分组成,总高15.855米。碑身的正面镌刻着俞樾手书的唐代张继《枫桥夜泊》诗文,背面则刻有清代乾隆皇帝御笔的《般若波罗蜜多心经》,与碑额的九龙纹饰天然合璧。大碑矗立在一个水池中,以寓意张继夜泊枫桥时,涟漪阵阵,渔火点点的情景。这块大碑也被上海大世界吉尼斯总部确定为世界上最大的诗碑。

 导游职业能力测试

◉ 知识问答

(1) 请说出寒山寺山门朝西的原因。
(2) 寒山寺的钟声敲响108下有什么含义?
(3) 来寒山寺的外国游客为何以日本游客为数最多呢?
(4)《枫桥夜泊》诗碑最有名的有几块?分别是谁题写的?

◉ 技能必备

(1) 能够对寒山寺的钟楼进行5分钟左右的导游讲解。
(2) 能够对寒山寺的碑廊进行5分钟左右的讲解。

◉ 技能拓展

从老年团、学生团、商务团中选择其一作为你所带领的旅游团,对大雄宝殿进行5分钟左右的导游讲解,下节课按小组进行汇报。

 导游推荐

◉ 新景推荐

1. 木渎古镇　　　推荐指数:★★★★★

木渎古镇位于苏州西郊灵岩山麓,是江南唯一的园林古镇。明清时有私家园林30多处,现已修复严家花园、虹饮山房、古松园、榜眼府第、盘隐草堂等,集合了水乡之妙和园林之美。

2. 金鸡湖　　　推荐指数:★★★★

目前中国最大的城市湖泊公园,堪称21世纪苏州"人间新天堂"的象征,是休闲旅游的好去处。这里有大型滨水空间的城市湖滨广场,有综合公共艺术与文化设施的文化水廊,有集自然生态保护区、野生动物保护区和观鸟区于一体的湖中波心岛,还有被誉为"苏州的鸟巢"的苏州科技文化艺术中心和古韵今风的李公堤等。

◉ 美食推荐

1. 松鹤楼　　　推荐指数:★★★★★

松鹤楼创始于清乾隆二十二年(1757)前,迄今已有二百多年的历史。松鹤楼是苏州地区现

存历史最长、素负盛名、饮誉海内外的正宗苏帮菜馆。代表菜有松鼠鳜鱼、荷叶粉蒸肉、西瓜鸡、巴肺汤和暖锅等,显示出苏式菜肴原汁原味的特有风格。

2. 采芝斋　　　　推荐指数:★★★★

苏州采芝斋创始于清同治九年(1870),位于苏州观前街,至今已有一百三十多年历史。清代以贝母糖(贡糖)闻名,现主要经营苏式糖果、苏式糕点等,其中松仁糖、粽子糖、虾籽酱油、芝麻酥糖等已成为苏州家喻户晓的特产。

⊙ 休闲推荐

1. 观前街商业街区　　　推荐指数:★★★★★

苏州观前街是百年商业老街,1982年设置为步行街,是全国最早的商业区步行街,街上老店名店云集,名声远播海内外。长期以来,"白相(玩)观前街"一直是苏州市民津津乐道的一项休闲活动。这里有著名的道观玄妙观,饭店云集的太监弄,苏州的老书馆、茶楼,更有现代化的购物商场,集购物休闲于一身。

2. 圆融时代广场　　　推荐指数:★★★★

圆融时代广场位于苏州工业园区金鸡湖东岸,是集购物、餐饮、休闲、娱乐、商务、文化、旅游等诸多功能于一体的品牌街区。这里毗邻园区摩天轮公园,建有世界第一的五百米巨型神奇天幕,是繁华的商业中心。

模块2　无锡导游

模块要求

通过本模块的学习,要求学生具备为旅游者提供无锡向导、讲解以及其他相关旅游服务的能力。

1. 能够对城市概况进行10分钟左右的导游讲解,具体内容包括无锡的主要历史沿革、地理位置、气候特点、名称由来、行政区划和人口以及城市特色等;

2. 能够对景区概况进行1分钟左右的导游讲解,既要能够简明扼要地介绍景区的概况,又要能够体现出景区的特色与魅力;

3. 能够对主要景点进行3分钟左右的导游讲解,既要能够详细介绍景点的具体情况,又要能够凸显一定的景点文化内涵;

4. 能够提供导游常规服务,比如景区景点内的游览指导,景区景点内的最佳拍照点、卫生间位置以及注意事项等。

任务1　无锡城市概况的导游讲解

课前准备

通过预习教材、网络查询、查阅相关书籍,结合地图,熟悉无锡的主要历史沿革,熟悉无锡的经济,掌握无锡的地理、气候、名称由来以及行政区划等其他相关情况。

下江南:华东线导游

任务导入

在华东线诸多旅游城市之中,南京号称"六朝古都""十朝都会",常州是"龙城",苏州集"古城""古镇""古园林"于一身,杭州是"休闲之都",上海则把自己定位为"国际都会"……

那么,无锡是一座什么样的城市呢?作为导游员,我们又该怎么讲,才能较好地体现出无锡的特色与魅力呢?

任务1.1　无锡主要历史沿革的导游讲解

知识讲解

一、无锡是吴文化的发祥地

（一）"原始社会"历史时期

泰伯奔吴以前,无锡的先民们过着一代代捕鱼打猎、原始耕作的江南水乡生活,他们以自己的智慧和辛劳,创造了长江流域和太湖流域辉煌、璀璨的土著文化。

（二）"吴文化"历史时期

泰伯奔吴时期。泰伯、仲雍是黄河流域周族部落的传人。周太王古公亶父有三个儿子:泰伯、仲雍和季历。长子泰伯没有儿子,次子仲雍开拓精神欠缺,三子季历不仅自己德才兼备,更重要的是其子昌也是贤能之才。因此,周太王很希望将王位传于昌,以达到兴周的目的。相传,泰伯、仲雍为了满足父亲的愿望,让王位于三弟季历,便率族南迁,来到了江南梅里（今无锡梅村镇）。

吴越之争时期。由于楚国的势力日益强大,给吴国带来威胁,于是吴国在晋国的支持下率先向楚国发动战争。吴国的胜利给越国带来了重大的压力。于是,越国开始逐步疏远吴国。

公元前482年6月22日,越国击败了吴国的军队,俘虏了太子友等多人,6月23日,越军甚至攻入了吴国都城。公元前473年,吴国被越国所灭。吴越文化渐渐成为一家。

（三）"融入中原文化"历史时期

周显王三十五年（公元前334年）,楚灭越,楚地东扩使吴文化与楚文化融为一体。公元前221年,秦始皇统一了中国,中国各大区域文明相互融合。汉高祖五年（公元前202年）,无锡正式建县。

汉以后,尤其是六朝时,北方先进生产技术和文化传入南方,无锡经济稳步发展,人文逐渐兴起。东晋时,无锡出了位杰出的画家——画坛"三绝"顾恺之。到了隋朝,大运河的开通,大大加速了无锡经济、文化的发展。唐安史之乱后,全国经济重心加快南移,无锡也重新焕发出自己应有的光彩。北宋末年,宋室南渡,包括无锡在内的长三角区域已经确立了全国经济文化中心的地位。

明清时期,无锡成为全国著名的米市、布码头和丝市。在高度发达的经济背景下,无锡也已经成为文化交流的最前沿。明朝的邵宝在惠山创立尚德书院和二泉书院,潜心从事教育十五年,成为"东林之先声"。而以顾宪成、高攀龙为首的东林书院,其最大的特点则是关注社会政治民生。中国古代十大画家,无锡一地在元、明两朝就出了两位:倪瓒、王绂。"千古奇人"徐霞客这样的地理学家也出现在明朝的无锡。

166

二、无锡是民族工商业的发祥地

进入近代,19世纪末20世纪初,无锡领全国风气之先,有识之士开始顺应历史发展潮流,积极学习西方先进的政治、经济、文化以及科学技术。戊戌变法后,清政府也不得不放松对民间兴办实业的限制,实行某些提倡工商业的措施。因此,在中国开始出现近代民族工业的时候,无锡依靠自身优越的自然条件,已将民族资本主义工业发展得比较成熟。到了20世纪30年代,无锡已拥有三百多家工厂,成为一座工商文化特色鲜明的城市。

近代无锡工商业的发展,也使无锡的文化居全国领先地位。此时的无锡,涌现出如以秦邦宪为代表的革命家、以荣氏家族为代表的工商实业家、以孙冶方为代表的经济学家、以钱伟长为代表的科学家、以唐文治为代表的教育家、以钱钟书为代表的文学家、以徐悲鸿为代表的艺术家等一大批杰出的人物。

三、无锡是乡镇企业的发祥地

20世纪70年代后期,改革开放以后,无锡乡镇企业异军突起,成为乡镇企业的发祥地。具有创新性的"苏南模式",成为我国经济起飞的"龙头",在中国现代经济发展史上写下了辉煌的一页。到了20世纪90年代,无锡乡镇企业开始改制,向现代企业制度过渡,从而造就了华西村、红豆集团、阳光集团等一大批具有广泛知名度的大型企业集团。

任务1.2 无锡经济的导游讲解

知识讲解

一、无锡经济发展的辉煌成就

无锡的全市总面积仅占全国土地总面积的约万分之五,无锡的人口也不过占全国总人口的约千分之四,但是,无锡却创造了全国百分之一点七的经济总量,谱写了辉煌篇章;无锡先后被列入或评为全国十五个经济中心城市之一、全国十三个较大的城市之一、中国十大最具经济活力城市之一、中国品牌经济城市之一、全国综合竞争力十强城市之一、中国服务外包示范城市、中国投资环境最优城市以及中国最具发展前途城市。

二、无锡在历史上的经济地位

(一) 米市

清朝雍正、乾隆年间,无锡米市已初具规模,与长沙、芜湖、九江并称为中国四大"米市"。

(二) 布码头

清代中叶,从北栅口至北塘,形成绵延数里的布市,与汉口的"船码头"、镇江的"银码头"并称为长江"三码头"。

(三) "小上海"

20世纪20年代,以棉纺织业、缫丝业、面粉加工业为三大支柱的近代工业如雨后春笋般在无锡兴起。1928—1937年,无锡全市地区生产总值列全国第三,成为仅次于上海、广州的"小上海"。

三、无锡工商文化的渊源和精髓

(一)泰伯与锡商文化

泰伯来到无锡后,一方面入乡随俗,迎合当地荆蛮习俗,断发文身,与当地人融为一体;另一方面传授中原地区的先进技术,带领百姓兴修水利,发展农耕。相传由泰伯带领开凿的伯渎港,是我国历史上第一条人工河。泰伯奔吴对于无锡从荆蛮之地向鱼米之乡的转变起到了至关重要的作用。

(二)范蠡与锡商文化

据说,助越灭吴的功臣——越国大夫范蠡,弃官后来到蠡湖旁,教会无锡人养鱼种竹,被后人称为"陶朱公",还留下了世界上第一部养鱼专著——《陶朱公养鱼经》。可以说,范蠡不仅为无锡留下了浪漫诗意的传说,更为后世锡商文化的积淀留下了浓墨重彩的一笔。

(三)民国六大望族与锡商文化

曾经担任出使英、法、意、比四国大臣和驻外使节的薛福成,对无锡民族工商业的蓬勃发展起到了先导作用;1895 年,杨宗濂、杨宗瀚兄弟创办业勤纱厂,对奠定和发展无锡民族工业起了开拓性的带头作用;1900 年,荣宗敬、荣德生兄弟与朱仲甫合伙创办保兴面粉厂,二十年间,发展为中国第一大民营实业集团;1904 年,周舜卿开办了无锡第一家机器缫丝厂——裕昌丝厂,1906 年在上海首创私营信成商业储蓄银行,这是中国历史上第一家商业储蓄银行;1910 年,唐保谦与九个朋友合办了九丰面粉厂,完成了"从旧商人转化为实业家的重要转折";1917 年,唐保谦的堂弟唐骧庭和几个朋友一起,投资一个尼姑开办的织布厂,名为"冠华",后又创办丽新染织厂,使之成为远东少有的集纺、织、染于一体的全能厂。

以六大望族为代表的无锡民族资本家,以敢为人先的创新精神、实业报国的历史责任、务实重工的价值观念、精明灵活的经营谋略,锻造了无锡城市特有的理念、价值和风尚。

任务 1.3 无锡地理等概况的导游讲解

知识讲解

一、无锡地理位置及地形

无锡市位于江苏省东南部,东邻苏州,距上海 128 千米;南濒太湖,与浙江省交界;西接常州,去南京 183 千米;北临长江,与泰州市所辖的靖江市隔江相望。

无锡全市总面积为 4 788 平方千米,市区面积为 1 622 平方千米。无锡市境内以平原为主,星散分布着低山、丘陵。最高峰为黄塔顶,海拔 611.5 米。无锡水网密布,水域面积占全市总面积的 31.4%。

二、无锡气候

无锡市属北亚热带湿润季风气候区,四季分明,气候温和,雨水充沛,日照充足。

无锡雨季较长,主要集中在夏季。受太湖水体和宜南丘陵山区复杂地形等的影响,无锡局部地区小气候条件多种多样。

三、无锡名称的由来

关于"无锡"这一地名的由来,有多种说法。比较流行的是,明代冯梦龙所撰的《东周列国志》载:传说秦始皇统一中国时,大将王翦率领60万大军进攻楚国。当一部分军队打到惠山,在惠山脚下埋锅做饭时,在地下掘得一块石碑,碑上有"有锡兵,天下争;无锡宁,天下清"的铭文。据介绍,在周平王时,这里的山中发现了铅锡,开采了近400年,如今铅锡已经难以采了。王翦说:此碑露出,天下看来从此太平了,这里何不称作无锡呢?无锡的地名由此而来。不管这个说法是真是假,无锡这个名字,已成为"和平""安宁"的象征,反映了无锡人民反对战争、热爱和平的美好愿望。

四、无锡行政区划和人口

无锡下辖江阴、宜兴2个县级市和梁溪区、滨湖区、惠山区、锡山区及新吴区5个区,2016年常住人口为650万。

五、无锡的特产

无锡的特产主要有酱排骨、清水油面筋、惠山泥人等。无锡酱排骨以三凤桥、陆稿荐最受人青睐,已有百余年历史,享誉海内外。始于明、盛于清的惠山泥人,以无锡大阿福为代表,传递了吉祥、美好的寓意。

万顷太湖,不仅孕育了江南水乡的温婉灵动,也孕育了无数清丽鲜美的水产。太湖里生存着一百多种鱼类河鲜,而"三白"是其中最具经济价值的。太湖"三白"具体是指生长在太湖里的白鱼、白虾和银鱼,"三白"的一大共同特点就是"鲜"。长江的特色水产"长江三鲜",包括鲥鱼、刀鱼、河豚,同样以味道鲜美著称。

无锡特产还有阳山水蜜桃、大浮杨梅、宜兴紫砂壶等等。阳山是中国著名的水蜜桃之乡,历来被誉为"果中皇后""琼浆玉液",是无锡农产品的一大品牌。"吴越佳果"杨梅主要产于太湖、五里湖之间,有近千年栽培史,历史上为多朝贡品。名扬天下的紫砂壶,是江南文化的载体和浓缩,是中国茶文化不可或缺的组成部分。其他还有太湖珍珠、无锡刺绣、竹刻等等。

六、无锡的未来发展

四通八达、连接世界的区位优势,经世务实、诚信相传的文化底蕴,使无锡在不断的超越中成长着。近年来,除了经济上的辉煌之外,无锡先后获得国家历史文化名城、中国优秀生态旅游城市、国家园林城市、国家环保模范城市、国家森林城市、全国创建文明城市工作先进市、中国最具发展前途城市、全球绿色城市以及国际花园城市等称号。

2016年9月26日,全国人大代表、省委常委、市委书记李小敏在中共无锡市第十三次代表大会上指出无锡市今后发展的六大战略:一是大力推进创新驱动核心战略,二是坚定推进产业强市主导战略,三是积极推进全面开放战略,四是统筹推进新型城镇化和城乡发展一体化战略,五是深入推进可持续发展战略,六是扎实推进民生共建共享战略。

导游职业能力测试

◉ 知识问答

(1)无锡的周边地区有哪些城市?
(2)无锡的人口有多少?面积有多大?
(3)请简单介绍一下吴文化。
(4)无锡的民族工商业是否只有荣氏家族?

⊙ **技能必备**

能够对无锡的城市概况进行 10 分钟左右的导游讲解。

⊙ **技能拓展**

能够通过歌曲、朗诵、自我介绍等多种多样的形式,进行趣味性的无锡城市概况介绍。

任务 2　灵山胜境的导游讲解与服务

1. 通过预习教材与登录灵山胜境官方网站(灵山大佛,无锡灵山),了解无锡马山以及沿途十八湾风景区的概况,了解灵山胜境的历史沿革,熟悉灵山胜境的主要旅游景观;
2. 熟悉灵山胜境的游览路线。

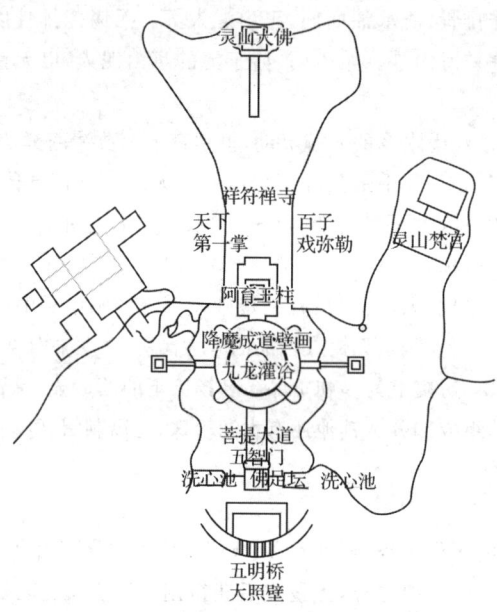

灵山胜境游览路线示意图

"湖光万顷净琉璃"大照壁→五明桥→洗心池、佛足坛→五智门→菩提大道→九龙灌浴→降魔成道壁画→阿育王柱→天下第一掌、百子戏弥勒→祥符禅寺(祥符三桥→天王殿→钟楼→大雄宝殿)→古银杏树→灵山大佛→灵山梵宫

在无锡诸多主要旅游景观之中,灵山胜境的开放时间不长,但自 1997 年开园以来,2001 年便成为国家首批 AAAA 级景区,2002 年被评为中国旅游知名品牌,2004 年被评为最受游客喜爱的景点,2009 年荣膺国家 AAAAA 级旅游景区。

那么,灵山胜境究竟有何独到之处,能够荣获如此多的荣誉呢?它的特色和魅力又主要体现在哪些方面呢?

任务 2.1　灵山胜境沿途的导游讲解与服务

知识讲解

一、灵山胜境的历史沿革

相传,唐代玄奘法师自天竺(印度)归来,到马山拜会长安旧交杭恽右将军。杭恽是马山人,在朝中为官数载后解甲归田。玄奘见这里层峦叠翠、景色非凡,与西天取经的灵鹫山颇为相似,便给此山起名为小灵山,并嘱大弟子窥基在这里主持开法。

1994 年,祥符禅寺在旧址上重新建造。1995 年 10 月 27 日,大雄宝殿落成。1997 年 11 月 15 日,灵山大佛开光。2003 年 7 月,九龙灌浴建成。2008 年 11 月 23 日,灵山梵宫正式开启大门。2009 年 3 月,灵山胜境被评为国家 AAAAA 级旅游景区。2010 年 12 月,荣获上海市旅游局、江苏省旅游局、浙江省旅游局颁发的"20 个最受欢迎的长三角世博主题体验之旅示范点"称号。2012 年 5 月,被国家宗教局授予"世界佛教论坛永久会址"称号。

二、灵山胜境的特色与魅力

(一) 灵山大佛之"大"

灵山大佛高 88 米,连同三层基座在内通高 101.5 米,是目前世界上最高的青铜佛像。比"佛是一座山,山是一尊佛"的四川乐山大佛高出 17 米;比美国自由女神像高 42 米,用铜量是自由女神像的 3 倍。

(二) 九龙灌浴之"奇"

"九龙灌浴·花开吉祥"这组景观是根据佛经记载,经过精心构思设计的一组雕塑。整组雕塑通过动态的表演项目、音乐喷泉的现代化高科技手段,完美地再现了两千五百年前佛祖释迦牟尼出生时恢宏壮观的祥瑞景象。

(三) 灵山梵宫之"特"

灵山梵宫堪称东方的"罗浮宫"。梵宫内珍宝荟萃,光芒四射,洋溢着博大精深的佛教艺术气息,有东阳木雕、敦煌壁画、扬州漆器、景泰蓝、景德镇青花粉彩缸、景泰蓝须弥灯等众多文化遗产,有当代飞天、温州瓯塑浮雕壁画、油画组图、华藏世界、圣坛穹顶等众多艺术瑰宝,真可以说是"一步一个惊喜,一步一个惊奇"。2009 年 1 月 1 日,国家旅游局局长邵琪伟前来视察时由衷赞叹其为"绝对精品"。

服务小贴士

"灵山胜境"购票时的导游服务

1. 灵山胜境购买门票的程序有些复杂,需要先凭导游证与任务单开具购票凭证,再凭购票凭证购票。而且,旅行社需要提前跟景区进行预约,导游员所持任务单也必须是打印出来的,上面要注明导游员姓名、购票日期以及游客人数。

2. 导游在买票的时候,可以提醒游客趁这段时间上厕所、拍照等,同时提醒游客在指定的地点集中检票进入景区,防止游客自由活动后找不到自己的团队。

任务 2.2 "灵山大照壁—佛足坛"的导游讲解与服务

知识讲解

一、"'湖光万顷净琉璃'大照壁"的导游讲解

照壁南面"湖光万顷净琉璃"诗句由当时全国政协副主席、中国佛教协会会长赵朴初先生所题,意为灵山胜境与太湖相互辉映,就好像佛教中的琉璃世界。

二、"五明桥"的导游讲解

"五明"是古印度对人类文化的总括以及对人类知识、学问的分类,因此,走过"五明桥"便意味着通过不断地提升自己达到文明大道更高境界。

三、"灵山胜境门楼"的导游讲解

灵山胜境门楼,集徽式建筑、皇家建筑、藏式建筑之风格于一体,气势宏伟。门上悬挂的"灵山胜境"匾额为赵朴初先生题写。

四、"洗心池"的导游讲解

步入灵山胜境门楼,两侧不远处便是洗心池。洗心池的寓意就是让我们要时时洗心反省,清净心灵,除却在尘世中沾染的尘垢,放下心中一切执着,恢复清静纯正的自然本心。

五、"佛足坛"的导游讲解

继续往前便来到了佛足坛,佛足长 1.2 米,宽 0.6 米。相传,佛祖在世时,不主张世人为他造像膜拜,在他即将寂灭时,才于印度摩揭陀国留下脚印,并对其弟子说:"见到足印,如同见我。"日后,信众便以佛足作为膜拜之圣物。

服务小贴士

一、"灵山胜境门楼"的导游服务

步入灵山胜境门楼以后,导游可以引导游客于洗心池处洗手,同时,提醒有需要的游客去卫生间,卫生间就在进入门楼后左手边,用完卫生间后在佛足坛处集合。

二、"佛足坛"的导游服务

灵山胜境景区的出口在佛足坛的左前方,也就是游客面对灵山大佛时的右手边,导游应在此提前告知游客出园路径。

任务 2.3 "五智门—阿育王柱"的导游讲解与服务

知识讲解

一、"五智门"的导游讲解

五智门门柱由整根花岗岩雕琢而成,每根石柱上都有一只威武的石狮子,门柱两面还有名人名家的对联。牌楼上两面雕刻着佛教的"六度",即修行的六种主要方法和原则。

二、"菩提大道"的导游讲解

"菩提大道"又被称为"觉悟之道"。由于气候原因,大道两边种植了二百一十六棵银杏树,用以象征佛教中的菩提树。菩提大道中央饰有七朵莲花,引自释迦牟尼佛出生时"步步生莲"的典故。菩提大道两边还有不断云纹,谐音就是"不断运"。

三、"大千世界广场"的导游讲解

(一)九龙灌浴

"九龙灌浴,花开吉祥",整座群雕高 27.5 米,青铜制作,顶端莲花座中释迦牟尼小太子像高 7.2 米,重 12 吨,全身镏金,共使用黄金 18 千克。莲花座下为狮子鼓,在佛教中象征佛法的弘扬,狮子鼓下是四大天王,他们是佛祖出生时的守护神。周围几个仙女称为"八供养",是佛祖出生时的供养飞天。当《佛之诞》音乐奏响,顶端六瓣莲花会缓缓绽开,金身太子佛像从中冉冉升起,顺时针环绕一周,周围蹲踞的九条巨龙将一齐喷出九道高达三十多米的水柱,直冲天际,轰然交汇,沐浴佛身。在"九龙灌浴"即将结束时,四周八组凤凰口中将会喷出七十二道涓涓细流,在佛教中称之为"八功德水"。

(二)广场四周

广场四周有三十三个大理石转球,象征着佛教中的三十三重天境界,外圈是有 108 个转经筒的转经廊,如果把 108 个转经筒全部转过来,就如同诵读了百遍经文,功德百倍。

四、"降魔成道壁画"的导游讲解

降魔成道壁画描述的是佛祖悟道成佛的故事。佛祖经历了六年的苦行,仍没有悟出解脱之道,于是他放弃苦行,坐在一棵菩提树下,发了一个大愿:"如果今生不能求得正果,便再也不起来了。"佛祖在树下静思了七天七夜,在他将要成佛的刹那间,心魔来袭,佛祖不为所动,将它们一一降服,终于得道成佛。

降魔成道壁画由紫铜锻造而成,高 8 米,宽 26 米,佛祖端坐于雕塑中间。佛祖两面则分别展示了魔王分别用权欲、财宝、美色来引诱佛祖,用诽谤诬蔑佛祖,用魔兵魔将恐吓佛祖的场景。

五、阿育王柱的导游讲解

四根经幢中间高耸的石柱就是"阿育王柱"。阿育王是古印度的国王,与秦始皇同一时代,他在统一了整个印度之后,感到战争罪孽深重,于是皈依佛门。为了弘扬佛法,他在各地竖立石柱,上刻有经文供老百姓学习,并派遣使臣出使各国,把佛教传向周边各个国家。由于阿育王的大力

弘扬,佛教才能够发展成为世界性的宗教。

"阿育王柱"高 16.9 米,直径 1.8 米,重达 200 多吨,是目前国内最高的整根全手工雕刻的花岗岩石柱,堪称"中国第一柱"。柱顶端有四只狮子面向东、南、西、北四个方向,象征着要把佛教弘扬到四面八方。狮子下面刻有法轮和四种动物,分别为狮子、牛、马及大象。

服务小贴士

"大千世界广场"的导游服务

1. 导游可提醒游客:大型动态音乐群塑"九龙灌浴",每天四场定时开启,时间分别是 10:00、11:30、14:30、16:30。黄金周期间增开 9:00、13:00 表演时间。

2. 面向着灵山大佛,大千世界广场的右手边便是梵宫,导游在此应提醒游客,可以先参观游览祥符禅寺和灵山大佛后再前往。

3. 面向着灵山大佛,大千世界广场的右手边是灵山蔬食馆,融荤素餐饮、休憩品茗、佛教聚会等多种功能于一体,导游可以安排游客在此用餐。

任务 2.4 "天下第一掌—灵山大佛"的导游讲解与服务

知识讲解

一、"天下第一掌"的导游讲解

(一)天下第一掌

有道是"摸摸佛手,增福添寿",灵山胜境景区在此设置了与灵山大佛右手形状大小完全一样的"天下第一掌",满足游客摸摸佛手的美好愿望。"天下第一掌"高达 11.7 米,相当于 3 层楼的高度,宽 5.5 米,手指直径就达 1 米,总重量达 13 吨。

(二)百子戏弥勒

"百子戏弥勒"景观描述的是,一群小顽童通过捉弄弥勒,考验弥勒的肚量是否真如世人称道的"大肚能容,容天下难容之事;慈颜常笑,笑天下可笑之人"。

二、"祥符禅寺"的导游讲解

(一)祥符三桥

祥符禅寺前有三座桥,东边的是"慈恩桥",意思是让我们知恩感恩,西边的是"普度桥",意思是让我们在感谢别人的恩德和帮助的基础上,学会无私地帮助别人,中间的是"大觉桥",意思是只有怀着一颗感恩的心,拥有无私助人的美德,才能真正走上人生的大觉之路,成就大智慧,获得大福报。

(二)天王殿

过了桥便是天王殿,也是祥符寺的山门。殿内正中供奉着弥勒佛,弥勒背面是寺庙护法神韦驮菩萨,两侧则供奉着四大天王,分别代表着风调雨顺、国泰民安。

(三)钟楼、鼓楼与 8 米高小佛

走出天王殿,可以看到钟楼、鼓楼。钟楼里有"江南第一钟",高 3.5 米,下口直径 2.5 米,重

12.8 吨。

8 米高小佛是江苏著名的雕塑家吴显林设计的,88 米高的大佛便是根据这尊 8 米高小佛通过计算机放大 11 倍建造的。

(四) 大雄宝殿

大雄宝殿是专门供奉佛教缔造者——释迦牟尼佛的大殿,佛祖的两边,一老一少立着两位弟子,少者阿难,老者迦叶。两侧是十六罗汉。佛祖像的背面则是由整块汉白玉雕成的净瓶观音像。

三、"杏坛广场"的导游讲解

(一) 古银杏树

杏坛广场中的这棵古银杏,植于唐贞观年间,已有近一千四百年的历史。

(二) 灵山大佛

灵山大佛的建造可谓是"庄严圆满",是文化、科技、历史、宗教、艺术和自然山水构筑的一种永恒。

灵山大佛是释迦牟尼立像,你看他左手下垂,右手屈臂向上伸,在佛教中称为"旃檀佛像"。左手下垂的手势为"与愿印",表示能满足众生愿望;右手上伸的手势为"施无畏印",表示能解除众生的苦难。

灵山大佛佛像总共耗用铜 725 吨,佛体是由 2 000 块铸造铜壁板拼装焊接而成的,每块铜壁板的壁厚为 6~8 毫米,最大的面积有 20 多平方米,全部铜板展开面积可达到 9 000 多平方米,约有一个半足球场大小,把这些铜壁板焊接在一起,焊缝总长度达 35 千米。

整个大佛的建造运用高科技拼装焊接而成,并且采用了完整的抗风、防震、耐腐蚀、避雷等措施。参观灵山大佛,不仅可以获得视觉上的震撼,更能增长不少科学知识。请大家不妨注意一下,不论你走近走远,或左或右,大佛的"眼神"似乎始终在跟随着你,关注着你。当你愈靠近大佛时,大佛的"眼睛"似乎也在逐渐睁开、睁大……这是为什么呢? 这就是艺术魅力,或者说是雕塑家的艺术功力。同时,大佛头上有很多避雷针,与常见的避雷针不同的是,大佛的避雷针不是"针形"而是"球形"的,就是 298 个发髻。

(三) 五方五佛格局

灵山大佛建成后,东有无锡灵山大佛,南有香港天坛大佛,西有四川乐山大佛,北有山西云冈大佛,中有河南龙门大佛,中国大地五方五佛格局得以圆满。

(四) 登云道

通往大佛脚下的这道长长的阶梯,称之为"登云道"。登云大道一共二百一十六级,共分为七个平台,正好符合俗语"救一生灵,胜造七级浮屠"。登云道中间有七幅巨型石刻,组成了一幅灵山史卷。登云道上有一口古井,称为"六角井",据说茶圣陆羽曾品过井中的泉水,六角井泉水被誉为"江南十大名泉"之一。

(五) 佛教文化博览馆

佛教文化博览馆展示了中国佛教三大语系、四大名山、五方五佛等丰富的文化内容,汉代金丝楠木雕刻的万寿山五百罗汉堂则成为"镇馆之宝",集中体现了佛教文化的博大精深和源远流长。

(六) 随喜堂和万佛殿

欣赏过精美繁盛的佛文化吉祥工艺品、佛教图书音像制品和其他特色旅游纪念品,便可以去参观万佛殿,欣赏朝拜和灵山大佛同时开光的 9 999 尊小铜佛和 3 500 尊小金佛,领略万佛朝宗的气势。

服务小贴士

一、"天下第一掌"的导游服务

烧香不仅在佛教中有重要的意义,也是融入中国百姓几千年生活中的重要文化活动。因此,导游应向游客介绍佛教中燃香礼佛的意义和规矩。

二、"祥符禅寺"的导游服务

1. 导游应提醒游客在游览寺庙时,忌对寺庙的僧人称呼不当,忌大声喧哗、指点议论、妄加嘲讽及随便乱走或乱动寺庙之物,尤禁乱摸乱刻神像,如遇佛事活动应静立默视或悄然离开。

2. 所谓"闻钟声,烦恼轻,智慧长,菩提增",导游可向游客讲解,每年的元旦和除夕,祥符禅寺都会举行隆重的撞钟仪式。祥符禅寺钟,高 3.5 米,重达 12.8 吨,重锤之下,钟声悠长,十里可闻。

三、"杏坛广场"的导游服务

游览完灵山大佛之后,导游应引导游客前往梵宫。

任务 2.5 "灵山梵宫"的导游讲解与服务

知识讲解

一、"门厅"的导游讲解

(一)六牙白象

梵宫宫门两侧立有汉白玉雕六牙白象。大象肩负宝瓶,瓶中插有祥云,象征着吉祥、平安、如意,四足稳重踏实,代表四如意。六牙,则象征佛法中的六度。

(二)宝瓶

在中国传统文化中,花瓶和大象常常摆放在一起,叫作"大象宝瓶",寓意盛世太平、健康平安。

六牙白象身后的木雕花瓶,以圣象为基座,以莲花为意境,是我国著名的东阳木雕大师陆光正先生的精心巨作,高 2.4 米,胸径 0.8 米,耗时 1 800 余工,创工艺木雕花瓶体形高大之最。

(三)藻井

门厅的头顶上有四个明亮的藻井。藻井中心向上凸起,四面为斜坡,成为顶小边大的倒置斗形,因此叫作"覆斗形窟顶"。这四个藻井,选用楠木,采用传统的浙江东阳木雕工艺精制而成。

(四)心经

在南面墙上,是长达十余米的《般若波罗蜜多心经》书法壁画,采用了扬州独有的刻漆贴真金手工工艺。

二、"前廊厅"的导游讲解

(一)《六祖坛经·定慧品》

南立面的墙上,是中国书法协会副主席言恭达先生的巨幅隶书——《六祖坛经·定慧品》第四节的节选。整幅作品采用刻漆工艺制作成,长10.18米,宽4.34米,总计379个字。

(二)东方三圣

《六祖坛经·定慧品》的上方为"东方三圣"。药师佛左手持宝塔,右手结说法印,日光、月光二菩萨胁侍左右,"东方三圣"又称为"药师三尊"。

(三)西方三圣

"东方三圣"的对面为"西方三圣"。阿弥陀佛左手托莲台,右手结与愿印,观世音菩萨为左胁侍,大势至菩萨为右胁侍,"西方三圣"又称"弥陀三尊"。

(四)世界佛教传法图(前六幅)

梵宫前后廊厅共有十二幅巨型油画"世界佛教传法图",它们以时间为序列,以佛教的传播、交流和当代佛教发展为主题,分为四大板块,每个板块由三幅作品组成,每幅作品独立成篇。它们共同组成了延绵两千多年、遍及全球各地的《世界佛教传法图》。

第一幅油画称为《初转法轮图》。公元前588年左右,35岁的释迦牟尼在菩提树下悟道成佛,找到最早跟随他修苦行的五位侍从,建立了第一个僧团,讲说了"四谛""八正道"等佛教教理,五人听后觉悟成了阿罗汉。

第二幅油画称为《阿育王传播佛教图》。阿育王在位期间,大力传播佛教,建起八万四千佛塔,并不断派遣佛教使团,佛教得以迅速发展,走出印度本土,成为跨地区跨国界的宗教。

第三幅油画称为《印度大乘佛教图》。佛教传入不同地区,对佛教教义和戒律出现了不同的理解,形成小乘佛教与大乘佛教两大系统。

第四幅油画称为《佛教东传图》。佛教传入中国的源起,佛教界认定的说法是,东汉永平七年(64),汉明帝夜梦"金人""白马驮经",并于68年建立洛阳白马寺。

第五幅称为《西行求法图》。自从佛教传入中国之后,不畏艰难前往印度等地求佛法者代继不绝,图中所示就是我国西行求法的代表人物——玄奘当年在那兰陀寺与当地高僧辩经的场景。

第六幅称为《八宗祖师图》。自隋唐时期起,中国佛教相继创立了天台宗、三论宗、唯识宗(法相宗)、华严宗、禅宗、密宗、律宗、净土宗等八大宗派。

(五)飞天

前廊厅顶部有16个造型各异的大型飞天,每一个长度都超过3米。飞天原是古印度神话中的娱乐神和歌舞神,后来被佛教吸收为天歌神和天乐神,之后统称为"飞天"。这些飞天采用的是"生漆脱胎"的造像工艺,这种工艺距今已有1500年的历史了,它经久不蛀、光泽度好、不开裂、不变形。

三、"塔厅"的导游讲解

(一)三界

塔厅位于梵宫的中心位置,高达45米,上下贯通,分为三层,这里营造的是佛教中的"天界"。最下一层的花塔,四周八个佛龛,代表第一层境界,即众生平等的境;佛龛上方的伎乐天形象,代表第二层境界,即众生愉悦的境界;第三层境界,也就是至高境界,是众生心灵与智慧臻于纯净的境界,代表这一境界的,是蓝色的穹顶。

（二）东阳木雕

整个梵宫，廊厅、塔厅、穹顶、油画底座等，到处都是精美的木雕。整个梵宫的木雕面积，多达1.5万平方米，用去1400立方米的优质楠木，用了20多节火车车皮装运。这些木雕全部出自中国著名的木雕之乡——浙江东阳。塔厅四周，分别为《净》《信》《孝》《和》四幅木雕，主题是以人为本，以德为务，相信"佛在人间""佛在人心"，强调"要学佛，先学做人"。

四、"后廊厅"的导游讲解

（一）青花瓷粉彩缸

后廊厅两侧，有很多莲花缸，它们是景德镇众多艺术陶瓷工艺大师们的杰作，称为"青花瓷粉彩缸"。缸面上生动的图案，讲述的是一个个佛教禅宗小故事。

（二）世界佛教传法图（后六幅）

前廊厅的六幅油画演绎了印度早期佛教的历史和印度佛教传入中国并在中国文化环境下演变的过程。后廊厅的六幅油画，讲的则是中国佛教从中原向周边民族地区、从华夏向世界其他国家和地区传播的历史故事。

第七幅油画称为《中国多民族佛教文化融合图》。中国佛教是多民族文化相互交融的结晶，历史上，中原佛教曾与回鹘、党项、鲜卑等民族佛教文化亲密相连，相互影响，双向交流，共同发展成为中华民族文化中的一枝奇葩。

第八幅油画称为《汉藏两大语系佛教关系图》。一千三百多年前，吐蕃国国王松赞干布和唐太宗的女儿文成公主成了亲。当时，唐朝佛教盛行，而藏地无佛。文成公主携带了佛塔、经书和佛像来到吐蕃，在这里建寺庙弘扬佛法。

第九幅油画称为《中国佛教传播图》。长期以来，中国佛教对韩国、日本、越南等国家和地区产生了深远的影响，佛教因此成为促进中国和这些国家相互友好交往的"黄金纽带"。比如，中国僧人鉴真和尚，六次东渡抵达日本，不仅对日本佛教的发展起到积极的促进作用，而且为中日友好交流也做出了贡献。

第十幅油画称为《近现代南传佛教运动》。太虚大师生于1890年，是民国时期第一位赴欧美弘法的中国僧人。

第十一幅油画称为《近代中国佛教救亡图存》。近代以来，南亚、东南亚等国家的佛教徒也积极参加了自己国家的独立运动。一些佛教知识分子大力推动佛学研究与教育，探讨佛教振兴社会与民族文化的途径，希望用佛教来改造社会，带动民族文化的复兴。

第十二幅油画称为《当代世界佛教图景》。佛教秉持众生平等、和谐共生的理念，成为世界和平与发展的一支重要的文化力量。

（三）华藏世界

大型琉璃作品《华藏世界》堪称灵山梵宫的"镇山之宝"。华藏世界，又称为莲花藏世界。根据《华严经》的说法，在风轮之上的香水海中有大莲华，大莲华中含藏着微尘数的世界，所以叫作"莲华藏世界"。这个世界总共有二十层，我们所住的娑婆世界，就在华藏世界的第十三层。

画面中央以主佛毗卢遮那佛和四方佛为中心，佛、菩萨形象庄严，栩栩如生，各种图案如火焰、佛殿、植物、祥云、莲花、动物、海洋等围绕主佛及两边的四方佛和菩萨组成大大小小的世界，营造出了一个充满和谐欢乐、庄严慈悲的境界。整个作品是由100平方米的巨幅琉璃壁画一一分割烧制而成的。琉璃为佛家七宝之冠，通过琉璃这种特殊的材质的烧制与灯光合理的投射效果,画面上每一个人物都会发光,这正如佛教所言,"众生皆有佛性,有佛性皆能成佛"。主佛肌肤全部用真金纯手工打造,作品用去了 15 千克黄金、500 千克白银、12 万余件珠宝。用佛教中的七宝——金、银、琥珀、珊瑚、砗磲、琉璃、玛瑙打造而成。千百年来,世界各国亿万佛教信众,就是用一种放下自我、舍弃贪欲的清净之心,表达对美好世界的寄托,在他们心目中,华藏世界所象征的吉祥与光明,才是这个世界上最有价值的无上珍宝,为此他们可以毫无牵挂地奉献出哪怕是价值连城的宝物。

五、"圣坛"的导游讲解

(一) 天象图

《天象图》以佛经中记载的炽盛光佛、九曜星、十二宫等为主要元素构图。圆心中的,就是炽盛光佛,可以祈福消灾;外圈九瓣莲花中的,是九曜星;再外面的十二个圆圈中,画的就是十二宫。

(二) 圣坛

经过一段宽敞的弧形画廊,来到了世界佛教论坛的"圣坛"。圣坛是一个集会议、演出于一体的多功能超大型剧场。剧场设计为圆形,建筑面积达 3.5 万平方米,是目前全国首个超大型旋转舞台,剧场上方是高度达 30 米的巨大穹顶,它由 1 344 盏莲花灯组成,寓意了佛教中"一花一世界,一叶一如来",当千余盏金光灿灿的莲花灯瞬间开启的时候,圣坛仿佛是星光灿烂的天穹,抬头仰望就好像置身在宇宙之中。在灯光的变幻中,穹顶会缓缓打开,一束金光直泻而下,音乐大典《吉祥颂》拉开帷幕,演绎释迦牟尼充满传奇色彩、漫长而艰辛的人生觉悟历程。

六、"千人宴会厅"的导游讲解

千人宴会厅,是体验过堂,也就是佛教用餐的地方。宴会厅正面,展现的是由中国工艺美术大师周锦云先生创作的非物质文化遗产——浙江温州的瓯塑作品《五彩荷花》。

这里的整个空间没有使用一根立柱,可供千人同时用餐,地面铺置的地毯寸步都是莲花莲叶,取意"步步生莲"。

服务小贴士

一、进入梵宫前的导游服务

导游须提醒游客:进入梵宫参观,必须穿上提供的鞋套,轻声轻步地游览。

二、"圣坛"的导游服务

灵山圣坛上演的是由国内高水平团队导演排练的,以弘扬传统文化、启迪心灵智慧为主旨的音乐大典《吉祥颂》。周一至周五每天演出时间为 10:30、11:30、14:30、16:00,周六周日增加一场演出,时间为 13:30。

三、"千人宴会厅"的导游服务

二楼、三楼是五观堂,即吃饭用膳的地方,设有 1 500 平方米的超大型宴会厅以及精致典雅的各类餐饮包厢,高水准的宴会餐、净素自助餐等形式为来客提供全方位的服务。

导游职业能力测试

⊙ 知识问答

(1) 灵山的名称是如何而来的?
(2) 灵山胜境景区的三大景观是什么?
(3) 灵山大佛运用了哪些科技手段?
(4) 请简单介绍灵山梵宫中的两三件艺术珍品。

⊙ 技能必备

(1) 能够对灵山胜境的概况进行1分钟左右的导游讲解。
(2) 能够对灵山胜境的主要景点——灵山大佛和"华藏世界"琉璃壁画分别进行3分钟左右的导游讲解。

⊙ 技能拓展

(1) 能够对"九龙灌浴"进行3~5分钟的导游讲解;
(2) 能够对阿育王柱进行3~5分钟的导游讲解。

任务3 三国城的导游讲解与服务

1. 通过预习教材与登录中视传媒无锡影视基地官方网站,了解三国城的建设背景,熟悉三国城的主要旅游景观;
2. 熟悉三国城的游览路线。

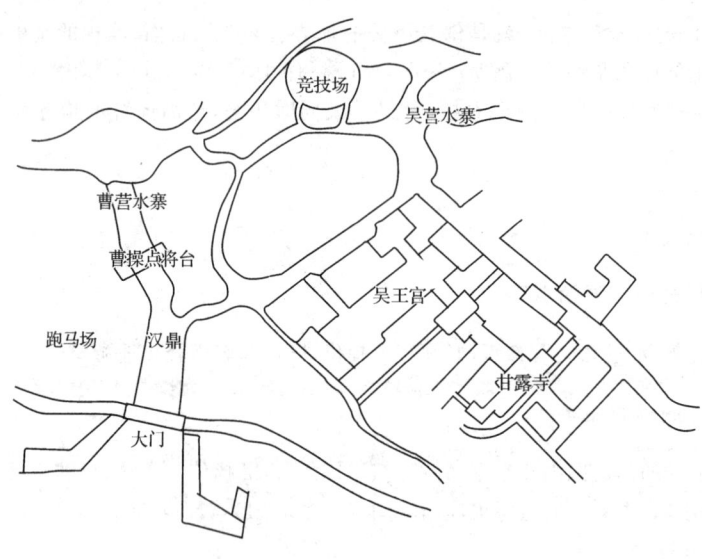

三国城的游览路线示意图

大门→汉鼎→跑马场→曹操点将台→曹营水寨→竞技场→吴营水寨→吴王宫→甘露寺→大门

1994年8月20日,无锡三国城正式对外开放。如今,已经成为国内著名的影视基地和无锡独特的旅游胜地。

那么,作为人造景观,无锡的三国城究竟有何独到之处呢?它的魅力和特色又体现在哪些方面呢?

任务 3.1　三国城沿途的导游讲解与服务

知识讲解

一、中央电视台无锡影视基地

中央电视台无锡影视基地始建于 1987 年,占地面积近 100 万平方米,可使用太湖水面 200 万平方米,是我国第一家影视拍摄和旅游休闲相结合的主题公园。当年,为拍摄电视连续剧《唐明皇》《三国演义》和《水浒传》,中央电视台相继建成了唐城、三国城和水浒城三大景区。今天,央视无锡影视基地不仅有"东方好莱坞"之称,景区还以优质的服务、自身独特的风格以及优越的地理环境,吸引着每年超过 200 万人次的游客。

二、三国城的特色与魅力

三国城景区是中视股份继唐城景区之后推出的又一座集影视拍摄、旅游功能于一体的影视城,也是首批国家 AAAAA 级旅游景区。这里每天都聚集着众多剧组,上演着一幕幕风云变幻、一场场悲欢离合的大戏,同时也吸引着广大旅游者蜂拥而来、一睹为快。

（一）大规模的古典建筑群体

三国城内的建筑雄浑刚劲,主要景点有曹营水寨、吴营水寨、吴王宫、甘露寺等。这些建筑都由专家们精心考证设计,真实再现了当时历史背景下的建筑风貌。

（二）丰富多彩的演出节目

作为无锡影视基地的旅游亮点,这里每天有多场马战、歌舞、影视特技类的节目连续上演。这些节目运用影视表现的手法,不仅集中展示了《三国演义》中家喻户晓、脍炙人口的经典故事,节目中强烈的视听冲击效果也令观众如临其境、回味无穷。

（三）与明星"零距离"接触

作为中国著名的影视拍摄基地,这里已经接待了 250 多部海内外影视剧拍摄剧组。景区里长年都有剧组驻扎,中国港台、韩国、日本等地的影视明星往来频繁。观看明星拍摄,邀请明星合影,已经成为游览影视基地的特色内容之一。

服务小贴士

三国城沿途的导游服务

1. 导游可提醒游客三国城门票(单城)70 元,水浒城门票(单城)65 元,三国水浒联票(双城)120 元。

2. 三国城景区比较大,尤其是与水浒城两城连玩比较辛苦,导游员应告知游客,景区提供游览车以方便游客游览、提供大小古战船供游客欣赏太湖美景。

任务 3.2 "城门—桃园"的导游讲解与服务

知识讲解

一、"城门"的导游讲解

（一）天禄和辟邪雕像

城门前有两尊石雕，称为天禄和辟邪。天禄和辟邪都是古代传说中的神兽，天禄又称"天鹿"，有"永绥百禄"的意思，辟邪，有"祓除不祥"的意思。

（二）城门楼

高大雄伟的城门楼，是《三国演义》剧中诸葛亮智设空城计的拍摄场地。

二、"城门内广场"的导游讲解

（一）三国人物雕塑群

走进三国城门楼，右手边的山坡上有一组三国人物群雕，这组雕塑在拍完《三国演义》之后完成，正中是蜀国的人物，右侧是吴国孙权的军队，左侧是魏国的军队。

（二）汉鼎

广场中间矗立着一尊大鼎，由生铁铸成，三足两耳，高 5.17 米，重 15.8 吨，是三国城的标志，寓意魏、蜀、吴三国鼎立。1997 年 4 月 19 日，由于大鼎的重量和高度均为世界之最，因此正式载入世界吉尼斯纪录。

（三）跑马场

汉鼎左侧，是一片周长为 400 米的跑马场，在这里每天上午 10:00 和下午 4:00 推出大型古战争演出节目《三英战吕布》，演绎《三国演义》中十八路诸侯讨伐妄图篡位的逆贼董卓时，刘关张三兄弟大战吕布的精彩故事。

（四）桃园

桃园内石径曲折，香案上青烟缭绕，摆放着牛头、马头等祭祀品。每当春天桃花盛开的时候，园中桃红柳绿，成为三国城的一大美景。

服务小贴士

一、城门广场前的导游服务

购票处旁便有卫生间，导游员在购票前，应提醒游客使用卫生间。同时，由于城门前的广场面积很大，导游员还应提醒游客尽量集合在一起，不要走散。

二、"城门内广场"的导游服务

城门内广场汉鼎前，有景区提供的游览车、驴车以方便游客游览，驾驶员一般同时担任导游讲解。

三、"跑马场"的导游服务

在跑马场,室外大型演出节目《三英战吕布》可以说是享誉海内外,每天都有大批的来自东南亚和中国港澳台的旅游团前来观看。

任务3.3 "曹营水旱寨—长坂坡"的导游讲解与服务

知识讲解

一、"曹营水旱寨"的导游讲解

(一)曹操点将台

进入寨门后,便是三层高的曹操点将台了。《三国演义》电视剧中"火烧赤壁"这场戏,就在此拍摄。在拍摄这场戏时,摄制组动用了9台摄像机和1架直升机,分别从水、陆、空三个方向同时拍摄,动用船只72艘,大火烧掉了50多车木柴,20多吨汽柴油,并请来3 000多名群众演员参加拍摄。

(二)曹操指挥船

走过80米长的甬道,伸入湖中的那艘大船就是曹操的指挥船。指挥船底层是议事厅,是曹操议事、宴请宾客的地方。船头则是《三国演义》电视剧中曹操"横槊赋诗"的拍摄场地。二楼为曹操的书房,正中书写着一个篆体的"曹"字,桌上放的是曹操发号施令用的令牌,左侧的木板上刻有曹操著名的《短歌行》,两边墙上的剧照拍摄的是电视剧中"火烧赤壁"的场景。

二、"竞技场"的导游讲解

这座具有汉代特色的圆形建筑是竞技场,是一座结合了古代戏台形式的综合表演场馆。场地中间是一个八卦图形,分为草地和表演台两部分。竞技场的四周,可以看到上百部在唐城、三国城以及水浒城拍摄过的电视剧剧照。

三、"长坂坡"的导游讲解

右手边围起来的大片场地是一个古战场,有几座茅草房和一座桥,这里便是《三国演义》电视剧中拍摄赵子龙单骑救主的长坂坡。

服务小贴士

一、"竞技场"的导游服务

竞技场内有刘关张三结义以及武术表演,导游在竞技场有两点需要注意:一是竞技场共三层,游客可能会到不同的楼层观看表演;二是竞技场外有娱乐设施,游客可能会观看完演出后自己在场外游玩。因此,导游在观看表演前,要反复向游客强调集合的时间与地点。

二、"长坂坡"的导游服务

景区在"长坂坡"的拍摄场地建造了许多可供游客游玩的娱乐设施,导游需提醒游客在游玩的过程中注意安全。

任务3.4 "三江口吴营"的导游讲解与服务

知识讲解

一、"周瑜点将台"的导游讲解

周瑜点将台倚山坡而建,有台阶六十六级,象征六六大顺。拾级而上,便可看到一个篆体的"周"字,建筑造型为军帐型。在《三国演义》电视剧中,"周瑜点将"这场戏便是在此拍摄的。

二、"七星坛"的导游讲解

走过周瑜点将台,便看到了七星坛。七星坛是按古代的"燎坛"设计建造的,高5.5米,宽和长均为20米,呈金字塔形。七星坛下层为四边形,意为"四象";中层为八边形,刻有"八卦";上层为圆形,画有"阴阳太极图"。《三国演义》电视剧中"诸葛亮借东风"的场景便在此拍摄。

三、"吴营码头"的导游讲解

走下台阶,经过辕门便是吴营水寨,在这里,大家可以与美丽的太湖亲密接触。

服务小贴士

"吴营码头"的导游服务

岸边停了许多艘古代战船,导游可建议游客乘着这种古战船到太湖上面游览一番,从而更真切地感受太湖的山、太湖的水、太湖的无限风光。

任务3.5 "吴王宫"的导游讲解与服务

知识讲解

一、"阙楼"的导游讲解

吴王宫的宫门前,这两座高大的方形建筑叫作阙楼。在汉代,阙楼主要有三种作用。第一,它是一个进城门的标志;第二,它是士兵站岗放哨眺望敌情的地方;第三,它是身份地位、官爵高低的象征,官位越高阙楼就造得越高。这两座阙楼是三国城里最高的建筑物,高达21米。

二、"主殿"的导游讲解

吴王宫的主殿,是当时吴王孙权处理军政大事的场所,是整个吴王宫最重要的建筑。因此,它设立在自然形成的山坡上,面对太湖,背靠青山,高大巍峨。主殿高18米,宽28米,进深22米,前有49级台阶。它的屋檐采用的是重檐庑殿的结构,殿外的廊步深达4米,一根根粗大笨硕的柱子和大跨度的斗拱支撑起了近3米的檐口。旁边的石壁上,还刻有古代图腾——苍龙的图案。

在《三国演义》的拍摄中,这里是刘备招亲的主会场,在古代结婚时都要祭拜祖先,因此进入主殿,灯火通明,供桌上放着"天地、高祖"的牌位。下面一张几案上放的是媒人送的礼物:一只大雁和一对如意的摆设。大雁是希望刘备能像领头雁一样顶天立地,成就一番帝王事业,如意是希望刘备和孙尚香的婚姻幸福美满,事事如意。右手边有古代打击乐器编钟编磬,这里每隔五到十分钟就有演员进行演奏。而在左手边还有各种古代服饰,这都是各个剧组拍摄完留下来的,有各个朝代的龙袍、宫女服、官服等等。

三、"聚贤堂"的导游讲解

走出大殿,我们来到聚贤堂,这里是拍摄"诸葛亮舌战群儒"的地方。聚贤堂高13米,宽29米,进深20米,也是重檐庑殿式屋顶。现在这里已成为三国城的室内表演场地,在这里每天有"华夏古韵"和"连环计"等节目的表演。

四、"后宫"的导游讲解

走出聚贤堂,沿横轴线走,眼前这座两层楼的建筑就是吴王宫的后宫了。一楼是孙权的议事厅,在电视剧中,孙尚香就是在这里迎接刘备的,左侧是孙权的用膳房,右侧是孙权的书房。二楼是刘备的洞房,中间陈列着象征长命百岁的大金龟、象征吉祥如意的金凤凰。因为汉代重黑色,所以婚房内以黑色调为主。为了增添喜气,内设铜镜梳妆台和瑶琴台,还有赵云送的大雁和孙权送的玉如意。墙上还悬挂着一些剧照,令人想起这段"英雄美人"的佳话。

服务小贴士

"吴王宫"的导游服务

1. 导游可告知游客,吴王宫内提供了精致而复古的服装供游客拍照留念。

2. 吴王宫主殿前的台阶比较多也比较高,导游应提醒游客在主殿前拍摄太湖风光时要注意安全,防止跌落。

任务3.6 "甘露寺—火烧赤壁特技场"的导游讲解与服务

知识讲解

一、"甘露寺"的导游讲解

走出后宫,向右拾级而上就是甘露寺,这里是为了拍摄"吴国太相女婿"而建的。整个建筑依

山而建,面向太湖,由山门、偏殿、偏佛殿、鼓亭及砖塔等景点组成。寺门前的一块试剑石是《三国演义》电视剧中孙权与刘备"劈石许愿"的地方。正佛殿中间供奉的是释迦牟尼,右边是吴国太的念经房,左边是吴国太的会客厅。

二、"火烧赤壁特技场"的导游讲解

三国城内所建的"火烧赤壁"特技场,通过遥控、电控、气控的手段操作,让游客能够形象生动地欣赏到电视屏幕上"火烧赤壁"时那烈焰翻腾、火逐风飞的壮观场景,特技场内以微缩的曹营水寨、旱寨、小战船、军帐、江河、点将台、辕门、兵将和周围的自然环境布置而成,200余条船中有65条用钢板制成,涂以耐高温油漆,可以反复燃烧,7至8条用铁索连环,6条遥控船在水域中来回游弋,表演时配有音乐和战场喊杀声,火烧、刮风、烟雾集中控制,整体效果以假乱真,惟妙惟肖,让游客了解影视技术的奥秘,真正参与到影视创作中来。

服务小贴士

"甘露寺"的导游服务

游览三国城结束后,导游可带领游客从甘露寺后门或者沿甘露寺与吴王宫之间的道路返回三国城城门,也可由三国城后门前往水浒城继续游览。

导游职业能力测试

⊙知识问答

(1)请说出魏、蜀、吴三国的代表人物。
(2)吴王宫的建筑特点是什么?
(3)请简单介绍下草船借箭的故事。
(4)描述一下火烧赤壁的场景。

⊙技能必备

(1)能够对三国城的概况进行1分钟左右的导游讲解。
(2)能够对三国城的主要景点——吴王宫进行3分钟左右的导游讲解。

⊙技能拓展

能够简单介绍3~5个有关三国的故事。

任务4 鼋头渚的导游讲解与服务

课前准备

1.通过预习教材与登录鼋头渚官方网站,了解鼋头渚的主要历史沿革,熟悉鼋头渚的主要景观特色;
2.熟悉鼋头渚的游览路线。

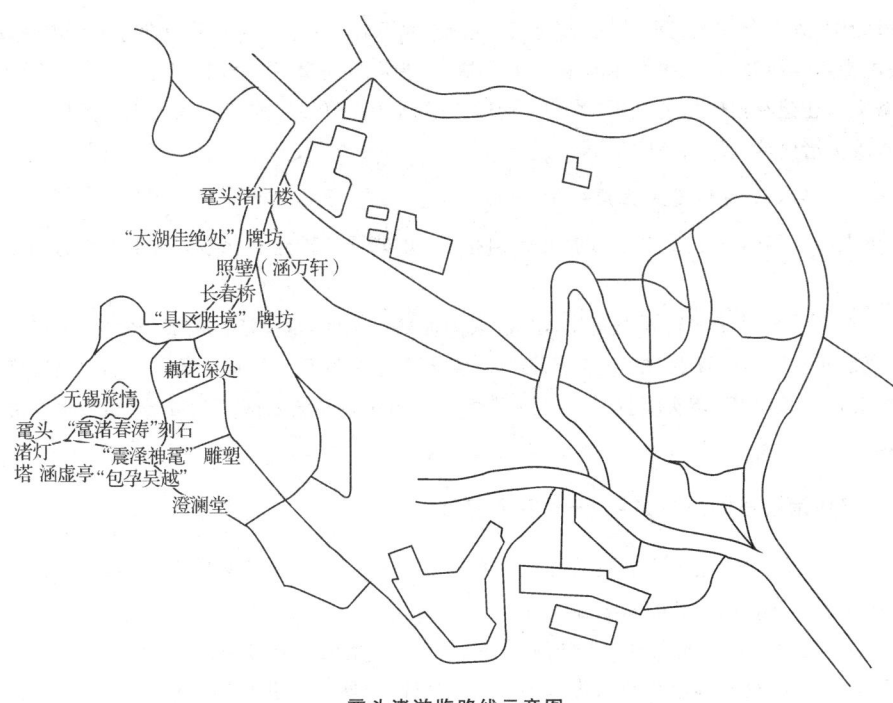

鼋头渚游览路线示意图

鼋头渚门楼→"太湖佳绝处"牌坊→照壁（涵万轩）→长春桥→"具区胜境"牌坊→藕花深处→无锡旅情→鼋头渚灯塔→"鼋渚春涛"刻石→涵虚亭→"包孕吴越"→"震泽神鼋"雕塑→澄澜堂

任务导入

无锡实际上只占有太湖的五分之一，而苏州占有太湖的五分之四，但为何鼋头渚被誉为是"太湖第一名胜"？换句话说，看太湖为什么一定要到无锡来呢？

作为导游员，我们应该如何解答游客的疑问？

任务 4.1　鼋头渚沿途的导游讲解与服务

知识讲解

一、鼋头渚的主要历史沿革

（一）历史源远流长

萧梁时，此地建有"广福庵"，是南朝众多寺庙之一。

明初，"太湖春涨"便被列为"无锡八景"之一。明朝以来，名人墨客纷纷在鼋头渚题词刻石，比较有代表性的有王问（号仲山，无锡人）所题的"辟下泰华""天开峭壁""源头一勺"，以及无锡知县廖纶（四川巴州人）在临湖石崖上所题的"横云""包孕吴越"等石刻。明末，东林党首领高攀龙还在此处留下"鼋头渚濯足"遗迹。

（二）发于 20 世纪初的新兴园林

民国六年（1917），清末举人、地方绅士杨翰西在鼋头渚购山地 60 亩，陆续建成横云小筑、涵

虚亭、澄澜堂、诵芬堂、"藕花深处"、长春桥、云逗楼、涵万轩等景点，对鼋头渚进行了初步开发。

民国十六年(1927)，无锡厘卡局长王心如在此建太湖别墅，接着，其子王昆仑又筑齐眉路。此外，鼋头渚还建有何辑伍的别墅、蔡缄三的退庐、郑明山的郑园、陈仲言的若圃。民国三十三年(1944)，鼋头渚改名为横云公园。

(三) 中华人民共和国成立后的鼋头渚

中华人民共和国成立后，横云山庄由政府接管，并进行了扩建和修复，1954年改名为鼋头渚公园。

1996年对太湖三山进行开发建设，建成"太湖仙岛"，至此，鼋头渚共形成了"十里芳径""充山隐秀""鹿顶迎晖""湖山真意""江南兰苑""中犊晨雾""鼋渚春涛""万浪卷雪""广福禅寺""太湖仙岛"十大景点。2012年，鼋头渚景区被评为国家AAAAA级旅游景区。2017年，鼋头渚举办国际樱花节活动。

二、鼋头渚沿途的主要景观——"宝界双虹"

经过蠡园，不多久，旅游车的右前方便会看到"双虹亭"。"双虹"又称为"宝界双虹"，指的是无锡荣氏家族建在蠡湖中部的新老宝界桥。

1934年，适逢荣德生先生六十岁华诞，他捐出亲友馈赠的寿礼6万余元，作为蠡湖建桥的资金，以完成他造福桑梓、沟通无锡太湖风景区陆上交通的夙愿。此桥有60个桥孔，以应德老寿纪。60年后，为解决宝界桥交通拥塞，促进旅游事业发展，荣德生老先生之孙、国家副主席荣毅仁之子荣智健先生，又独力捐资3 000万元，在老桥东侧10米处，另建新桥。

祖孙造桥，有口皆碑，传为佳话。而新桥落成后，唐代李白"两水夹明镜，双桥落彩虹"的诗意，也油然而起。

服务小贴士

一、游览鼋头渚前的提醒工作

鼋头渚景区共包含十大风景，由于时间的原因，导游应告知旅客一般主要观赏"鼋渚春涛"和"三山仙岛"两处景点。

二、"入口"的导游服务

车辆到鼋头渚大门前，如车上有老年人、军人、学生等优惠对象，导游应提醒这些旅客准备好相关优惠证件，以备票检时检查。到入口处后，导游数好游客人数，持出团任务单、鼋头渚购票卡下车买票，同时购好汽车入园的停车费后上车等待票检后入园。

任务4.2 "鼋头渚门楼—太湖佳绝处"的导游讲解与服务

知识讲解

一、"鼋头渚门楼"的导游讲解

下了旅游车，首先映入眼帘的便是一个琉璃瓦顶、飞檐翘角的重檐大门楼，上书"鼋头渚"三

个镏金大字。这座门楼是1973年建造的,拉开了鼋头渚的游览序幕。走过门楼,门楼背面有"山辉川媚"四个镏金大字,点明了鼋头渚风景的特点。门楼左边是"太湖别墅",穿过月洞门,可循齐眉路登七十二峰山馆。门楼右边有一巨大的盆景,是一棵百年柏树,树高7米,树冠直径6米,重达10吨,是1978年从梅园水厂移植来的。

二、"杜鹃坡"的导游讲解

顺着大道往前,是300多米的杜鹃坡,大道旁还种植着香樟、枫树、大山樱等植物。如果春天到此,山坡上的杜鹃花漫山遍野,高大的树木与花草相互映衬,构成了美丽的图画。

一、"鼋头渚门楼"的导游服务

1. 鼋头渚门楼是鼋头渚公园的游览序幕,既有代表性,场地也比较大,导游可以提醒游客在这里拍集体照。

2. 横云山庄饭店后面有一个卫生间,设施、环境都不错,旅游车抵达鼋头渚的沿途时间比较长,导游应提醒游客使用卫生间,然后再继续游览。

二、"轮船码头"的导游服务

鼋头渚游客服务中心对面便是通往三山的轮船码头,导游可根据排队游客的多少,决定是先游览"鼋渚春涛"还是先乘游轮游览"三山仙岛"。轮船码头检票时需要出示门票。

任务4.3 "太湖佳绝处—无锡旅情"的导游讲解

一、"太湖佳绝处"的导游讲解

"太湖佳绝处"牌坊,在1949年前是鼋头渚公园的正门,当时有题额"山辉川媚",1973年移到"鼋头渚"牌楼处。1981年,以郭沫若手迹制作现在的匾额。

大家右侧的门上写着"问津"二字,这是什么意思呢?原来1934年,鼋头渚与陆地是不相连的,来鼋头渚必须要乘船,而问津就是当时的一个港口,所以门后还有两个字"利涉"。

二、"照壁(涵万轩)"的导游讲解

由于杨翰西是举人出身,因此受中国传统文化影响比较深,所以一进门就有个照壁,上面饰有"凤穿牡丹"图案。凤凰表示吉祥,牡丹表示富贵,因此这个照壁不仅起到障景作用,还有吉祥富贵的寓意。照壁后面便是涵万轩水榭,取"轩小能涵万顷波涛"之意。

三、"长春桥"的导游讲解

绕过照壁往右走,映入眼帘的就是长春桥。因为横云山庄原来建在山脚水边,用地比较局促,所以为了改变布局,杨翰西在1936年建了"长春桥"。长春桥仿照北京颐和园昆明湖上的"玉带桥"而建。桥名长春,取其长葆青春之意。堤上遍植日本野生大山樱,每年4月,花开如一片轻云,淡红粉白相间,故称樱堤,又称长春樱花。

长春桥右边的这艘太湖七桅古帆船,建造于清代中后期,是太湖鼋头渚管理处以21万元的价格从吴县太湖镇湖中村渔民蒋乾元手中买下的。

四、"具区胜境"的导游讲解

在古帆船前方,面临太湖屹立着一座斗拱飞檐、古朴清雅的牌坊,一面写着"横云山庄",另一面为何绍基手书的"具区胜境"。横云山庄是公园的原名,具区,则是太湖古称,其他古称还有"震泽""笠泽""五湖"等。

牌坊前正中,形状如作揖迎客的那块太湖石就是古云石了。左前方那块草坪上矗立的是明代地理学家、旅行家和文学家徐霞客的雕像。

五、"藕花深处"的导游讲解

往前走,便是"藕花深处",取李清照"兴尽晚回舟,误入藕花深处"之意命名。由荷塘、小岛、曲桥、方亭、湖山、轩厅等一组风景建筑组成,方亭上悬"藕花深处"额。"清芬屿"上建宫殿式祠宇5间,堂额为"诵芬",原为杨家祠堂。清芬屿对岸山坡下,有"净香水榭",东端山坡上植有牡丹,为"牡丹坞"。

六、"无锡旅情"的导游讲解

"无锡,充满温情和水"刻石,是1990年初设的一个景点,是无锡对外宣传的旅游口号。"温情"有两层含义,一是说无锡旅游服务质量非常好,给人温情的感觉;另一层是说无锡人古时候属于吴地人,温文尔雅。水,是无锡的主要旅游资源,无锡地处江南水乡,是鱼米之乡,旅游资源以水为主,以水出名,有太湖、京杭大运河、二泉,还有长江。刻石背面还有《无锡旅情》的中文歌词。

原创导游词赏析

藕花深处

游客朋友们,过了具区胜境牌坊,曲径通幽,一池碧水不经意间映入我们的眼帘。而眼前这组江南庭院式建筑被称为"藕花深处"。藕花深处景区主要由这里的方亭、前面的小岛、曲桥以及四周的荷塘等组成。庭院是由鼋头渚最早的园主人杨翰西所建,杨翰西是清末举人,有相当高的文化素养,所以在造园时有意识地发挥真山真水的环境优势,因势布局,巧妙点缀,融情入景,恰到好处,以达到"三分人意,七分天然"的境界。

那么此处为什么叫"藕花深处"呢?请听我给您慢慢道来。当年,藕花深处建好之后,园主杨翰西的亲友前来祝贺,园主便请来宾为这里的方亭题名。由于亭子在湖中间,四周都是荷花,有人提议就叫"湖心亭",可杨翰西觉得太俗气了。正在一群人一筹莫展之际,有个在园中干活的小工匠说:"我能不能试试题个名啊?"杨翰西心想,小小的工匠能题什么好名字,但是当着众人的面,也不好意思回绝他,便应允了。小工匠说道:"老爷,虽然我是个小工匠,但也读过几年书,我记得李清照的一首词《如梦令》这样写道:'常记溪亭日暮,沉醉不知归路,兴尽晚回舟,误入藕花深处。'您看,这里四周都是荷花,亭子又建在池塘的最深处,显得比较深远,可否就叫'藕花深处'?""藕花深处",太有诗情画意了,又很贴切,杨翰西当场拍板,此处就叫"藕花深处"!大家再看,"藕花深处"的匾额挂在这个亭子的东面,只有走到无路可走时才会发现这四个字,从而更加能够体会到此处的意境之美。

走过小桥,我们便来到了清芬屿,清芬屿对面的那排建筑是净香水榭,水榭周围种植着许多牡丹花,因此水榭旁的小小的山湾,被称作"牡丹坞"。清芬屿上的宫殿式建筑叫"诵芬堂","清芬""诵芬"都是歌颂荷花的芬芳和出淤泥而不染的品质,体现了江南文人园林所特有的恬静淡雅的情趣。这幢五开间的房屋曾经做过杨家的祠堂。您看,它的建筑形式非常生动,那屋顶就像比翼双飞的翅膀,既有动势又显得古朴典雅。门口那两棵"龙爪槐",显示出杨翰西希望子孙如青龙一般,腾云驾雾,青云直上的心愿。

建筑是"凝固的音乐"。藕花深处、诵芬堂、净香水榭和前面的曲桥这组景安排得疏密有致、浓淡相宜,既有江南水乡的韵味,又有古典园林的风格,形成了一个宁静的空间,就仿佛一曲优美旋律中的休止符,让我们走进太湖之前,有个短暂的停留,径自陶醉于眼前的江南园林中,忘却前面烟波浩渺的太湖,而同时,它又恰恰增加了我们对太湖的"期望值",真可以说是"此时无声胜有声"啊!

(江苏联合职业技术学院无锡旅游商贸分院 吴建)

任务 4.4 "鼋渚春涛—澄澜堂"的导游讲解与服务

知识讲解

一、"鼋头渚"的导游讲解

沿阶而上就来到了鼋头渚。那么,这里为什么称为鼋头渚呢?原来,三面临水称为渚,从太湖上看来,这里就像伸入水中的鼋头,鼋头渚因此而得名。

鼋头渚可以说是独占了太湖最美的一角,向南望,太湖有着青岛海滨的气概;向北望,可以看到碧波荡漾的蠡湖,那是太湖的一个内湖,它又有着杭州西湖的明媚风光;远眺三山,仙岛随波浮动,如同仙境一般,令人心驰神往。在这一片真山真水的自然景色中辅之以别具匠心的人工点缀,使鼋头渚成为纵览湖水春涛景色最理想的地方。

我们再回过头来看这座灯塔。从这里到浙江湖州,共65千米,每过3千米就有一座灯塔,给过往的船只指航,晚上便能提醒船只到了无锡。灯塔始建于1924年,1982年进行了彻底翻新。

二、"鼋渚春涛"刻石的导游讲解

"鼋渚春涛"刻石正面刻了"鼋头渚"三个字,是光绪年间无锡举人秦敦世书写的。反面"鼋渚春涛"四个字,是由我国末代状元刘春霖所写。

"鼋渚春涛"四个字中,"春"字用得最妙,原因有三:一是刘春霖来锡时正是仲春时节;二是这里面对着太湖的一个内湖,叫梅梁湖,根据《县区志》记载,每逢春天,春涛好似古梅在水上开花一般,显得美丽极了;三是无锡正处在太湖北岸,春天时多东南风,太湖无日不起浪,尤以鼋头渚一带水势浩大,声势雄壮。

三、"摩崖石刻"的导游讲解

远处的摩崖石刻"横云"和"包孕吴越",均为光绪十七年(1891)无锡知县廖纶所书。"包孕吴越"形容太湖气势宏大,跨越江浙两省,像伟大的母亲以自己的"乳汁"哺育了吴越儿女。"横云"是说在湖中远处回望鼋头渚,只见上下苍苍茫茫,水天一色,这一带湖岸好似横在半空中的一抹彩云。

涵虚亭下的石壁上有"明高忠宪公濯足处"八个大字。明高忠宪公指的是明朝东林党重要领导人之一高攀龙。高攀龙得罪了宦官魏忠贤,回到无锡后,他常到鼋头渚湖滩濯足,取"沧浪之水浊兮,可以濯我足"之意,表示避世隐身,知足常乐。抗日战争胜利后,无锡人朱松黯书写"明高忠宪公濯足处"镌于石壁上,以示对高攀龙的纪念。

四、"震泽神鼋"的导游讲解

刚刚我们已经讲过鼋头渚的名称的由来,那么什么是鼋呢?现在大家就随我去看一下。"震泽神鼋"高1.3米,长1.7米,重700千克,龙头鳖身,这尊塑像由青铜铸成。

五、"澄澜堂"的导游讲解

建于1931年的澄澜堂,仿宋、明古宫殿式样,面阔五间,四周为游廊,规模宏大,气宇轩昂。堂外屋檐下悬有清末无锡书法家华世奎所书的"澄澜堂"匾额。"澄",指的是湖水平静清澈,"澜",则是指波涛汹涌澎湃。步入堂内,大堂正中还悬挂着"天然图画"四字匾额。"天然图画"说的是,澄澜堂居高临下,此处风景优美,可以坐观太湖早中晚、晴阴雨以及春花秋月、夏荷冬雪等不同景致。

 服务小贴士

一、"鼋渚春涛"刻石的导游服务

"鼋渚春涛"刻石可以说是鼋头渚的地标性景观,游客不多的时候,导游可以建议游客在这里拍照留念。

二、"澄澜堂"的导游服务

澄澜堂后面有一个卫生间,经过将近一个小时的游览,导游应提醒游客可以使用一下卫生间,然后继续游览。

 导游职业能力测试

⊙ 知识问答

(1)简述鼋头渚的得名缘由。
(2)"包孕吴越"的含义是什么?
(3)澄澜堂的含义是什么?
(4)为什么说"藕花深处"是太湖这首优美旋律中的休止符?

⊙ 技能必备

(1)能够对鼋头渚的概况进行1分钟左右的导游讲解。

(2) 能够对鼋头渚的主要景点——"藕花深处"进行3分钟左右的导游讲解。

⊙ 技能拓展

(1) 以鼋头渚为立足点,对鼋头渚的特色与魅力进行3~5分钟的导游讲解。

(2) 以澄澜堂前为立足点,以楹联匾额为切入点,创作一篇讲解用时为3~5分钟的导游词。

任务5 锡惠公园的导游讲解与服务

课前准备

1. 通过预习教材和网络查询,了解锡惠公园的主要历史背景,熟悉锡惠公园的主要旅游景观;
2. 熟悉锡惠公园的游览路线。

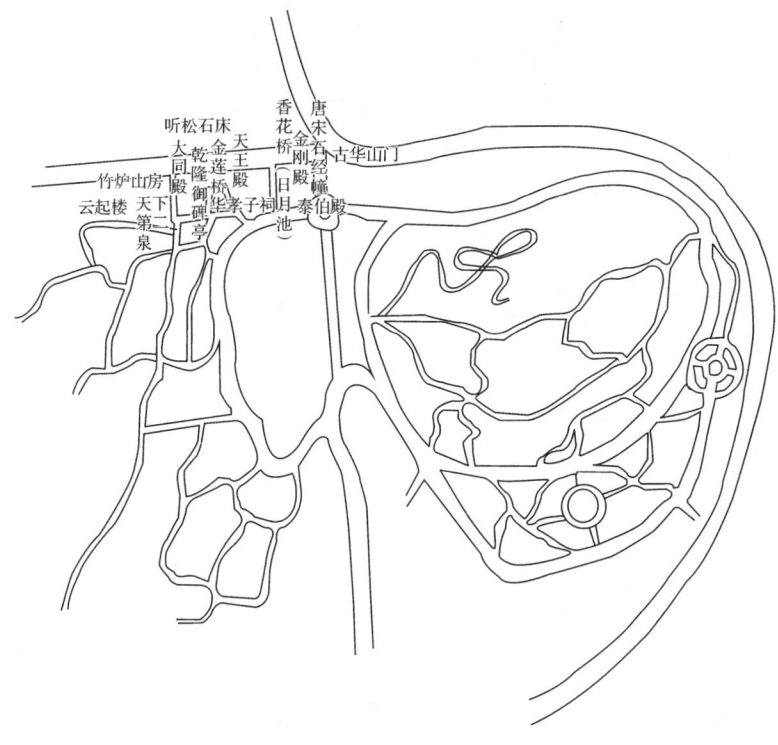

锡惠公园游览路线示意图

古华山门→唐宋石经幢→金刚殿→香花桥(日月池)→天王殿→金莲桥→乾隆御碑亭→听松石床→古银杏→大同殿→竹炉山房→云起楼→天下第二泉→华孝子祠→泰伯殿

任务导入

一千二百多年前,茶圣陆羽将惠山泉列为"天下第二泉";两百多年前,乾隆皇帝将惠山封为江南第一山;今天,锡惠公园被称为无锡的露天历史博物馆……

那么,锡惠公园究竟有何特色与魅力呢?

任务 5.1　锡惠公园沿途的导游讲解与服务

知识讲解

一、锡惠公园的主要历史背景

(一)名列"南朝四百八十寺"之一的惠山寺

惠山寺始建于 423 年,前身为南朝刘宋司徒右长史湛挺的"历山草堂",曾列"梁溪十大丛林"之首。

(二)建于南朝的"江南第一古祠"——华孝子祠

华孝子祠是无锡惠山祠堂群中学术含量最高的古祠堂,它始建于南齐建元三年(481),当时的统治者齐高帝萧道成为表率恪尽孝道的民间义士,赐予无锡人华宝"孝子"匾额,邑人即将华宝故居改作祠堂,以祀孝祖。

(三)唐代开凿的"天下第二泉"——惠山泉

惠山泉开凿于唐大历年间,茶圣陆羽将惠山泉列为"天下第二泉"。

(四)明代打造的山麓别墅园林的典范——寄畅园

寄畅园建于明代,距今已有近五百年的历史。

(五)中华人民共和国成立后的锡惠公园

中华人民共和国成立后,将整个锡山和惠山东麓组建成锡惠公园。

二、锡惠公园的特色与魅力

惠山逶迤,锡山明媚,两山环抱,构成一园。这里文物古迹众多,这里山水林泉俱佳,展现了南朝以来各个朝代的历史文化古迹,流传着许多动人的人文传说,成为无锡名副其实的"露天历史博物馆",可以说是"唐宋元明清,从古说到今"。

服务小贴士

游览锡惠公园前的导游服务

1.锡惠公园的面积很大,内容很丰富,导游带领游客游览的主要是名胜古迹区。同时,导游要反复提醒游客,游览完毕后在公园秀嶂门内集合上车,千万不要自己出园。

2.秀嶂门旁有一个卫生间,导游在古华山门买票的时候应提醒游客使用卫生间,5 分钟后在古华山门入口集合,并且游客可以利用这段时间拍照。

任务 5.2 "古华山门—乾隆御碑亭"的导游讲解与服务

知识讲解

一、"古华山门"的导游讲解

（一）"古华山门"

惠山古称"华山"，惠山寺曾改名为"华山精舍"，所以，惠山寺的山门就叫"古华山门"，大门背面刻有"胜地名泉"四字。

（二）唐宋石经幢

唐宋石经幢为佛门纪念物。南侧一座建于唐代乾符三年（876），是无锡现存最古老的石刻经幢，八角形幢身上刻有《佛顶尊胜陀罗尼经》；北侧一座建于宋代熙宁三年（107），幢身刻"大白伞盖神咒"。

（三）金刚殿

金刚殿建于明正统十年（1445），殿内设哼哈二将。大殿外高悬"江南第一山"匾，由我国书画家李可染先生所书。在金刚殿的背面，有一副抱柱楹联："大哉王言，山为第一泉第二；巍然庙貌，祠以教孝寺教忠。"这副对联是清代光绪年间无锡县令缪纶所撰，武中奇书写。

二、"日月池"和"香花桥"的导游讲解

（一）日月池

过金刚殿，有一泓池水，水中睡莲静卧，名为"日月池"。"日月池"开凿于南朝刘宋元徽二年（474），距今已有一千五百多年的历史了。

（二）香花桥

"日月池"上有一座建于明代的"香花桥"。桥正中石板上刻有"鲤鱼跳龙门"的圆形浮雕，中间两扇石门，一开一闭，表示虔诚的善男信女可以从开着的佛门进入，若是恶人，佛门则永闭不纳。

三、"金莲池"和"金莲桥"的导游讲解

（一）金莲桥

我们现在来到的便是无锡市现存最古老的石桥——金莲桥了。金莲桥是宋代抗金名相、无锡人李纲修建的，距今已有八百多年历史。紫褐色的为原石，其余为1979年修桥时陆续添补的石材。

（二）金莲池

金莲桥得名于金莲池。金莲池是二泉水系通达寄畅园锦汇漪的重要途径。唐代诗人皮日休这样颂吟金莲池："千叶莲花旧有香，半山金刹照方塘。"相传，池内千叶金莲，为南北朝时所种，只有庐山、华山和惠山三寺种植，服之能够成仙，可惜现在已经绝迹了。

四、"乾隆御碑亭"的导游讲解

（一）御碑

乾隆御碑是乾隆六下江南的历史见证。御碑高3.4米，宽1.1米，厚0.33米，碑身重8吨多。

碑帽和三层石座,均雕刻有云龙花纹。地方官从乾隆为惠山寺写下的诗章中挑选四首七律刻于碑上。正面是乾隆第一次来无锡时写的诗,背面是乾隆最后一次下江南时写的诗。

(二)御碑亭

御碑亭俗称皇亭,题额乃由中国书法家协会主席舒同手书。建筑形式颇为奇特:南北四个大洞,东西南北共八个小洞。这是什么意思呢?它寓意乾隆的圣旨和诗文到这里,四通八达广为传播,又寓意一年四季十二个月、一日十二个时辰里,无锡人始终承受皇帝的恩泽。

服务小贴士

一、"古华山门"的导游服务

在古华山门前买好门票后,导游应提醒游客,寄畅园是锡惠公园的园中园,游览完寄畅园还要继续游览锡惠公园的其他名胜古迹,所以一定要跟着导游一起游览。

二、"香花桥"的导游服务

所谓"佛门半开,有缘进来"。导游带领游客过桥时,可指导大家在开着的石门上踏一脚,表示愿做善人,以增加旅游的趣味性。

三、"金莲桥"的导游服务

现在,金莲桥已被封闭保护起来,桥上不能通行,导游应提醒游客从"金莲池"旁边绕行。

任务 5.3 "听松石床—竹炉山房"的导游讲解与服务

知识讲解

一、"古银杏树"的导游讲解

古银杏树乃明代洪武元年(1368)性海和尚所植,距今已有六百多年的历史。当时从这里到古华山门共植有十八棵银杏树,代表了十八罗汉,现在只剩下这一棵。

二、"听松石床"的导游讲解

古银杏树下有座六角小亭,亭中横卧一石。石长 2 米,阔 0.87 米,高 0.56 米,呈紫褐色,表面平坦,一端翘起如枕,宛如卧榻,静听松涛,故名"听松石床"。唐大历年间,著名的书法家李阳冰,应无锡县丞公孙罗之邀请同游惠山,特地篆书"听松"二字,刻于石床枕端,以示纪念。现亭为 1886 年重建,1955 年重修,1984 年冯其庸书"听松亭"匾。

三、"大同殿"的导游讲解

大同殿,原为惠山寺的大雄宝殿,始建于梁大同三年(537),故名为"大同"。清咸丰十年(1860)太平军攻克无锡,同治二年(1863),李鸿章率军反攻无锡,二次战火使大同殿全部被毁。1949 年后,无锡市人民政府对之进行了整修和改建。

四、"竹炉山房"的导游讲解

竹炉山房,原是建于明洪武初年(1368)的弥陀殿。洪武二十八年(1395),素喜与名家交往的寺僧普真(字性海)和尚,请湖州竹工编制一个煮茶竹炉,里面填土,镀心装铜栅,用松树煮二泉水泡茶,招待文人雅士,引起不少名士为竹炉题诗作画。明代万历年间,曾任湖广提学副使的邹迪光重建弥陀寺时改名为"竹炉山房"。乾隆南巡,曾在此品二泉茶,观《竹炉图》四卷,题诗,赐"竹炉山房"匾额。

房前平台伸出,廊檐古朴典雅,头门边还有两块磐陀石。正中匾额"竹炉山房"是1979年由李苦禅重题。

服务小贴士

一、"大同殿"的导游服务

步入大同殿后,左转出南边门,不远处便是"竹炉山房"。

二、"竹庐山房"的导游服务

竹庐山房庭院中有"云起楼",作为导游,这里应注意引导游客,直接经"竹炉山房"前往二泉庭院。

任务5.4 "天下第二泉—泰伯殿"的导游讲解

知识讲解

一、"天下第二泉"的导游讲解

惠山有九龙十三泉,二泉最负盛名。唐大历年间,无锡县令敬澄疏浚惠山泉,砌泉井。根据茶圣陆羽、刑部侍郎刘伯刍二位古代品茗专家品定,惠山泉均列第二,故称"天下第二泉"。

"天下第二泉"的泉水随山势自西向东,分上、中、下三池。上池为八角形,中池为正方形,都是石底、青石围栏。池上的"二泉亭",初建于南宋初期,由宋高宗赵构下令建造,现在的亭子则重建于清同治初年(1862)。亭壁上的石刻"天下第二泉"出自元代书法家赵孟頫之手。

漪澜堂位于二泉庭院正中,四周游廊环绕。堂名出自苏东坡"还将尘土足,一步漪澜堂"的诗句,堂前匾额为现代书法家费新我所书。大门两边的柱上还有苏东坡的诗句:"雪芽为我求阳羡,乳水君应响惠泉。"

泉水通过暗渠从漪澜堂底流入下池。下池开凿于北宋明道二年(1033)。西池壁正中有一石螭首(俗称"龙头"),始建于明朝弘治初年(1488),构成"螭吻飞泉"胜景。

二、"华孝子祠"的导游讲解

华孝子祠,始建于唐代,为祀东晋无锡人孝子华宝所建,历代都有修葺。现存的华孝子祠楠木大厅,是乾隆二十七年(1762)修建的,为无锡唯一的清代楠木建筑。祠门前有四面牌坊,呈正方形,建于乾隆十二年(1747)。其特色在于无顶,下凿水井,水井四周围以青石栏板。

三、"愚公谷"的导游讲解

愚公谷乃明万历十五年(1587)无锡人邹迪光所建,当时被誉为全国私人四大名园之一。邹迪光死后,愚公谷由其次子邹德基继承,邹德基死后,家败园废,前后仅50余年。1958年、1959年,在愚公谷旧址利用仅存的池沼、银杏和玉兰重新构园。

四、"泰伯殿"的导游讲解

清乾隆三十年(1765),无锡知县吴钺等购愚公谷的枝峰阁、绳河馆旧址,建至德祠,祀吴国始祖泰伯、仲雍、季札。今泰伯殿是原至德祠的一幢主要建筑,1957年进行大修,位于映山湖的东北。殿名源于孔子的"泰伯,其可谓至德也已矣"之语,现殿上高悬"至德无上"匾额,乃1979年武中奇所书。殿正中绘制泰伯像,旁边配以"断发文身""荆蛮义归""建都梅里""开发江南"等画,两壁还悬挂有屏书八帧,摘录了司马迁的《史记·吴泰伯世家》对泰伯的介绍。

原创导游词赏析

二泉映月

> 踏遍江南南岸山,逢山未免更留连。
> 独携天上小团月,来试人间第二泉。

游客朋友们,我们右手边石碑上的这首诗,乃当年东坡居士游历无锡惠山时所题。诗中所讲的"人间第二泉",便是举世闻名的惠山泉。

大家可别小看这老二的身份,唐朝宰相李德裕为了饮用二泉水,命驿站专程送往长安城;宋徽宗则干脆将二泉水列为贡品,烹制贡茶小团月就只用二泉水;到了清代,康熙乾隆爷孙俩分别六下江南,每一次都前来品茗,尤其是乾隆皇帝,为二泉题诗五十多首,还称赞陆羽不愧为茶圣,识得二泉真滋味。那么,二泉水的滋味究竟怎么样呢?接下来,就请大家随我前去探一个究竟。

步入二泉庭院,大家可以感受到,整个庭院古朴典雅,颇具传统文化韵味。陆子祠、二泉亭、漪澜堂沿中轴线依山势而起伏,太湖石峰、石假山、扶疏花木则以二泉为核心,错落点缀其间。

有游客朋友问了:这二泉水究竟从何处来?大家请随我的手势看:惠山九峰逶迤,自古便是无锡人文化和心灵的圣地。二泉则出自惠山龙首之下,水系随山势自西向东,由上池、中池和下池三部分组成。上池和中池位于二泉亭内。大家可以看到,上池呈八角形,为泉源所在,中池呈方形,紧靠上池,两池呈"天圆地方"的布局。亭壁上刻有元代翰林学士、大书法家赵孟頫手书的"天下第二泉",唐代茶圣陆羽和唐代品茶专家刘伯刍在先后品评天下名泉时,都将惠山泉定为第二,这"天下第二泉"的称号可说是当之无愧啊!

转过身来,我们面前这座木结构建筑便是漪澜堂了。漪澜堂一名来自于东坡居士的诗句"还将尘土足,一步漪澜堂"。应该说,苏东坡与惠山及"天下第二泉"之间的情缘非同一般,他不仅先后多次前来二泉品茗,更是为二泉吟诗作赋多首。这不,漪澜堂门前的楹联"雪芽为我求阳羡,乳水君应响惠泉"就出自苏东坡的诗句。而这些诗句对二泉起到了极大的推广作用。此后,无数文人墨客为之吟咏诵叹,留下了诸多脍炙人口的诗篇;帝王将相也竞相为之留诗泼墨,这不,在泉庭北侧粉墙上,就镶嵌着清雍正年间最有名的书法家、吏部员外郎王澍手书的"天下第二泉"刻石。

"漪澜堂下水长流,暮暮朝朝客不休",二泉水通过漪澜堂底的暗渠流入下池。大家面前的这座长方形水池便是二泉的下池。下池之美,尤在月圆之时。据当地老人讲,每当农历八月十五晚上九时至十一时,一轮似冰晶玉盘的皓月,便会倒映在下池波光粼粼的清泉里。游客朋友们,大家不妨插上想象的翅膀,当园外"月明车马喧"的时候,大家环坐园内,一边品着阳羡绿茶,一边欣赏着月色如水,那是何等的诗意人生啊!听,一首熟悉的乐声从堂内传来,没错,这便是享誉全球的二胡名曲《二泉映月》。深沉、悠扬而又不失激昂的乐声,曾让世界著名指挥家小泽征尔感动得热泪盈眶、呢喃跪地。一阵微风过后,大家是否感觉到"腋下生风,骨已化仙"?是否有"不知天上宫阙,今夕是何年"之感呢?天、地、泉、人,世间万物仿佛完美地融为一体,一切都是那么和谐。正是:山泉一轮月,倒映水中天!

(江苏联合职业技术学院无锡旅游商贸分院 吴建)

导游职业能力测试

◉ **知识问答**

(1)"二泉三绝"指的是什么?
(2)锡惠公园"从古说到今"都说了什么?
(3)为什么惠山被评为"天下第一山"?
(4)小团月指什么?和谁有关?

◉ **技能必备**

(1)能够对锡惠公园的概况进行1分钟左右的导游讲解。
(2)能够对锡惠公园的主要景点——"天下第二泉"进行3分钟左右的导游讲解。

◉ **技能拓展**

以金刚殿背后为立足点,以楹联匾额为切入点,创作一篇讲解用时为3~5分钟的导游词,能够对锡惠公园进行深入浅出的简要介绍。

任务6 寄畅园的导游讲解与服务

课前准备

1.通过预习教材和网络查询,了解寄畅园的历史演变过程,熟悉寄畅园的景观特色与艺术魅力;
2.熟悉寄畅园的游览路线。

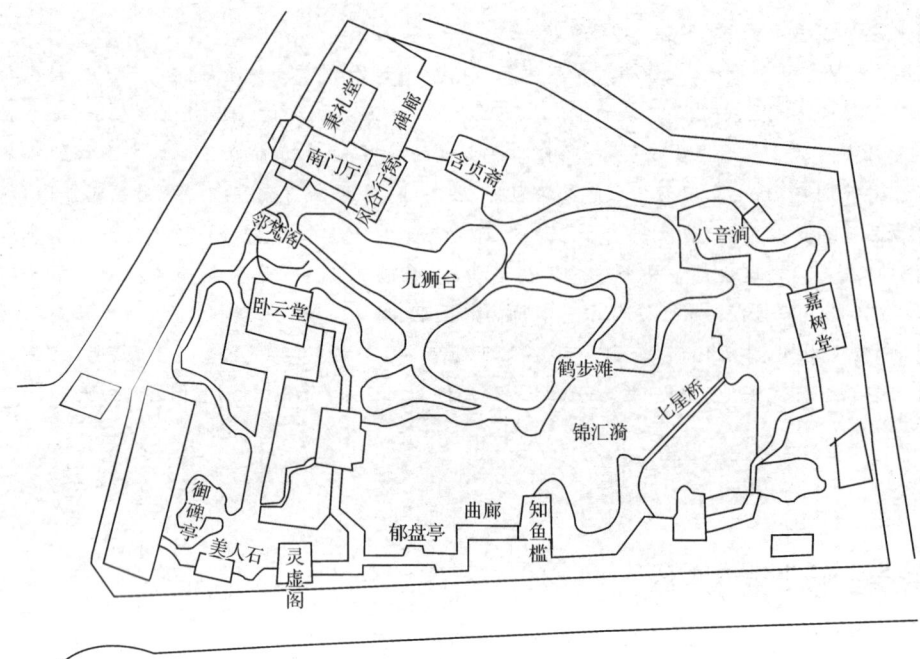

寄畅园游览路线示意图

南门厅→凤谷行窝→秉礼堂→碑廊→含贞斋→九狮台→八音涧→嘉树堂（锦汇漪、鹤步滩）→七星桥→曲廊（清响）→知鱼槛→郁盘亭→美人石（灵虚阁）→御碑亭→卧云堂→邻梵阁→南门厅

任务导入

有道是："江南园林甲天下，苏州园林冠江南"，那么为何要游览无锡的寄畅园呢？作为导游员，我们应该怎么讲解，才能较好地体现出寄畅园的特色与魅力呢？

任务6.1 寄畅园沿途的导游讲解与服务

一、寄畅园的主要历史沿革

（一）秦金筑"凤谷行窝"

明嘉靖六年（1527），从户部尚书任上告老还乡后，秦金就买下南隐、沤寓两处僧房，利用四年时间，在此建筑了"凤谷行窝"。

（二）秦耀建"寄畅园"

秦金之后，"凤谷行窝"归其族孙秦梁，秦梁之后，转而属秦耀。在湖广巡抚任上，秦耀官场失意，退而筑园，经过十年辛劳，在"凤谷行窝"建成二十个景点，取大书法家王羲之的"寄畅山水阴"诗句，将园子命名为"寄畅园"。

(三)秦德藻中兴改建

秦耀之后,按他的遗嘱,寄畅园分属他的四个儿子。清初顺治年间,寄畅园由秦耀的曾孙秦德藻掌管。秦德藻先是合四为一,结束了寄畅园分裂的局面,又聘请当时的造园高手张涟及其侄张钺改建寄畅园。

(四)秦蕙田使秦园失而复得

1703年,康熙第四次来寄畅园,回京时安排秦氏子侄秦道然在九皇子府中教书。雍正登基后,在清除异己的过程中,秦道然亦受牵连,寄畅园也被抄没入官。乾隆元年(1736),其子秦蕙田中进士,廷试一甲第三。看在新科探花的份上,尘封十三年的寄畅园,终于又重归秦家所有。

二、寄畅园的特色与魅力

(一)浓郁的文化氛围

寄畅园的园主——秦家,乃宋朝大词人秦观(秦少游)之后。秦家是无锡当之无愧的名门望族,第一代园主秦金,乃明朝"三朝太保,五部尚书"。到了清代,顺治到嘉庆五朝,秦家有两人中探花、十人授翰林,可谓是誉满全朝。到了近代,秦家还出了一位中国共产党早期的领导人——秦邦宪,也就是博古。

寄畅园在无锡秦家上下传承了五百多年,秦家以诗书传家,由于园主都有着深厚的文化底蕴,这"园如主人",寄畅园也充满了浓郁的文化氛围。

(二)高超的造园艺术

寄畅园的成功之处便在于:理水精美、叠石高超、借景巧妙、树木苍郁、建筑洗练,是典型的江南明清园林。所以有人说:"自然的山,精美的水,古拙的树,巧妙的景,洗练的建筑,以及浓郁的文化底蕴",构成了一座凝练的园。

(三)辉煌的百年历史

清朝康熙、乾隆皇帝,百年间分别六次下江南、七次前来寄畅园游览。康熙帝特地为寄畅园题写了"山色溪光""松风水月";乾隆帝更是认为"江南诸名胜,唯惠山秦园最古",他不仅在此作诗二十多首,回到北京还在清漪园建造了惠山园,也就是今天颐和园中的谐趣园。

 服务小贴士

游览寄畅园前的提醒工作

寄畅园是锡惠公园的园中园,导游应注意提醒游客结束寄畅园的游览之后,还要集合继续游览锡惠公园。

任务 6.2 "南门厅—碑廊"的导游讲解与服务

 知识讲解

一、"凤谷行窝"庭院的导游讲解

（一）"山色溪光"与"玉戛金枞"刻石

"山色溪光"为康熙 1699 年第三次南巡来寄畅园时所赐，四个字概括了园内景色，论园中山水布局之精妙，言视觉之美；"玉戛金枞"为乾隆 1757 年第二次南巡时御笔所赐，其赞美园内高超的叠山理水，述流泉淙淙如击玉撞钟，道听觉之美。

（二）"凤谷行窝"敞厅

关于"凤谷行窝"名字的由来，首先，秦金号凤山，园子建在惠山的山谷里，惠山俗称龙山，故以"凤谷"相对，指出此地是"凤藏龙山"的风水宝地；其次，在古代，皇帝的别墅叫行宫，大臣的就叫行窝，也就是我们今天所说的山庄。因此，合起来称为"凤谷行窝"。

（三）"侵云"与"碍月"耳门

"凤谷行窝"厅前走廊有两个耳门，门楣上的题款属于借景题款，指明了两个耳门所框佳景："侵云"门外绿荫如盖，可见龙光塔高耸入云、直插云霄；"碍月"门处可观惠山之高峰掩月。

二、"秉礼堂"庭院的导游讲解

（一）秉礼堂

秉礼堂的题名是为了纪念关公。曹操将关羽软禁后，为试探关羽，只给了他与嫂嫂（刘备夫人）一间房，关羽把房子让给嫂嫂，自己站在门外，借月光读书到天明。曹操为此佩服至极。园主人更是敬佩关公，题名"秉礼"，即秉烛达旦、遵守礼节之意。

雍正年间，寄畅园被没官，南端被改为贞节祠和钱武肃王祠，靠着惠山寺建有秉礼堂等建筑。因此，这里是无锡执掌礼仪的地方，旁边卷棚上的"冰清""玉洁"就是当时的痕迹。

（二）碑廊

寄畅园法贴刻碑工程由无锡秦氏另一位文化名人秦震钧于清代嘉庆六年（1801）完成。里面还有刘墉的手迹碑刻。

 服务小贴士

一、"凤谷行窝"庭院的导游服务

导游应提醒游客，从凤谷行窝前往秉礼堂，走碍月门。寄畅园游览结束后，再经侵云门重新回到凤谷行窝，在这里集合后继续游览锡惠公园。

二、"秉礼堂"庭院的导游服务

游览了秉礼堂之后，将沿着碑廊前往游览含贞斋，导游应提醒游客跟紧旅游团，不要从碑廊旁的小门出去。

任务6.3 "含贞斋—八音涧"的导游讲解

知识讲解

一、"含贞斋"的导游讲解

含贞斋曾经是寄畅园第三代园主秦耀的书斋,乾隆十一年(1746)改为宸翰堂,以供奉康熙帝在寄畅园题写的诗章和匾联。

现在,含贞斋室内墙壁上挂着壁画《明寄畅园图》和秦耀所作的二十首寄畅园景物诗;展台上则放着"清寄畅园模型"。

二、"九狮台"的导游讲解

"含贞斋"外两侧楹联写道:"新添十竹皆紫玉,恰对九峰如画廊。""含贞斋"的正对面正是下联中写的九峰,又称"九狮台"。"九狮台"是根据元代的画家倪云林的九狮图,在清代的时候用太湖石堆砌而成。

三、"八音涧"的导游讲解

八音涧由张涟叔侄主持修建,二泉水通过园子外面的暗渠引入涧内,随着总长36米的涧道上下迂回,真正实现了左思的"非必丝与竹,山水有清音"。

在八音涧假山之巅,1981年复建原有的梅亭一座。这里可居高临下,俯瞰八音涧。

任务6.4 "嘉树堂—先月榭"的导游讲解与服务

知识讲解

一、"嘉树堂"的导游讲解

嘉树堂,顾名思义,跟树木有关。园中在建凤谷行窝时即已建有野堂,而且与现在位置的环境基本相吻合。到秦耀改建寄畅园之后,嘉树堂已然列为二十景之首。

乾隆十一年(1746),寄畅园改作双孝祠,供奉迁锡第六世祖、明代诏旌的孝子秦永孚、秦仲孚兄弟,配祀秦耀、秦德藻等祖先。20世纪70年代,嘉树堂改建为三间敞厅。

二、"清响"的导游讲解

清响月洞门内为秦园仿明砖雕古门楼,这里原有清响斋三间,取唐代诗人孟浩然"竹露滴清响"的诗句命名。清响月洞门内的仿明砖雕门楼,背刻"暗八仙"、牡丹花和马羊虎犬等图案,马羊虎犬,寓意忠孝节义。

三、"知鱼槛"的导游讲解

知鱼槛,位于锦汇漪中心,突出池中,三面环水。名字出自《庄子·秋水》中"安知我不知鱼之乐"之句。坐身栏板上有靠背,男的坐着称它为吴王靠,女子坐着就称它为美人靠了。

知鱼槛所在之处,不仅能"知鱼的快乐",更能体验寄畅园造园艺术的美妙。透过锦汇漪水

面,知鱼槛是欣赏对面案墩假山与"借景"惠山的最佳视角。

四、"郁盘廊"的导游讲解

郁盘廊的亭名由来,一说是相传乾隆皇帝在此召惠山寺僧人下棋,和尚棋艺非凡,杀得乾隆手足无措,但僧人最后虚晃一枪,把棋让给乾隆。乾隆虽胜,却自知望尘莫及,心中郁郁不乐,于是下旨将此亭改为"郁盘"。还有一说是在明代,这园内满是参天的大树,葱茏茂密,在亭中小憩,可以欣赏对面假山上郁郁葱葱的树木。

五、"先月榭"的导游讲解

"先月榭"为小三间敞口建筑,由于榭两边临水,也叫作"河亭",始建于明万历年间,名字取自"近水楼台先得月"。

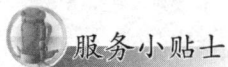服务小贴士

"嘉树堂"的导游服务

1. 嘉树堂前是寄畅园景观的集大成之处,导游应提醒游客不要错过眼前美丽的山水画卷,并指导游客选取最佳角度,抓紧时间定格寄畅园美丽的景致。

2. 寄畅园内只有一个卫生间,在嘉树堂旁边的圆洞门内,导游应提醒游客使用卫生用,5分钟后集合,继续游览后面的景致。

原创导游词赏析

寄畅园嘉树堂

游客朋友们,穿过八音涧,现在我们来到了嘉树堂前。《红楼梦》里说得好,"偌大景致,若无亭榭,无字标题,也觉寥落无趣,任有花柳山水,也断不能生色"。意思是,如果没有匾额楹联,再好的景致也会黯然失色。而好的匾额楹联则往往会给旅游景观带来画龙点睛、锦上添花的效果。下面就让我们一起来看一看嘉树堂前的这副抱柱楹联:"瑶台倒影参差树,玉镜平开远近山。"上联说的是,嘉树堂前的景色基本上都是围绕着眼前的这一泓池水而展开的。您看,我们右手边叠石成山、古木沧桑;左手边一桥拦腰平卧水上,沿池还设置着临水长廊。一年四季,山影、树影、桥影、花影和人影交错,尽汇于锦汇漪中,真不负瑶台的美称。那么,下联讲的又是什么呢?明代著名的造园艺术家计成曾经说过:"园林应巧于因借",而寄畅园最大的特点正是"巧于因借",与"平地起园"、缺乏天然野趣的苏州园林相比,寄畅园位于惠山九龙峰下,它东借锡山,西借惠山,以有限的空间,创造出无限的意境。来,大家往前走一步,让我们驻足于锦汇漪前,从北岸向南极目远眺,您看,这里的视野多开阔啊,近景、远景的组合也极富有层次,"山池塔影"更是成为造园手法中远借的经典之作。当年乾隆皇帝来到这里,也不由得脱口而出:"闲闲塔影见高标",点明了寄畅园借"龙光塔"之景入园,这锡山啊仿佛就在寄畅园中一般。大家不妨抓紧时间摆好优美的姿势,用相机定格下这美丽的风景。

接下来，让我们步入嘉树堂，堂内还有一副楹联："千年人家诗书传,百代承名寄畅园。"大家知道吗？寄畅园园主,是北宋词人秦少游的后裔,秦家是无锡的名门望族。第一代园主秦金,乃明朝"三朝太保,五部尚书";清代顺治到嘉庆五朝,秦家有两人中探花、十人授翰林;到了近代,还出了一位中国共产党早期的领导人——秦邦宪,也就是博古。尤其值得一提的是,寄畅园是我国山麓别墅式园林的代表。康熙初年,园主秦德藻请当时著名的造园名家张涟叔侄,建造了"山重水复,柳暗花明"的八音洞,吸引了康熙、乾隆爷孙俩百年间14次前往游览,这在江南名园中,那真是绝无仅有啊！尤其是乾隆皇帝,他认为在江南诸多名胜之中,寄畅园最为幽致,他不仅在此作诗二十多首,回到北京还在清漪园以寄畅园为蓝本,建造了惠山园,也就是今天颐和园中的谐趣园。

如果说第一副楹联点明了寄畅园的景观特色,第二副楹联则说明了寄畅园的历史背景。面对着这满园的山色溪光,聆听着二泉水的石上清音,正是"一门书香世代传,百代名园永流芳"。

(江苏联合职业技术学院无锡旅游商贸分院　吴建)

任务6.5　"凌虚阁—邻梵阁"的导游讲解与服务

知识讲解

一、"凌虚阁"的导游讲解

凌虚阁始建于明代万历年间,三层,可眺望惠山街景。

二、"美人石"的导游讲解

美人石的名称从何而来呢？请看,这块石好似有着秀丽的面庞、苗条的身材,正对着前方的镜池梳妆打扮呢！

三、"小御碑亭"的导游讲解

1747年,乾隆第二次南巡至此,认为"美人石"头部大、下面小,改称为"介如峰"。事后,地方官将乾隆诗章和介如峰图,镌碑立于美人石前,并筑六角亭覆之。

四、"卧云堂"的导游讲解

卧云堂建于明万历年间,坐西朝东,前后两进,中有天井,是康熙、乾隆皇帝巡幸寄畅园时的接驾处,以康熙第三次南巡来寄畅园时所赐御书"山色溪光"命名此堂,故又称御书碑厅。

卧云堂于清咸丰十年(1860)毁于兵火,2000年重建该堂前进。

五、"邻梵阁"的导游讲解

位于卧云堂后假山顶上的邻梵阁,也叫邻梵楼,因古代惠山寺周围遍布祠堂庙宇而得名。

 **服务小贴士**

一、"美人石"的导游服务

哪里是欣赏"美人石"的最佳位置呢？导游可提醒游客，右手边有个想吃天鹅肉的黄石癞蛤蟆，正张大着"嘴巴"、挺着"白肚子"看着这位"美人"呢。

二、"邻梵阁"的导游服务

出园的时候，导游应提醒带小朋友的游客照顾好自己的孩子。同时，出园的路比较狭窄和崎岖，比如钻山洞的时候，导游要提醒游客注意别碰着头。

 **导游职业能力测试**

◉ **知识问答**

（1）请说出寄畅园第一代、第三代园主是谁，分别是什么年代的人。

（2）寄畅园属于什么类型的园林？

（3）知鱼槛体现了园主什么思想？

（4）与苏州园林相比，寄畅园的魅力主要体现在哪些方面？

◉ **技能必备**

（1）能够对寄畅园的概况进行1分钟左右的导游讲解。

（2）能够对寄畅园的主要景点——知鱼槛进行3分钟左右的导游讲解。

◉ **技能拓展**

以嘉树堂前为立足点，以槛联匾额为切入点，创作一篇讲解时长为3~5分钟的导游词，下节课按小组进行汇报讲解。

任务7 蠡园的导游讲解与服务

 **课前准备**

1.通过网络查询和教材预习，了解蠡园的主要历史沿革，以及蠡园的景观特色与魅力；

2.熟悉蠡园的游览路线。

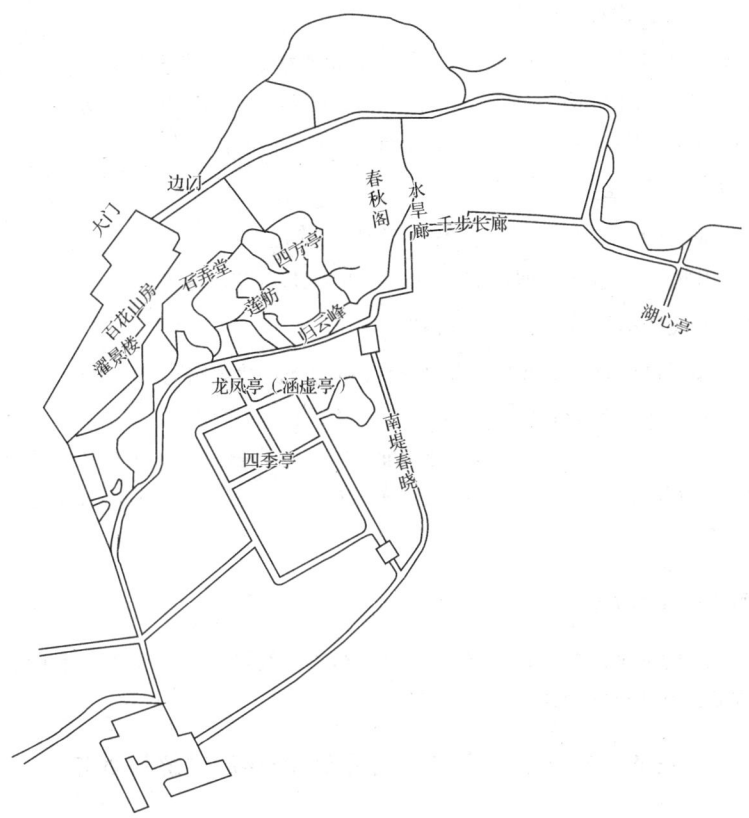

蠡园游览路线示意图

大门→石弄堂→四方亭→归云峰→莲舫→百花山房→濯景楼→四季亭→龙凤亭（涵虚亭）→南堤春晓→千步长廊→湖心亭→水旱廊→春秋阁→边门

任务导入

与江南古典园林相比，作为由无锡近代实业家建造的园林，蠡园具有什么样的特色与魅力呢？

作为导游员，我们应该如何讲解、介绍，才能较好地体现出蠡园的文化内涵与造园艺术特点呢？

任务7.1 蠡园沿途的导游讲解

知识讲解

一、蠡园的主要历史沿革

（一）虞循真开发"青祁八景"

民国初，无锡县第三区区长、青祁村人虞循真于蠡湖北岸做景点开发，号"青祁八景"，题"山明水秀之区"，立于路口。这是蠡园开发之始。

(二)王禹卿父子营构"蠡园"

1927年,虞循真的同村人王禹卿在上海经营面粉业致富,在"青祁八景"基础上,营构"蠡园",建有百尺廊、湖上草堂、景宣楼、诵芬轩、寒香阁等。1936年,王禹卿之子王亢元,又在其旁拓地十余亩,建凝春塔、晴红烟绿水榭(湖心亭)、颐安别业(西班牙小洋房)等。

(三)陈梅芳建"渔庄"

1930年起,王禹卿的亲戚陈梅芳,在蠡园西侧建"渔庄",又名"赛蠡园"。1937年,由于抗战爆发,造园活动因此中止,仅建有假山前后的小亭和莲舫、百花山房等。

(四)中华人民共和国成立后的"蠡园"

1952年,蠡园百尺廊向西接出200米,与渔庄相连,统称"蠡园"。1954年,又建四季亭、拱桥等。后来,老蠡园的一部分划给外事部门,成为今湖滨饭店的庭园。

1978—1982年,园林部门扩建占地二十八亩的"层波叠影"景区,建有春秋阁、红廖榭、数鱼槛、水旱廊、半亭、绿漪亭、水森亭、柳荫亭、邀鱼轩、鱼矶、映月桥、花架廊等,荣获建设部优秀设计二等奖。

二、蠡园的特色与魅力

用园主王禹卿的话来说:"荣家的梅园依山而建,我的蠡园傍水而筑,'仁者乐山,智者乐水',我们是各取所需。"由此可见,蠡园以水景见长。

任务7.2 "景区入口—石弄堂"的导游讲解与服务

知识讲解

一、"景区大门"的导游讲解

(一)"石库门"建筑

这是一幢颇具江南地方特色的"石库门"建筑,原系"渔庄"大门,经数次改筑,成为现在的式样。它面阔三间,进深九进,双坡小青瓦屋顶,方砖贴面,下为金山石墙裙,门额为金色"蠡园"二字。门厅后墙又开八角形门洞,接出暗廊,廊端又开月洞,由此入园。

(二)《蠡园唱答》诗与《蠡园导游图》

在门厅的东山墙,悬挂郭沫若《蠡园唱答》诗,王季鹤书录;西山墙为刻漆《蠡园导游图》,点明了蠡园假山真水特色和临水造园、以水饰景的诗情画意。

(三)"蠡湖烟绿"匾与128字的"门"字长联

迎面八角形门洞上方,为"蠡湖烟绿"匾,两侧为128字的"门"字长联。上联讲蠡湖的历史传说与轶闻掌故,下联则描述了蠡园的自然风光。

二、"石弄堂"的导游讲解

从门厅经暗廊出月洞门,左拐,在幽径两侧,山石壁立,堆筑成悬崖状。其上有绿树翠竹,又有花枝垂蔓,令人如入深谷,别具一种深邃的感觉。

景区入口的导游服务

自蠡园门厅出月洞门右拐过山洞,也可到达"百花山房"。导游员在此应提醒游客紧跟旅游团,防止游客走失。

任务 7.3 "假山耸翠"的导游讲解

一、"四方亭"的导游讲解

从"石弄堂"入园后,循路经过单边护着石栏的跨水石桥,便可达"四方亭"。

二、"归云峰"的导游讲解

由于蠡园假山湖石的形状如天上变幻无穷的云朵,因此可看到不少用"云"字的题名,如云脚、穿云、朵云、盘云、留云等等。沿着假山中的小路在这迷宫一样的山洞里穿来穿去,忽高忽低、忽左忽右、忽宽忽窄、忽明忽暗,就像郭沫若老先生说的那样:"欲问蠡园趣,崖头问少年。"

三、"莲舫"的导游讲解

这是一座建于 1930 年的船形建筑,前舱装有落地长窗,中舱有矮墙花窗,尾舱隔粉墙栏杆和进出舱的小门。

任务 7.4 "南堤春晓"的导游讲解

一、"百花山房"的导游讲解

这幢建筑原为建于 1930 年的五开间大厅,其旁叠石成坞,花木繁茂,有"细数落花因坐久"的情趣。1994 年翻建时,改为坐西朝东、面阔三间的式样,青瓦十字脊,四角飞檐起翘,其前接出抱厦。

二、"濯锦楼"的导游讲解

濯锦楼在百花山房之西,建于 1984 年,三开间,二层,楼名形容此地风景就像刚刚洗过的锦缎一样美丽。

三、"四季亭"的导游讲解

四季亭建于 1954 年,式样、颜色完全相同,一律黄顶红柱,三面置有坐槛靠背,栋梁间有四季花卉彩绘。四季亭周围栽了不同的四季花木,还悬挂着无锡名流朱百里、冒亦诚、曾可述、钱玉麟题名书写的匾额。

四、"涵虚亭"的导游讲解

涵虚亭八角攒尖,飞檐翘角,亭顶琉璃溢翠,亭畔湖石嶙峋,空灵殊域,八面来风,古柳疏朗,花木弄影,不失为可人一景。

五、"南堤春晓"的导游讲解

南堤位于四季亭方塘之外,是虞循真为陈梅芳建渔庄时所筑的湖堤。南堤绕蠡园半圈,植桃四百余株,柳三百余株,每当到了阳春三月,这里桃花吐艳、柳枝飘曳,景色分外宜人。

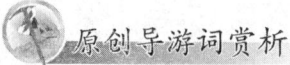 原创导游词赏析

四季亭

游客朋友们,出了百花山房,穿过一条幽静的小径,便豁然开朗了起来,这里就是四季亭景区了。四季亭是在一个四四方方的池子周围,南北相对、东西相向建造的四个一模一样的亭子。景区周围是一湖碧水、数峰青山,景区内则以小桥、流水、石径穿插,在万顷太湖之畔,营造了一处欣赏美景的绝佳处。大家请看,四座亭子一律歇山亭顶、黄瓦红柱,以背湖一面为照壁,其余三面则置有坐槛靠背,人称"美人靠",供游人在此休憩赏景。亭顶上还装饰有古人心目中避免火灾的吉祥物——荷花、荷叶、莲蓬等水生植物。

大家可能想问:为什么眼前这四个亭子式样、颜色完全相同呢?的确,四季亭大胆地采用了同样的构造形式。大家不妨想一下:四季亭的特色,不正是因为不怕雷同,反而能够跳出雷同,越是看着一般,想想就越觉得奇妙吗?您若不信,就请随我走进其中任意一个亭子,看看是不是感觉像同时又到了其他三个亭子里。这种"我中有你,你中有我"的妙趣体现了设计者的巧思。

那么四季亭的名字是如何得来的呢?四季,顾名思义,当然是代表了一年之中的春、夏、秋、冬四个季节了。而四季亭看似外形简单,实则暗含四季的特色。首先,让我们看一下四季亭周围的花草树木。春亭旁种梅花;夏亭畔种夹竹桃;秋亭边种桂花;冬亭侧种蜡梅。真正是梅花开罢桃李芳,桂花蜡梅隔墙香,四季交迭,美不胜收。当然了,四季亭的魅力并不止于此。《红楼梦》里说得好:"偌大景致,若无亭榭,无字标题,也觉寥落无趣,任有花柳山水,也断不能生色。"这句话说的什么意思呢?就是再好的景致,如果没有楹联匾额,也会黯然失色。好的楹联匾额,会给美丽的景致带来画龙点睛的效果。请看,四季亭的栋梁间彩绘有四季花卉,并根据植物四季颜色的变化,请无锡名流朱百里、冒亦诚、曾可述、钱玉麟于1980年为四季亭题写了不同的匾额,有道是"万紫千红总是春",春亭理所当然应挂"溢红"匾,而夏天,阴阴夏木、槐柳成荫,所以,夏亭挂"滴翠"匾;到了秋季,赏菊品蟹、对酒当歌,又是何等的畅意人生,因此,秋亭挂"醉黄"匾;至于冬季,踏雪寻梅、歌以咏志,"吟白"匾便非冬亭莫属了!真正是:一湖存四季,亭亭俱珍奇!

(江苏联合职业技术学院无锡旅游商贸分院 吴建)

任务 7.5 "长廊揽胜"的导游讲解

知识讲解

一、"千步长廊"的导游讲解

千步长廊前后建了三次:它原来是建于 1927 年的老鼋园"百尺廊";1952 年为了把老鼋园和渔庄接通,在鼋园"百尺廊"的基础上,向西接出 200 米;20 世纪 80 年代初,为了与"层波叠影"景区相互沟通,又在廊子的中间接出"水旱廊"和复廊"数鱼槛",使廊子的总长度达 300 米左右。

在这条长廊中,有两座跨水廊桥,转角处又设四个月洞门,每个门洞上都有题额,使长廊高低起伏,曲折多姿,深邃多变,层次丰富。千步长廊的漏窗,还被能工巧匠用瓦片砌成纹样各异的图案,原为 89 个,现存 80 个,令人称绝。长廊东端墙上镌有名人砖刻 38 方,每方长 0.7 米,宽 0.3 米。

二、"湖心亭"的导游讲解

长廊尽头,以栈桥伸入湖中,桥头的"湖心亭"又名"晴红烟绿水榭",面阔三间,歇山顶,棕色琉璃瓦,红柱敞廊,景色不俗。

"湖心亭"和对面的"凝春塔",点醒一湖春水,勾勒出鼋湖边最美的轮廓线,而水榭映塔,也成为鼋园的标志性佳景。

任务 7.6 "层波叠影"的导游讲解与服务

知识讲解

一、"水旱廊"的导游讲解

水榭连廊,穿过春秋阁直通数鱼槛,其中一段架于水面,故名"水旱廊"。

二、"春秋阁"的导游讲解

春秋阁既是层波叠影的标志,也是整个鼋园极重要的"补笔"。它以重檐、三层、歇山顶的挺拔身姿,为鼋园创造了"飞阁流丹,下临无地"的仰视景观,借以抵消湖滨饭店大楼对鼋园造成的压抑之感,同时又吸引游人登阁凭栏,俯视鼋园空灵秀美的清丽景色。它得名于吴越春秋时范蠡西施泛舟的传说,历史的文脉在这里得到延伸。

服务小贴士

集合前的导游服务

出了鼋园,道路的右手边有一个卫生间,导游应提醒游客用完卫生间后直接在旅游大巴上集合。

 导游职业能力测试

⊙ 知识问答

(1) 蠡湖是西湖的几倍大？二者相比各有什么特点？

(2) 简述蠡园的建造过程。

(3) 简述蠡园的特点。

(4) 千步长廊有多长？有多少洞门？有几座跨水廊桥？

⊙ 技能必备

(1) 能够对蠡园的概况进行1分钟左右的导游讲解。

(2) 能够对蠡园的主要景点——四季亭进行3分钟左右的导游讲解。

⊙ 技能拓展

能够在春秋阁前对蠡园进行概括性的导游讲解。

 导游推荐

⊙ 新景推荐

1. 蠡湖新景　　　推荐指数：★★★★★

从青祁路口的蠡湖大桥至犊山坝，一条长长的开放式景观带沿湖而建。在江南园林的点缀下，从山水画廊中一路走来，现代休闲设施与园林建筑设计随处可见，环湖可游览、水上可观光，水陆结合，实在是休闲游览、品味慢生活的好去处。

2. 薛福成故居　　　推荐指数：★★★★

薛福成故居，坐落于无锡市中心闹市区，是我国清末无锡籍著名思想家、外交家、政论家、文学家和早期维新派代表人物薛福成的大型官僚宅第。内院转盘楼面阔达十一开间，为国内现存规模最大的转盘楼，有"中华第一转盘楼"之称。水榭式戏台最具特色，国内罕见。

⊙ 美食推荐

1. 王兴记　　　推荐指数：★★★★★

无锡王兴记创始于清同治二年(1863)，名闻江、浙、沪一带以及我国香港和东南亚等地区。王兴记的小笼包，皮薄、肉嫩、汁多、味鲜甜，曾先后荣获"无锡八大名点"之一、"中华名小吃"以及"中国名点"等称号。

2. 三凤桥　　　推荐指数：★★★★

无锡三凤桥酱排骨俗称无锡肉骨头，产生于清朝光绪年间，为无锡著名的"三大特产"之一。无锡肉骨头，色泽酱红、香味浓郁、骨酥肉烂，号称"江南一绝"。

⊙ 休闲推荐

1. 南禅寺商业街区　　　推荐指数：★★★★★

依托古运河及南禅寺、妙光塔三大景观，南禅寺商业街区融寺、塔、河、街、桥、市景为一体，人文与历史交相辉映，构成了一幅现代"江南上河图"画卷。这里有风味小吃市场、邮票钱币市场、花鸟鱼虫市场、古玩市场、书刊市场以及工艺旅游品市场等，从商业旅游到休闲餐饮、从百货超市到游乐设施，可谓应有尽有。

2. 崇安寺商业街区　　　推荐指数：★★★★

崇安寺商业街区可以说是无锡的南京夫子庙、上海城隍庙、苏州玄妙观。这里有世界名曲

《二泉映月》作者阿炳的故居,有我国最早的公园——公花园,有华东地区最大的地下购物公园,还有一批老字号如王兴记、功德林和著名的皇亭小吃等。

模块 3　常州导游

通过本模块的学习,要求学生具备为旅游者提供常州向导、讲解以及其他相关旅游服务的能力。

1. 能够对常州城市概况进行 10 分钟的导游讲解,具体内容包括主要历史沿革、名称由来、旅游资源概况和社会经济发展概况等;

2. 能够对常州主要的景区中华恐龙园、天宁寺、红梅公园和天目湖进行导游讲解,能讲清景区的主要景点、文化内涵及历史渊源,传递正确的审美信息;

3. 能够提供导游常规服务,比如景区景点内的游览指导,景区景点内的最佳拍照点、卫生间位置,以及注意事项等。

任务 1　常州城市概况的导游讲解

让学生通过预习教材、网络查询、查阅相关书籍等形式,熟悉常州的地理位置、行政区划、气候特点、历史沿革、名称由来、旅游资源概况、社会经济发展概况等知识。

常州是华东旅游线上的一颗新星,也是中国优秀旅游城市,但许多外地游客对常州知之甚少,在许多人眼里,常州只是一个工业城市。

作为一名导游员,如何让游客真正了解常州呢? 我们又如何能更好地讲解常州的文化特色与独特魅力呢?

任务 1.1　常州基本概况的导游讲解

一、常州地理位置与气候

常州位于美丽富饶的长江三角洲中心地带,地处江苏省南部,北携长江,南衔太湖,与上海、南京等距相望。常州市属北亚热带湿润性季风区,四季分明,气候温和,雨水充沛,日照充足。

二、常州行政区划与人口

常州辖天宁、钟楼、新北、武进、金坛 5 个行政区和溧阳 1 个县级市。2016 年,全市常住人口

213

470.8万。

任务1.2 常州历史沿革与传统文化的导游讲解

知识讲解

一、常州历史沿革

相传春秋时,吴王寿梦的第四个儿子季札为避让王位来到这里,公元前547年,吴王馀祭封季札于延陵,这是常州有文字记载的第一个名称。由于季札的三次让国,也给常州带来了"让国家声远,延陵世泽长"的美誉。西汉时改为毗陵,到了晋代,因为避东海王世子毗的讳,又改为晋陵,南朝的时候又改称兰陵,隋文帝开皇九年(589)才定名为常州。直到今天,这些古名称仍被用作常州一些主干道的名称。自西晋起的一千七百多年间,常州始终都是郡治或府治的所在地,为苏南地区政治、经济和文化中心之一,向有"三吴重镇""八邑名都"之誉。

二、"龙城"的由来

常州又有个别称,叫龙城。在民间,流传着这样一个优美的神话故事:传说很早以前,常州城西北,有座九龙山,山上有座古庙的当家和尚叫弘智。一天晚上,他梦见龙王的九太子,请求他协助把前来抢占山头的八位兄长赶跑。于是弘智和尚召集众僧集中在大殿,击鼓撞钟,协助九太子打退了他的八位兄长。当天晚上,九太子又到了弘智的梦里,原来经过激战,两条为首的恶龙已逃往宜兴的山里,另外六条龙都逃到了常州,九太子希望弘智能去安抚他们,希望六条龙能造福百姓。弘智一梦醒来便打点行李赶往常州,并在城里散布了六龙已来到常州的消息。于是老百姓就造起龙船,五月初五那天在白云古渡,赛起了龙舟。从此,五月初五划龙船,"云溪竞渡"的风俗就流传了下来。常州也被称为六龙城、龙城。至今常州仍有许多以龙命名的地名。

三、常州历代名人与灿烂文化

在常州的历史上共出过九位皇帝,其中有两名开国皇帝。一个是齐高帝,另一位就是有"菩萨皇帝"之称的南朝梁的开国皇帝梁武帝萧衍。常州历代人文荟萃。当代的缪进鸿先生对先秦以来全国四百多座城市杰出的学者、专家、名人的地域分布进行统计,结果常州位居苏州、杭州、北京之后,名列第四。清代著名思想家、诗人龚自珍就发出了"天下名士有部落,东南无与常匹俦"的赞叹。从隋唐开科取士到清末的一千三百多年间,常州就涌现出九名状元、八名榜眼、十一名探花、一千五百四十六名进士,中试人数之多,令朝野震惊。主编《昭明文选》的萧统、写下"江山代有才人出,各领风骚数百年"的赵翼、写有我国历史上最早专论人口问题文章《治平篇》的洪亮吉、布衣诗人黄仲则,在中国文学史上都占有重要地位。以恽敬为首的阳湖文派、张惠言为代表的常州词派,更是在文坛独树一帜。北宋大文豪苏东坡十一次客居常州,最后终老于常州藤花旧馆,给常州文学史上书写了一页精彩的篇章。近现代以来,常州还涌现出一批政治、经济和文化界的杰出人物,如大家都很熟悉的中共早期领导人"常州三杰"瞿秋白、张太雷、恽代英,画家刘海粟、数学家华罗庚、实业家刘国钧等,他们都为祖国的各行各业做出过巨大的贡献。

任务1.3　常州旅游资源与社会经济概况的导游讲解

一、常州旅游资源概况

如今的常州已经是华东旅游线上的必经之地了，1986年就被列为全国重点旅游发展城市、2001年获得了"中国优秀旅游城市"的称号。名胜古迹和人文景观众多，如南朝古塔——文笔塔、乾隆皇帝泊船处——舣舟亭、仿古一条街——篦箕巷等，都有着很高的历史价值和观赏价值。位于武进区的淹城，已有三千多年的历史，是我国目前保存最完整的地面古城遗址。这些景点也组成了常州的四大精品旅游线路，那就是"好山好水好地方、龙城龙园龙文化、古寺古塔古运河和名人名馆名建筑"。

二、常州社会经济发展概况

常州是近代中国民族工商业的发祥地之一，以经济发达、工商比翼而著称。20世纪80年代初，常州成为闻名全国的工业明星城市，以乡镇工业发达为时代特征，创造了著名的"苏南模式"，是全国最早的"经济体制综合改革试点城市"和"对外开放城市"。如今，常州市以农机制造业、输变电设备制造业、汽车及配件制造业、新型纺织服装业四大支柱产业为龙头，带动电子信息、新型材料工业、生物医药及精细化工三大新兴产业的发展，着力打造先进制造业基地，规模和品牌效应逐步显现。常州市是全国综合实力五十强城市之一、全国投资环境四十优城市之一，成功创建"国家卫生城市""国家环保模范城市"和"省级园林城市"，获得"全国科技进步先进城市""全国社会治安综合治理工作优秀地市""全国文明城市工作先进市""中国优秀旅游城市"称号，并荣获"中国人居环境范例奖"。此外，常州还是福布斯最佳商业城市第十二名，并被列入中国城市竞争力前三十名。

三、常州小吃简介

常州小吃既有本地传统特色，也有江浙等地风味，用料范围广泛，馅心有咸有甜，有荤有素，制作精细，享有盛名。

加蟹小笼包，清道光年间，由小河沿浮桥南塽万华茶楼首创。其特点是，蟹油金黄闪亮，肥而不腻，蟹香扑鼻，汁水鲜美，皮薄有劲，馅心嫩滑爽口，配以香醋、姜丝佐食，其味甚佳。

常州大麻糕，是具有独特口感和风味的一种椭圆形大烧饼，也是常州人最喜爱吃的家常传统食品。制作时，选用精白面粉、优质芝麻、白糖、精盐等原料，经过和面、搅拌、揉搓、包馅、成形、烘烤等多道工序，精制而成。有咸、甜两种风味，供购者选择。合格的麻糕一出炉，香味浓郁扑鼻，色泽黄润而不焦，咸甜适度而不腻，香酥可口而不脆，色、香、味俱佳。

蟹壳黄是常州地方风味小吃，俗称小麻糕，常与大麻糕相配作礼品用。其馅心有荠菜、葱油、白糖、明油豆沙等四种。其特点是，形似蟹壳，色呈金黄，油多不腻，香脆酥松，糖馅甜醇，咸馅味鲜。

去过常州的人会说："常州有一怪，萝卜干作下酒菜。"正宗常州萝卜干确实与别处萝卜干不一样，它精选常州西门外新闸出产的甜嫩实心红萝卜为原料，经过洗净切条，适度晾晒，再加入适量的盐、糖及多种辅料，精心腌制而成。由于选料精良，采用独特的腌制工艺，并配以风味别致的佐料,故常州萝卜干色泽黄里有红,咸而不馊,咸中微甜,香脆不辣,十分可口。

导游职业能力测试

⊙ 知识问答
(1) 常州地理位置有何特点?
(2) 简述常州名称的变迁。
(3) 常州四条精品旅游线是什么?
(4) 常州有哪些比较有代表性的荣誉?

⊙ 技能必备
能够对常州的城市概况进行10分钟左右的导游讲解。

⊙ 技能拓展
能够通过快板、歌曲或戏曲等形式,介绍常州的概况。

任务2 中华恐龙园的导游讲解与服务

1. 通过网络查询、查阅相关书籍等途径,熟悉中华恐龙园的基本情况,了解游览路线,掌握恐龙化石的特点;
2. 熟悉中华恐龙园的游览路线。

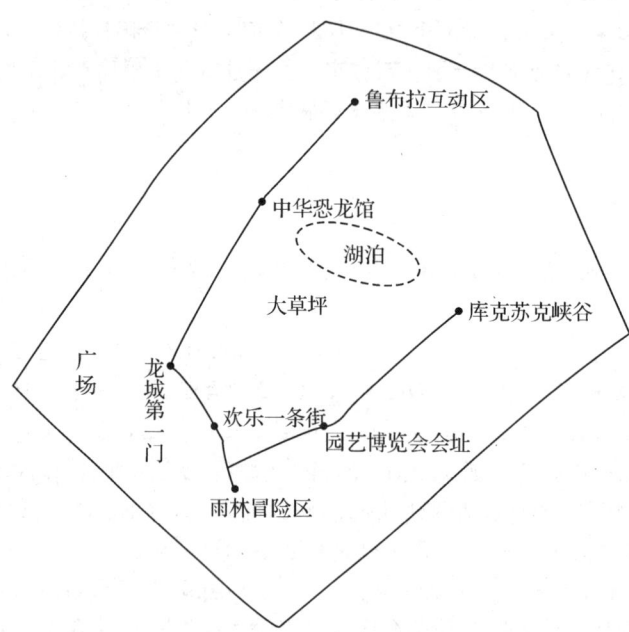

中华恐龙园游览路线示意图

飞来石大门→旱地喷泉→迎宾龙→大草坪→热带雨林→化石广场→特技舞台→中华恐龙馆→库克苏克峡谷→鲁布拉湾

中华恐龙园是常州的标志性景点,也是常州旅游"无中生有"的杰出典范。恐龙对于大家来说神秘而又陌生,那么如何让游客真正了解恐龙呢?作为导游员又如何引导游客在这么大的景区内能尽情而合理地游玩呢?

任务 2.1 中华恐龙园沿途的导游讲解与服务

中华恐龙园坐落在常州新区现代旅游休闲区内,筹建于 1997 年,目前一、二期占地 600 余亩,是一座以恐龙为主题的,融博物、科普、娱乐、休闲及表演于一体的综合性游乐园,也被称为"东方侏罗纪公园"。园区共分中华恐龙馆、湖面草坪区、恐龙山生态表演区、外商休闲区、极限项目区几部分。游客可以在一天内领略远古年代的神秘气息,撩开史前动物——恐龙的神秘面纱,感受惊险欢乐的现代游乐园氛围。中华恐龙园在主题公园经营的基础之上,创造性地提出了主题公园"5+2"发展模式,最终形成了中华恐龙园在汹涌的主题公园浪潮中仍旧傲然屹立的核心竞争力,即作为科普性极强的旅游目的地和游乐性极强的科普教育基地。

中华恐龙园陆续获得了"国家 AAAAA 级景区""全国科普教育基地""中国文化产业示范基地"等多项国字号殊荣,并通过了 ISO9001、ISO14001 质量环境一体化管理体系,成为常州对外交流的一张闪亮的城市名片。2011 年,由国际主题公园及景点协会主导,国际主题景点业内权威组织 TEA 及顾问集团 AECOM Economics 联合发布的全球主题景点专题报告显示,江苏常州中华恐龙园在全亚洲数千家主题公园中名列第 11 位,同时位居中国第 4 位,排名仅在香港海洋公园、香港迪斯尼乐园和深圳东部华侨城之后,由此,进一步巩固了中华恐龙园在国内主题公园业界第一方阵的地位。

"中华恐龙园"的导游服务

1. 由于中华恐龙园的停车场较大,因此要提醒游客记住停车位置、汽车标识和车牌号码,并紧跟导游前往大门。

2. 中华恐龙园团队和散客入口不同,要提醒游客记住入口的位置。

3. 中华恐龙园范围较大,游乐项目多,要提醒游客牢记集合时间和集合地点。

4. 中华恐龙园购票程序较为复杂,旅行社需提前发传真到中华恐龙园营销部,导游购票时必须凭传真确认件和出团任务书及导游证,才能购买团体票。

任务 2.2 "飞来石大门—热带雨林"的导游讲解与服务

恐龙园的大门,高 17 米,总跨度达 42 米,以其造型独特、寓意深远而被誉为"龙城第一门",又因其酷似一块浑然天成的奇石而得名"飞来石大门"。在正前方有一座旱地喷泉,抽象的世界

版图形成了整个平面,出水孔的位置恰恰是当今世界出土恐龙化石集中的区域。

走进恐龙园大门,在右方有一组充满卡通气息的石屋叫"欢乐一条街",常州著名的乱针绣、梳篦及其他富有江南特色的工艺品在这里都能看到,由中华恐龙园自行开发设计的恐龙吉祥物、恐龙纪念品应有尽有,游客可以选购一两件别致的礼品带给亲朋好友。

进入大门后,右前方的山山水水吸引着游客的目光。如镜的湖面绕山而行,湖中的小岛上两只恐龙似乎刚从湖水中回到陆地,正悠闲而惬意地休憩,俨然一对甜蜜的情侣,在他们身边,两株合欢树长得茂盛而又生机勃勃。

左边的近万平方米大草坪四季常绿,像一块翠绿的羊绒毯铺在山坡上,而上面正上演着一幕"螳螂捕蝉、黄雀在后"的精彩场面。一只凶残的异特龙正追逐着一群幼年的似鸟龙,恐龙妈妈在催促他们用尽力量奔跑的同时频频回首,尽管她明白在这场猎杀中自己无力保护所有的孩子,终究有一个会成为异特龙美味的午餐。然而异特龙绝不会想到的是,在自己身后,一只号称"陆上霸主"的霸王龙正对它虎视眈眈。

继续前行,游客就会看到一棵苍劲、古朴的巨树,似乎已干枯的树干代表着时间的沧桑,然而在它的顶部和树干周边却仍顽强地生长出一簇簇新鲜的嫩枝,犹如生命的复苏、生命的延续,这棵就是"生命之树"。而它所在的区域就是恐龙山热带雨林区,这个区域由二十六棵仿真大树组成一片微型森林,这些大树基本是与恐龙生活在同一时代的植物,有巨杉、古银杏、榕树等,游客进入此区域将看到被深色藤蔓缠绕着的巨树,通过增设的灯光音响设施、喷雾效果、林中怪兽、机器恐龙、游戏等趣味项目营造巨树区内神秘的气氛,树丛中烟雾缭绕,隐约可闻阵阵"恐龙"的吼叫声,游客走进该区域仿佛置身于数千万年前真实的侏罗纪世界,原始而充满神秘气息的新奇感扑面而来,许多惊险的探险游戏等待着游客的参与!

服务小贴士

一、"欢乐一条街"的导游服务

导游可提醒游客不要急于购物,先参观游览,在"欢乐一条街"可以提醒游客卫生间的位置。

二、"大草坪"的导游服务

建议游客在"大草坪"拍摄中华恐龙馆,并提醒游客不要随意践踏草坪。

任务2.3 "中华恐龙馆"的导游讲解与服务

知识讲解

一、"中华恐龙馆"概况的导游讲解

中华恐龙馆是中华恐龙园最为精华的部分。作为恐龙园的核心建筑物,恐龙馆的馆体外形充分运用仿生建筑手法,远远望去仿佛三条恐龙高昂着龙头在窃窃私语,一条丰盈巨硕的恐龙躯体呈现出大写意的造型,由此勾勒出恐龙馆的博览、娱乐及科普空间。全馆总面积20 000平方米以上,龙首最高处达71米,馆体穹顶最高处达36米,它已经成为常州旅游乃至沪宁沿线上旅游

业的标志性建筑。

中华恐龙馆是由中国国土资源部、中国地质博物馆与常州市人民政府共同建设,收藏展示中国系列恐龙化石最为集中的专题博物馆。它以古生物的发生、演化和灭绝为线索,旨在弘扬人类与自然界和谐发展的新自然观。馆内运用多项现代技术和娱乐手段,营造科学启智与审美情趣相融合的动感空间。

二、"地球厅"的导游讲解

地质学家把地质史分为:古生代、中生代和新生代这三生代。古生代是古老生命的时代,而中生代也被我们称作恐龙时代,恐龙在中生代第一纪三叠纪出现,在侏罗纪达到鼎盛,而在白垩纪,即6500万年前神秘消失,成为千古之谜。新生代就是以我们人类为代表的哺乳动物和开花植物的时代。可以说地球是所有生命的载体,厅内的地球模型则向游客介绍了地球的构造。地球是由地核、地幔、地壳三部分组成的,地壳是最外面的一层,平均厚度达35千米,主要由岩石圈组成,最厚的地方是我国的青藏高原,可达70千米。在地球模型的右方有四个滚轴灯箱,它向游客展示了大陆板块的漂移过程。在地球厅的顶部,有一个周围镶有罗马数字的巨大表盘,中间的小穹顶星光闪烁,好像神秘莫测的宇宙空间,地面上对应的地板走灯以逆时针方式倒退计时,当游客在穹顶的正下方讲话时,声波通过球形穹顶反射就会产生优美的回音。在脚下的地台下和墙壁的展示台里陈列着中国地质博物馆赠送给恐龙馆的各类矿石及化石精品,有鹦头贝、方解石、紫水晶、石英等等。

三、"海洋厅"的导游讲解

海洋厅运用现代化的科技手段营造出一个亦幻亦真的海底世界。逐级而下,游客会发现:脚下水草在飘浮摇曳,头顶鱼群在舞动,身边水波荡漾,三株雪白的珊瑚树亭亭玉立,人行其间仿佛置身在几亿年前的史前海洋。在史前时代,由于地壳运动,发生大规模的海退,一部分海洋生物逐渐向陆地寻求更广阔的生存空间,它们用了1 000万年的时间进化成两栖动物,又用了3 000万年的时间进化成爬行动物,恐龙时代从此拉开序幕!

四、"丛林厅"的导游讲解

在我国云贵地区,少数民族每逢婚丧嫁娶,都会踩一踩被称为"金龙"的脚印,他们深信这样能为他们带来吉祥和如意,后来经科学家考证,这些金龙的足印是恐龙脚印的化石。

顺着恐龙的脚印,一具珍贵的恐龙化石——许氏禄丰龙来到我们面前。它的珍贵就在于它是在中国大陆上发现的第一具恐龙化石,1939年出土于云南禄丰,属于食草类恐龙。沿着脚印继续向前走,会发现有两具恐龙相对地排列在一起,主要是便于游客朋友对食草类恐龙与食肉类恐龙加以区别。一般来说,食草类恐龙颈部比较长,头比较小,牙齿较为细小,并且大多数是四足行走,如眼前的许氏禄丰龙;食肉类恐龙颈部比较短,头比较大,牙齿较为锋利,并且大多数是两足行走,如眼前的甘氏四川龙。

五、"廊厅与溶洞厅"的导游讲解

设计师巧妙利用柱子、天花板、楼梯构成了一个巨大的恐龙造型,使游客仿佛置身于一只庞大恐龙的腹内,而透明地台下的沙滩、珊瑚及散落的恐龙遗骨又演绎着大自然沧海桑田的变迁史。两旁的多媒体电脑网络是中华恐龙馆精心设计的虚拟网站——网上缚苍龙。它可以让游客在弹指间触及世界所有以恐龙为主题的网站。

在廊厅的一角还有更为别致的溶洞厅,它以造型奇特而神秘著称。在这里陈列了出土于蒙古的巴克龙,它是赖氏龙类中最古老的一种。还有恐龙群中的侏儒——鹦鹉嘴龙,因其拥有一个鹦鹉一样的嘴巴而得名,曾经生活在我国及南亚地区。另外还有出土于加拿大的艾尔伯塔龙化石,它是由加拿大皇家自然博物馆赠送给中华恐龙馆的珍贵展品,也代表了中加两国的合作交流,加拿大的艾乐伯塔省是一个出产恐龙化石的大省,当地曾一次性出土了300多具恐龙化石,加拿大皇家博物馆也坐落于此。

六、"恐龙演化厅"的导游讲解

马门溪龙是国内最大的恐龙,也是脖子最长的恐龙。它体长22米,颈长11米,存活时体重达30～40吨。游客也许会有疑问:恐龙为什么多数比较庞大?据科学家推测:当时地球引力比较小,空气密度比较大,并且当时的环境气候有利于植物的生长,从而给食草类恐龙提供了丰富的食物来源。所以说恐龙的一生都在不断地生长,平均寿命达200多岁。

在马门溪龙的右方陈列着中华恐龙馆的镇馆之宝之一——巨型山东龙,它长15米,高8米,出土于山东诸城晚白垩纪地层中,这是世界上迄今为止发现的最早、最大、最完整的平头鸭嘴类恐龙,出土时完整性高达80%,因其较高的学术价值而被誉为"中国龙王"。巨型山东龙属于杂食类恐龙,在它的嘴里长有许多排牙齿,而且旧的牙齿磨损之后新的可以替代使用,同时它的嗅觉与视觉都特别灵敏,从而可以更好地躲避霸王龙等凶猛恐龙的袭击,这些无疑都是恐龙们顺应自然生存而采取的自我保护措施。

山东龙旁边陈列的是棘鼻青岛龙,因其发现地为美丽的海滨城市——青岛而得名。它高4.9米,长6.62米,头部有骨质管状角,和山东龙一样也同属平头鸭嘴类恐龙。此外,这个展厅内还陈列有很多珍贵的恐龙化石。

七、"恐龙灭绝厅与龙鸟厅"的导游讲解

目前世界上关于恐龙灭绝的假说不下六十种。在这个恐龙灭绝厅内,投影电影向我们演示了四种最有说服力的假说,分别是小行星撞击地球论、彗星碰撞论、气候骤变论和空气中氧气与二氧化碳比例变化论。在脚下的地坑内,在灯光的映衬下,恐龙遭遇灭顶之灾时的情景如在眼前。加拿大自然博物馆的罗素博士认为,如果恐龙没有灭绝,地球上的生物就会走上另一条进化道路。今天统治地球的很可能不是人类,而是由一种叫作"窄趾龙"的恐龙进化而来的动物,他把这种纯属假设的动物称作"恐人",恐龙的灭绝提醒着游客:保护地球,珍爱自然,不要让恐龙的昨天成为我们人类的明天。

在科学界一直存在这样一种假说:恐龙还没有灭绝,它还生活在我们身边,是什么样的形态呢?就是现在的鸟类!在龙鸟厅陈列着中华恐龙馆另一个镇馆之宝——中华龙鸟化石。它在1996年出生于我国辽宁西部北票市。它的牙齿、四肢和尾巴还保留着恐龙的基本形态,但在其身上却发现了黑黑的绒毛,可以这样说,中华龙鸟是中生代小型食肉类恐龙和鸟之间的过渡型生物。中华龙鸟化石的发现有力地证明了新的鸟类起源说。美国前总统克林顿曾说,中华龙鸟化石的发现是21世纪以来最激动人心的发现。

服务小贴士

"中华恐龙馆"的导游服务

1. 导游应提醒游客紧跟旅游团,注意听导游讲解。

2. 馆内有些地方光线较暗,导游应提醒游客注意安全。
3. 导游应提醒游客不要随意触摸恐龙化石,保护化石。
4. 导游可以结合化石进行环保教育。

任务 2.4 "游乐项目"的导游讲解与服务

一、"三大超刺激游乐项目"的导游讲解

摆幅最高达 120°,摆动最大高度达 44.5 米的亚洲最高的顶级摇摆游乐项目——疯狂火龙钻,让人体会到天地之间瞬间变换所带来超强感受;国内唯一的 W 型转盘式过山车——雷龙过山车,让人品尝到天旋地转的欢乐;包裹于风、雨、雷、电之中的探秘飓石阵,更能使人感受到 360°急速旋转所带来的令人窒息的快感。

二、"库克苏克峡谷"的导游讲解

作为中华恐龙园最大的主体区域,库克苏克峡谷区占地总面积为 6 万平方米,由旱谷和湿谷两部分组成,是恐龙王国中功能设施齐全的军事基地,英勇的翼龙卫士们在这里驻扎和训练,保护着每一位到恐龙王国参观的客人。

峡谷区中心放置恐龙王国圣物火龙石的圣灵通天塔,这套设备是由世界上著名的游乐设备制造商美国"S&S"公司为库克苏克专门定制的高刺激游乐设备。通天塔最大高度近 80 米,每次容纳乘客 16 人,游客坐于塔身四面,这是目前国内唯一的一台组合式塔,设备启动后,将游客于几秒内抬升至 80 米的高空,然后再加速自由下落,同样在几秒后落回远处,是国内首创的同时体验超重失重的游乐设备。

除了通天塔外,还有金刚、暴风眼、灵翼穿梭等多套设备让广大游客有足够的机会去体验征服高空的快感。在库克苏克峡谷区中还有一座最阴森恐怖的"监狱"——迷幻魔窟,这里是"翼龙卫士"们看押"犯人"的地方,也是目前国内最大的一座过关式"鬼屋",它让游客逐级挑战自己的心跳极限,如有不适,随时可以退出,适合不同身体条件的人前去体验。

"游乐项目"的导游服务

1. 许多游乐项目较为惊险刺激,导游应提醒游客根据自身的身体状况选择参与的项目,并提醒游客注意安全。
2. 导游要向游客介绍园内餐饮、购物等设施,满足游客消费需要。
3. 导游可再次提醒游客集合时间和地点,并介绍游乐项目游玩攻略。

走近恐龙

  恐龙对于大家来说神秘而又陌生,它的英文名字叫"dinosaur",拉丁文的意思是"恐怖的大蜥蜴"。只有中国等少数富有想象力和创造力的国家才称它为"恐龙",从而使它披上了一层龙的神秘面纱。

  原始的地球并非如我们现在看到的鸟语花香,四季分明,它最初是一个火球,当它逐渐冷却,蒸发到空气中的气体形成雨水降落回地球表面,形成了原始的海洋。在志留纪,发生了大规模的海退,许多海洋生物逐渐向陆地寻求更广阔的生存空间,它们用了1 000万年的时间进化成两栖动物,又用了3 000万年的时间进化成爬行动物,其中的槽齿类动物一部分进化成了恐龙,从此恐龙时代便拉开了序幕。

  这破墙而出的就是当时恐龙中的暴君——霸王龙,它是陆地上发现的最大的食肉动物,这点从它的利牙上就可以判断。

  顺着恐龙的足印,我们现在看到的是中华恐龙馆第一件镇馆之宝——许氏禄丰龙,它是陆地上发现的第一具恐龙化石,1939年出土于云南禄丰。在古生物界,一般来说,一具恐龙骨架化石含量达到30%就属于非常完整了,而这具骨架出土时化石含量达到60%,足见其珍贵。

  那么如何来区分食肉类恐龙与食草类恐龙呢?一般来说,食草类恐龙的颈部较长,头较小,牙齿较为细小,而食肉类恐龙的颈部较短,头较大,牙齿较为锋利。除了看头和牙齿外,还可以看它们的爪子,食肉类恐龙的前肢只有2只爪子,食草类恐龙的前肢有4至5只爪子。在这里我们总结了一句话供大家参考:一看脑袋二看牙,最具学术看前爪。

  现在,展现在你眼前的这具巨型山东龙化石是馆内的第二件镇馆之宝,它是世界上迄今为止发现的最早最大最完整的平头鸭嘴类恐龙化石,也是中国到目前为止发现的最完整的恐龙化石,出土时化石含量高达80%,享有"中国龙王"的美誉。

  恐龙成功统治地球长达一亿七千万年,但却在白垩纪神秘消失,使之成为千古之谜。目前世界上关于恐龙灭绝的假说不下百种。其中最主流的四大假说,分别是小行星撞击地球论、彗星碰撞论、气候骤变论和空气中氧气与二氧化碳比例变化论。

  在科学界还有一种假说:恐龙还没有灭绝,它们的子孙还生活在我们的身边,那是什么形态呢?就是天空中飞翔的鸟类。镶嵌在玻璃罩里的是中华龙鸟化石,是馆内的第三件镇馆之宝。仔细观察你会发现:它的身上有很多绒状羽毛。由此可知它是鸟与恐龙之间的过渡型生物,中华龙鸟化石的发现证明了新的鸟类起源说。中华龙鸟化石也因此成为中华恐龙馆最具学术研究价值的镇馆之宝。

  无论恐龙是灭绝了还是仍生活在我们身边,无疑都告诉我们这样一个道理:保护地球,珍爱自然,不要让恐龙的昨天成为我们人类的明天。

(江苏职合职业技术学院常州旅游商贸分院　陈曦)

 **导游职业能力测试**

◉ **知识问答**

(1) 中华恐龙园三大镇馆之宝分别是什么?

(2) 关于恐龙灭绝的原因有哪些?

(3) 如何来区分食肉类恐龙与食草类恐龙?

(4) 恐龙为什么都那么庞大?

◉ **技能必备**

能够对常州中华恐龙园进行10分钟左右的导游讲解。

◉ **技能拓展**

请以恐龙的发生、发展、演变和灭绝为线索,写一篇讲解用时为5分钟左右的导游词。

任务3 红梅公园的导游讲解与服务

 **课前准备**

1. 通过网络查询、查阅相关书籍等形式,熟悉红梅公园的基本情况,了解游览路线,掌握主要历史古迹的景观特征和文化内涵;

2. 熟悉红梅公园的游览路线。

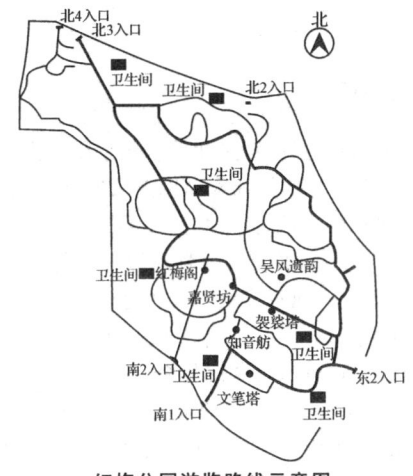

红梅公园游览路线示意图

大门→一星桥→大草坪→红梅阁→嘉贤坊→吴风遗韵→袈裟塔→知音舫→塔影山房→文笔塔→文笔楼

 **任务导入**

敞开式公园——红梅公园是国家AAAA级旅游景区,既有现代化的设施,也有丰富的文化古迹。导游应如何讲解,才能使旅游者感受到红梅公园的特色与魅力呢?

任务 3.1　红梅公园沿途的导游讲解与服务

知识讲解

红梅公园占地面积 37 万平方米,是集游览、观赏、娱乐和食宿为一体的常州地区规模最大的综合性公园,每年接待中外游客 200 余万人次。公园的布局分三区八景,三区是:文物古迹区,在公园南部,有古建筑红梅阁和文笔塔;娱乐活动区,在公园西北部,有运动广场、春晖茶室、青少年活动场所、游艇租借处、听松楼等;科普教育区,在公园东部,有动物园、盆景园、月季园,以及素有"世界根艺在中国,根艺精品在常州"之美誉的屠一道根艺藏珍馆。根据各区景点的不同特色又形成八景,这就是红梅春晓、林园钟声、文笔夕照、曲池风荷、青峦倒影、凤桥花径、翠薇秋霞和雪山劲松。

服务小贴士

"红梅公园"的导游服务

1. 红梅公园是免费开放的敞开式公园,游览公园无须门票。
2. 红梅公园出入口较多,因此导游要提醒游客记住入口的位置和集合地点。
3. 旅游旺季及双休日游客较多,公园还有大面积的水域,导游应提醒游客注意安全。

任务 3.2　"红梅阁"的导游讲解与服务

知识讲解

一、"红梅阁"来历的导游讲解

关于红梅阁的来历有两种不同的传说,一是相传宋代紫阳真人修炼时植红梅于此。二是《常州赋》里有一段具有神话色彩的传说。相传红梅阁原名飞霞楼,元朝至正年间,常州府武进县吏龚子彬在玄妙观内的飞霞楼审理和编造狱册,命婢女每天送饭。一次他外出回楼,却不见婢女送饭来,当即怒气冲冲赶回家去责怪夫人,不问情由就将婢女乱打一通,不料误打在脑袋上使其毙命。在失手将婢女打死的第二天早上,他在案桌上方的遮尘板下发现了昨日的饭菜,才省悟到自己冤枉了婢女,不由得悔恨万分,一时感慨道:"此间积案如山,焉知无枉乎?"于是他一把大火烧掉了全部案卷,然后到常州府台衙门自首,后来被判充军云南,由于常州府台是云南人氏,于是就托龚子彬捎封家书回去,龚子彬被押解上路,刚出城门,一位鹤发童颜的老人走上来说:"先生去云南,何不与我结伴同行?"说完,顺手将一根树枝折成手杖,又解下系在腰间的一条丝带,让龚子彬紧挽住丝带并骑跨在手杖上,闭上眼睛,霎时间只觉耳边生风,脚底生云,不到半个时辰,便来到了一座红梅盛开的城市,原来已到了云南,龚子彬惊喜之余,当即进城为府台投递家书。府台父亲见信函日期还是当天日期,问个中缘由后不由惊叹,为感谢龚子彬及时送信,于是就请当地官府给假,让龚子彬仍回常州,于是龚子彬跨上手杖系上丝带又回到了常州。府台还以为他们尚未动身,待见到回信惊疑不止,于是,龚子彬出示摘自云南的数枝红梅,以此作为凭证,府台才相信。这数枝红梅便种植在飞霞楼前,后来便透发新枝花苞,灿烂似霞。飞霞楼从此就改名红梅阁。

二、"红梅阁"历史与现状的导游讲解

红梅阁建在 2 米高的土台上,砖木结构,阁高 17 米,分上下两层。阁南有云鹤纹冲天石坊和

石级。坊额刻有"天衢要道"四字,意思是这里是走向天庭的重要通道;背面书"青云直上",并有明代崇祯年题款。关于红梅阁,历代都有题咏,清代著名史学家、诗人赵翼这样赞美红梅阁:"出郭寻春羽客家,红梅一树灿如霞。樵阳未即游仙去,先向瑶台扫落花。"表明当年红梅盛开、迎春傲雪的景象。红梅公园的得名也就来源于此了。著名的无产阶级革命家瞿秋白和张太雷,早年就读于常州府中学堂,假日课余常到红梅阁玩耍嬉戏。秋白从小喜爱红梅,曾用"铁梅""梅影山人"作为笔名。他曾写了一首怀念红梅阁的诗:"出其东门外,相将访红梅。春意枝头闹,雪花满树开。"足见这里景色宜人,令人流连忘返。

服务小贴士

"红梅阁"的导游服务

1. 红梅阁内有常州历代名人展,导游可推荐游客进内参观。
2. 红梅阁是常州赏梅的最佳处,也是照相的最佳位置,导游可让游客在此地自由活动,拍照留念。

任务 3.3 "嘉贤坊—塔影山房"的导游讲解与服务

知识讲解

一、"嘉贤坊"的导游讲解

嘉贤坊高 8 米,宽 11 米,厚 1.4 米,砖木结构,东面楹联为"延陵世泽,让国家风",西面楹联为"春秋争弑不顾骨肉,孰如季子始终让国"。从这两副楹联可以看出,它们所描述的对象是春秋时期吴王的第四个儿子——季札。季札高风亮节,视功名富贵如粪土,多次推让王位。吴馀祭元年(公元前 547 年),季札封于延陵,号延陵季子,常州两千五百年历史从此开始。为纪念常州古城的奠基人,故建季子祠三座。唐代垂拱四年(688),江南巡抚狄仁杰曾以"吴楚多淫祠"上奏皇帝,在全国毁寺庙一千七百多座,而独季子祠不废,还赠额"嘉贤",嘉贤坊名由此而来。

二、"吴风遗韵"的导游讲解

"吴风遗韵"向游客们展示了历代与科举、官宦、名人有关的牌坊。中国历史上推行的科举制度,为历代封建王朝选取人才、巩固统治起到过很大作用。而各级地方官府和莘莘学子都把科举考试看作是一件大事,一旦金榜题名,不仅本人本族春风得意,就连地方官员、乡里百姓也都感到万分荣耀。常州自古人文荟萃,科第十分兴盛,曾有过父子同科、兄弟同榜或世代联弟等突出事例,官府为褒扬他们的功绩而建立牌坊。于是坊以人传、人以坊传。仅清代,常州城区就有牌坊三十余处。其中历史最长的是双桂坊,在北宋乾德五年(967),宋维、宋绛兄弟二人,同登进士第。常州官府改他们的居住地名为"来贤坊"以表纪念。无独有偶,宋景祐元年(1034),又是在此居住的丁宗臣、丁宝臣兄弟二人同科高中进士,官府就将"来贤坊"更名为"双桂坊",取双双折桂之意,名声大振,至今已有九百六十六年之久。自隋唐开科举世到清末的一千三百多年间,常州城区有五百多个与科举有关的牌坊,但到目前为止很多已经失传或废弃。公园改扩建时经过斟酌、筛选,在景区内确定了具有代表性的八块石坊:早科坊、状元坊、世科坊、兄弟翰林坊、双桂坊、正素坊、椿桂坊、进贤坊,作为吴风遗韵传与后人。

三、"知音舫"的导游讲解

据常州志书记载,春秋时期,晋国大夫俞伯牙乘船返乡,途中焚香抚琴,行至钟村附近(即今奔牛镇),忽听岸上有人拍手叫好,俞伯牙循声望去,却是一位樵夫,名叫钟子期,俞邀钟上船,再次抚琴,钟子期听之而意在高山,说"善哉乎鼓琴,巍巍乎若太山"。转瞬之间而意在流长,钟子期又说"善哉乎鼓琴,汤汤乎若江河",俞伯牙在此遇到一位知音,感慨万分,遂结为莫逆之交。数年之后俞伯牙重返故乡时来到钟家,得知钟子期已去世多日,当即把琴摔碎,发誓不再弹琴。根据这个典故建造此舫以示纪念,舫上有一副楹联应和此典:"黄金万两容易得,知音一个亦难求。"知音舫已被印入邮电部发行的江苏风光明信片。

四、"塔影山房"的导游讲解

塔影山房原是太平寺长老的打禅之地,相传北宋大学士苏东坡与太平寺钦禅长老曾为莫逆之交,然而当苏东坡被朝廷贬至海南时,钦禅长老怕连累自己,竟将东坡题于寺壁上的诗词一一铲除。后来苏东坡获准返常,钦禅长老又欲借东坡之名望为自己脸上贴金,请东坡为自己的肖像画配诗。苏东坡深感世态炎凉,人情淡薄,决定戏弄一下钦禅长老,于是挥笔写下诗句:"一夕灵光出太虚,化身成佛人腾去。秋莲宝华不用火,凡是悟空点点除。"诗的头两句隐射一个"死"字,后二句则是个"秃"字。现在这幅长老的肖像画也就成了大家的笑料。如今的塔影山房是1988年重建的,门柱上的楹联是著名篆刻家刘友石录自隋王通《文中子·礼乐》,曰:"以势交者,势倾则绝;以利交者,利穷则散",恰是对钦禅和尚一类人的写照。

服务小贴士

"嘉贤坊—塔影山房"的导游服务

1. 知音舫和塔影山房周围是大片的水面,导游须提醒游客注意安全,特别是携带儿童的游客要照顾好孩子。

2. "吴风遗韵"有常州古城的铜雕,导游可结合景物介绍常州历史。景点周围种植了大片的月季,导游可留给游客时间拍照留念。

任务3.4 "文笔塔—文笔楼"的导游讲解与服务

知识讲解

一、"文笔塔"的导游讲解

文笔塔建于南齐建元年间(479—482),距今已有一千五百余年的历史,原名太平寺塔。《武进县志》记载说:塔好像一支巨笔,每当塔顶祥光出现,当年府人参加科举考试就有得第一名的可能,文笔塔也就由此得名。文笔塔屡经沧桑,几毁几建,尚存的文笔塔身为晚清建筑,仅莲瓣状古塔基座为南齐遗物。常州市人民政府为保护文物古迹,于1981年拨款修复文笔塔,耗资50余万元。现在的文笔塔七级八面,高48.38米,底层外径9.85米,为楼阁式砖木结构,塔身每级设四个拱门,塔内有旋梯可供游人攀登。登塔高瞻,全城在望。清诗人刘鼎勋《登文笔塔遇雨》一诗曾写道:"日穷千里隘,手榜九霄扪。城郭胸前落,烟云足底奔。风高铃语响,雨过鸟声繁。指点栏杆外,远山一抹痕。"

二、"文笔楼和笔架山"的导游讲解

在文笔塔东面,与宝塔交相辉映的就是文笔楼,楼为两层古典建筑,相传是常州文人墨客雅聚和吟诗作画的场所,楼前写有嘉庆道光年间著名诗人龚自珍在《高才篇》中赞美常州的诗句:"天下名士有部落,东南无与常匹俦。"在文笔塔北面是东西走向的笔架山。关于笔架山的由来,还得从南朝说起。齐梁两代皇帝都是常州人,而且文才出众,昭明太子萧统所著的《昭明文选》更

是登峰造极。人们认为文笔塔高耸入云,兆显常州儒风蔚然,所以常州籍的状元、进士、文人学士历代辈出。文笔塔前大运河贯通南北,连接京杭,象征文笔亨通。但是,文笔塔又往往因天灾人祸而倒毁,于是有人建议在塔后叠土筑山作为依托。可奇怪的是,土山随便怎么堆筑都搭不高,东筑西塌,西筑东倒,搭来搭去成了一个笔架的模样,大家只好随机应变,把它叫作"笔架山"。

服务小贴士

"文笔塔—文笔楼"的导游服务

1. 登上塔顶可以饱览常州城市景色,登塔需要门票10元每人,导游应提醒登塔的游客塔内楼梯狭窄,注意安全。
2. 笔架山较为陡峭,又在水边,导游应提醒游客不要攀爬。
3. 该景区内唯一的卫生间在文笔楼北侧,导游可提醒游客使用。

导游职业能力测试

◉ 知识问答

(1) 红梅公园三区八景分别指什么?
(2) 红梅阁前的冰梅石有什么典故?
(3) 为什么说文笔塔是常州文脉的象征?

◉ 技能必备

能够对常州红梅公园进行10分钟左右的导游讲解。

◉ 技能拓展

查阅资料,写一篇关于季札的导游词。

任务4 天宁寺的导游讲解与服务

课前准备

1. 让学生通过网络查询、查阅相关书籍等形式,熟悉天宁寺和天宁宝塔的基本情况,了解游览路线,掌握天宁寺和天宁宝塔的建筑特色、主要供奉对象及宗教文化内涵;
2. 熟悉天宁寺的游览路线。

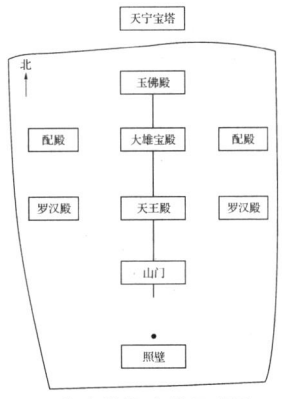

天宁寺游览路线示意图

山门→天王殿→罗汉堂→大雄宝殿→玉佛殿→三宝殿→天宁宝塔

任务导入

中国各地都有佛教寺庙,常州天宁寺有何不同之处呢?寺内哪些东西是游客最感兴趣的呢?"神州第一佛塔"——天宁宝塔又有何吸引人之处呢?

任务 4.1　天宁寺沿途的导游讲解与服务

知识讲解

天宁寺雄踞常州东门外,前俯举世闻名的京杭大运河,后倚常州第一大公园——红梅公园,是常州现存规模最大、保存最完整的千年古刹,占地面积130余亩。天宁寺始建于唐代贞观、永徽年间(627—655),距今已有一千三百多年历史。天宁寺的开山祖师是法融禅师,乾隆皇帝曾三次到常州天宁寺拈香,并为寺题匾额和楹联。这里终日香火鼎盛,游客如云。常州天宁寺内主要殿宇有八殿、二十五堂、二十四楼、三室、两阁等建筑,其特点是殿宇巍峨壮观、佛像高大庄严、砖木雕饰艳丽,历代名僧辈出。它与镇江金山寺、扬州高旻寺、宁波天童寺并称禅宗"四大丛林",并享有"一郡梵刹之冠"的称誉。天宁寺是中国佛教著名的禅宗道场,1982年被列为省级文物保护单位,1983年被国务院确定为全国佛教重点寺院。

服务小贴士

游览天宁寺前的提醒工作

1. 天宁寺门口小贩较多,导游可提醒游客不要购买路边兜售的香烛,也不要参与迷信活动。
2. 导游要提醒游客在寺内不要吸烟,要尊重宗教习惯。

任务 4.2　"天宁寺山门—罗汉堂"的导游讲解与服务

知识讲解

一、"龙城象教照壁"的导游讲解

在天宁寺山门的对面是"龙城象教"照壁,"龙城象教"是乾隆皇帝御笔题写的。乾隆皇帝曾于乾隆十六年(1751)、乾隆二十三年(1758)到过天宁寺,"龙城象教"四个大字,是乾隆二十六年(1761)第三次到天宁寺拈香礼佛时写的。常州别称"龙城",一说是常州人萧衍(464—549)由于"六龙降临"而代南齐称帝(502),所以把故乡常州称为"龙城";"象教"是佛教的总称,"龙象"又是佛门的代称,乾隆肯定了天宁寺法规严谨、仪式隆重,是东南沿海著名的佛教禅宗道场。题词含有褒扬奖掖之意,称颂天宁寺是常州以佛的形象教化僧众和善男信女与人为善的一方净土。

二、"天王殿"的导游讲解

天下所有修行的法门都可以归结为一门,这就是不二法门。

进入天王殿内,迎面的是弥勒佛,他袒胸露腹,笑容可掬,令人感到慈祥亲切。

殿堂两边的是护持佛法的四大天王,俗称四大金刚。每尊高达7.8米,连同神台高9.1米。

三、"四配殿与罗汉堂"的导游讲解

步出天王殿,是"田"字形的四合大院,两座罗汉堂分列东西,形成四角等边的四个配殿:文殊殿、普贤殿、观音殿、地藏殿。将这四大菩萨同塑一寺,各居其显灵说法的道场,象征中国佛教四大名山:山西五台山、四川峨眉山、浙江普陀山、安徽九华山,所以佛教信众认为凡到天宁寺进过香的人,就好比参拜过四大佛山了。这是天宁寺善解人意,以帮助那些难遂心愿的人顺利如愿。

东西两厢罗汉堂的罗汉分坐四排,每尊身高一米左右,全身贴金。他们或俯或倚,嬉笑怒愁,有的慈眉善目,妙相庄严;有的怪诞狰狞,动作不凡;有的伸足屈膝,打坐盘膝;有的挂杖睁目,合十摊手;有的参禅入定,念念有词;有的闭目凝神,神态自若;有的托钵飞铙,施展法术,真是千姿百态,各呈其趣。常州人有个习俗,每年春节要到天宁寺来"点罗汉"。按照自己的年龄,任选一尊罗汉为起点,待数到与自己年龄相同的罗汉,从他的喜怒哀乐中,便可预卜当年的"前途命运"。其实,这除了逗孩子玩儿之外,主要还是人们透过罗汉不同的神态,做一番精神上心灵上的交流,这既是一种艺术享受,也是一种心理上的慰藉。

"天宁寺山门—罗汉堂"的导游服务

1. 天宁寺内唯一的卫生间在天王殿西侧,导游可提醒游客使用。
2. 导游要告知游客天宁寺对香烛实行集中管理,只可以在天王殿左侧烧香,寺内其他地方不允许烧香。
3. 天宁寺各个大殿的门槛都较高,导游要提醒儿童注意,防止摔跤。

任务4.3 "大雄宝殿—三宝殿"的导游讲解与服务

一、"大雄宝殿"的导游讲解

大雄宝殿的殿中央有三尊大佛,正中是释迦牟尼,是佛教的创始人,东边是主宰东方世界的药师佛,西边是主宰西方极乐世界的阿弥陀佛。

站在释迦牟尼两边的是其十大弟子中的两位,左边年长的叫迦叶,右边年轻的叫阿难,迦叶死后,阿难成为佛教领袖。

二、"二十诸天"的导游讲解

大雄宝殿的两侧供奉着二十尊诸天菩萨,他们各管一方,是佛教的护持者,特别值得注意的是"鬼子圣母",旁边的孩子是鬼母的儿子,传说中鬼母有许多儿子,但其生性残暴,专门爱吃别人

的孩子,佛祖知道后,就将鬼母的儿子藏了起来,启发其将心比心,像爱护自己的孩子一样爱护别人的孩子。后来鬼母弃恶扬善,带着自己的孩子一起皈依佛法。这是说佛以慈悲为怀,法力无边,能教诲、改造所有的恶人。

三、"海岛观音"的导游讲解

海岛观音俗称"望海观音"。上有 127 尊大小塑像,高达 13 米。它以山峦起伏、海涛汹涌为背景,配以云彩、水浪、亭台、宝座、苍松、翠柏、桥梁、瀑布、篷船,兼有龙飞凤舞、浪拍龙宫、白鹤翔空、鹦鹉欢歌等具有动感的景象,显示出色彩斑斓、错落有致、分合得体、结构魁伟的气派,给人以一种高大深邃、庄严无比的感觉。

群像的中心人物是赤着双脚、立在鳌头上的观音。她手持杨枝净水瓶,内装神奇的甘露,用以救人百病,表现出普度众生的风范。左边侍立着双手捧有宝珠的龙女,右边向观音合十参拜的是善财童子。观音左边骑青狮的是文殊菩萨,右边骑白象的是普贤菩萨。最高处是一米高的"雪山太子",再现的是释迦牟尼雪山苦修六年的场景。他赤膊抱膝蹲坐,因不吃人间烟火食,所以瘦得肋骨毕露,靠白猿献果、麋鹿献奶苦熬,说明他经受了非凡的修炼,形象特别鲜明。海岛上其他高不过人的 300 个小像,是由"善财童子五十三参"故事中的人物组成的。

四、"玉佛殿和三宝殿"的导游讲解

玉佛殿的玉佛均由佛国缅甸请回的。正中的卧佛长 5.3 米,重 12 吨,是佛祖 80 岁涅槃时的形象。其他的佛像和菩萨只能是立姿或坐姿,只有释迦牟尼才能有卧像,这种卧式叫"吉祥卧"。这些墙上的佛像是由台湾友好寺院赠送的。

玉佛殿后面是三宝殿,佛、法、僧为寺院三宝,一层是僧人打坐念禅,二层是藏经楼,三层是万佛楼。

"大雄宝殿—三宝殿"的导游服务

1. 导游注意在大雄宝殿内讲解时不要用话筒,声音不要太高。
2. 如果遇到寺内有佛事活动,导游应请游客保持安静。
3. 导游须提醒游客大殿内是禁止摄像和摄影的。

任务 4.4 "天宁宝塔"的导游讲解与服务

一、"天宁宝塔概况"的导游讲解

"中华第一佛塔"——天宁宝塔,2002 年 4 月开始奠基,投资近 3 亿元人民币,经过近 5 年的建设,于 2007 年 2 月 17 日除夕正式对外开放。宝塔的总设计师是上海同济大学的路秉杰教授。

宝塔坐落在天宁寺的正后方,是一座八角飞檐仿唐宋风格的宝塔,总建筑面积达 2.7 万平方米,高 13 层,达 153.79 米,塔高为国内 4 000 多座宝塔之最,是全世界最高的钢结构佛塔。宝塔采用唐宋楼阁式风格,八角形布局,塔身采用钢架结构,塔刹为金刚宝座塔形,由 70 吨青铜铸成,外贴金箔,显得金碧辉煌。外墙饰砌汉白玉,展现金顶玉身风采。塔基台 1 000 多个汉白玉小宝塔围绕主塔四周,形成气势恢宏的塔林,宝塔第 13 层 118 米高度悬挂着 3 万斤重的铜钟,钟声悠扬,广播福音。无论从体量、高度、材质,还是从塔的定位,天宁宝塔都堪称"中华之最",也堪称佛塔"世界之最"。

二、"九龙柱"的导游讲解

宝塔的广场两边分别立有一根花岗岩雕刻而成的九龙柱。它高 19.8 米,直径 2.68 米,重达 200 余吨,上面也盘旋了九条活灵活现的金龙,蕴含了佛祖释迦牟尼出生时"九龙灌浴"的场景。而天宁宝塔的塔基也是有说法的,它是缩小了的"印度尼西亚婆罗浮屠"佛教建筑,这种建筑形式是世界四大佛教遗迹之一,非常具有文化价值和艺术价值。塔基上面围绕着玉塔塔林和经文碑林,有近一千座用四川雅安的"东方白"汉白玉雕刻而成的小宝塔,聚集起来有一种丛聚如林的感觉,非常壮观。而宝塔的四面八方是铜铸的四大天王和八吉祥象。

三、"大佛殿"的导游讲解

大佛殿是宝塔最高最大的大殿,这里不仅供奉着贴金的铜质大佛像,连大殿顶部的彩绘、木雕、大梁都进行了贴金处理,使得整个大殿庄严、神圣,体现出佛教盛世的场面。进入大殿立刻感到金碧辉煌、佛光普照。

大佛殿正中这四尊佛像高 10.5 米,重 10 吨。正南面的是释迦牟尼的法身佛毗卢遮那佛,东面为文殊菩萨,西面为普贤菩萨,北面是观世音菩萨。毗卢遮那佛与文殊菩萨、普贤菩萨在佛教中并称为"华严三圣",即《华严经》所指华藏世界之三位圣者。佛像两边的大殿顶部,共刻有八条金龙。这些龙雕都是用 10 厘米厚的楠木进行镂空雕刻的,因此更加凸现了金龙的立体感,显得活灵活现。大殿南门右边的这幅铜雕讲述了佛祖八相中的前三相:降兜率、入胎和诞生。往逆时针方向走,可以看到第二块铜雕,讲述的是佛祖八相成道中的出家、降魔和成道。这第三块铜雕讲述了佛祖一生中最重要的一相——转法轮。最后一幅铜壁画,讲述的是佛祖涅槃的场景。

四、"如愿殿"的导游讲解

如愿殿是天宁宝塔的第二层明层。这里供奉了四尊非常具有代表性和特定含义的佛像,分别是药师佛、魁星、送子观音、文财神。这四尊佛像高度均为 1.98 米,其中药师佛和观音菩萨采用的是生漆夏布脱胎和极彩工艺,而文财神和魁星采用的是生漆夏布脱胎和贴金工艺。四尊佛像前面的供桌则都是选用红木雕刻制作。

五、"古佛殿"的导游讲解

古佛殿位于天宁宝塔的十二层,这里供奉的是唐宋木佛,正南面是一大两小三尊佛像,分别是佛祖释迦牟尼以及两大弟子,迦叶和阿难两位尊者,分别称为头陀第一和多闻第一。迦叶善于修头陀行,而阿难因为过目不忘所以称之为多闻第一。另外三面供奉的均是观世音菩萨不同的化身。

六、"五方五佛殿"的导游讲解

五方五佛殿是天宁宝塔最高观景楼层。五方五佛殿的楼面高度是108米。其寓意是,登108米高塔,祛除108种烦恼。中间这尊是天宁宝塔的镇塔之宝——天然水晶佛,原产于16世纪古印度,距今已有500多年的历史,曾经供奉在佛祖释迦牟尼四大圣迹之一的诞生地——尼泊尔境内的蓝毗尼花园,20世纪辗转至欧洲。由于欧洲人不太信奉佛教加上当时收藏水晶佛的后代家道中落,就把水晶佛拿到网上去拍卖。2003年由爱国华人高培芝先生将其迎请回国,并捐赠给了天宁寺。这尊天然水晶佛高57厘米,重50千克,是全亚洲最大的一尊天然水晶佛,价值已达到2亿港币。

殿顶中间所画的是仿敦煌的飞天莲花藻井图,藻井的中间是贴金处理的九龙穿顶。在穿顶的旁边是四身持花飞天。据说在佛祖降身和他每次讲经说法的时候都有飞天出现,然后撒下鲜花,这也是佛教鲜花礼佛的由来。

七、"梵音阁"的导游讲解

梵音阁是天宁宝塔的最高点。梵音阁的楼面高度是118米。首先映入眼帘的就是"天下第一高钟",这口大钟高3.2米,距地面122米,是全国悬挂高度最高的钟。此钟重15吨,全铜制作,价值100万元,由常州鸿联集团周金清先生个人捐赠、北京大钟寺设计、安徽芜湖造船厂铸造。仅从重量而言,这口钟在全国不是最重的铜钟,但却是全国悬挂最高的钟,因此获得"高钟第一"的美名。梵音阁的内圈是四幅贴金的扬州漆画,这也是扬州漆画首次进入佛门。梵音阁的外圈墙壁上镶嵌了千年香樟木,上面雕刻了整卷的《金刚经》。晨钟暮鼓,钟是佛教中必不可少的一种法器,正所谓"闻钟声,烦恼轻,智慧长,菩提增"。

"天宁宝塔"的导游服务

1.天宁宝塔的最佳游览线路为从塔前广场开始,依次进入一楼大殿,乘电梯逐层而上,导游需重点讲解的内容是九龙柱、龙城象教、大佛殿、如愿殿、古佛殿、五方五佛殿、梵音阁,游览时间约120分钟。

2.登塔电梯有时需要等候,导游可提醒游客记住游览的顺序。

3.天宁宝塔的最佳摄影地点是在红梅公园的映梅湖北岸和大草坪的东侧,导游可带领游客前往。

⊙ 知识问答

(1)简述乾隆皇帝与天宁寺的关系。

(2) 天宁寺的特色是什么?

(3) 天宁宝塔有哪些"第一"?

⦿ 技能必备

能够对常州天宁寺进行10分钟左右的导游讲解。

⦿ 技能拓展

请任选天宁宝塔的一个大殿,查阅资料,写一篇讲解用时为5分钟的导游词。

任务5 天目湖的导游讲解与服务

课前准备

1. 通过网络查询、查阅相关书籍等形式,熟悉天目湖山水园的基本情况,了解游览路线,掌握主要景观的特征和文化内涵;

2. 熟悉天目湖山水园的游览路线。

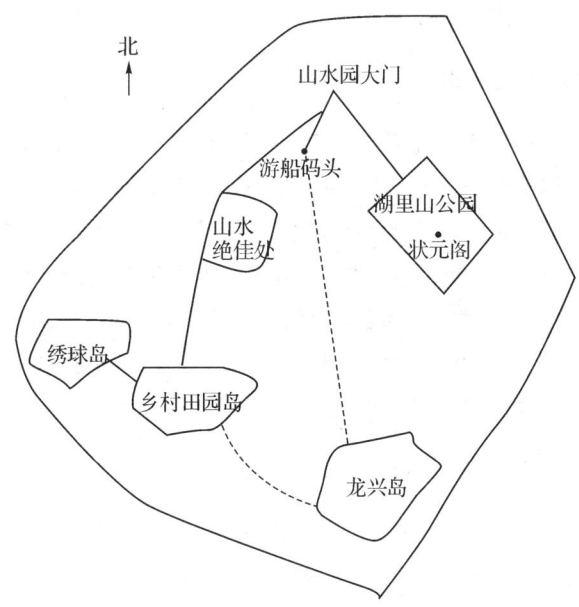

天目湖山水园游览路线示意图

牌楼→大门→湖里山公园→状元阁→游船游湖→龙兴岛→乡村田园岛→绣球岛

任务导入

天目湖是风景优美的水自然景观,可以说水是吴文化的核心,那么天目湖是如何体现吴文化的呢?导游应该如何引导游客在欣赏自然美景的同时,感悟其包孕的文化内涵呢?

任务 5.1　天目湖沿途的导游讲解与服务

知识讲解

一、"天目湖概况"的导游讲解

天目湖旅游度假区位于苏、浙、皖三省交界处的江南历史名城——溧阳市境内,距市区仅8千米。它东临烟波浩渺的太湖,南连蜿蜒起伏的天目山脉,西接六朝古都南京,北望新兴旅游城市常州。天目湖旅游度假区开发于1992年4月,1994年7月成为江苏省政府批准的省级旅游度假区,2013年,被评为国家首批AAAA级旅游景区。

天目湖旅游度假区主要由两座国家级大型水库组成。它们分别是我们现在游览的"沙河水库"和距此向北仅3千米的"大溪水库",这两大水库的总面积达300多平方千米,总储水量达3亿立方米,它们同时处于天目山脉的余脉上,如果从高空向下看,它们犹如孩子的一双纯澈的眼睛,所以在开发之初将其改名为"天目湖","沙河"和"大溪"都是它以前的名字。

二、"天目湖牌楼"的导游讲解

"天目湖牌楼"是天目湖旅游度假区的主要标志性建筑物之一,同时也是游客出入度假区的主要通道,它高16米,横跨32米,是目前为止江苏省境内最大的一座牌楼。牌楼上"天目湖"三个大字字迹刚劲有力,潇洒脱俗,它是由溧阳籍书画家黄若舟老先生于89岁高龄时题写的,老先生的书画功底之深厚老道,在此也可见一斑了。牌楼两厢的副额上写有"仁者乐山,智者乐水"八个字。早在春秋时期孔子就将山和水的某些自然特征及规律性,与仁人志士的优良品德相联系,将山的岿然不动与仁者的坚强刚毅、水的连绵不断与智者的沉稳冷静相比德,同时将宁静致远、淡泊明志的意境融入这青山绿水之中。

三、"千里江山风景区浮雕石刻画"的导游讲解

《千里江山图》是宋代画家王希孟的传世之作。王希孟是一位极具绘画天赋的才子,刚满18岁,就被召进了当时最高的文艺创作机构——禁中文书库。在此期间,他虽创作了不少作品,但始终未能进入当时画坛的一流行列。宋徽宗赵佶从王希孟作品的运笔、构图中看出这是一位难得的天才,于是亲自传授他绘画技法。由此,王希孟的画艺大进,不久便创作了这幅取名为《千里江山图》的作品,徽宗非常高兴,便把它赐给宰相蔡京。可惜的是王希孟完成了这幅旷世佳作之后,不久便英年早逝,当时他才"年二十余"。著名建筑学家、中国两院院士吴良镛先生将天目湖美景比作王希孟的《千里江山图》,并赠词"千里江山风景区"。

服务小贴士

游览天目湖前的导游服务

1.天目湖团队售票处在牌坊边的游客中心,旅行社需提前发传真到天目湖旅游公司营销部,

导游购票时必须凭传真确认件和出团任务书,以及导游证,才能购买团体票。导游在买票时,可以让游客利用这段时间使用卫生间或拍照等。

2. 建议游客不要在景区入口处拍照,因为游客较多,入口较为拥挤。

3. 天目湖游船票可以单独买,也可以和大门票一起买,导游可建议游客买联票,价格较为优惠。

任务 5.2 "湖里山景区"的导游讲解与服务

知识讲解

一、"状元阁"的导游讲解

状元阁是一座仿古型建筑,建筑面积 350 多平方米,楼阁高 22 米,共分 3 层,与普通四方楼堂不同的是,它共有 24 角,每层 8 角,凌空飞翘。这种建筑格局为中国古典建筑格局的"亚"字地基。这座楼阁也是天目湖旅游景区内最高的可登临的建筑物,站在楼阁之上,可将天目湖的湖光山色尽收眼底。

状元阁记录了我国 1 300 年科举考试制度中所出现的 736 位状元得主,是我国目前为止唯一的一座以宣传状元文化为主题的建筑物。"状元"名称是从唐朝开始的。当时举人们到京师应礼部的会考时都必须先投状文,因此能得到第一名的人就称为"状元"。"状"指"状文";"元"指"第一""魁首",所以就此开始了我国千年的"状元"之称。它是我国从隋炀帝大业二年(606)到清德宗光绪三十一年(1905)这 1 300 年间封建科举制度的产物。在这 1 300 年间,共经历了 8 个朝代,开科 725 科,也就产生了 736 位进士科状元。其中能为人们所熟知的状元,只有极少的一部分,这是因为这极少部分的状元在"学而优则仕"之后官声、文学、名望显赫,如唐代的苏环父子、郭震、王维、贺知章、颜真卿、柳公权;宋代的吕蒙正、张孝祥、文天祥;明代的商骆、杨慎、赵忠;清代的于敏中、毕沅、翁同龢、张謇等。他们或是政治家、军事家,或是文学家、艺术家,有的还成了实业家,相对于他们而言,大多数的状元还是鲜为人知的。

在我国的科举考试中,出现了许多特殊现象。

第一个特殊现象是"三元及第"。所谓"三元",是指乡试、会试、殿试均为第一(因这三试的第一名分别称作解元、会元、状元,故合称"三元")。有据可考,最早的"连中三元"者是唐朝状元崔元翰。

第二个特殊现象就是"状元驸马"。其实在这 736 名状元中,真正既是"状元"又是"驸马"的也只有一位——郑颢。他状元及第后的第七年,被宰相白敏中作为驸马人选推荐给唐宣宗,后娶宣宗之女万寿公主成为"驸马"。

第三个特殊现象是"女状元"。在中国科举考试制度中的确出现了一位"女状元",她就是太平天国三年(清咸丰三年,1853 年)女科状元傅善祥。

第四个特殊现象是"古稀状元",也就是自少年起就参加科考,一直考到"皓首苍颜"的老年才考中状元的。这还真有几位,如唐德宗年间的状元尹枢,中状元时年已 71 岁,9 年后病逝,享年 80 岁。他是全国年龄最大的"古稀状元",又是四川寿命最高的"长寿状元"。

历代状元中,诗、画成就最高的是唐朝状元王维。他是盛唐山水田园诗派杰出代表之一,其诗歌艺术被认为"自李(白)杜(甫)而下,当为第一"。其绘画被推为"南宗绘画之祖",古代文人

画亦自他而始。

在历代状元中,最倒霉的状元是明洪武年间状元陈安。因该科殿试录取的都是南方士人,遭到北方士人不满。明太祖朱元璋怀疑录取有私,大为震怒,竟下令将主考官及陈安等人一并处死。这也是唯一一位在刚刚及第后即被皇帝下令处死的状元。

就我国状元所分布的地理位置而言,中国"状元第一省"是江苏,所出状元占状元总数的1/3以上;"状元第一府"是江苏的苏州,仅清代就出状元29名;"状元第一县"是安徽省的休宁县,共出状元19名,为全国各县状元总数之首。

二、"中华曙猿馆"的导游讲解

溧阳上黄镇水母山出土了一批动物化石,经分析有22种之多,特别是中华曙猿化石的发现尤为重要。经考古界中外专家的鉴定,曙猿生活的年代,应是距今4 500万年至4 000万年之间。这一科学的鉴证充分说明了人类的发源地应该是在亚洲,在中国,在溧阳。这要比先前在北非发现的灵长目动物还要早800万到1 000万年。中科院学部委员、中科院院士、美国科学院院士贾兰坡先生对水母山动物群化石的发现曾有如此评价:"上黄动物群特别是高级灵长类祖先的发现其意义完全可以和北京周口店猿人的发现相媲美,这是我国二十世纪古生物学上又一极为重要的发现。"并欣然为此题词。

服务小贴士

"湖里山景区"的导游服务

1. 湖里山景区有吴桥杂技表演,导游可以带领游客前往观看。
2. 湖里山景区的南端是拍摄太公山的最佳处,导游要提醒游客拍摄时注意安全。

任务5.3 "游船码头—绣球岛"的导游讲解与服务

知识讲解

一、"游船游湖"的导游讲解

天目湖水由8条支流及48条溪涧汇集而成,湖水澄碧透亮,没有一丝污染。由于开发和保护工作同步有效有序地进行,天目湖水至今仍保持着国家二级饮用水的标准。经过省环保部门的测定,天目湖水也是江苏省境内目前水质最好的湖水。因此,天目湖成了溧阳人民饮用生活水的"大水缸"。溧阳有人口近78万,其中近50万人口使用的水来自于此。近年来,溧阳还利用这优良的水成功地酿制出味醇甘爽的天目湖系列啤酒,现已成为人民大会堂宾馆的特供用酒。

天目湖三绝中的"鱼头鲜"——砂锅鱼头的特点是"鲜而不腥,肥而不腻,汤汁乳白,原汁原味"。它选用天目湖中出产的大头灰鲢,去鳞去鳃,尽除内脏;洗净剁下鱼头,放入砂锅;注入天目湖水,辅以多种精选调料;撇去浮油,用小火久煨而成。汤洁如乳,肉白透红。这道菜肴用天目湖的鱼、天目湖的水制作而成,风格别具,味道独特。1982年,75国驻华使节及使节夫人们在此品尝后称赞不已,还用鱼头汤代酒连连干杯。1985年,邓小平同志到江苏考察,由天目湖鱼头大师朱顺才师傅带上天目湖的鱼和水在南京东郊宾馆为小平同志制作了这道菜肴。小平同志品尝后称赞道:"这是今晚最好吃的一道菜",并委托夫人卓琳代表他向制作师傅表示感谢。此后,江泽民、李鹏、邹家华、杨尚昆、万里、彭冲等党和国家领导同志也分别在常州、南京等地品尝过它。

二、"龙兴岛"的导游讲解

龙兴岛景区形状如长条枫叶,规划面积44.5平方千米,东与陆地相连,怡心岛在其北端,与之隔水相望,东南直接与江苏沙河抽水蓄能电站接壤。龙兴岛景区是集生态观光、山林活动、健身休闲于一体的新型旅游区。此岛树木葱茏,沿途流水,溪声如琴韵般时高时低,潺潺而歌,溪两旁草木滋润灵秀,风光清丽,那重重叠叠的青山,弯弯曲曲的木板路,高高低低的密林,使人真正走进大自然,置身于一幅山水画卷之中。到达景区内,野花齐放,碧荫遮天,虽然是37℃的高温,此处却犹如一个清凉世界。到达山顶110米处的高地能见到水中有岛、岛中有水的秀丽景色,身处山水环抱之中,才可以真正领略到"两山悬似削,相让一溪流,自石几度回,青山到处留"的意境。

三、"乡村田园岛和绣球岛"的导游讲解

乡村田园岛上人工放养了100多只可爱的小猕猴,故又名"猴岛"。在这里,游客还可以去推一推双推磨,尝尝特色小吃。特别要推荐的是乌米饭,在每年农历四月初八前,溧阳人都会到山上去采乌饭草叶子,捣成汁后浸泡糯米,然后将浸泡过的糯米煮熟,就做成了香喷喷的乌米饭了。

经过逍遥桥,就来到绣球岛,呈现在游客眼前的茶壶名曰"天下第一壶",它已经得到吉尼斯上海总部的认证,是目前为止世界上最大的紫砂提梁壶。它高3.5米,壶内径1.8米,容水2.7立方米,是10余名艺工用了7个多月的时间精心制作而成的,因为它制作于2000年,所以又称"世纪之壶",这可是绣球岛的标志性景物。这个岛上有一个品茶的好去处,那就是岛上最高处的那座仿古建筑,名为"天目茶苑"。绣球岛上种植的都是茶树,如南山寿眉等一系列的绿茶在1999年昆明世界园艺博览会上被指定为无公害的绿茶,并享有永久的冠名权。为了保证茶叶真正成为无公害的绿茶,岛上的茶树从不用药物治虫,为了防止害虫,春茶过后,茶农们就修剪茶枝,使害虫没有生长环境。溧阳的茶叶一般一年采两季,春茶和秋茶。一般一斤鲜叶约由四万个嫩芽组成,而四斤鲜叶才能做成一斤干茶。茶叶的采摘宜选晴朗的天气,温度在20℃左右,采的时候应轻轻拽下,不能用手掐,否则会影响下一批嫩芽的生长,而且摘下来的茶叶根部发红,影响茶的质量。

"游船码头—绣球岛"的导游服务

1. 乘坐游船需要等候排队,等候期间可以组织游客到天目湖海底世界参观。乘坐游船要提醒游客注意安全,不要拥挤。

2. 游船到达龙兴岛后,在岛上游客还可以看到一场来自云南佤族的风情歌舞表演,整个岛屿游览的时间在一个半小时左右,游览结束后,游客还是要回到游船码头,再乘坐游船登上乡村田园岛景区参观游览。

3. 乡村田园岛上有许多游乐项目,特别要提醒儿童注意安全。

原创导游词赏析

天目湖山水园

我们今天游览的景点是天目湖山水园。现在就让我们泛舟湖面,去撩开天目湖神秘的面纱,去见证它那绝尘脱俗的美。

天目湖旅游度假区主要由两座国家级大型水库组成,它们分别是沙河水库和大溪水库,这两座大水库总面积达300多平方千米,总储水量达3亿立方米,它们同处于天目山余脉上,如果从高空向下看,犹如一双明亮清澈的眼睛,所以在开发之初将其改名为"天目湖"。它集太湖碧波万顷之势、西子湖浓妆淡抹之美、千岛湖环拱珠联之局于一身,如一幅展开的画卷、一首优美的诗、一曲动听的音乐毫无保留地展示在世人的面前,享有"绿色仙境、江南明珠"的美誉。

天目湖水清澈透亮,由于开发和保护工作同步、有效、有序地进行,天目湖水至今仍保持着国家二级饮用水的标准,经过省环保部门的测定,天目湖水也是江苏省境内目前水质最好的。

游览天目湖,除了观湖光山色,登亭台楼阁或去碧波泛舟,在尽享天目湖的自然山水之乐外,大家不要忘了尝一尝天目湖"三绝"之一的"鱼头鲜"——砂锅鱼头,它的特点是鲜而不腥、肥而不腻、汤汁乳白、原汁原味。它选用天目湖出产的大头灰鲢,去鳞去腮,尽除内脏,洗净剁下鱼头,放入砂锅,注入天目湖水,辅以多种精选调料,撇去浮油,用小火久煨而成。其汤汁乳白,肉白透红。1985年,邓小平同志在品尝后称赞道:"这是今晚最好吃的一道菜",并委托夫人代表他向制作师傅表示感谢。各位是不是有了"一品为快"的欲望了呢?

常州文化属于吴文化,而吴文化的核心是水文化,可以说天目湖的水是吴文化的浓缩,是吴文化的精华。"一方水土养一方人",天目湖不仅孕育了独一无二的鱼文化,而且还培育了极具地方特色的茶文化。绣球岛上由于种植的全是茶树,因此又有"茶叶岛"之称。目前溧阳市共有茶园6.5万亩,年产量约2 500吨。在溧阳众多名茶中,尤以天目湖茶最负盛名。天目湖远离市区,没有任何的工业和生活污染,而且湖区的茶叶从不使用农药。夏天是害虫最容易繁殖的季节,为了防止害虫,春茶过后,茶农们便修剪茶枝,一来使害虫无生长环境,二来可以将剪下的茶枝作为有机肥料,为茶树施肥,使茶叶更好地生长。因此,天目湖所产的南山寿眉、沙河桂茗、水西翠柏等一系列名茶曾在1999年昆明世界园艺博览会上被指定为无公害绿茶,并享有永久冠名权。

鲁迅先生曾说过:"有好茶喝,会喝好茶,是一种清福。"我们现在就不妨去天目茶苑品一品天目湖茶。临窗而坐,手捧一杯绿茶,欣赏着具有地方特色的茶艺表演,了解一下真正的中国茶文化,定会让您"沉醉不知归路"。这怎能不说是人生一大幸事呢?

(江苏职合职业技术学院常州旅游商贸分院　陈曦)

 导游职业能力测试

⊙ 知识问答

(1) 天目湖的"三绝"是什么?
(2) 天目湖砂锅鱼头有什么特点?
(3) 天目湖产的茶叶有何特点?

⊙ 技能必备

能够对常州天目湖进行10分钟左右的导游讲解。

⊙ 技能拓展

查阅资料,写一篇介绍中国状元的导游词。

 导游推荐

⊙ 新景推荐

1. 淹城春秋乐园　　　推荐指数:★★★★★

全球首家春秋文化主题梦幻乐园——常州淹城春秋乐园,总投资10亿元,取材于春秋时期的政治、军事、经济、文化等,以情景体验的形式,设置春秋文化意境下的静态观赏型项目、互动演艺性项目和体验游乐式项目。按照游览顺序,春秋乐园分为五大功能区,分别是入口服务区、诸子百家园、春秋文化演艺区、春秋主题体验区以及春秋民俗文化区。

孔子仿真机器人,中国原创、国内首家春秋文化的空中飞行影院,国内第一台拥有自主知识产权的空中观览飞行岛——"孙武点将台"等园内开放的多个达到世界一流水平的体验项目,将让游客在欢乐刺激的互动娱乐项目中,深刻品味浓郁厚重的春秋历史文化韵味。淹城春秋乐园,成为向世界展示中国传统文化的有力载体。

2. "三河三园"亲水之旅　　　推荐指数:★★★★

"三河三园"亲水之旅北起中华恐龙园,途经东支河、北塘河、关河,穿越城北现代旅游休闲区、青龙生活区、火车站地区、天宁风景名胜区,南至东坡公园,全长12千米。游客朋友们由此可以坐船欣赏常州江南水乡的秀丽风景和现代都市的繁华风貌,慢慢体会历史名城常州的文化内涵。"三河三园"亲水之旅的推出,不仅丰富了常州水上旅游产品,更成为连接常州中心城区著名旅游景区的重要纽带,成为游客往返各旅游景区的新途径。

⊙ 美食推荐

1. 淹城农家菜美食一条街　　　推荐指数:★★★★★

淹城农家菜美食一条街共有企业14家,占地5 200多平方米,其中餐饮13家,农产品专卖店1家。武进十大招牌菜、八大特色菜悉数登场,其中有位列十大招牌菜之首,以芙蓉鲜螺为主打的芙蓉鲜螺馆;有以被誉为"国宝"的"二花脸"猪为主打的郑陆二花脸菜馆;有以无污染、纯人工放养的寨桥老鹅为主打的寨桥老鹅馆;有以拥有凝聚祖传四代传统手艺的泰村鱼圆为主打的泰村鱼圆馆;有以安徽、山东一带的公水牛全牛宴为主打的湟里红星牛肉馆;有以拥有百年历史的常州大麻糕为主打的常州麻糕店;有以西太湖各种特产为主打的西太湖美食馆;有以闻名遐迩的"太湖三白"为主打的太湖船菜馆;有以活宰现卖的公山羊为主打的郑陆羊肉馆;有以吃螺蛳长大

的戴溪青鱼为主打的戴溪青鱼馆;有以猪羊宫等养生菜为特色的多宝养生馆;有以各种龟鳖、鱼类为主打,集科普、教育为一体的名贵渔族馆;有依托春晖乳业的资源,以自产的优质肉牛、草鸡、肥鹅等为原料的春晖法式西餐厅,更有汇聚了常武地区知名农产品资源的武进(名仁)农产品销售中心。

2. 常州豆斋饼——常州菜根香酒楼　　推荐指数:★★★★

常州豆斋饼是常州绝无仅有的土特产品,历史悠久,一直作为民间祭祀活动中的祭菜。改良后的常州豆斋饼成品色呈金黄,形似金钱,表皮香脆,肉质松软,馅心鲜美,同时配以番茄酱、芥末酱、咖喱酱、芝麻酱等调料,可按自己的口味食用。

⊙休闲推荐

1. 恐龙谷温泉　　　　　推荐指数:★★★★★

恐龙谷温泉中矿物质含量极其丰富,尤足珍稀的是锶、偏硅酸等,其含量超过国际"医疗热矿泉标准"浓度和国家饮用天然矿泉水标准。因温泉之质、量、温在华东地区屈指可数,从而获得江苏省国土资源厅地热中心颁发的"苏南第一温泉观测中心"的殊荣。

恐龙谷温泉包括VIP别院、汤屋中心、会议中心、顶级餐饮会所、温泉定食餐厅、SPA芳疗美体康娱、WII电玩空间等项目;泉石亭榭、花树果草,将私密性围合温泉区与敞开式情景区相融组团,是国内一流的温泉旅游和养生度假胜地。

2.《美丽新世界》　　　推荐指数:★★★★

《美丽新世界》集视觉审美和互动体验于一体,打造"最美丽最时尚的演出",它讲述的是一个美丽动人的故事:祥和美丽的万花国因为拥有丰富资源而被邪恶的黄金帝国入侵,以致守护神生命之树凋零,美丽的公主依娜在好伙伴洛勇的帮助下历尽千辛万苦,用自己的鲜血浇灌生命之树,并依靠生命之树的神力,勇敢地带领国民们打败了入侵的敌人,让大家重返美丽新世界。

整场演出唯美绚烂,声光电结合的高精尖技术让《美丽新世界》成为一场视觉的盛宴。数百平方米的背景视频展示,让舞台背景神奇魔幻,水幕、纱幕、雾屏、多层次视频,为观众带来美的冲击。

项目 4　沪杭导游

模块 1　上海导游

通过本模块的学习,要求学生具备为旅游者提供上海向导、讲解以及其他相关旅游服务的能力。

1. 能够对城市概况进行 10 分钟左右的导游讲解,具体内容包括主要历史沿革、地理位置、气候特点、名称由来、行政区划和人口以及城市特色等;

2. 能够对景区概况进行 1 分钟左右的导游讲解,既要能够简明扼要地概括景区的概况,又要能够体现出景区的特色与魅力;

3. 能够对主要景点进行 3 分钟左右的导游讲解,既要能够详细介绍景点的具体情况,又要能够凸显一定的文化内涵;

4. 能够提供导游常规服务,比如景区景点内的游览指导,景区景点内的最佳拍照点、卫生间位置,以及其他注意事项等。

任务 1　上海城市概况的导游讲解

通过预习教材、网络查询、查阅相关书籍,结合地图,熟悉上海的主要历史沿革,熟悉上海的经济,掌握上海的地理、气候、名称由来以及行政区划等其他相关情况。

有的游客认为,上海作为超级都市,城市景观更多的是摩天大楼。作为导游员,我们应该从哪些方面入手,才能够更好地讲解出上海与华东线上其他旅游城市的不同之处呢?

任务 1.1　上海主要历史沿革的导游讲解

知识讲解

一、上海历史悠久

(一)"申""沪"的由来

上海,简称"沪",别称"申"。现在的上海西部约在六千年前就已经成为陆地,东部地区成陆也有两千多年。相传在春秋战国时期,上海曾是楚国春申君黄歇的封邑,因此上海别称为"申"。公元四五世纪时的晋朝,松江(现名苏州河)和滨海一带的居民多以捕鱼为生,他们创造出一种竹编的捕鱼工具——"扈",又因为当时江流入海处称为"渎",因此,松江下游一带被称为"扈渎",后人又改"扈"为"沪"。

(二)上海建制

唐代中叶于今天的松江区开始设置华亭县,这是上海地区建县的最早记录,宋末又置上海镇。1292年,元朝在今天的上海市中心黄浦江沿岸设置上海县,被视为上海市历史的起点。自明朝起,上海逐渐兴盛,1553年,为抵抗倭寇筑上海城(位于原来的南市区,现已与黄浦区合并),归松江府管辖。当时的松江府辖境为全国最大的棉纺中心,除华亭县外,还设有青浦县(今青浦区)、金山县(今金山区)等。清朝沿袭明制,归属江南省松江府管辖,设江海关。

(三)近现代的上海

在1842年签订的《南京条约》中,上海被开辟为中国五个对外通商口岸之一,美国、英国和法国陆续在上海设置了居留地,并在上海演变成为与中国地方政府分割管理的局面,今天上海市的黄浦、静安、虹口和杨浦四个区曾经主要作为上海的公共租界(以英美为主),卢湾区和徐汇区曾经主要作为上海的法租界。上海在开埠后迅速成为远东最繁荣的港口,同时也成为经济、金融中心,是近代亚洲最繁华的国际化大都市,有"十里洋场""冒险家的乐园""远东第一大城市"的称号。租界的存在使得上海的核心腹地未被战火所波及,并享有实际独立的地位和充分的国际联系,给上海带来了时至今日的持续繁荣。

二、上海是中国经济的前沿地带

1949年以前,上海就是远东地区第一大都市和全球三大金融中心之一,其股票、黄金等金融市场规模位居亚洲之冠。在经历了大量外资金融机构撤离上海带来的阵痛之后,今日的上海又焕发出耀眼的光芒。2009年上海市全市生产总值达到2 183亿美元,经济总量位居大中华区第一位。人均生产值和人均可支配收入比均位居全国各省区市首位。

上海是全球第二大股票市场中心,在全球证券交易所中排名第三,仅次于纽约的纽交所和纳斯达克;上海是全球第二大期货市场中心,仅次于芝加哥;上海是全球最大的现货交易中心和第二大钻石现货交易中心;上海是全球第一大港,2009年上海港货物吞吐量位居世界第一。

上海是跨国公司总部的聚集地。上海吸收外资约占全国的十分之一,经过认定的跨国公司地区总部数量位居全国首位,众多世界五百强企业和跨国巨头都选择上海作为亚太或中国区总部所在地,如花旗银行、汇丰银行、摩根士丹利、路易威登等重量级的企业。良好的商业氛围和底蕴吸引了大量的人才涌入上海,每年全国至少有四分之一的海归人才选择在上海工作或者创业,位居全国第一。亚洲第一商学院——中欧国际工商学院(CEIBS)也坐落在上海。同时上海也被评为世界第五大时尚之都,入选全球三大商都,商业环境在全国无人能出其右。在2010年中国社会科学院发布的《2009—2010年度全球城市竞争力报告》中,上海在中国仅次于香港,进入全球前五十强。

三、未来的国际航运和金融中心

面对充满机遇和挑战的21世纪,上海确定了中长期发展目标:到2020年,把上海基本建设成国际经济、金融、贸易、航运中心之一和社会主义现代化国际大都市,成为国际金融中心和国际航运中心。

建设国际金融、航运中心,是国家战略,也是上海的使命。

四、上海自贸区

2013年9月29日,中国(上海)自由贸易试验区正式成立,面积达28.78平方千米,涵盖上海市外高桥保税区、外高桥保税物流园区、洋山保税港区和上海浦东机场综合保税区等4个海关特殊监管区域。2014年12月28日,全国人大常务委员会授权国务院扩展中国(上海)自由贸易试验区区域,将面积扩展到120.72平方千米。2015年,上海自由贸易实验区已成为世界自由贸易区联合会荣誉会员。

任务1.2 上海地理等概况的导游讲解

一、上海的地理位置

上海位于长江三角洲前缘,东濒东海,南临杭州湾,西接江苏、浙江两省,北界长江入海口,长江与东海在此连接。上海位于我国海岸线中部,交通便利,腹地广阔,地理位置优越,是一个天然的江海良港。

上海全市面积为6 340.5平方千米,占全国总面积的0.06%。上海境内除西南部有少数丘陵山脉外,大部分是长江三角洲冲积平原,上海境内最高点是海拔高度为103.4米的大金山。上海辖有崇明、长兴、横沙3个岛屿,其中崇明岛是我国的第三大岛。

上海地区河湖众多,水网密布,大多属黄浦江水系。流经上海市区的黄浦江源自太湖,全长113千米,终年不冻,是上海的水上交通要道。上海的最大湖泊为淀山湖,面积为62平方千米。

二、上海的气候

上海属于北亚热带季风性气候,四季分明,日照充分,雨量充沛,常年气候温和湿润,春秋较短,冬夏较长,2009年平均气温在17.8℃,全年60%左右的雨量集中在5—9月的汛期。

三、上海的行政区划和人口

上海全市辖黄浦、徐汇、长宁、静安、普陀、虹口、杨浦、闵行、宝山、嘉定、浦东、金山、松江、青浦、奉贤、崇明16个区,2015年全市人口为2 415万。

⊙ 知识问答

(1) 上海周边的省份有哪些?
(2) 上海的面积有多大?人口有多少?
(3) 简述一下上海的主要历史沿革。
(4) 简述上海名称的由来。

⊙ 技能必备

能够对上海的城市概况进行10分钟左右的导游讲解。

⊙ 技能拓展

能够通过才艺表演的方式,对上海的城市概况进行趣味性的概括介绍。

任务 2 外滩的导游讲解与服务

1. 通过网络查询和阅读相关资料,了解外滩的主要历史沿革,和独特的历史价值及艺术魅力;
2. 熟悉景点路线:外滩的游览路线可以从南到北,也可以是从北到南,具体的景观讲解可以按照游客的兴趣自主调整。

很多游客会问:"为什么外滩会是上海旅游线路的第一站?"换句话说,外滩在上海旅游中的地位和特色如何?

任务 2.1 外滩沿途的导游讲解与服务

一、外滩的主要历史沿革

外滩游览区最具历史价值的是"万国建筑博览",属于全国重点文物保护单位。其发展大致经历三个阶段。

(一)形成期

1843 年到 1885 年,外滩逐步经历了从江南传统城郊乡村向国际性商业化城市社区的格局转变。19 世纪 80 年代中期,随着公共设施和绿地的健全完善、外资银行的入驻和娱乐设施的完善,外滩建筑定格于新型的文艺复兴式和哥特式建筑,外滩的城市格局基本定型。

(二)发展期

1886 年到 1915 年,随着第二代海关大楼的建成、有轨电车的投入使用、上海总会大楼的建成以及各大商业银行的入驻,外滩继续巩固了其远东金融中心的地位。

(三)成熟期

1916 年到 1937 年,外滩出现了众多的地标性建筑物,如有"外滩第一楼"之称的亚细亚大楼、外滩新标志汇丰银行大楼及新海关大楼,加上众多的银行大厦,外滩"万国建筑博览"终成规模,作为远东的金融中心地位日臻成熟。

2010 年世博会前夕,外滩经历了大规模的改造,全面提升了外滩滨水区域的环境品质,充分演绎了"城市,让生活更美好"的世博主题,成为能够与法国巴黎香榭丽舍等国际名街相媲美的高品质街区和上海最具代表性和观赏性的景区。

二、外滩的历史价值与独特魅力

(一)人文景观和自然景观融为一体

外滩是人文景观和自然景观完美结合的典范之作。"万国建筑博览"兼具欧洲各式建筑风格,代表了西方古典艺术之美,被美誉为"凝固的音乐",是人文景观的最佳代表;黄浦江的"动"与万国建筑的"静"相得益彰,被誉为"流动的音乐",代表了完美的自然景观。举目远眺黄浦江对岸高耸入云的东方明珠电视塔、金茂大厦、国际金融中心等鳞次栉比的大厦,游客们顿时陶醉在人文与自然、古典与现代交错的美感之中。

(二)万国建筑博览会

外滩是"万国建筑"的百科全书,代表了折中主义式、文艺复兴式、哥特式、新希腊式、法国古典主义式、装饰艺术派式、现代主义式、巴洛克式和中国民族式等多种建筑风格的建筑,构成了一道蔚为壮观的风景线,凝聚了中外设计师和建筑师的心血,是人类建筑史上的宝贵财富。

(三)爱国教育基地

"租界"的历史警示着国人永远不能忘记当年的屈辱史,《南京条约》迫使外滩开放,逐渐沦落为外国人的"十里洋场";当年活跃在外滩的革命前辈和英烈事迹提醒着我们:中华人民共和国的诞生来之不易;今日生机勃勃的外滩又展示出上海作为经济中心城市的活力,激励我们朝着更美好的未来不懈努力。

服务小贴士

游览外滩前的提醒工作

1. 外滩的游客相对较多,为了避免游客走丢,导游需要在下车之前就告知游客停车的位置和游览结束的时间,同时在游览过程中时刻提醒游客紧跟旅游团。

2. 导游应提醒游客外滩景区没有公共卫生间,如要使用卫生间,可到马路对面的各个大厦使用卫生设施。导游可留给游客 15 分钟时间。

任务 2.2 "陈毅雕塑"的导游讲解

知识讲解

陈毅广场位于南京路商业步行街的江滨终端,面积约为 4 457 平方米,是外滩举行节日庆典、游人休闲娱乐和观瞻伟人的重要场所。陈毅雕塑是陈毅广场的中心景观,雕塑坐北朝南,青铜浇筑,高 5.6 米,底座为红色磨光大理石,高 3.5 米。

雕塑再现了陈毅同志勤勤恳恳的公仆形象,他是中华人民共和国成立后上海市的第一任市长,为解放和建设上海立下不朽的功勋,这座雕塑体现了上海市民对他的深切怀念。

任务 2.3 "和平饭店"的导游讲解与服务

知识讲解

和平饭店是上海近代建筑史上第一幢现代派建筑,位于南京东路口的两座大楼均称为和平饭店。

和平饭店南楼建于 1906 年,当时称汇中饭店,是上海现存最早的一家饭店,其外形属于文艺复兴式建筑风格。汇中饭店前身是建于 19 世纪 50 年代的中央饭店。大楼的建筑主体是砖木结构,部分采用钢筋混凝土,占地面积 2 125 平方米,建筑面积 11 607 平方米,共 6 层,装饰风格华丽,在豪华舒适和建筑规模方面都是上海第一,这也是上海第一幢安装电梯的大楼。2008 年上海

锦江国际酒店管理集团股份有限公司因引进斯沃琪集团,从而对汇中饭店进行修缮,将南楼现有的3层客房改造成为"斯沃琪和平饭店艺术中心",并将顶层露台的标志性塔楼建筑打造成主题为"爱与和平"的餐厅。

和平饭店北楼又称沙逊大厦,建成于1929年,是在原新沙逊洋行的基础上重建的,是上海终结复古主义样式、开创"摩登建筑"时代的第一座建筑,整栋大楼占地面积4 622平方米,建筑面积36 317平方米,前部12层,后部9层,楼高77米,内外装饰豪华,被称为"远东第一楼"。2009年上海锦江国际酒店管理集团股份有限公司对沙逊大厦进行改造,保留了独具特色的"九国特色套房"。

服务小贴士

"和平饭店"的导游服务

导游可以提醒游客,以和平饭店为背景拍照留念的最佳方位是陈毅将军广场一侧的外滩护栏,黄浦江对面即可拍摄到浦东现代化的建筑群,转身之间就完成了古典到现代的华丽转换。

任务2.4 "海关大楼"的导游讲解

知识讲解

海关大楼位于中山东路13号,现为上海海关,其前身可追溯至1843年上海道台宫慕久设立的西洋商船盘验所,1957年建成江北海关,经多次改造后成为上海最早的海派建筑。第二代海关大楼采用洋派都铎王朝时代建筑样式,并在主楼中央设置钟楼,高110英尺(1英尺≈0.3048米),是上海公共场所第一个钟楼。

现在的海关大楼占地面积5 722平方米,建筑面积32 000平方米,由8层楼和5层辅楼组成,建筑高度79.2米。外墙由金山石砌筑,顶部钟楼为整栋建筑纵轴线。东立面大门有4根粗壮的多克立柱子支撑,庄重有力。大楼顶部的大钟仿英国国会大厦大钟样式制造,花费白银两千余两,是亚洲第一大钟,从前被叫作大清钟,与伦敦著名的大本钟有关。"外滩晨钟"已被列为"新沪上八景"之一。

导游职业能力测试

⊙知识问答

(1)简述外滩在上海旅游线路中的地位。
(2)外滩的旅游特色有哪些?
(3)简述外滩的主要历史沿革。
(4)外滩比较有代表性的建筑有哪些?

⊙技能必备

能够对外滩的概况进行3分钟左右的导游讲解。

任务3　人民广场的导游讲解与服务

1. 查询相关资料,了解人民广场的概况及其在上海市的中心地位,熟悉人民广场人与自然完美结合的特色;
2. 熟悉人民广场游览路线。

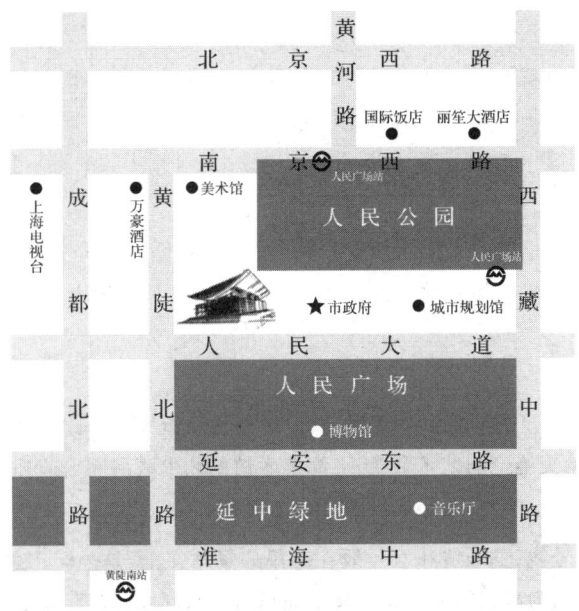

人民广场游览路线示意图(图片来源:上海大剧院官方网站)

人民大厦→上海大剧院→上海城市规划展示馆→音乐旱喷泉→上海博物馆→齐爱广场鸽→上海美术馆→国际饭店

随着现代城市的不断发展,城市广场已经成为城市的名片,但是众多的城市广场难免给人带来审美疲劳。有的游客会问,很多国际大都市中都有城市广场,上海的人民广场有什么与众不同的地方呢?

任务3.1　人民广场沿途的导游讲解与服务

一、人民广场的概况

人民广场位于上海市黄浦区西北部,广义的人民广场包括了人民大道以南的广场和以北的人民公园,狭义的人民广场指的是人民大道两侧及以南的部分。

1842年清政府与英国签订的《南京条约》中规定了英租界,1848年英租界首次扩张至人民广场。1850年,英国殖民者在上海成立"跑马总会",并于1862年在今天的人民广场周围圈地400多亩成立了跑马场,成为远东地区最大的赌窟。1949年以后,上海市政府对跑马场彻底进行了改造,修建了宽阔的人民大道,建成了人民公园。1994年,人民广场改造被确定为上海市政府重点建设工程,协调解决了交通问题,增添了广场以及周围的建筑轮廓空间景观,调整了绿化系统,人民广场逐渐成为上海市的一大新景观,也成了上海这座国际大都市的城市中心广场。

二、人民广场的中心地位

(一)地理中心

人民广场是上海市新的平面坐标系统的中心,位于人民广场的国际饭店楼顶中心的旗杆是这个平面坐标系统的原点,在其正下方的国际饭店大堂内设立了"上海市大地原点"的标志,向社会开放,供游人参观。

(二)政治中心

位于人民广场中心位置的人民大厦是上海市政府驻地,领导全市人民进行社会主义现代化建设的地方最高领导机构均在此办公。同时人民广场也是全市人民举行重大政治和社会活动的场所。

(三)文化艺术中心

上海博物馆展示了五千年的中华文明;城市规划展示馆描绘了现代化建设的成就和宏伟蓝图;上海大剧院则是精美绝伦的艺术殿堂;上海美术馆的艺术藏品闻名遐迩。

(四)城市交通中心

上海轨道交通一号线、二号线和八号线在人民广场站交汇,是上海市最繁忙的城市交通线,地面上众多以人民广场为起点的公交车连接了浦东、杨浦、闸北、虹口、宝山、青浦及虹桥、火车站等交通集散地。

(五)休闲中心

广场与周围的众多文化娱乐设施和场所吸引了广大市民和游客;广场上完善的基础设施受到前来休憩的人们的青睐。

三、人民广场的特色

人民广场体现了人与自然的完美结合。20世纪90年代,上海市政府在对人民广场进行改造之初就确定了"人类与自然共存"和"建设生态城市"的主题,将人民广场建设成为以绿化为主的现代化园林式广场。人民广场的绿化面积达到60%以上,1995年广场放养了上千羽广场鸽,在悠扬的音乐背景下,广场鸽时而觅食,时而低空盘旋,调皮地在人群中"行走",充分体现了人与自然的和谐相处。

服务小贴士

"人民广场"的导游服务

由于人民广场附近的游览景点环绕在广场附近,因此停车点选择在人民广场的喷水池前面,导游要提醒游客牢记停车位置。

任务 3.2 "上海博物馆"的导游讲解与服务

知识讲解

上海博物馆创建于 1952 年,现馆于 1996 年全部建成开放,建筑面积达 40 000 平方米,高为 29.5 米,地上 5 层,地下 2 层,是国家 AAAA 级旅游景点。建筑造型是方体基座和圆形出挑相结合,最上面的部分是朝东南西北四个方向的四个圆拱,有"天圆地方"的寓意。"方"象征着四面八方,"圆"着意于文化渊源之循环,"拱门"代表着开放。整个建筑外观造型具有汉代建筑风格,远处眺望似一个古代青铜器"鼎"。

馆内现有馆藏文物近百万件,珍贵文物十二万件。博物馆的文物陈列分为常设陈列和特别陈列两大类。一层到四层均设有常设陈列。第一层设有中国古代青铜馆和中国古代雕塑馆,第二层是中国古代陶瓷馆,第三层是中国历代绘画馆、中国历代书法馆和中国历代玺印馆,第四层是中国古代玉器馆、中国历代钱币馆、中国明清家具馆和中国少数民族工艺馆。博物馆还与国内外许多文博机构进行友好交流,邀请海内外博物馆及其他收藏机构到上海博物馆举办特展。

博物馆的每个展厅都有热情且具有一定专业水准的义务讲解员(志愿者),免费为游客提供导游讲解服务。

服务小贴士

入馆前的导游服务

导游应告知游客,上海博物馆免费面向游客开放,但请游客注意开放时间,入馆的时候每名游客都需要进行安全检查,所以在参观博物馆之前,一些不允许带入的物品不要带在身上。

任务 3.3 "上海大剧院"的导游讲解与服务

知识讲解

上海大剧院位于人民广场西北角,于 1998 年竣工投入使用,占地面积达 11 528 平方米,建筑总面积达 6 万多平方米,建筑高 40 米,其中地下 2 层,地上 6 层,顶部 2 层,共 10 层。大剧院的建筑构思是"一个敞开的宫殿,它是风景的延续",以繁体汉字"艺"的形象为建筑造型。上海大剧院不仅是艺术的殿堂,同样是高科技的结晶,仅反翘式的屋顶就重达 6 000 吨,相当于巴黎埃菲尔铁塔的重量。

上海大剧院以歌剧、交响乐、芭蕾和音乐剧为主要演出形式,演出场所包括大剧场、中剧场和小剧场三个部分。大剧院大堂近 2 000 平方米,主色调为高雅圣洁的白色,并拥有目前国际上容纳面积最大的舞台和动作变换最多的舞台设备。同时,大剧院还配备了 12 个大小不等的排练厅、练功房、制景室和化妆间等。

上海大剧院曾经演出过众多国内外经典的音乐与歌剧,如著名的歌舞剧《天鹅舞》;世界著名男高音卡雷拉斯、多明戈、帕瓦罗蒂的个人演唱会;四大欧洲歌剧流派奉献的歌剧《阿依达》《浮士德》《漂泊的荷兰人》和《叶普盖尼·奥涅金》。同时,著名交响乐团中的美国费城交响乐团和华盛顿国家交响乐团、俄罗斯国家交响乐团、日本 NHK 交响乐团、维也纳爱乐乐团和柏林广播交响乐团等都在上海大剧院进行过精彩的演出。

服务小贴士

"上海大剧院"的导游服务

导游应提醒游客注意上海大剧院的开放时间:每周一上午 9:00—11:30(法定假日除外)。

任务 3.4 "上海城市规划馆"的导游讲解

知识讲解

上海城市规划馆位于人民广场东北角,与人民大厦西侧的上海大剧院形成人民大厦对称的两翼。2000 年对外开放,占地面积 4 000 平方米,建筑面积 20 000 平方米,高 43.3 米,地下 2 层,地上 5 层,共 7 层。

整个建筑蕴含中国传统元素,暗喻建筑与城市之间的内在联系,主立面以中轴线为基准,左右均匀对称,按照古代城楼样式设计建造,顶部犹如四朵正在盛开的白玉兰花。白玉兰是上海的市花,象征着上海的活力和朝气。上海城市规划馆获得了 2000 年度上海市"白玉兰奖"和国家建筑最高荣誉"鲁班奖"等奖项。

上海城市规划馆是目前世界上最大的城市规划馆,展馆主题为"城市·人·环境·发展",定位注重时代和现实,与展示历史、文化、艺术和自由的上海博物馆和上海大剧院交相辉映。目前上海城市规划馆获得"上海市文明单位""国家 AAAAA 级旅游景区(点)""上海市爱国主义教育基地""上海市环保教育基地""全国科普教育基地"等多项荣誉。

从正门进入展示馆大堂后,首先看到的是以"辉煌"为基调的序厅,序厅主题为"历史的丰碑"。大厅中央的艺术雕塑名为"上海之晨",海鸥迎着朝阳飞翔,寓意着上海这片热土充满生机。一层二层之间的夹层是历史文化名城厅,整体反映了上海变迁的百年沧桑,众多珍贵的老照片展示了上海城市发展的历史和丰富的文化内涵。三、四层集中展示上海的总体规划,预示着"上海的明天"。五层设有环形临时展厅、多功能会议影视厅和休闲观光厅,游客可以从这里乘电梯直接到地下一层,游览"上海 1930 风情街"。

导游职业能力测试

⊙ 知识问答

(1)人民广场的特色是什么?
(2)简述人民广场的历史沿革过程。
(3)简单介绍上海博物馆的外形及寓意。
(4)在上海城市规划馆可以参观哪些内容?

⊙ 技能必备

能够对人民广场的概况进行 1 分钟左右的导游讲解。

⊙ 技能拓展

以人民广场的广场绿地为立足点,以周围的现代化建筑为切入点,创作一篇讲解用时为 3~5 分钟的导游词,下节课按小组进行汇报讲解。

任务4 豫园景区的导游讲解与服务

课前准备

1. 通过查询网络和查阅相关旅游书籍,了解上海豫园的概况,熟悉上海豫园的旅游功能和特色;
2. 熟悉豫园游览路线。

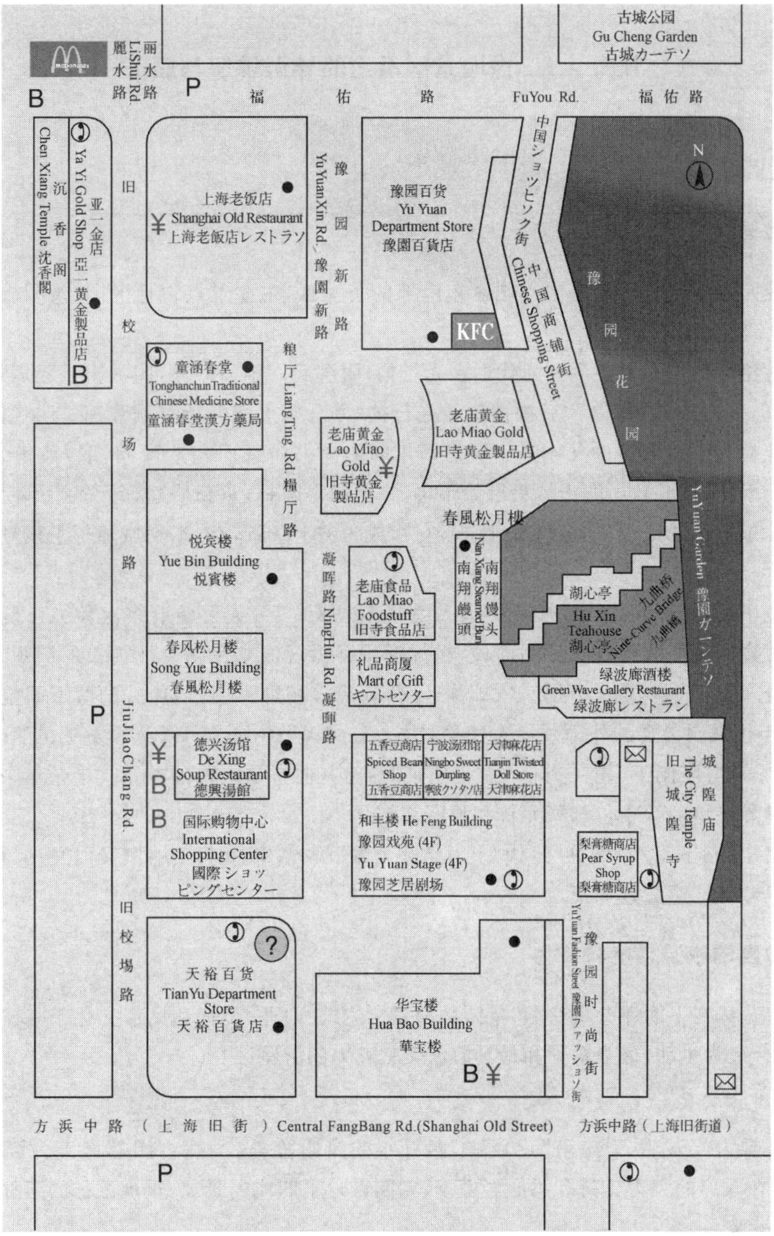

豫园景区游览路线示意图(改自:《豫园地图》)

豫园→豫园旅游商城→城隍庙→上海老街

任务导入

在华东线路上,苏州园林作为江南园林的代表,是游客的必游景点,因为"江南园林甲天下,苏州园林冠江南"。那么,在游览上海豫园之前,许多游客可能都会说:既然如此,为何上海的行程还要安排我们游览豫园呢?

面对游客的提问,应如何回答呢?换句话说,作为导游员,应如何讲解,才能体现豫园的特色与魅力呢?

任务 4.1 豫园景区沿途的导游讲解与服务

知识讲解

一、豫园游览区的概况

上海豫园游览区位于上海中心城区东南部的黄浦区,主要景点包括豫园、豫园旅游商城、城隍庙和上海老街。

豫园游览区的由来要上溯到元代的霍光行祠,明洪武六年(1373),明太祖朱元璋封秦裕伯为上海城隍,但一时未建"衙署",后被请进霍光行祠"办公",上海开始有城隍庙。明代四川布政使上海人潘允端为了侍奉他的父亲——明嘉靖年间的尚书潘恩而建造豫园,取"豫悦老亲"之意。清乾隆二十五年(1760),上海士绅惜胜景不再,集资购得园林,重新修建,并交给城隍庙管理。这样城隍庙除了自己的殿堂,加上豫园,规模泱泱,成为沪上新景,有"不到城隍等于没到大上海"之说。

鸦片战争后,城隍庙几成废墟。中华人民共和国成立后,人民政府多次大力修复豫园,斥巨资修建崇楼巍阁仿明清建筑的豫园商城,在方浜中路再现清末民初上海街市的旧观——上海老街。20世纪60年代初,陈云、陆定一、郭沫若、谢觉哉等相继来园游览,有的留下墨宝,成为珍贵文物。80年代来园参观的外国领导人日益增多。1986年10月15日,英国女王伊丽莎白二世在江泽民、吴学谦等陪同下,先在湖心亭品茗听曲,后沿九曲桥步入豫园游览。十余年来,豫园先后接待来自世界各地的数十位国家元首和政府首脑。

1995年,豫园获20世纪90年代"上海十大新景"美誉;2009年10月,又以"豫园雅韵"美名,获得"新沪上八景"第二景殊荣。

二、豫园的旅游功能和特色

豫园游览区在上海滩久负盛名,集园林、宗教、建筑、商业、美食和民俗文化于一体,是古今传承、中外融合最为生动、最为精彩和最具海派文化魅力的游览区。

(一)园林文化

豫园被誉为"奇秀甲于东南",历经了四百年的风雨沧桑,虽然古园林已夷为废墟,但是在1949年后,在政府的大力支持和悉心经营下,豫园恢复了四成的景观,重现浓郁的园林文化气息。

(二)宗教文化

豫园游览区附近寺庙堂观集中,佛教、道教、伊斯兰教、天主教和基督教等聚集一处,形成罕见的宗教文化现象。

（三）建筑文化

豫园游览区是一处明、清和民国时期的住宅建筑博览馆，豫园、沉香阁、城隍庙、上海老街、豫园旅游商城无不是旧有或仿古建筑。游览区附近位于老城厢大境路有仅存的一段上海古城墙和新修复的大境阁、移建的白云观。明代潘允端的世春堂、徐光启的九间楼、赵仪宾的咸宜堂，以及沈初的书隐楼，都是仅存的古宅珍宝。

（四）商业文化

豫园商城有"购物天堂"的美誉，商品以日常生活用品为主，琳琅满目，应有尽有。商品有小、土、特的特点，花色品种繁多，堪称"小商品王国"。

（五）美食文化

豫园游览区聚东南西北风味，飨四面八方来客，形成独特的海派饮食。"吃在上海"，蜚声中外，既代表了上海本帮风味，又汇聚了各地风味，更有驰名中外的名特小吃，被誉为"小吃王国"。

 服务小贴士

游览豫园前的提醒工作

导游应提醒游客，豫园游览区的旅游巴士停车点位于人民路福佑路路口。

任务 4.2　豫园的导游讲解与服务

 知识讲解

豫园位于上海老城厢东北隅，是一座典型的江南古典园林，号称"百景之首"，被评为国家AAAAA级旅游景区。伫立在荷花池北岸，可见园林题额"豫园"两字，此为明代王穉登所题。豫园按照主体建筑可以分为大假山、万花楼、点春堂、会景楼、玉玲珑、内园六个景区。

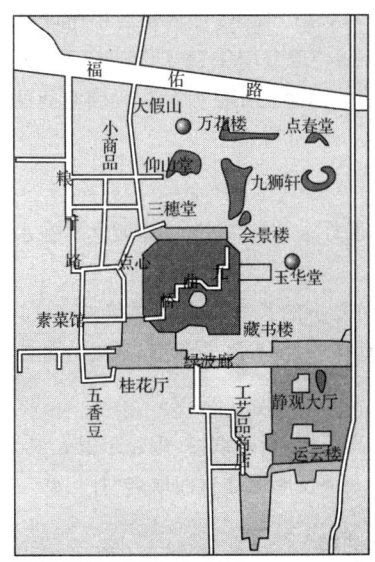

豫园游览平面示意图

一、"大假山景区"的导游讲解

大假山景区主要有三穗堂、仰山堂、卷雨楼、大假山、游廊和萃秀堂等景观。

（一）三穗堂

原为乐寿堂，清初曾被征为上海县衙办公之地，改建西园时重筑为三穗堂。乾隆二十五年（1760），在乐寿堂旧址建"三穗堂"。"三穗"典出自《后汉书·蔡茂传》中"梁上三穗"的故事。三穗堂在清代中叶曾为豆米业公所议事、定标准斛之所，又称"较斛厅"，还曾是官府召集乡士绅商宣讲皇帝谕旨之处，是当时沪上绅士富商的政治、经济活动场所。

（二）仰山堂、卷雨楼

这两处景点位于三穗堂之后，与大假山隔池相望，建于清同治五年（1866）。底层称仰山堂，上层为卷雨楼。仰山堂共五楹，后有回廊，曲槛临池，登临仰山堂，可远观大假山景，池中倒影可鉴。卷雨楼为曲折楼台，取唐诗"珠帘暮卷西山雨"之意，雨中登楼，烟雾迷蒙，山光隐约，犹如身入雨山水谷之中，为豫园绝景。

（三）大假山、挹秀亭、望江亭

大假山由明代江南叠石名家张南阳设计建造，用数千吨武康黄石堆砌而成。假山峰峦起伏，清泉若注。游人登临，颇有置身山岭之趣。四百多年中，豫园景物时废时兴，而大假山仍保持旧观。

大假山上有二亭，一在山麓，名"挹秀亭"，意为登此可挹园内秀丽景色；一在山巅，称"望江亭"，意为立此亭中，"视黄浦吴淞皆在足下"。

二、"万花楼景区"的导游讲解

万花楼景区主要有鱼乐榭、亦舫、复廊和万花楼等景观。

（一）鱼乐榭

榭突出于溪流之上，三面环水，凭栏观鱼，自然领会小榭取名"鱼乐"的寓意。庄子曰："子非我，安知我不知鱼之乐！"取名"鱼乐"蕴含园主对庄子的仰慕。溪上筑一垛隔水花墙，墙上有漏窗，墙下有半洞门，水从洞门流出。这里运用了园林中延伸空间的巧妙手法，游人至此，有不知何处是尽头之感。

（二）亦舫和复廊

亦舫在萃秀堂东墙外，俗称船厅。明代以后，江南园林常在水边建石舫，用以临水赏月，而直接在陆地上筑舫的不多见。

复廊是位于鱼乐榭以东迂回复折的长廊。中间构筑方亭一座，匾额曰"会心不远"，意出《世说新语》："会心处不必在远，翳然林木，便有濠濮间想，觉鸟兽禽鱼自来亲人。"

（三）万花楼

东出复廊，便见万花楼。楼高二层，精雕细镂，重建于道光二十三年（1843），明代此处称为花神阁。清末楼内供奉城隍神像，人神仅咫尺之遥而取名"神尺堂"。1950年后恢复"万花楼"名。

三、"点春堂"景区的导游讲解

点春堂建于道光元年（1821），其宽敞开阔为豫园之最，取名自苏轼的词句"望长安路，依稀柳色,翠点春妍"。小刀会起事时,义军城北指挥部设帐于此。堂内现陈列着小刀会的兵器、钱币、文告等文物。

点春堂对面是一座条石结构的清代小戏台,俗称打唱台。戏台半跨池上,台前重檐,精工巧,戏台四面石柱上分别有描绘春夏秋冬景色的对联。

点春堂后有临池水阁,上有"飞飞跃跃"匾。北有藏宝楼;西北有古井亭;东北有学圃;东南有湖石假山,上有双层楼阁,下称延爽楼,上名快楼。登点春堂远眺豫园全景,心胸为之一快。

四、"会景楼景区"的导游讲解

会景楼景区以水景为主,疏密相间,开合有致。景区的主建筑是建于同治九年(1870)的会景楼,下称敦厚楼,上称会景楼。楼居豫园中央,登楼而望,全园景色尽收眼底。

会景楼西北是九狮轩,1959年修葺豫园时所建,九狮,取"救世"的谐音。九狮轩所临池南有亭,名为"流觞亭"。

会景楼东有积水玉廊,长廊北起会景楼,南至内园,前半段筑于岸上,后半段架于水中,长达百米,是江南古典园林中最长的一条廊,廊东墙有砖雕"八仙图"。

五、"玉玲珑景区"的导游讲解

玉玲珑是江南三大太湖石之一,奇石瘦、皱、漏、透特点皆备。正对玉玲珑的是书斋,以供观赏奇石,并以玉玲珑上的"玉华"两字命名玉华堂。玉华堂西有楼,近荷花池,"水波如绮,藻采纷披",底楼取名"绮藻堂";二楼称得月楼,取"近水楼台先得月"之意。楼南有藏书楼,又称书画楼,上海近代书画家任伯年、吴昌硕、钱慧安、蒲华灯常会于此,是海上画派的发祥地。

六、内园景区

"神祠北际名园辟,寝庙东偏别殿开"的内园在1956年修复豫园时,成园中之园。内园面积仅2亩余,但十分精致,亭台楼阁、泥塑砖雕、名树古木、石峰小桥,一应俱全,布局紧凑而曲折幽深。

静观大厅亦称"晴雪堂",是内园主要厅堂,造得雕栋画梁、轩昂高敞。静观之名,取古语"静观万物皆自得""动观流水静观山"之意。

观涛楼位于静观大厅西南侧,又称"小灵台",三层全木结构,清时为城东最高建筑物。昔年在此登高可观赏"沪城八景"之一"黄浦秋涛"。

还云楼、延清楼面对静观大厅,东西相连,为串楼形,并可通向观涛楼和船厅。耸翠亭耸立于观涛楼东面假山上,双层亭阁,底层置石桌、石凳,周围林木青翠。亭内有"灵木披芳"匾额。船厅虽筑于假山上,但周围用瓦片小砖铺地,成波浪状,仿佛舫于涛中行,其构造为园林建筑所罕见。九龙池位于内园静观大厅东南,池内砌湖石,东西两壁隙中藏四个石雕龙头,水中倒影亦为四个龙头,加上池状若龙身,故称九龙池。

"豫园观景最高处"提示

大假山的望江亭,为大假山景区的观景最高处;点春堂东侧的快楼,登楼远眺,心胸为之一快,是该景区的观景最高处;内园的观涛楼,当年可观"黄浦秋涛",是该景区最高处。

任务 4.3 豫园商城的导游讲解与服务

 知识讲解

上海豫园商城位于上海老街北侧,商城内建筑为浓郁的明清建筑风格,与豫园、城隍庙、沉香阁等古迹完美地融为一体。一幢幢规模宏大的仿古建筑,飞檐翘角,黛瓦朱栏,是一处集"园、庙、市"于一体的"玩、吃、购"的极佳去处。

(一)浓郁的文化气息

豫园商城充满了浓郁的文化气息。在豫园商城随处可见赏心悦目的书法、玲珑奇特的瑞兽和古色古香的店招牌。"悦宾楼"为钱君匋所书,"华宝楼"为周谷城所题,"天裕楼"为黄若舟书法,"凝辉阁"为启功墨宝。

(二)迷人的灯光夜景

豫园商城的灯光夜景是另一大特色。浅黄色泛光线行灯勾勒出仿古建筑的巍峨英姿,在夜空中与各楼璀璨的灯饰融为一体,更显得雄奇瑰丽,如琼楼玉宇,似天上人间。

(三)小商品王国

豫园商城的"名特小商品街"是以"小、土、特"为特点的"购物天堂"。商场内开设了50多家专业小商品商店,经营多达1.2万种花色品种的小商品,沪上特有的各地特产都能在豫园商城找到,连假发、手杖等特殊需要产品也应有尽有。可以说,豫园商城是不折不扣的"小商品王国"。

(四)小吃王国

豫园商城的小吃可谓中西合璧。从鸭血粉丝汤、桂花糖粥、面筋百叶等地方特色小吃,到常州麻糕、云南过桥米线、潮州贡丸等外地小吃,再到日本料理、韩国烧烤、意大利馅饼和夏威夷果汁、土耳其牛排,应有尽有,不愧是"小吃王国"。

 服务小贴士

"豫园美食"的导游服务

南翔小笼包是享誉国内外的上海著名特色小吃,其中一家最正宗的南翔小笼包店是位于豫园九曲桥旁的南翔馒头店。每天有很多客人不惜排长队,为的是能够一品南翔小笼包。

任务 4.4 "上海老街"的导游讲解与服务

 知识讲解

上海老街真实地再现了一百年前上海的繁华集市场景。这条老街在豫园商业景区内独具风格,集旅游观光、购物消费、休闲娱乐和文化展示于一体,在历史上也汇集了上海最早的钱庄、金店、银楼、酒肆、茶馆等休闲购物场所。

上海老街,原名方浜中路,西起河南南路,东至人民路,全长825米,由西到东的建筑风格和业态布局展示了老上海从明清向民国直至西洋文化涌入时期的一段历史文化演变。全街的商业经营以传统特色行业为主流,突出传统民俗文化,营造海派文化氛围。

上海老街以馆驿街为界分为东西两段,东段经过装饰和改造,保留了清末民初的民居特色,老街两侧恢复了花格窗、排门板、范氏栏杆、落地摇杆门等,再配以屋顶上的飞檐翘角,花边滴水和马头墙。西段的房屋外立面仿明清建筑,突出上海老城厢的民俗风情,黛瓦粉墙,红柱飞檐。

上海老街和北侧的"明星街"呈现出一幅老上海商旅百业、市井百态的《清明上河图》。

服务小贴士

"上海老街"的导游服务

位于校场路口附近的"春风得意楼"是有名的老茶楼,招牌茶是 18 元一杯的元宝茶,茶中有青橄榄(在上海话中发音与"请过来"相似)两颗,讨个口彩,每到周末下午 2 点到 4 点,茶楼里都有评弹演出,真实地再现老上海的情调,是值得一去的好地方。

导游职业能力测试

⊙ 知识问答

(1) 豫园景区主要包括哪几部分?
(2) 被称为"奇秀甲于东南"的是哪一座中国古典园林?
(3) 简述豫园的历史沿革。
(4) 豫园游览区为什么有"小商品王国"和"小吃王国"的美誉?

⊙ 技能必备

能够对豫园游览区的概况进行 5 分钟左右的导游讲解。

任务 5 "东方明珠游览区"的导游讲解与服务

课前准备

通过查询网络和相关资料,了解陆家嘴的发展过程,熟悉东方明珠游览区的建筑特色。

任务导入

很多游客会说,现代摩天大厦到处都是,可以登高俯瞰全城的角度也越来越多,为什么还要登临东方明珠来观景呢?

遇到这样的问题,导游员应该如何回答呢?或者说,应该如何讲解才能较好地体现东方明珠景区的特色与魅力呢?

任务 5.1 东方明珠景区沿途的导游讲解

知识讲解

一、浦东新区

改革开放以来,中国发生着翻天覆地的变化,上海浦东新区即是典型代表。浦东新区是上海经济发展的龙头,如果说外滩是上海近代历史的见证,那么浦东就是今日上海经济辉煌成就的代表。

1990年,党中央国务院宣布开发浦东,邓小平也做出了"抓紧浦东开发,不要动摇,一直到建成"的指示。短短的几十年里,浦东这块土地发生了史无前例的变化,以日新月异的面貌展现在世人面前。《财富》评出的世界500家最大的公司中,大约有180家已经在浦东新区落户。

陆家嘴金融贸易区位于浦东新区,隔黄浦江和外滩建筑群相望,上海人喜欢把黄浦江弯进去的地块叫"湾",突出来的地块叫"嘴",过去这一代最早有姓陆的人家居住过,后来人们就把这里称为"陆家嘴",东方明珠游览区就坐落于陆家嘴。

由东方明珠电视塔、金茂大厦、环球金融中心、上海国际会议中心、海洋水族馆、上海城市历史发展陈列馆、上海大自然野生昆虫馆、陆家嘴中心绿地、滨江大道、世纪大道组成的东方明珠游览区,是一个集政治、文化、金融、商贸、餐饮和休闲于一体的上海新游览风景区。

二、摩天揽胜

浦东新区东方明珠游览区内,屹立着两百多幢高楼,鳞次栉比,造型多姿多彩,这些美轮美奂代表不同风格的建筑使人目不暇接,被誉为浦东新的万国建筑博览。"摩天揽胜"便成为"新沪上八景"之一。其中以世界第八高楼金茂大厦和中国第一高楼环球金融中心最为引人瞩目。目前,规划中的上海第一高度"上海中心"也已开工建设,建成后将再一次提升上海高度。

任务5.2 "东方明珠广播电视塔"的导游讲解与服务

知识讲解

东方明珠广播电视塔坐落在陆家嘴的嘴尖上,于1991年9月1日开始动工,落成于1994年11月8日。塔的高度是468米,是亚洲第一高塔,世界第三高塔,仅次于加拿大多伦多电视塔(553米)和莫斯科奥斯坦金电视塔(533米),总重量达12万吨,投资达8.3亿元。

东方明珠电视塔集观光、展览、餐饮和广播电视发射于一体,是上海的标志性建筑和旅游热点之一,被列为上海十大新景观,和法国的埃菲尔铁塔齐名,为世界著名高塔之一,被国家旅游局评为AAAAA级旅游区(点)。

东方明珠塔的名字来源于唐朝诗人白居易的《琵琶行》中关于琵琶的声音的描写,诗人把琵琶的声音比喻成珍珠落到玉盘里时发出的美妙声音,"大珠小珠落玉盘"。设计者富于幻想地将11个大小不一、高低错落的球体从蔚蓝的天空中串联至如茵的绿色草地上,而两颗红宝石般晶莹夺目的巨大球体被高高托起,浑然一体。

电视塔主体结构高350米。从电视塔底层乘坐电梯到直径为45米、距离地面263米的中球,只需40秒钟。东方明珠广播电视塔分别在98米、263米和350米处设有观光层,能让旅客从不同高度鸟瞰上海市区的风光。

东方明珠塔由穿梭于三根直径9米的擎天立柱、太空舱、上球体、下球体、五个小球、塔座和广场组成。可载50人的双层电梯和每秒7米的高速电梯为目前国内所独有。另一部悬空于立柱之间的世界首部360°全透明三轨观光电梯,让游客充分领略现代技术带来的无限风光。

东方明珠电视塔共有3个360°的主要观光层,游客尽可在不同高度欣赏都市美景。位于350米处是太空舱,267米处是亚洲最高的旋转餐厅,263米处是主观光层,259米、90米处是室外观光层,90米处的下球体内有太空游乐城。位于零米大厅的是上海城市历史发展陈列馆。

"上海城市历史发展陈列馆"的导游服务

上海城市历史发展陈列馆位于东方明珠电视塔的底层,作为结束电视塔参观的景点,导游可让游客自行参观,参观完毕后直接在集合地点集合。

任务 5.3 "环球金融中心"的导游讲解和服务

上海环球金融中心竣工于 2008 年 8 月 29 日,是目前中国第一高楼、世界第三高楼,同时也是世界最高的平顶式大楼,楼高 492 米,地上部分为 101 层,由日本森大楼公司主导兴建。上海环球金融中心已经与东方明珠、金茂大厦一起成为上海的新地标。

上海环球金融中心是以办公为主,集商贸、宾馆、观光、会议等设施于一体的综合型大厦。建筑的第 94 至 101 层为观光层,第 79 至 93 层为超五星级的柏悦酒店的宾馆,第 7 至 77 层为写字楼,第 3 至 5 层为会议室,地下第 2 至 3 层为商业设施,地下第 3 层至地下 1 层规划了约 1 100 台车的停车位。

上海环球金融中心创造了众多的"世界之最":其屋顶高度以 492 米超过了台北 101 大楼(480 米);人可达到的高度是 474 米,位于 100 层的观光天阁是世界上人能够达到的最高的观景平台;位于 93 层的中餐厅是世界上最高的中餐厅;设在 85 层 366 米的游泳池也是世界上最高的游泳池;位于 79 层至 93 层的柏悦酒店是世界上位置最高的酒店。

"环球金融中心"的导游服务

上海环球金融中心无疑是登高远眺上海风景的绝佳去处之一:94 层观光价 100 元;94 层和 97 层 2 层观光价为 110 元;94 层、97 层和 100 层 3 层观光价为 150 元。这些观光点都能让游客感受到"会当凌绝顶,一览众山小"的豪情。

任务 5.4 "金茂大厦"的导游讲解

金茂大厦,又称金茂大楼,高 420.5 米。大厦于 1994 年开工,1998 年建成,有地上 88 层,若再加上尖塔的楼层共有 93 层,地下 3 层,楼面面积为 278 707 平方米,有多达 130 部电梯与 555 间客房,现已成为上海的一座地标,是集现代化办公楼、五星级酒店、会展中心、娱乐、商场等设施于一体,融汇中国塔型风格与西方建筑技术的多功能型摩天大楼,由著名的美国芝加哥 SOM 设计事务所的设计师 Adrian Smith 设计。

金茂大厦是融办工、商务、宾馆等多功能为一体的智能化高档楼宇,第 3 层至 50 层为可容纳 10 000 多人同时办公的、宽敞明亮的无柱空间;第 51 层至 52 层为机电设备层;第 53 层至 87 层为上海金茂君悦大酒店,其中第56层至塔顶层的核心内是一个直径27米、阳光可透过玻璃折射进来的净空高达142米的"空中中庭",环绕中庭四周的是大小不等、风格各异的555间客房和各式中西餐厅等;第86层为企业家俱乐部;第87层为空中餐厅;距地面340.1米的第88层为国内第二高的观光层(仅次于环球金融中心),可容纳1 000多名游客,两部速度为9.1米/秒的高速电梯用45秒将观光宾客从地下室1层直接送达观光层,环顾四周,极目眺望,上海新貌尽收眼底。

 导游职业能力测试

◉ 知识问答

(1) 简述东方明珠造型的来源。

(2) 上海环球金融中心的"世界之最"有哪些?

◉ 技能必备

能够对东方明珠风景区的概况进行3~5分钟的导游讲解。

◉ 技能拓展

以陆家嘴商贸区的摩天建筑为切入点,对东方明珠风景区进行3分钟左右的导游讲解,下节课分组进行汇报。

 导游推荐

◉ 新景推荐

1. 世博园区　　　推荐指数:★★★★★

2010年世博会为上海留下了宝贵的物质财富和精神财富,世博会的主体建筑"一轴四馆"继续向游客开放。可以想象,依托世博会留下的财富,世博园区成为一个新的集绿地、商业、休闲于一体的新景观。

2. 朱家角古镇　　　推荐指数:★★★★

朱家角古镇位于上海市青浦区,紧靠淀山湖风景区,拥有迷人的自然风光和悠久的历史,素有"江南明珠""上海威尼斯"和"沪郊好莱坞"的美誉,1991年被列为上海四大历史文化名镇之一。这里的湖、桥、寺、庙、湾、弄、厅、馆、园各具特色,在繁华的上海大都市,这是一个难得的闹中取静的地方。

◉ 美食推荐

1. 南翔小笼包　　　推荐指数:★★★★★

南翔小笼包原产于嘉定南翔镇,始于清代同治年间,距今已经有一百多年的历史,以皮薄、柔嫩、汁多、味鲜、形美著称。曾先后获得"第四届中国烹饪世界大赛金奖""第十二届中国厨师节金厨奖""中国名点称号""上海首届餐饮文化博览会金奖"和"上海名点光荣称号"等。

2. 小吃"三主件"　　　推荐指数:★★★★

上海荟萃了全国各地名特小吃,口味以清淡、鲜美、可口著称,同时又形成了自己独特的风格。上海的小吃,最为消费者喜爱的是:汤包、百叶、油面筋。这是人们最青睐的"三主件"。上海的汤包做工精致、小巧玲珑、咸淡适度、口感极好;百叶是一种用豆精皮(上海称为"千张")制作而成的小吃,因有若干层,故称"百叶",沸水煮熟后盛入有骨头汤的碗里,并加入精盐、味精、葱花等作料,吃起来清淡爽口;油面筋的制作首先是用精面粉发酵,然后用油锅炸泡成金黄色后起锅,放入有滚烫骨头汤和佐料的碗内,食用时,有一种油而不腻的可口之感。

⊙ 休闲推荐

1. 石库门新天地　　　推荐指数：★★★★★

上海新天地是独特的以石库门建筑旧区为基础改造的集餐饮、商业、娱乐、文化于一体的休闲步行街，新天地融合中西，结合古典与现代，将上海传统的石库门里弄堂与充满现代感的新建筑融为一体，是上海极具历史文化风貌的都市旅游景点。

2. 七宝老街　　　　　推荐指数：★★★★

七宝老街位于上海市闵行区七宝古镇，特色小吃和古香古色的建筑是七宝老街最吸引人的地方。七宝古镇属太湖流域的千年古镇，风景如画，是上海市区最近的古镇。七宝古镇分为南大街和北大街，北大街以旅游工艺品、古玩、字画为主，南大街以特色小吃为主。

模块 2　杭州导游

模块要求

通过本模块的学习，要求学生具备为旅游者提供杭州向导、讲解以及其他相关旅游服务的能力。

1. 能够对杭州的城市概况进行 10 分钟的导游讲解，具体内容包括杭州的主要历史沿革、地理位置、气候特点、名称由来、行政区划和人口以及城市特色等；

2. 能够对景区概况进行 1 分钟左右的导游讲解，既要能够简明扼要地介绍景区的概况，又要能够体现出景区的特色与魅力；

3. 能够对主要景点进行 3 分钟左右的导游讲解，既要能够详细介绍景点的具体情况，又要能够凸显一定的景点文化内涵；

4. 能够提供导游常规服务，如景区景点内的游览指导，以及景区景点内的最佳拍照点、卫生间位置等。

任务 1　杭州城市概况的导游讲解

课前准备

通过预习教材、网络查询、查阅相关书籍，结合地图，熟悉杭州的主要城市历史沿革，熟悉杭州地理、气候、名称由来以及行政区划等相关情况。

任务导入

俗话说得好：上有天堂，下有苏杭。苏州是举世闻名的园林城市，那么，杭州的魅力具体体现在哪些方面呢？

任务 1.1 杭州主要历史沿革的导游讲解

知识讲解

杭州历史悠久,是中国八大古都之一,中国历史文化名城。

一、文明史

如果从新石器时代的萧山跨湖桥文化开始,杭州已有约八千年的历史,并产生了被称为文明曙光的良渚文化。西周之前,大禹赴诸侯大会时在这里舍杭登陆,故称禹杭,后改为余杭。

二、建城史

春秋时代,这里成了吴、越两国的交界地,先后为吴国和越国所统治。战国时,楚灭越国,杭州又归入楚国的版图。秦王政二十五年(公元前222年)设钱唐县,至今杭州已有两千二百多年的建城史。

三、隋唐名郡

隋朝开皇九年(589),钱唐郡改称杭州,此后州治迁至凤凰山麓,依山筑起杭州,州城方圆达"三十六里"。杭州作为大运河的终端,从隋朝开始便一直是对外贸易的重要港口,以商业经济为主的城市化有了较大的发展。唐朝时,杭州已经与广州、扬州并列,尤其是白居易任杭州刺史之后,西湖之名益彰于世,一直繁华至今。

四、吴越首府

五代十国时期,吴越国于893年,建都杭州,历时86年。由于吴越统治者实行了"保境安民,善事中国"的策略,东南沿海这片富饶的地区避免了战乱的蹂躏,为后来杭州的发展打下了良好的基础,渐渐成为"上有天堂,下有苏杭"的繁华京都。正如欧阳修在《有堂美记》中所言,"钱塘自五代时……不烦干戈,今其民幸福安乐。又其俗习工巧,邑屋华丽,盖十余万家。环以湖山,左右映带,而闽商海贾,风帆浪泊,出入于江涛浩渺、烟云杳霭之间,可谓盛矣"。

五、南宋都城

北宋时期,杭州已成为东南第一州,一跃而为"东南名郡",成了闻名全国的经济和文化中心城市,大词人柳永称赞其"东南形胜,三吴都会,钱塘自古繁华"。苏东坡担任杭州知州时对西湖进行了进一步的治理。

南宋建炎三年(1129),宋室南迁至杭州,并改"杭州"为"临安府",绍兴八年(1138),南宋正式定都临安,历时长达152年。杭州是当时世界上最大的城市,被称作"销金锅儿",连皇帝宋仁宗也在诗中赞扬杭州"地有湖山美,东南第一洲"。

六、江南核心

到了元代,杭州作为江浙省的省会,人口已超过百万,是当时世界上规模最大和最为富庶的大都市。杭州也不再偏于东南一隅,而和大都(今北京)一南一北,成为当时经济文化交流融汇

的两个中心。意大利人马可·波罗发出了由衷的感叹,称杭州是"世界上最美丽而华贵的城市",这无疑是对这座城市做出的极高赞叹。

明清两代,杭州仍是江南最繁荣的城市,与苏州并为江南两大经济中心。作为杭嘉湖平原上最大的城市,由于交通便利、贸易方便,可以说是四方客商云集、游人纷至沓来。

七、浙江省会

1927年,"杭州市"正式设立。1949年,杭州市人民政府成立,杭州是浙江省省会。经过60余年的建设与发展,杭州成为自然环境和人文底蕴相映生辉的国家历史文化名城、著名山水旅游胜地,东南沿海地区现代化的政治经济中心、交通枢纽和文化都会。

2001年,萧山、余杭撤市设区,杭州市区面积从683平方千米,扩大到了3 068平方千米,杭州的城市格局也从"西湖时代"转向"钱塘江时代",走向"一江春水穿城过"的新时代。

任务 1.2　杭州特色的导游讲解

杭州,江流襟带,山色藏幽,湖光翠秀;杭州,史脉悠远,文风炽盛,名流辈出。可以说,杭州集东南名都、鱼米之乡、丝绸之府、文物之邦等众多荣誉于一身,不负"人间天堂"的美誉。

一、西湖最美

杭州之美,美在西湖。有诗云:"天下西湖三十六,就中最美是杭州。"从唐代白居易、宋代苏东坡、五代钱镠、明代杨孟瑛,古代多少文人墨客留下了吟咏西湖的千古佳句,有了西湖的美丽,才有杭州的美丽。西湖不仅山水秀美,林壑幽深,更有大量的文物古迹,以及优美动人的神话传说。景物、人文、历史巧妙地融合在一起,形成了独具神韵的景观现象。

二、丝绸之府

千里迢迢来杭州,半为西湖半为绸。杭州有"丝绸之府"之称,距今四千七百多年的良渚文化便出土了丝织物。

如今杭州常年生产绸、缎、绵、纺、绉、绫、罗等十四个大类,二百多个品种,两千余个花色,图景新颖,富丽华贵,花卉层次分明,人物栩栩如生,许多产品荣获国家部优或省级优质产品奖,远销世界上一百多个国家和地区。

三、茶叶之都

茶叶在中国各地都有,可是要说绿茶中的佼佼者,当属龙井了。俗话说得好:"虎跑泉水龙井茶",称得上是杭州的"双绝"。龙井茶的历史悠久,距今已有一千五百多年的历史了。清代乾隆皇帝六次下江南,每次都必亲临狮峰品茗,并五次为龙井茶写诗。至今狮峰山上胡公庙前还留有乾隆命名的"十八棵御茶树"。

"西湖龙井"屡获殊荣。狮峰龙井茶曾在1981年、1985年两次获得国家金质奖,1988年在第27届世界优秀食品评选会上获得最高荣誉——金棕榈奖。

四、美食之城

杭帮菜,如今在全国都非常著名,许多菜肴大家都耳熟能详:西湖醋鱼、宋嫂鱼羹、龙井虾仁、东坡肉等等。而"楼外楼"更是杭州人宴请宾客、外地人品尝杭州菜肴的最佳杭帮菜馆。"楼外楼"创建于清道光二十八年(1848),至今已有一百五十年的历史。

任务1.3 杭州地理等概况的导游讲解

一、杭州地理地貌

杭州市位于浙江省西北部、长江三角洲南翼,杭州湾西端、钱塘江下游,南与绍兴、金华相接,北与湖州、嘉兴毗邻,西与安徽省交界。

杭州有着江、河、湖、山交融的自然环境。全市丘陵山地占总面积的65.6%,平原占26.4%,江、河、湖、水库占8%,世界上最长的人工运河——京杭大运河和以大涌潮闻名的钱塘江穿城而过。杭州西部、中部和南部属浙西中低山丘陵,东北部属浙北平原,江河纵横,湖泊密布,物产丰富。

二、杭州气候

杭州市地处中北亚热带过渡区,地跨南、北两个热量带,气候特征具有明显的地域特色,光温同步、雨热同季、气候宜人、资源丰富。同时受山体、水体影响,具有明显的小气候优势,形成春多雨、夏湿热、秋气爽、冬干冷的气候特征。

三、杭州行政区划和人口

杭州市辖上城、下城、江干、拱墅、西湖、滨江、萧山、余杭、富阳9个区,桐庐、淳安5个县,建德、临安2个县级市。2016年末,杭州常住人口为918.8万人。

四、杭州的特产

西湖龙井是我国的第一名茶,产于浙江杭州西湖一带,历史上曾分为"狮、龙、云、虎"四个品类,民国后"梅"也位列其中,以"色绿、香郁、味醇、形美"四绝著称于世。

杭州丝绸富丽堂皇,雍容华贵,被国际友人誉为"东方艺术之花"。

杭白菊古时与龙井茶齐名,并列为贡品,为夏季保健饮料,其色泽天然、汁水清香、味甘爽口、花形完美,堪称"四绝"。

张小泉剪刀,距今已有三百多年历史,向以嵌钢均匀,钢铁分明,磨工精细,刃口锋利,锁轴牢固,镀层光亮,开合和顺,刻花精巧,式样美观,经久耐用闻名中外。

杭扇,历史悠久,制作技艺精湛,扇面装饰优美,自古以来就有"杭州雅扇"的说法。百年老店杭州王星记扇厂,已成为我国制扇业中产量最大、花色品种最多的一家综合性扇厂,被人们誉为"扇子王国"。杭扇与杭州丝绸、龙井名茶齐名,号称"杭州三绝"。

天竺筷,用杭州西湖天竺山一带的细竹制成,以实用且价廉物美、富有地方特色而驰名国内外,素有"西湖之花"的美称。

五、国际休闲之都

在国务院新近批准实施的《长三角地区区域规划》中,杭州被赋予极高的期望值——建设高技术产业基地和国际重要的旅游休闲中心、全国文化创意中心、电子商务中心、区域性金融服务中心。

国际旅游休闲中心是"四中心"中位次最前、层次最高、分量最重的。这是国家赋予杭州的重要使命。杭州甚至有可能打造成中国首个国际旅游城,为长三角区域的繁荣发展、中国旅游休闲的转型升级和建设、生活品质与世界名城相媲美做出贡献。

导游职业能力测试

⊙ 知识问答

（1）杭州的周边地区有哪些城市？
（2）杭州的人口有多少？面积有多大？
（3）请简单介绍一下杭州的历史沿革。
（4）杭州为什么被称为"休闲之都"？

⊙ 技能必备

能够对杭州的城市概况进行10分钟左右的导游讲解。

⊙ 技能拓展

能够通过歌曲、故事、诗词等多种多样的形式,对杭州进行趣味性的概括介绍。

任务2 西湖游船的导游讲解与服务

课前准备

1. 通过网络查询和预习教材,了解西湖的历史演变过程,熟悉西湖主要景观的特色与魅力；
2. 熟悉西湖游览的线路。

任务导入

"天下西湖三十六,就中最好是杭州。"杭州的美丽是西湖所赋予的。西湖景区是国务院首批公布的国家重点风景名胜区,也是全国首批十大文明风景旅游区和国家AAAAA级旅游景区。白居易当年离开杭州时,曾道:"未能抛得杭州去,一半勾留是此湖。"

那么,乘船游览时,我们应该如何介绍才能体现西湖的特色与魅力呢？

任务2.1 前往西湖游船码头的导游讲解与服务

知识讲解

一、西湖的基本概况

西湖位于杭州城西,三面环山,东面濒临市区,南北长约3.2千米,东西宽约2.8千米,绕湖一周近15千米。西湖景区面积约60平方千米,其中湖面为6.5平方千米,平均水深1.55米,最深处在2.8米左右,最浅处不足1米,蓄水量在850万到870万立方米之间。苏堤和白堤将湖面分成

外湖、北里湖、西里湖、岳湖和小南湖5个部分。西湖处处有胜景,历史上除有"钱塘十景""西湖十八景"之外,最著名的是南宋时定名的"西湖十景":苏堤春晓、曲院风荷、平湖秋月、断桥残雪、花港观鱼、南屏晚钟、双峰插云、雷峰夕照、三潭印月、柳浪闻莺。如果以每个字来代表景点的内涵,它们是:春夏秋冬花,晚云夕月柳。1985年又评出了"新西湖十景"。在以西湖为中心的60平方千米的园林风景区内,以一湖、二峰、三泉、四寺、五山、六园、七洞、八墓、九溪、十景为胜。1982年11月8日,国务院将西湖列为第一批国家重点风景名胜。1985年,在"中国十大风景名胜"评选中,西湖被评为第三。2011年6月24日,在法国巴黎举办的第三十五届世界遗产大会将"杭州西湖文化景观"正式列入《世界遗产名录》。

二、西湖的成因

(一)神话传说

相传在很久以前,天河东边石窟里住着一条玉龙,天河西边树林中住着一只金凤。有一天,玉龙和金凤在银河的仙岛上找到了一块白玉,一起琢磨了很多年,白玉就变成一颗光芒四射的明珠,这颗宝珠的珠光照到哪里,哪里的树木就常青,百花就盛开。后来消息传到天宫,王母娘娘就派天兵天将前来把明珠抢走。玉龙和金凤赶去索珠,遭到王母拒绝,于是就你争我夺,王母被掀翻在地,两手一松,明珠就由天宫滚落到人间,变成了晶莹清澈的西湖,玉龙和金凤也随之降落,变成了玉龙山(即玉皇山)和凤凰山,永远守护在西湖之滨。

(二)地理成因

西湖在一万二千年以前还是与钱塘江相通的浅海湾,耸峙在西湖南北的吴山和宝石山,是环抱这个海湾的两个岬角。后来由于江潮挟带的泥沙长期堆积,日积月累,使海湾与大海隔绝,形成潟湖。到了西汉时期,西湖的湖型已基本固定,隋朝时真正固定下来。唐代因湖在杭州城之西,称西湖,北宋以后,西湖之名得到了正式认可。西湖承受山泉活水的冲刷,再历经白居易、苏东坡、杨孟瑛、阮元等发动的五次大规模的人工疏浚治理,终于从一个自然湖泊变成为风光秀丽的半封闭的浅水风景湖泊。

三、西湖的主要历史沿革

(一)白居易与西湖

唐长庆二年(822),年过半百的白居易来到美丽的杭州任刺史。白居易在杭州的政绩数不胜数,但其中最突出的是疏通六井和筑西湖湖堤。长庆四年(824),白居易三年任满离开时,他为杭州人民留下一湖清水、一道芳堤、六井清泉以及两百首诗。用白居易自己的话来说:"惟留一湖水,与汝救凶年。"

(二)苏东坡与西湖

1071年,苏东坡来到杭州当通判。十八年后,即1090年,他又来到杭州任太守。虽然两次任期都只有两年,加起来也只有四年,但是他为杭州建设所做的贡献可以说是千古流芳。苏东坡亲自为西湖请命,上书宋哲宗,写下历史性的文件《乞开杭州西湖状》,提出:"杭州之有西湖,如人之有眉目,盖不可废也。"然后发动全城募捐,动用了二十万民工,治理好了西湖,并利用多余的淤泥葑草,筑就了举世闻名的苏堤。可以说,西湖从这时起,开始真正成为人们流连忘返的风景胜地。而且诗人别出心裁地把西湖比作我国古代美女西施,于是,西湖又多了个"西子湖"的雅称。

(三)杨孟瑛与西湖

元朝以后,西湖被当成了"红颜祸水"而被打入冷宫,一直到 1503 年,杨孟瑛来杭州任太守,西湖才得到重新整治。1508 年 3 月,杨孟瑛动用民夫 8 000 人,历时 152 天,拆毁田亩 3 481 亩,恢复西湖旧观。所挖的葑泥,一部分用作修筑乡党先贤苏东坡的苏堤,将其填高拓宽,两岸遍植杨柳,苏堤重新恢复了"六桥烟柳"的固有景色;另一部分淤泥另筑一堤,与苏堤并驾齐驱,从栖霞岭起,绕丁家山直至南山,杭州人感激郡守对西湖山水和百姓的一片厚爱,遂呼之为"杨公堤"。

(四)西湖题名与新格局

南宋时评选产生的"西湖十景",至今已流传了千年。1985 年组织开展评选的"西湖新十景",也在国内外产生了重大影响。自 2002 年起,先后建成西湖南线景区、杨公堤景区、湖滨新景区、梅家坞茶文化村、北山街历史文化街区、两堤三岛景区、龙井茶文化景区、灵隐新景区、吴山新景区、高丽寺、八卦田遗址公园等项目,重建、修复历史文化景点一百五十多个,西湖"一湖两塔三岛三堤"的全景重返人间,"东热南旺西幽北雅中靓"的新格局基本形成。2007 年举行"三评西湖十景"活动,西湖品牌进一步打响,西湖和杭州城市的知名度、美誉度和吸引力得到进一步提升。

四、西湖之美

(一)湖光山色如诗如画

从 12 世纪开始,西湖景区便由西湖水域和环绕西湖的南山与北山峰峦系列以及西湖东侧的城市沿湖景观共同组成了城湖空间关系——"三面云山一面城"。一百多处各具特色的公园景点将西湖连缀成了色彩斑斓的大花环,使其春夏秋冬各有景致,阴晴雨雪独有情韵。

(二)湖山与人文浑然相融

西湖四周,古迹遍布,文物荟萃,六十多处国家、省、市级重点文物保护单位和二十多座博物馆(纪念馆)熠熠生辉,是我国著名的历史文化游览胜地。题名景观有"西湖十景"和"新西湖十景"以及"三评西湖十景"等,历史文化遗存包括钱塘门遗址、六和塔(含开化寺遗址)、保俶塔、灵隐寺、飞来峰造像、岳飞墓(庙)、清行宫遗址、文澜阁(《四库全书》)、舞鹤赋刻石和龙井(泉池)等十余处。

 服务小贴士

游览西湖前的提醒工作

游览西湖前,导游应告知旅客西湖有 11 个游船码头,旅游团主要从花港观鱼和岳坟两个码头上船。从岳坟码头上船,旅游车一般停在岳庙停车场,游客将步行穿越马路前往。

从导游购票到上船有一定的等候时间,导游要提醒游客不要离码头太远。

西湖游船分为上岛和不上岛两种,购票点不同,但相隔不远。

任务 2.2 "西湖游船"的导游讲解与服务

知识讲解

一、孤山及岛上景点

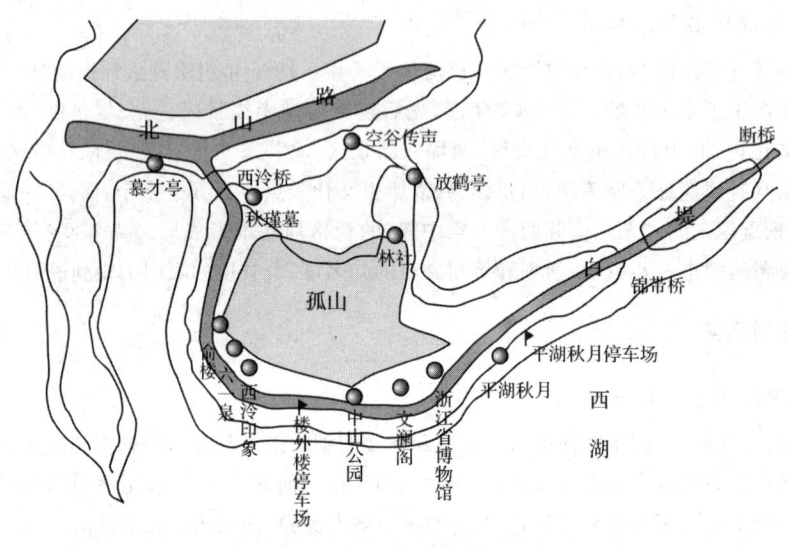

孤山示意图

(一)孤山概况

孤山为栖霞岭的余脉,是白垩纪地质年代火山喷发的流纹岩形成的,海拔 38 米,为西湖群山中海拔最低的山,处于西湖中最大的一个岛屿上。孤山东连白堤,西接西泠桥,南临外西湖,北濒里西湖,占地面积 300 亩左右。孤山在西湖碧波环绕中,风景优美,唐宋年间就已闻名。白居易曾有词有云:"蓬莱阁在水中央。"南宋理宗曾在此兴建规模宏大的西太乙宫,把大半座孤山划为御花园。清朝康熙皇帝又在此建造行宫,雍正皇帝改行宫为圣因寺,与当时的灵隐寺、净慈寺、照庆寺并称为"西湖四大丛林"。孤山景区景色优美,人文景观众多,可以用一句话来形容孤山:"风景绝佳处,人文荟萃地。"

孤山景区的名胜古迹达三十多处,沿湖所能欣赏到的有西泠桥、秋瑾墓、西泠印社、楼外楼、中山公园等。孤山之后是白堤,起自"平湖秋月",止于"断桥残雪",桥后还有著名的宝石流霞等景观。西泠桥与长桥、断桥并称为西湖三大情人桥,"孤山不孤,断桥不断,长桥不长"也被称为西湖三绝。

(二)岛上景点

1. 西泠桥与苏小小墓

"泠"是清凉的意思。古时此桥未建之时,人们都要在此地坐船到孤山去游赏。南齐歌妓苏小小和阮郁在此一见钟情,有诗为证:"妾乘油碧车,郎骑青骢马。何处结同心,西泠松柏下。"后来阮郁回南京,被软禁在家,小小因此郁郁而终。现在桥旁还建有苏小小墓和慕才亭以示纪念。

2. 秋瑾墓

过了西泠桥,孤山后麓的绿树丛中有"鉴湖女侠"秋瑾的汉白玉雕像,她左手叉腰,右手按剑,

目光炯炯,昂首注视前方,似在探求着革命的真理。秋瑾塑像高 2.7 米,墓座高 2 米,正面碑石上刻有孙中山手书"巾帼英雄"四个大字。可以说,西湖不仅仅因山水之胜而闻名,更因众多的历史人物而增添光彩。这里有被誉为"湖上三杰"的岳飞、于谦、张苍水墓,还有近代革命者徐锡麟、陶成章等的墓葬。

3. 西泠印社

西泠印社和文澜阁同为孤山景区内两处国家级文保单位。西泠印社是一个民间学术团体,筹建于 1904 年,正式成立于 1913 年,以"保存金石,研究印学"为宗旨,吴昌硕、沙孟海、启功等人都曾担任过该社的社长。

4. 楼外楼

西泠印社右侧中西合璧的建筑,就是百年老店楼外楼。楼外楼创建于 1848 年,店名取自南宋诗人林升"山外青山楼外楼"之句。楼外楼有四大特色菜:龙井虾仁、东坡肉、宋嫂鱼羹和西湖醋鱼。楼外楼得天时、地利、人和之便,曾经接待过许多中外名人,孙中山先生来吃过,周恩来总理也曾九上楼外楼。

5. 中山公园

中山公园为纪念中国民主主义革命先驱孙中山先生而命名。孤山的正门就在这里,门口有两座汉白玉大狮子,是杭州目前最古老的汉白玉作品。景区内有著名的"西湖天下景"和纪念北宋隐逸诗人林和靖的放鹤亭。

6. 浙江省博物馆

中山公园旁,是浙江省博物馆。博物馆初建于 1927 年,扩建于 20 世纪 90 年代,为浙江最大的人文博物馆。这里陈列着上至七千年前的河姆渡文化,下到近现代的文物展品一千七百余件。博物馆后面的三层阁楼古建筑,是清代为珍藏《四库全书》而修建的七大皇家藏书楼之一文澜阁。建筑重檐歇山顶,仿宁波天一阁而建。"澜"之三点水取"以水克火"之含义,字为清光绪皇帝所题。

7. 西湖美术馆和西泠书画院

位于浙江博物馆东面的是浙江西湖美术馆。在浙江西湖美术馆南面的是西泠书画院。画院是在原哈同花园的旧址上修建的,现为西泠书画院研究印学金色篆刻的地方。

8. 平湖秋月

湖水面前这个大的平台就是西湖十景中的"平湖秋月"了。唐朝时叫望湖亭,明代叫龙王祠,清康熙年间改为御书楼,并在楼前水面铺筑平台,构围栏,构水轩,形成三面临水的景观,几乎与湖面持平,并立碑题字"平湖秋月"。平湖秋月是白堤的起点,与杭州的"三潭印月"、凤凰山的"月岩"并称为杭州三大赏月之地。

(三)白堤

白堤东起"断桥残雪",经锦带桥向西,止于"平湖秋月",长二里,是杭州市区与风景区相连的纽带。白堤原名白沙堤、沙堤,早在一千多年前的唐朝,就以风光旖旎著称。它虽与白居易主持修筑的白堤不在一个方位,但杭州人感念白居易为杭州做出过杰出贡献,仍把它命名为白堤。其后在宋、明又称孤山路、十锦塘。它与苏东坡主持建造的苏堤犹如湖中的两条锦带,绚丽多姿,交相辉映。

断桥的名字最早取于唐代,它的名字因和《白蛇传》故事联系在一起,因而成了西湖中最出名的一座桥。"断桥"的得名又是如何而来的呢?断桥处于北里湖和外湖的分水点,视野开阔,是冬天观赏西湖雪景最好的地方。每当瑞雪初晴,桥的阳面已经冰消雪化,而桥的阴面却还是白雪皑皑,远远望去,桥身似断非断,"断桥残雪"因此得名。断桥又是白堤的终点,从"平湖秋月"而来的白堤到此中断,可谓是"堤断桥不断"。

白堤中间的这座桥叫锦带桥,以前是座木桥,名为"涵碧桥",如今更名为石拱桥。据说康熙帝游西湖时,龙舟就是从这座桥下进入里湖的。

二、雷峰塔与保俶塔

在西湖十景中,最富传奇色彩的当数远处的"雷峰夕照"。雷峰山位于西湖南麓,初名夕照山,是南屏山的支脉,山高48米,据《临安府志》记载,郡人雷氏在峰上筑庵隐居,故名雷峰塔。相传五代吴越国王为庆贺黄妃得子,在雷峰偏东的平岗上,建起了黄妃塔,后又称为雷峰塔。但雷峰塔真正的建造原因是为了供奉释迦牟尼佛螺髻发,祈求国泰平安。每当夕阳西下之时,塔影横斜,满湖金波,令人叹为观止。雷峰塔之所以名闻遐迩,主要有三个方面的原因:一是白娘子的传说和雷峰塔的倒塌,二是雷峰塔地宫的开启和佛螺髻发的惊现,三是雷峰塔的重建和西湖十景的补全。许仙与白娘子的爱情悲剧叫人不胜感慨,而西湖十景中,雷峰夕照是唯一损毁又恢复的景点。1924年9月25日,雷峰塔因年久失修而倒塌,景观从此名存实亡。直到2002年10月25日,高71.679米的雷峰塔重建落成并对外开放。

与雷峰塔相对的是我们身后的保俶塔。保俶塔位于宝石山上,宝石山海拔78米,主要由火成岩中的流纹和凝灰岩构成。其中有一种名叫碧玉的"宝石",嵌在紫灰石中,在阳光照射下,分外耀眼,"宝石山"一名由此由来。保俶塔初建为九级舍利塔,当时吴越国已经归土纳宋,钱俶被抓到开封软禁,吴越大臣钱延爽为了保佑钱俶平安回杭州而建。保俶塔屡建屡毁,现在的塔身是1933年民间集资所修。塔身呈八棱形,高45.3米,上下匀称,线条柔和优美,在湖上诸塔中,保俶塔的造型最为俏丽,体态最为窈窕。

雷峰、保俶一南一北,位于西湖的中轴线上,隔湖相望,一个敦厚典雅,一个纤细俊俏,呈现出"南北相对峙,一湖映双塔"的对景,所以民间还有"雷峰如老衲,保俶如美人"的说法。

三、西湖三岛

西湖中的阮公墩、湖心亭、三潭印月并称为湖中三岛。经过几百年来的匠心独运,无论在组景层次、建筑布局,还是在花木配置、水景应用上,均已形成了各自的特色,是西湖精华之所在。

(一)阮墩环碧

阮公墩是西湖三岛中最小的一个岛屿。正如其名,阮公墩虽然面积仅为5 561平方米,但郁郁葱葱的绿色,如同一块翡翠镶嵌在西湖之中。阮公墩是在清朝嘉庆年间,浙江巡抚阮元用疏浚西湖后的淤泥堆积而成的。阮墩垂钓已成为杭州市民假日休闲的好去处,从1984年起,岛上举办"环碧庄"仿古旅游,多年来在西湖夜游活动中颇受欢迎。

(二)湖心亭

阮公墩的东南是西湖三岛中最早营建的一座岛——湖心亭。湖心亭初建于明嘉靖三十一年(1552),飞檐翘角、富丽堂皇的湖心亭是西湖最大的一座亭,在清朝被列为"西湖十八景"之一,唤作"湖心平眺"。站在湖心亭处眺望西湖,水光山色,尽收眼底。

(三)三潭印月

"三潭印月"是西湖中最大的岛,也叫小瀛洲。初建于明万历三十五年(1607),钱塘县令聂心汤取湖中葑泥在岛周围筑堤坝,初成湖中湖,作为放生之所。后人在岛南湖中建造三座瓶形小石塔,称为"三潭"。清初岛上有建筑、曲桥等,沿内湖环植木芙蓉,后又经清光绪年间退休将领彭玉麟在此营造别墅,小瀛洲风貌始成。

三潭印月总面积7万平方米,其中水面占60%。这是一个"湖中有岛,岛中有湖"的湖上花园,南北有曲桥相通,东西以土堤相连,桥堤呈"十"字形交叉,将岛上水面一分为四,水面外围是环形堤埂,从空中俯瞰,岛上陆地形如一个特大的"田"字。三潭印月剔透玲珑,堪称我国江南水上园林的经典之作。

四、苏堤

苏东坡组织二十万民工疏浚西湖,并利用湖泥葑草,创造性地筑成了这条从南屏山脚下一直贯通到栖霞岭山麓的长堤,后人为了纪念他的功绩,取名"苏堤"。可以说,苏堤见证了九百多年的沧桑岁月。现在堤的南端修建了"苏东坡纪念馆"供人们参观,以缅怀苏东坡的功绩。

苏堤全长2.8千米,堤上共有6座石拱桥,分别是映波、锁澜、望山、压堤、东浦、跨虹,形成了"六桥横绝天汉上,北山始与南屏通"的景观。

苏堤两岸种植桃柳、芙蓉,"一枝杨柳一枝桃",以桃红柳绿、春意盎然而取胜,从而成为西湖十景中的第一名胜。

"三潭印月"的导游服务

三潭印月是西湖游船的主要中转点,岛上有三个对应的不同码头换乘点:湖滨路、花港观鱼和岳庙码头,每个码头又分为散客码头、团体码头。导游须提醒游客上岛游览结束后回到集合点,导游带领游客上岛的首要事情就是让游客认码头,向游客讲明游览的时间,并提前到上船点等候,以防游客走错。

旅游旺季,游船比较紧张,导游上岛后应牢记在回程码头登记的返回时间,并提醒游客注意掌握好游览时间。

◉ 知识问答
(1)请说出西湖不同历史时期的名称。
(2)能背诵与西湖相关的主要诗词。
(3)在西湖游船上主要能够看到的景点有哪些?
(4)能说出杭州西湖与无锡太湖风格上的不同之处。

◉ 技能必备
(1)能够对西湖的概况进行3分钟左右的导游讲解。
(2)能够对西湖孤山、苏堤和三潭印月做简要介绍。

◉ 技能拓展
比较总结西湖边上与月亮有关的景点,并进行介绍,下节课按小组进行汇报讲解。

任务3　岳王庙的导游讲解与服务

课前准备

1. 通过网络查询和教材预习，了解岳王庙的历史演变过程，熟悉岳王庙的景观特色与艺术魅力；

2. 熟悉岳王庙的游览路线。

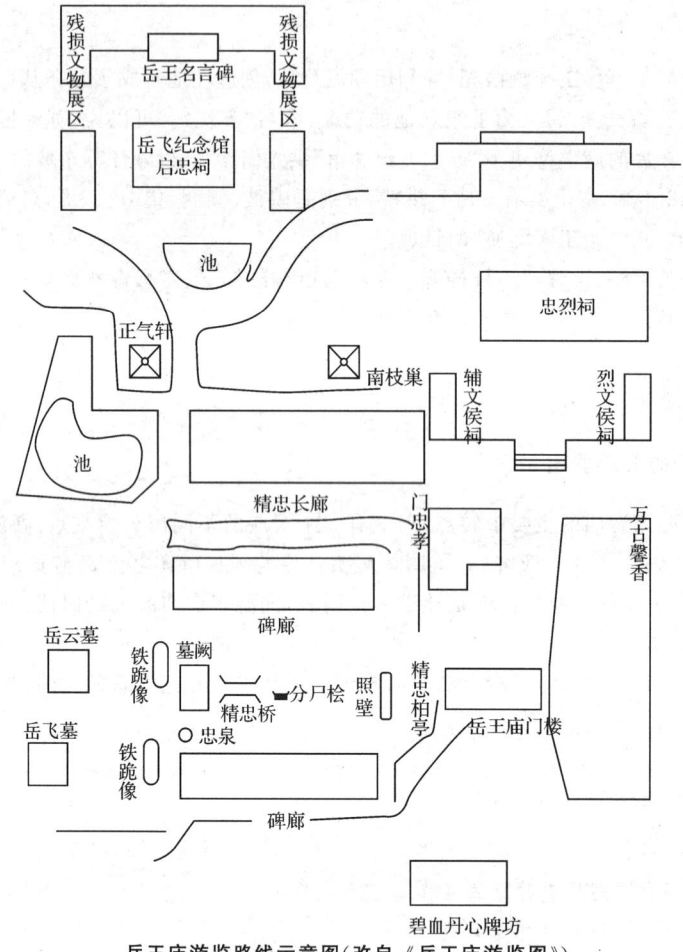

岳王庙游览路线示意图（改自：《岳王庙游览图》）

岳庙庭院→忠烈祠→精忠柏亭→碑廊→岳飞墓

任务导入

说到岳庙，在我国有多处，最值得一看的要属杭州的岳王庙了。作为导游员，我们该如何进行岳王庙的导游讲解呢？

任务 3.1 岳王庙沿途的导游讲解与服务

知识讲解

一、岳王庙的主要历史沿革

(一) 隗顺假称"贾宜人坟"

岳飞遇害后,其遗体被狱卒隗顺偷偷背出钱塘门外,草葬于"北山之湄"的九曲丛祠旁,上面种了两棵枯树作为标记,墓碑上刻着"贾宜人坟"。九曲丛祠遗址在今宝石山脚的杭州市青少年活动中心一带。

(二) 赐额"褒忠衍福禅寺",建筑始成规模

南宋绍兴三十二年(1162),即岳飞死后二十年,宋孝宗赵眘即位后,为了平息民愤,下诏追复岳飞生前官衔,并寻访岳飞遗体,"起枯骨于九泉之下",以礼改葬于杭州栖霞岭南麓今址。

南宋嘉定十四年(1221),朝廷赐紧邻岳飞墓的下智果观音院充岳飞功德寺,并赐额"褒忠衍福禅寺"。

景定四年至咸淳三年(1263—1267),岳飞的曾孙岳通重建褒忠衍福禅寺,共计佛殿一所、神祠四间、法堂五间、过廊四间、穿堂一所和屋数十间。

(三) 大门额曰"岳王庙"

明景泰年间改称"忠烈庙",经历几个朝代的更替,岳王庙也几经修缮甚至重建,现存建筑为清康熙五十四年(1715)重建,最终于嘉庆六年时,大门才悬匾额曰"岳王庙"。

(四) 全面整修,对外开放

1949年以后,岳飞墓、庙收归国有,并被陆续进行维修。1961年3月,岳飞墓、庙被国务院列为首批全国重点文物保护单位,"文化大革命"期间,岳飞墓遭破坏,岳庙也一度改为收租院等阶级斗争教育展览馆。浙江省和杭州市有关部门于1979年对岳飞墓、庙进行了全面的整修,历时1年,花费人力5.6万工,耗资40万元人民币,山门右侧有记载岳庙重修的碑记。

二、岳王庙的特色与魅力

岳王庙现占地23.5亩,建筑面积为2 793平方米,现存格局于清代重建后形成,分为墓园、忠烈祠和启忠祠三部分。

清代诗人袁枚曾经说过:"赖有岳于双少保,人间始觉重西湖。"岳王庙使有着秀美之称的西湖平添了几分阳刚之气。八百多年来,岳飞的爱国主义精神和民族气节,不仅早已成为中华民族不屈不挠精神的代表,为后人万代所敬仰,也鼓舞了一代又一代的中华儿女热爱祖国、振兴中华的斗志。

因此,岳飞墓、庙是一个爱国主义教育的大课堂,1996年被国家文物局、国家教委、文化部等六部门列为首家"全国中小学爱国主义教育基地"。

服务小贴士

"岳王庙"的导游服务

旅游车停在灵光停车场,导游应注意提醒游客结束游览之后在下车处集合。

岳庙出口与入口不在同一个地方，出口外有餐厅。游客从出口离开景区必经商贩租赁的小卖部，导游需事先提醒游客购物注意事项。

任务 3.2 "岳庙庭院"的导游讲解与服务

知识讲解

一、庙前官场

（一）"碧血丹心"石坊

岳王庙大门，正对西湖五大水面之一的岳湖，墓庙与岳湖之间，高耸着"碧血丹心"石坊，寄托了中华儿女对岳飞的敬仰之情。

（二）门楼

岳王庙门楼，檐角飞翘、斗拱叠彩，为清代重檐歇山式建筑，悬挂着一块黑底镏金的"岳王庙"竖匾。山门两侧廊柱上"三十功名尘与土，八千里路云和月"的对联，出自岳飞的词作《满江红》，是国防部原部长张爱萍将军的手笔。

二、配殿

进入门楼，庭院内的参天樟树，已有六百年历史。

青石板通道的尽头就是忠烈祠正殿，东庑和西庑是两个配殿。东庑是奉祀张宪的地方。张宪很早就跟随岳飞，在抗金兵收复中原的战斗中屡立战功。岳飞冤案平反后，朝廷追复张宪原职，南宋景定二年（1261）追封他为"烈文侯"。西庑是奉祀牛皋的地方，被追封为"辅文侯"。

张宪的墓在杭州植物园内仙姑山下，牛皋的墓在栖霞岭上，他们和岳飞一样，同为杭州的湖山增辉。

三、忠烈祠

（一）"心昭天日"匾额

忠烈祠正殿飞檐斗拱，庄严雄伟，面积达 500 多平方米，也是清代重檐歇山顶建筑。殿檐间的"心昭天日"匾额是叶剑英元帅于 1979 年岳王庙重建时题书的，说的是当年大理寺主审官何铸等人严刑拷打岳飞，逼他在已经拟好的假供上画押，岳飞满腔悲愤，连书"天日昭昭，天日昭昭"八个大字，袒露了岳飞光明磊落的胸怀，苍天可鉴。细心的游客一定会发现这匾额下方没有落款，那是叶元帅为了表示对岳飞的敬仰之情，自谦自己不能和岳飞相提并论，因此未签名。

（二）岳飞坐像

步入殿内，正中为岳飞戎装坐像，像高 4.75 米，头戴红缨帅盔，身着团龙紫袍，双眼正视前方，左手按玉剑，右手紧握下垂，态度严正，英气勃勃，气概非凡。坐像的上端悬挂着岳飞手写的横匾"还我河山"，这是岳飞毕生为之奋斗的目标。

（三）八幅壁画介绍

大殿后面的墙上，绘有 1981 年创作的大型彩色壁画，记录了岳飞气壮山河的一生。

第一幅：勤学苦练

面对国弱民贫的社会现实，面对辽、夏两国的不断侵扰，少年岳飞勤奋读书、刻苦练武，为他以后驰骋沙场奠定基础。那时的岳飞也暗下了"以身许国"的决心。

第二幅：岳母刺字

相传，岳母亲手在岳飞背上刺了"精忠报国"四个大字。从此，岳飞南征北战，一直驰骋在抗金的战场上，再也没有机会回到家乡。

第三幅：连接河朔

黄河南岸的伊水、洛水流域，是洛阳西面的险要地段，也是两河忠义民兵活动的根据地之一。这一地区的收复，东向可以进取洛阳、开封，西进可以经营关中，北渡黄河可直捣燕幽，战略意义十分重大。

第四幅：还我河山

岳飞站在波涛滚滚的长江边上，登高远眺，北望故土，激情满怀，抒发其爱国情怀。

第五幅：郾城大捷

第四次北伐中的辉煌胜利，再次证明岳飞不愧为杰出的军事统帅，岳家军不愧是所向披靡的劲旅。画中充满喜庆氛围，表示收复中原指日可待。

第六幅：被迫班师

宋高宗赵构苟安乞和，与秦桧共谋，一日连下12道金牌。画中充满了悲凉的气氛，收复中原胜利在望却终为投降派所破坏。

第七幅：风波冤狱

宋绍兴十一年十二月二十九日（1142年1月27日），我国历史上杰出的将领岳飞，在杭州大理寺狱中遇害，时年39岁。同日，岳飞部将张宪、岳飞长子岳云在杭州闹市区被处以斩刑。张宪生年不详，岳云时年23岁。

第八幅：大好河山

此壁画描绘了祖国大江南北、长城内外的锦绣河山。

（四）其他

大殿内还有许多楹联匾额，都是出自沙孟海、启功、刘海粟等当代艺术家之手，他们从各个角度颂扬了岳飞精神。大殿天花板上还绘有"百鹤图"，白鹤象征长寿，200多只形态各异的丹顶白鹤飞翔于苍松翠柏间，象征着岳飞的民族精神万古长青。

四、精忠柏亭

顺着台阶往前走，右边的围墙上有爱国将领冯玉祥于1936年题写的"民族英雄"石刻。而依墙而筑的半亭便是精忠柏亭了，半个亭子寓意南宋只有半壁江山。

亭内陈列着八段柏树的化石，它就是"精忠柏"。根据清代文献记载，"精忠柏"原是南宋大理寺风波亭畔的一棵古柏，在岳飞受冤遭难之日突然枯死，变成化石，僵而不倒。人们认为这是岳飞"精忠报国"精神和坚贞不屈民族气节的象征，故称之为"精忠柏"。其实，从科学的角度来说，柏树变为化石，是整个地质史、生物发展史的重要见证，是一亿多年前的事，在古生物学上称为"硅化石"。

亭前还有一座"精忠柏台图"碑，上面是清同治年间司狱吴廷康亲自绘镌的精忠柏图，碑阴有清代著名经学大师、教育家俞樾撰稿并书写的《精忠柏台记》。

任务 3.3 岳庙墓园的导游讲解

知识讲解

一、碑廊

在通往岳飞墓的甬道两侧,共陈列 127 块历代碑刻。这些碑刻大多数为"文化大革命"劫后的幸存旧碑,也有根据拓片重新镌刻或从众安桥移来的。

北碑廊陈列的是岳飞的诗词、奏札、手书和岳飞画像碑。北碑廊还有相传为岳飞手书的诸葛亮的《前出师表》和《后出师表》。它们淋漓尽致地抒发了岳飞热烈的民族情怀以及恢复中原、实现祖国统一大业的雄心壮志。

南碑廊陈列的是宋、元、明、清以来历代名人凭吊岳飞的诗词和后人重修岳庙的碑记。其中明代苏州名士文征明的《满江红》词碑,一针见血地指出了宋高宗赵构就是杀害岳飞的真正元凶。这里还有乾隆御诗碑和乾隆皇子的诗碑,都具有重要的史料价值,院落东面照壁上有"精忠报国"四个大字,为洪珠所书。

绕过"分尸桧",走过"精忠桥",穿过墓阙重门,便来到了岳飞墓。

二、岳飞墓

(一)岳飞墓

岳飞墓坐西朝东,圆形拱顶,下条石围砌,上封土植草,与四周的古柏青松相互掩映。墓前立"宋岳鄂王墓"碑,为明朝遗物。岳飞生前是湖北武昌的宣抚使,那里简称"鄂州","鄂王"是南宋嘉泰四年(1204)朝廷追封的爵号。

(二)岳云墓

岳飞墓的左前侧是他的长子岳云墓。岳云(1119—1142),字应祥,号会卿,他勇猛无敌,在抗金侵略战斗中屡立奇功,死时年仅 23 岁。绍兴三十年(1161),宋孝宗为岳飞父子平反昭雪后,岳云附葬在杭州西霞岭下。其后,宋孝宗追授岳云为安远军承宣使、武康军节度使及安边将军等职,并追封为继忠侯。墓前立"宋继忠侯岳云墓"碑。

(三)翁仲、牺牲与望柱

墓道两旁陈列着三对石翁仲和石虎、石羊、石马,是明代的遗物,它们象征着岳飞生前的仪卫。墓前的望柱上,刻有古人名联"正邪自古同冰炭,毁誉于今判为真",由著名书法家沙孟海先生重书。

三、四奸像

岳飞墓对面两侧铁栅栏内的四个铁像,是残害岳飞的奸臣,他们分别是秦桧、秦王氏、张俊、万俟卨,民间称"四奸像"。他们面对岳墓双手反剪,跪着向岳飞请罪。明正德八年(1513)以来,广大人民因痛恨这"四奸",常常动手打它们以泄愤,因此,四奸像八次补毁、九次重铸,沿革至今。正如墓门楹联上写的那样:"青山有幸埋忠骨,白铁无辜铸佞臣。"这副非隶非篆、出自陆维钊先生手笔的楹联,道出了老百姓爱憎分明的心声。

四奸人中的秦桧是中国历史上十大奸臣之一,初期尚能坚持大义,与宋徽宗、钦宗一起被金人俘获后变节,南归后两任宰相,前后执政十九年,因以莫须有的罪名处死岳飞而遗臭万年。王

氏是秦桧的老婆,在秦桧苦于找不到岳飞的罪证又不敢贸然下手时,她怂恿说"纵虎易,缚虎难",使秦桧下了杀害岳飞的决心。万俟卨,秦桧的死党,绍兴十一年(1141)秉承秦桧意旨,陷岳飞于死狱。张俊是南宋"中兴四将"之一,当时与岳飞、韩世忠合称三大将,所部称张家军。他气量狭小,妒功嫉贤,迎合朝廷对金议和的意向,自请解除兵权,授枢密使。又追随秦桧制造伪证,促成岳飞冤狱。这四个丧尽天良的奸人结伙杀害岳飞的滔天罪行,激起了老百姓的切齿痛恨,遭到历代人民的唾弃,他们将长跪在岳飞墓前,遗臭万年。

 导游职业能力测试

◉ 知识问答

(1) 简述岳王庙的特色与魅力。
(2) "心昭日月"是什么意思?
(3) 忠烈祠的壁画描绘了哪些内容?
(4) "四奸"是指哪四人?

◉ 技能必备

能够对岳王庙概况进行10分钟左右的导游讲解。

◉ 技能拓展

能够简要介绍岳飞的生平事迹。

任务4 灵隐景区的导游讲解与服务

 课前准备

1. 通过网络查询和预习教材,了解灵隐景区的历史演变过程,熟悉灵隐景区的景观特色与艺术魅力;

2. 熟悉灵隐景区的游览路线。

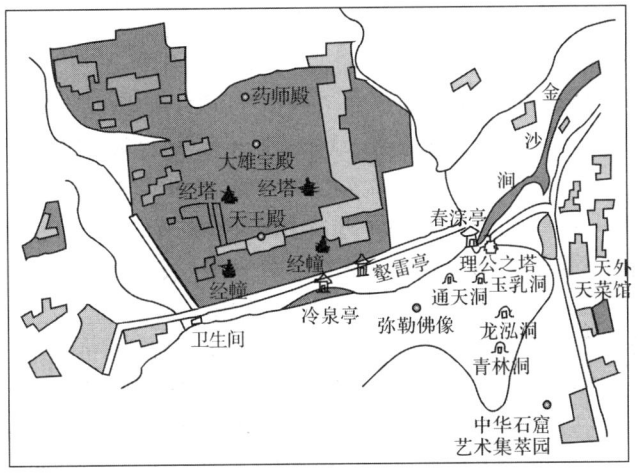

灵隐寺游览路线示意图

任务导入

俗话说得好,到杭州,一游西湖,二访灵隐。那么,作为杭州的"金名片",导游员应该如何讲解才能体现出灵隐景区的特色与魅力呢?

任务4.1 杭州灵隐景区沿途的导游讲解与服务

知识讲解

灵隐景区位于杭州西湖西北的北高峰山麓,包括灵隐寺和飞来峰。

一、飞来峰的名称由来、历史传说与特色

(一)飞来峰的名称由来

灵隐一带的山峰怪石嵯峨,风景绝异,相传一千六百多年前印度僧人慧理来此,称:"此乃中天竺国灵鹫山之小岭,不知何以飞来?"故称"飞来峰",又名灵鹫峰。苏东坡曾有"溪山处处皆可庐,最爱灵隐飞来峰"的诗句。

(二)飞来峰的历史传说

相传,灵隐寺前原有一个村庄,有一天,灵隐寺的济公和尚算知有一座山峰就要从远处飞来,济公怕飞来的山峰压死人,直奔进村里劝大家赶紧离开。村里人平时看惯了济公疯疯癫癫,以为这次又是捉弄大家寻开心,因此谁也没有听他的话。眼看山峰就要飞来,济公急了,冲进一户正娶新娘的人家,背起拜堂的新娘子就跑。村人一见和尚抢了新娘,纷纷呼喊着追了出来。追着追着,人们只听风声呼呼,天昏地暗,轰隆隆一声,一座山峰飞降至灵隐寺前,压没了整个村庄。这时,人们才明白过来:济公抢新娘是为了拯救大家!于是就把这座山峰称为"飞来峰"。

(三)飞来峰的特色

明代袁宏道曾盛赞:"湖上诸峰,当以飞来为第一。"

其一,自然景观独特。

飞来峰山高168米,地质构造上属石灰岩,与周围群山迥异。怪石嵯峨,古树繁茂,且洞壑遍布,可以说是无石不奇、无树不古、无洞不幽。飞来峰的怪石,如蛟龙、似奔象、像卧虎、类惊猿,仿佛一座石质动物园。山上老树古藤,盘根错节;岩骨暴露,峰棱如削。由于长期受地下水溶蚀作用,飞来峰还形成了龙泓洞、玉乳洞、射旭洞、呼猿洞等奇幻多变的洞壑,相传有72洞,但因年代久远,多数已湮没,现在仅存的大都集中在飞来峰东南一侧。

其二,佛教文化浓郁。

飞来峰是江南少见的古代石窟造像艺术瑰宝,可与四川大足石刻相媲美。

飞来峰面朝灵隐寺的山坡上,在岩洞与沿溪的峭壁上遍布五代、宋、元时期的摩崖造像345尊。代表性的有雕凿于五代后周广顺元年(951)的石刻造像西方三圣、创作于北宋乾兴元年(1022)的卢舍那佛会浮雕、雕刻于南宋时期飞来峰最大的造像布袋和尚,以及金刚手菩萨、多闻天王、男相观音(均为元代)等。

飞来峰的东麓,还有隋朝古刹下天竺寺(法镜寺)、中天竺寺(法净寺)和五代吴越始建的上天竺寺(法喜寺),合称"三天竺"。

二、灵隐寺的主要历史沿革

灵隐寺位于飞来峰前,是杭州最大的佛教寺院,也是中国佛教著名的"十刹"之一。

(一)慧理建灵隐寺

灵隐寺创建于东晋咸和元年(326),距今已有一千六百八十五年的历史,比少林寺还要早一百七十多年。相传,印度僧人慧理来到这里,见景色奇幽、山色秀丽,以为是"仙灵所隐",就在这里建寺,并取名灵隐。到五代吴越国时,灵隐寺便已经规模宏大,僧众三千,成为江南名刹。

(二)禅院五山之首

五代时吴越国王钱俶崇信佛教,广建寺宇,当时灵隐寺规模宏大,有九楼、十八阁、七十二殿堂,僧徒达三千余众,僧房一千三百余间。南宋高宗与孝宗常幸驾灵隐寺,主理寺务,并挥洒翰墨。气象恢宏的灵隐寺被列为江南禅院五山之首,佛教信徒素有"朝普陀必先经灵隐"的说法。

(三)康熙题"云林禅寺"

灵隐寺天王殿上悬"云林禅寺"匾额,为清康熙帝所题。康熙皇帝六下江南,五次巡游灵隐寺,乾隆也六次到达灵隐寺。清康熙二十八年(1689),康熙帝南巡至灵隐寺,登寺后的北高峰顶揽胜后,即兴为灵隐寺题匾。"灵"字繁体为上面一个"雨"字,中间横排三个"口"字,最下面一个"巫"字,康熙帝欢喜之余,把上面的"雨"字写得太大,差点就"下不了台"。他突然想起在北高峰上看到山下云林漠漠,整座寺宇笼罩在一片淡淡的晨雾之中,有云有林,显得十分幽静,于是灵机一动,顺势在雨字下加一云字,赐灵隐寺名为"云林禅寺"。

(四)周恩来总理智保灵隐寺

灵隐寺自创建以来,曾毁建十余次。抗日战争时期灵隐寺设难民收容所,由于难民保护不当,半夜失火,仅存大雄宝殿和天王殿,其他殿堂都化为灰烬。

中华人民共和国成立后,历经1956年和1975年两次整修,灵隐寺形成了现在的规模。在"文革"动乱中,正当灵隐寺岌岌可危之时,是周恩来总理以他的果断和机智,保护了灵隐寺。1966年8月26日,杭州市有一部分"红卫兵",扬言要将灵隐寺踏平。为了保护国家名胜古迹,保护灵隐寺的安全,几千名普通群众和青年学生集中在灵隐寺庙前庙后,自发组成了声势浩大的保寺队伍,不让破坏寺庙的人得逞。群众守护到八月底,但"扫四旧"的呼声越来越高,灵隐寺危在旦夕。关键时刻,周总理在百忙操劳之中,得知灵隐寺有被破坏的危险,选择了当时唯一能选择的办法——封闭灵隐寺,这才使灵隐寺转危为安。同时,寺内为数不多的僧众积极投身于保护灵隐寺的过程中,他们一方面将国务院的通告向外公布,另一方面购买了许多毛主席画像,将毛主席像从佛像头部一直贴到脚下。

1988年开始,灵隐寺再次扩建,按清朝格局,分期施工。2006年以后又一次进行了整治修缮。

服务小贴士

一、游览灵隐寺前的提醒工作

灵隐寺名声在外,但是大部分旅行社报价时,都只包含飞来峰景区的大门票,所以导游在旅游车上应解释清楚:灵隐寺为佛家重地,为了表现对佛祖的尊敬,灵隐寺的门票叫作"香花券",为表拜佛者的诚心,需要游客亲自购买,不能代购。

二、飞来峰景区前的导游服务

飞来峰风景区停车场离景区较远,导游一般应让游客在出口处集合而后带领游客前往停车场。

停车场旁就有洗手间,景区出口通道处也有洗手间,导游可提醒游客使用。

景区出口有两处,导游在门口应向游客说明集合地点。

任务4.2 杭州"飞来峰"的导游讲解与服务

知识讲解

一、三洞

(一)青林洞

青林洞是飞来峰东南侧最大的一个洞,因洞口形似虎嘴,又称"老虎洞"或"金光洞"。青林洞口上方的"西方三圣"——阿弥陀佛、大势至菩萨和观音菩萨,雕刻于五代后周广顺元年(951),是飞来峰现存题记造像中最早的一龛,也是飞来峰最早有镌记可考的石刻造像。

洞口右手边的崖壁上是三尊大型佛像卢舍那佛、文殊菩萨和普贤菩萨。卢舍那佛是佛教密宗中最高的神,能以光明普照众生,故又称"大日如来"。他头戴宝冠,身披袈裟,双臂上举,作说法状。左边骑狮子的是文殊菩萨,手执金刚剑,牵狮的是佛森;右边骑象的是普贤菩萨,手执经函,牵象的是獠蛮。旁边还有四大天王和四菩萨像及随身供养,一共十五尊像。

洞内除了古代石刻,还有不少济公传说中的遗迹。据说,酷似石床的岩石床便是济公呼呼大睡的场所。左边小洞里,巨大的手印是济公为救被飞来峰压住的孩子、用力顶开倒塌的石块而留下的。下方还留下一顶济公常戴的宋代船形"帽子"。身后那黑黝黝的小洞里,还有一张石桌,相传是济公吃狗肉的地方。

(二)玉乳洞

玉乳洞是飞来峰第二大洞,因洞中岩石呈白色而得名。从前洞中栖息着许多蝙蝠,洞顶又呈蝙蝠状,因而又叫"蝙蝠洞"。这个洞内还有个"岩石室",传说晋代炼丹道人葛洪的祖父葛孝先就在这里修炼而得道成仙的。洞前那块岩石平台,称"翻经台",相传南北朝诗人谢灵运曾在这里翻阅过经书。玉乳洞内的十八罗汉像,高都有1米以上。在玉乳洞东端两侧还有六祖像,他们分别是:初祖达摩、二祖惠可、三祖僧璨、四祖道信、五祖弘忍、六祖慧能,合称"震旦六祖"。这洞壁上还有雷公和凤凰浮雕,雷公肩生双翅,似在空中怒目俯视,在浓云急雨中布雷吐电,驱除妖魔;那嘴衔花朵引颈展翅的凤凰,则在风雨中飞翔,栩栩如生。这些都雕刻于1026年,是石窟中较为罕见的。总的说来,北宋期间雕塑的罗汉像多数面型方圆,表情呆板,服饰线条生硬,身躯高大。

(三)龙泓洞

龙泓洞,又名通天洞,因洞内壁上有一尊观世音像,故又叫"观音洞"。过通天洞往前便能看到洞顶开一小口,举首可在石隙中见到一线天光,故名"一线天"。

龙泓洞口左边下方的"玄奘东归"和"白马驮经"两组石雕,刻画细腻、形象生动,是宋代石刻中的代表作品。"玄奘东归"的故事说的是,唐代高僧玄奘于贞观三年(629)从京都长安出发西行,跋山涉水,克服了诸多困难,终于到达北天竺摩揭陀国,拜见戒贤法师。"白马驮经"的故事则

是说,东汉永平十年(67),明帝派遣蔡愔等人去西域求佛法,在月氏国遇到来自天竺的僧人摄摩腾、竺法兰,便请他们到京师洛阳传教。

二、理公塔

"理公塔",又名灵鹫塔,为纪念灵隐寺开山祖师慧理和尚而建。据说慧理圆寂后,他的骨灰就存放在塔下,后有僧人在其四周镌刻罗汉像,并有"天削芙蓉""八面玲珑"等题刻。现在的塔是明代万历十八年(1590),由灵隐寺住持如通重建的。塔为实心、七层六面,一层为塔基,二层刻塔铭,三层刻《金刚经》及"光明净域""南无宝藏胜佛"等字,四层以上是佛像。

塔旁理公岩(又名宴寂岩)刻有梵文,意为"莲花中有一块白玉"。理公塔旁有两尊石刻,一为佛像,一为执金刚神,皆为元代密教造像,题有"至元"二字。左边这尊大腹便便、面带微笑的就是西藏喇嘛教中的财神,全称"宝藏神大夜叉王",它身上披挂着用鲜花串成的璎珞,戴着金银珠宝串成的项圈、臂钏、脚镯,全身珠光宝气,右手执一颗大宝珠,左手握着口吐串串珠宝的银鼠,右脚还踩着一只大海螺,据说他掌管天下无尽财宝。右下方这尊为金刚手菩萨像,这是元代荣禄大夫宣政院使脱脱的夫人在至元二十九年(1292)出资镌刻的。金刚手就是夜叉神,按喇嘛教密宗的形象本应是十分凶恶的,可这里我们看到的金刚手却头戴宝冠,右手举金刚杵,身围飞舞飘带,一脸孩童的天真稚气,完全打破了密宗仪式。它是唐宋传统风格和藏、蒙民族艺术结合的一件艺术品。

三、大肚弥勒和多闻天王

大肚弥勒雕刻于宋代,嬉笑自若,多闻天王则雕刻于元代,气魄雄伟,二者分别是两个时期的代表作。

(一)大肚弥勒

整个飞来峰最引人注目的雕刻要数袒腹露胸、笑脸相迎的大肚弥勒了。大肚弥勒像是整个飞来峰造像中最大的一龛,长9.9米,高3.6米,已成为飞来峰造像的标志性作品。大肚弥勒慈眉善目、安然袒坐,一手按布袋,一手执念珠,两旁还簇拥着十八罗汉。据说,大肚弥勒是根据五代后梁时浙江奉化县契此和尚的形象凿刻的。由于人与像同出自吴越国时期,因此,飞来峰布袋弥勒佛像,实乃天下布袋弥勒佛造像之祖。

(二)多闻天王

多闻天王像高2米,双目圆睁,神情肃穆,头戴宝冠,身披盔甲,双腿弯曲,脚蹬武靴,左手托吐宝兽,右手持宝幢,雄赳赳地骑在青狮背上。狮子则尾巴翘起,异常雄壮。多闻天王又叫托宝天王或施财天王,为四大天王之一,既有护国护法之任,也兼有财神之责。佛教认为修习此神,能招来财富,运气亨通。

多闻天王像的左侧还有三尊僧像,居中头披葛巾,圆脸宽鼻,浓眉细眼的就是杨琏真伽像,左右手捧经盒的立像是他的两个徒弟。

四、三亭

(一)壑雷亭

壑雷亭,相传是北宋开国皇帝赵匡胤第十世孙担任临安知府时所建,亭名取自苏东坡的诗句:不知水从何处来,跳波赴壑如奔雷。宋代时,亭子旁建有水闸,用来蓄水排洪。每到大雨滂沱、冷泉水大涨时,便开闸放水,水声震耳欲聋,有"壑雷"的感觉。现存的壑雷亭重建于清光绪十五年(1889)。

(二)冷泉亭

冷泉亭始建于唐朝中期元藇任杭州刺史之时。白居易来杭州任刺史时,写下了《冷泉亭记》。据说,"冷泉亭"一匾,唐代白居易先书"冷泉"二字,二百多年后,宋代苏轼又补书了一个"亭"字,堪称古今一绝,但这块匾早在明朝时就已不见了,明代书法家董其昌曾补写了一块,在"十年动乱"中,董其昌所书的亭匾也不知去向。现在匾额上"冷泉亭"三字为郭沫若所书。

(三)翠微亭

在飞来峰朝灵隐寺的山腰上还有一座名为翠微亭的亭子,是抗金名将韩世忠为怀念故人岳飞,于南宋绍兴十二年(1142)所建。亭的名字取自岳飞的诗句:"经年尘土满征衣,特特寻芳上翠微。"八百多年间,翠微亭几经兴废:乾道五年(1169)周淙重建,清光绪中钱塘丁丙再建。现在大家所见到的为民国十六年(1927)冬僧慧明修建。

服务小贴士

"飞来峰"的导游服务

飞来峰游览主要为溶洞鉴赏结合传说故事,在溶洞中行走时,导游要注意提醒游客注意脚下和头顶,防止跌倒碰撞。

在飞来峰,导游切忌边走边讲,应站定最佳位置逐一介绍。

雨天或雨后,溶洞湿润,路上较滑,建议走外圈,远观为主。溪水流量大时,导游须提醒游客注意安全,尽量不要在溪边玩耍,尤其在水势落差较大处。游览过程中,注意保管好自己的财物。

任务 4.3　灵隐寺的导游讲解与服务

知识讲解

一、天王殿

天王殿外的两座经幢,建于南宋开宝二年(969)。

天王殿外的两块横匾,一块为"云林禅寺",一块为"灵鹫飞来",意为对面的飞来峰相传从印度灵鹫峰飞来。

天王殿内供奉着弥勒,弥勒佛后壁佛龛里站着手执金刚杵的韦驮菩萨,高 2.5 米,是南宋时用整段香樟木雕成的,整个佛像可以一块块卸下来,不用一钉即可重新镶嵌装配。两侧高近 8 米的四大天王塑像,乃 1932 年塑造。

二、大雄宝殿

大雄宝殿前有两座经塔,建于北宋建隆元年(960),呈八角形,九层,为大理石砌成,塔壁镌有无数石雕佛像。

(一)大雄宝殿

大雄宝殿重檐高 33.6 米,仅比天安门城楼低 0.1 米,是中国保存最好的单层重檐寺院建筑之一。现在的大雄宝殿是宣统二年(1910)用美国的红松修建的,这批红松原是李鸿章用以建海军

军舰的木材,后来其中一部分被慈禧太后用来建颐和园,一部分运到杭州拨给灵隐寺建造大殿。1949年,其中一根大梁被白蚁蛀空,倒塌压毁佛像,1953年重修时将大雄宝殿改为永久性的水泥建筑,而殿内的二十四根梁柱经过防潮防蛀处理,用混凝土加固后,依然立在这里。

(二)释迦牟尼像

殿内正中有贴金释迦牟尼像,两次贴金用去86两黄金。佛像用24块香樟木拼雕而成,高19.6米,连基座达24.8米,是我国最大的香樟木雕坐像。佛像全身贴金,发髻、衣褶、坐姿皆为唐朝佛雕风格。佛跌坐说法相,右手上举,左手伏膝,双眼微启,面颊丰润,微露笑容。此像精细庄严、雄健端庄,被国际佛教界人士和学者视为佛相释迦牟尼标准造像。

(三)"二十诸天""十二缘觉"及"五十三参"

大雄宝殿两侧分列"二十诸天"塑像,他们是掌管日月星辰、金木水火土、风雨雷电的天神。殿后是"十二缘觉"像,他们都是佛祖的弟子,"十二缘觉"布局为全国寺院之孤例。大殿后壁是"善财童子五十三参"海岛观音立体彩色佛像群,共有大小佛像156尊。大群塑高20余米,分为天、地、海三层,上层"三十三天"那尊骨瘦嶙峋的就是释迦牟尼成佛前在雪山修行的装扮,又称"饿佛像";中间坐在麒麟上的是地藏王菩萨;下层最突出的就是观世音菩萨。

三、药师殿

第三殿是药师殿,是1993年10月正式开光的。殿的横匾是赵朴初先生的手笔。殿内正中就是药师佛,左右分别为日光菩萨和月光菩萨,合称"东方三圣"。左右两旁是药师佛的十二位弟子"药童",按中国的习俗,给他们配上了十二生肖的图案。

服务小贴士

"灵隐寺"的导游服务

灵隐寺售票处位于壑雷亭对面,门票称为"香花券",导游要提醒游客自行购买。

灵隐寺的照壁在飞来峰景区外围,寺庙的入口在面向天王殿的右侧,左手边为出口,导游应提前告知游客。

导游职业能力测试

⦿ 知识问答

(1) 灵隐寺的建造时间是哪年?
(2) 是谁题写了"云林禅寺"?
(3) 灵隐寺与我国古代传说中哪位高僧有关?
(4) 飞来峰的摩崖石刻有何特点?

⦿ 技能必备

(1) 能够对飞来峰的概况进行10分钟左右的导游讲解。
(2) 能够对灵隐寺的概况进行10分钟左右的导游讲解。

⦿ 技能拓展

(1) 以青林洞为立足点,创作一篇讲解用时为3~5分钟的导游词。
(2) 以大雄宝殿为立足点,创作一篇讲解用时为3~5分钟的导游词。

新景推荐

1. 宋城　　推荐指数：★★★★★

宋城景区是我国目前为止规模最大的宋文化主题公园,国家AAAA级景区,首批国家文化产业示范基地。宋城采用宋代营造法式,城内斗拱飞檐,车水马龙,精彩丰富的民俗活动和气势恢宏的大型歌舞《宋城千古情》,真实再现了宋代都市的繁华景象。宋城景区始终坚持"建筑为型,文化为魂"的旅游开发理念,注重文化品位,传承历史文脉,秉承"精品化"战略思想,打造中国旅游的"百年老店"。

宋城依据宋代著名画家张择端的《清明上河图》而建。无论是整体布局、建筑结构还是细节特色等都尽量还原宋代都市原貌,城内斗拱飞檐,车水马龙;景区内打造了精彩的民俗文化活动,定期举行新春庙会、火把节、泼水节、大宋民俗节等大型节庆活动。

2. 雷锋新塔　　推荐指数：★★★★

雷峰塔因供奉佛螺髻发而建,因西湖十景之一"雷峰夕照"名扬海内外,因白娘子的传说和鲁迅先生的战斗檄文《论雷峰塔的倒掉》而闻名遐迩。

2002年10月25日,雷峰新塔如期落成。新雷峰塔在外形、风格上极力体现唐宋时期的风格,细节上则彰显出新时代强烈的人性化风格。为了能够更好地保护文物,重建的雷峰塔专门设计了一个高9.7米的遗址保护罩。为使游客能够看到遗址全景,塔身首层大部分被设计为透明,人们可以在台基层的玻璃罩周围观看遗址,也可以站在塔身首层俯瞰遗址全貌。为方便游人了解雷峰塔的历史,新塔的各层布置了一些精美的文化陈设。

美食推荐

1. 楼外楼　　推荐指数：★★★★★

杭州楼外楼坐落于秀丽的西子湖畔、孤山脚下,创建于清道光二十八年(1848),至今已有一百五十年的历史。楼外楼"以菜名楼,以文兴楼",除西湖醋鱼、龙井虾仁、叫花童鸡、宋嫂鱼羹、东坡肉等传统名菜外,近几年,又烹制出二百多种创新菜,如鱼煨鸡、鲍鱼扣肥鸭等。楼外楼的点心小吃也闻名遐迩,其中吴山酥油饼、虎跑素火腿、桂花糯米藕还被中国烹饪协会评为"中华名小吃"。

2. 武林美食圈　　推荐指数：★★★★

武林美食圈位于杭城最繁华的武林广场附近,商厦附近的小街巷中汇聚了各路美食小吃。

休闲推荐

1. 南山路　　推荐指数：★★★★★

南山路北起湖滨路口,南至西山路口,长约2500米,环抱近半个西湖。沿路有花港观鱼、苏堤春晓、雷峰夕照、柳浪闻莺、净寺、钱王祠等景点,有中国丝绸博物馆、中国美术学院、浙江美术馆等历史、艺术殿堂,沿路还有酒吧茶楼、中西餐饮、品牌经营等休闲娱乐特色经营。2002年,南山路被杭州市政府打造为南山路艺术休闲特色街区。

2.《印象西湖》　　推荐指数：★★★★

《印象西湖》是以西湖深厚的历史人文底蕴和秀丽的自然风光为创作源泉,深入挖掘杭州的古老民间传说、神话,将杭州城市内涵和自然山水浓缩而打造出的一场高水准的艺术盛宴。世界级的音乐巨匠喜多郎先生受邀出任音乐主创,中国歌手张靓颖友情演唱主题歌。演出地点在岳湖景区,在岳湖楼南边设置了可容纳1300人的升降式可收缩可移动阶梯看台;在湖面演出区域内配备特制的灯光和激光照射。2007年3月30日,《印象西湖》如期公演。

项目5 华东其他地区导游

模块1 黄山导游

模块要求

通过本模块的学习,要求学生熟悉安徽黄山景区的地理位置、交通情况、景区概况、登山线路、游程安排、主要景点、山岳旅游的安全知识等。

具体要求如下:

1. 向导技能:熟悉黄山景区周边地理环境,能在地图上画出抵达黄山景区各个大门的交通线路;
2. 讲解技能:能进行5分钟左右的黄山概况介绍,能进行5分钟左右的黄山主要景观介绍;
3. 应变能力:能处理山岳旅游可能发生的特殊问题,如气候、安全等;
4. 设计能力:能进行黄山及周边地区区域旅游线路设计。

任务1 黄山概况的导游讲解与服务

课前准备

通过网络查询和书籍查阅,了解黄山的概况,准备华东区域地图,熟悉黄山地理位置。

任务导入

黄山风景区是华东线旅游中的一个高潮,这里气候宜人,是得天独厚的避暑胜地,1985年,入选全国十大风景名胜;1990年12月,被联合国教科文组织以文化、自然双重遗产列入《世界文化与自然遗产名录》;2004年2月,入选世界地质公园名录;2007年5月8日,被评为国家AAAAA级旅游景区;2015年1月,入选首批世界自然保护联盟(IUCN)绿色名录。黄山还兼有"天然动物园和天下植物园"的美称,有植物近一千五百种,动物五百多种。

在抵达黄山之前,作为导游,在游览车上如何向游客介绍安徽省、黄山市、黄山风景区的主要概况以及黄山游览的景观特色和注意事项,才能既激发游客的游兴,又能使游客安全、愉快地游览黄山呢?

任务1.1 黄山基本概况的导游讲解

知识讲解

黄山集天下名山之长,不仅兼有泰山之雄伟、华山之险峻、衡山之烟云、庐山之飞瀑、雁荡山

之巧石、峨眉山之秀丽,且风貌别具一格、奇绝卓然。明代旅行家、地理学家徐霞客两次游览黄山,赞叹说:"登黄山天下无山,观止矣!"又留有"五岳归来不看山,黄山归来不看岳"的美誉。黄山更有"天下第一奇山"之称,可以说无峰不石、无石不松、无松不奇,并以黄山"四绝":奇松、怪石、云海、温泉著称于世,其二湖、三瀑、十六泉、二十四溪相映争辉,春夏秋冬四季景色各异。

一、名字由来

黄山原名黟山,因峰岩青黑,遥望苍黛而得名。后因传轩辕黄帝曾在此炼丹成仙,唐玄宗信奉道教,故于天宝六年(747)改名为"黄山"。据地质资料分析,黄山在四亿年前元古代震旦纪是古扬子海,经两亿年前中生代三叠纪"印支地壳运动"变为陆地。此后,又历经多次造山运动的磨砺和第四纪冰川的洗礼,才逐渐形成今天这样雄奇险幻的景色,被世人誉为"天下第一奇山"。

二、地理位置

黄山位于中国安徽省南部,属中国南岭山脉的部分,全山面积约1 200平方千米。黄山山系中段是黄山的精华部分,也就是我们要游览的黄山风景区,面积约154平方千米。它在黄山市境内,南邻歙县、徽州区、休宁县和黟县,北连黄山区。

三、行政区划

(一)黄山市、黄山区、黄山风景区的关系

到了安徽,说到"黄山"这个词,可是有三层含义的,分别可代指黄山市、黄山区、黄山风景区。黄山市别名"徽州",黄山区和黄山风景区就位于黄山市行政区划内。黄山市的市政府所在地是屯溪区,黄山市现在的行政区划是下辖三个行政区(屯溪区、徽州区、黄山区)、四个县(歙县、休宁县、黟县、祁门县)和黄山风景区。黄山区原为太平县,在黄山风景区北麓。黄山风景区就是传统意义上的黄山。在本模块中,"黄山"一词是指位于黄山山脉中段的黄山风景名胜区。

(二)黄山市主要行政区划和旅游景点

黄山市下辖行政区	主要景点	景观特色(别称)
屯溪区	屯溪老街等	一半街巷一半水、茶都
徽州区	呈坎、唐模、潜口民宅等	风雅山水田园、徽派古建长廊
黄山区	太平湖、千年古镇甘棠等	新型旅游城市
歙县	棠樾牌坊群、紫阳书院等	歙砚的故乡
休宁县	齐云山、万安古镇等	中国第一状元县
黟县	西递、宏村古民居等	桃花源里人家
祁门县	牯牛降等	中国红茶之乡
黄山风景区	天都峰、莲花峰、玉屏楼等	集天下名山之长

四、气候条件

黄山处于亚热带季风气候区内,山高谷深以及山地气候的垂直变化形成了黄山独有的气候特征。同时,由于北坡和南坡受阳光的辐射差较大,局部地形对其气候起主导作用,形成云雾多、

湿度大、降水多的气候特点。在黄山1 340米高度以上,全年无夏季,只有冷暖季节,但在这个高度以下,四季就比较明显。

黄山四季都很美,四季皆可游。春可以赏百花的争艳,感受鸟鸣清幽;夏可以观松,赏云雾迷蒙的山景,有清风相伴;秋天红枫满山,黄菊绚烂,天然的色块,令人惊叹;冬季银装素裹,是观看云海的最佳季节。黄山的美景,四季皆不同,特别是冬天的黄山,景色别具一格。每年的10月下旬,就能看到雪景,到处都是白茫茫的一片,雪后的黄山韵味十足。

任务1.2 黄山景区"四绝"的导游讲解与服务

知识讲解

黄山之所以吸引千千万万的游客,其主要特色在于景观奇特,奇松、怪石、云海、温泉素称黄山"四绝",令海内外游人叹为观止。

一、奇松

说起黄山"四绝",排在第一的当是奇松。黄山松奇在什么地方呢?

首先,黄山松奇在它无比顽强的生命力。一般说,凡有土的地方就能长出草木和庄稼,而黄山松则是从坚硬的花岗岩石里长出来的。黄山到处都生长着松树,它们长在峰顶,长在悬崖峭壁,长在深壑幽谷,郁郁葱葱,生机勃勃。千百年来,它们就是这样从岩石缝中迸裂出来,根儿深深地扎进岩石缝里,不怕贫瘠干旱,不怕风雷雨雪,潇潇洒洒,铁骨铮铮,你能说不奇吗?

其次,黄山松还奇在它那特有的天然造型。从总体来说,黄山松的针叶短粗稠密,叶色浓绿,枝干曲生,树冠扁平,显出一种朴实、稳健、雄浑的气势。每一株松树在长相、姿容、气韵上又各不相同,都有一种奇特的美。人们根据它们的不同的形态和神韵,分别给它们起了贴切的名字,如迎客松、黑虎松、卧龙松、龙爪松、探海松、团结松等,它们是黄山奇松的代表。

二、怪石

怪石是构成黄山胜景的又一"绝"。在黄山,到处都可以看到奇形怪状的岩石,这些怪石的模样千差万别,有的像人,有的像动物,有的还衍生出神话传说和历史故事,活灵活现,生动有趣。在一百二十一处名石中,知名度较高的有"飞来石""仙人下棋""喜鹊登梅""猴子观海""仙人晒靴""蓬莱三岛""金鸡叫天门"等。这些怪石有的是庞然大物,有的奇巧玲珑,有的独立成景,有的是几个组合或同奇松巧妙结合成景。有些怪石从不同的观赏位置和角度,其模样也不同,成了一石二景,如"金鸡叫天门"又叫"五老上天都","喜鹊登梅"又叫"仙人指路",这是移步换景的缘故。还有些怪石,在不同条件下看,能产生不同的联想,因而也就有了不同的名字,如狮子峰北一座平顶的山峰上有一块巧石,如猴蹲坐,有云海的时候称为"猴子观海",天气晴朗时又称为"猴子望太平"。

三、云海

虽然在中国其他名山也能看到云海,但没有一个能比得上黄山云海那样壮观和变幻无穷,由此,黄山还有另外一个名字,叫"黄海"。黄山的一些景区、宾馆和众多景观的命名,都同这个特殊的"海"有关联。按地理分布,黄山可分为五个海域:莲花峰、天都峰以南为南海,也称前海,玉屏峰的文殊台是观前海的最佳处;狮子峰、始信峰以北为北海,又称后海,狮子峰顶与清凉台,既是观云海的佳处,也是观日出的极好所在;白鹅岭以东为东海,于东海门前迎风伫立,可一览云海缥缈;丹霞峰、飞来峰西边为西海,理想观赏点是排云亭;光明顶前为天海,位于前、后、东、西四海中间,海拔1860米,地势平坦,云雾从足底升起,云天一色,故以"天海"命名。若是登临黄山三大主峰(莲花峰、天都峰、光明顶),则全部五海可纵览无遗。黄山每年平均有255.9个雾日,一般来说,每年的11月到第二年的5月是观赏黄山云海的最佳季节,尤其是雨雪天之后,逢日出及日落之前,云海必现并且最为壮观。

四、温泉

黄山温泉通常指的是前山的黄山赤温泉,古时候又叫汤泉,从紫石峰涌出。黄山温泉景区,是进入黄山南大门后最先到达的景区。温泉水量充足,水温常年保持在42℃左右,水质良好,并含有对人体有益的矿物质,有一定的医疗价值,对皮肤病、风湿病和消化系统疾病有一定的疗效。其实,黄山温泉不止一处。在黄山北坡叠嶂峰下,还有一个温泉,叫松谷锡泉。它与山南的宾馆温泉水平距离7.5千米,标高也近,南北对称,遥相呼应,因地处偏僻而鲜为人知。

除了"四绝"之外,黄山的瀑布、日出和晚霞,也是十分壮观和奇丽的。"山中一夜雨,处处挂飞泉",就是黄山瀑布的生动写照。黄山瀑布很多,最壮观的有"九龙瀑""人字瀑"和"百丈瀑"。

 服务小贴士

一、黄山景区主要入口

黄山风景区有南大门、北大门、西大门三个大门,四个入口,三条缆车索道,景观各异,适合有不同需求的旅游者。

大门	位置	内部交通	门票购票点	缆车索道或游步道登山	建议游程	适合对象
南大门	汤口镇	到新国线换乘中心换乘新国线上山	前山:慈光阁	乘坐玉屏缆车至玉屏楼,亦可走游步道(约7千米)	二日游	自驾游
			后山:云谷寺	乘坐云谷缆车至白鹅岭,亦可走游步道(约7千米)		
北大门	黄山区	无景区交通,有出租车	松谷庵	乘坐太平缆车至丹霞峰,不建议走游步道(人烟稀少)	一日游	旅行团
西大门	焦村镇	无景区交通,有出租车	钓桥庵	游步道预建设地轨缆车	二日游	背包游

二、黄山景区游览线路

黄山是中国第一座开发旅游的名山,被誉为"中国旅游经济的摇篮"。经过几十年的开发,目前黄山已经有南大门、北大门、西大门三个登山起点,三条缆车索道。由于缆车带来的便利,游客可以选择在黄山观光一日游,亦可选择黄山观日出二日游,还可开展深入的主题休闲游。

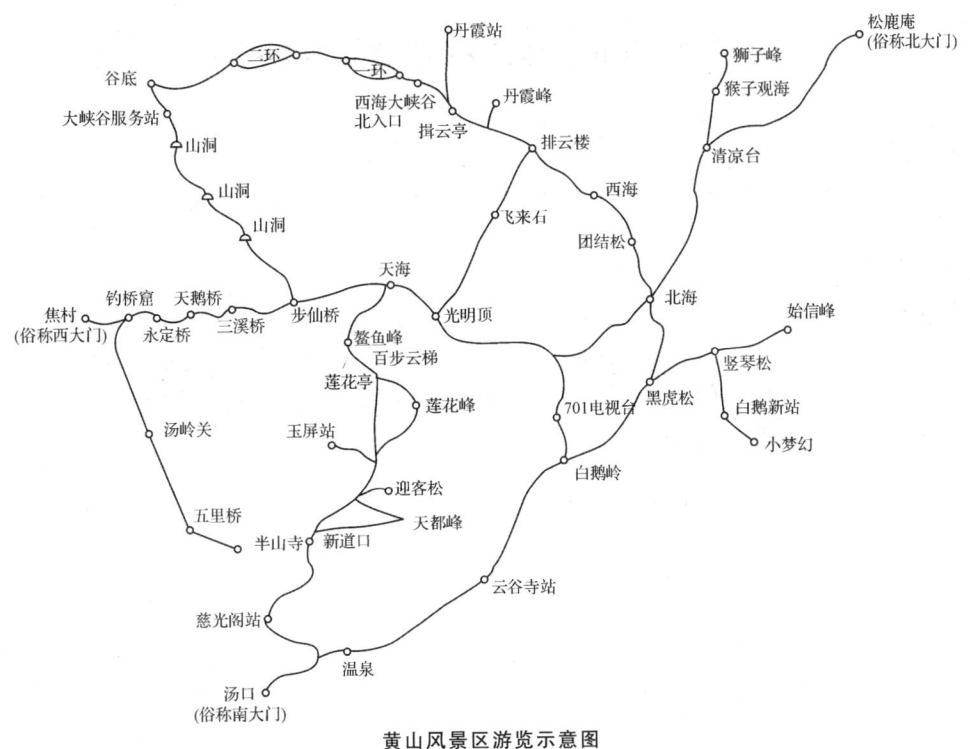

黄山风景区游览示意图

三、汤口寨西换乘中心

汤口是黄山游览的最重要通道，位于黄山的南大门。为了解决景区交通秩序混乱的问题，黄山旅游股份公司与新国线集团合作，在黄山汤口镇寨西村建立换乘中心，所有内宾团都要换新国线景区交通车，新国线公司可以到旅游团下榻的酒店或宾馆接团，外宾团凭黄山旅游公司、黄山国际旅行社团队计划书，免换景区交通，可以直接进入黄山大门至玉屏索道或云谷寺景区索道，进入黄山风景区游览。

导游职业能力测试

◉ **知识问答**

(1) 请描述黄山的地理位置和气候特点。
(2) 为什么黄山能获得世界自然与文化双遗产的殊荣？

◉ **技能必备**

请在华东地图上用铅笔画出上海至黄山、南京至黄山、千岛湖至黄山的交通线路，并能用语言来说明如何抵达黄山风景区，沿途行车要注意的事项等。

◉ **技能拓展**

请通过查阅书籍、网络搜索等形式，分别设计以黄山风景区为核心游览地，连接黄山周边旅游景区的皖南周游型和逗留型旅游线路。要求：①有线路主题名称；②游程为3~5日，有具体的每日游程说明；③以20人团队来预算出游成本。

任务 2　黄山主要景区的导游讲解与服务

课前准备

通过网络查询和书籍查阅,了解黄山景区的概况,准备黄山景区游览图和黄山风景图册。

任务导入

到黄山游览,作为导游要能介绍黄山各个景区有哪些主要的游览景点并能指点游客在最佳观景点观景。黄山风景区前山至后山共分为以下几个景区:温泉景区、玉屏景区、天海景区、白云景区(含梦幻景区)、北海景区和云谷景区,在靠近北大门处还有松谷景区。

那么,我们应如何驻点讲解这些景区呢?

任务 2.1　黄山温泉景区的导游讲解

知识讲解

温泉景区是游人从南大门进入黄山的第一个景区,位于海拔 600 至 700 米的群峰峡谷之间。黄山有温泉十五处,其中被称为黄山"四绝"之一的温泉(古称汤泉),又名朱砂泉,有两个出入口。温泉水质以重碳酸为主,无硫,自唐代开发以来,享誉千年。景区以揽胜桥为中心向四周辐射,桃花溪和逍遥溪贯穿其中,主要接待宾馆包括桃源宾馆、温泉酒店、黄山宾馆等。温泉区的主要景点有人字瀑、三叠泉、鸣弦泉、丹井、醉石、慈光阁等。

任务 2.2　黄山玉屏景区的导游讲解

知识讲解

玉屏景区以玉屏楼为中心,莲花峰和天都峰为主体,通常人们所说的前山,指的就是这一景区。沿途有"蓬莱三岛""百步云梯""一线天""新一线天""鳌鱼洞"等奇妙景观。以玉屏楼为中心,玉屏景区包括莲花、天都两大主峰。雄山怪石、奇松险壑、摩崖古刻、云海烟云构成景区景观的主体。此处可观迎客松、送客松、孔雀戏莲花、姜太公钓鱼、仙人飘海、犀牛望月等景观。

一、玉屏楼

玉屏楼位于天都、莲花两峰之间,这里几乎集黄山奇景之大成,故有"黄山绝佳处"之称。明代普门和尚曾在玉屏峰上为文殊菩萨建有文殊院,今在其旧址建玉屏楼宾馆。玉屏楼左有狮石,右有象石,两石形同门卫,俗称青狮白象守文殊。楼前有迎客松,后有送客松,迎来送往,姿态喜人。楼后是玉屏峰,著名的"玉屏卧佛"就在峰顶,头左脚右,惟妙惟肖。峰石上刻有毛泽东草书"江山如此多娇",楼东石壁上刻有朱德元帅的"风景如画"和刘伯承元帅所作的《与皖南抗日诸老同志游黄山》一诗:"抗日之军昔北去,大旱云霓望如何。黄山自古云成海,从此云天雨也多。"

这里是观赏前海景观的最佳地方。天气晴朗时,还可看到附近有"仙人飘海""羊子过江""金龟望月""松鼠跳天都""孔雀戏莲花"等奇岩巧石,真是秀色迷人、美景如画。

二、天都峰

天都峰海拔1 810米,为黄山三大主峰之一,以险著称,古称"群仙所都",意为天上都会,故又称"天都峰"。天都峰是鸟瞰黄山壮丽全景的理想之处,因此人们常说,"不登天都峰,等于一场空"。在天都峰登山途中,有一段长10余米、宽仅1米的"鲫鱼背",两侧是千仞悬崖,坡陡达85°左右,游客至此无不战战兢兢,大有"天都欲上路难通"的感慨。

三、莲花峰

莲花峰海拔1 864.7米,是黄山最高峰,也是华东地区第一高峰。山峰峻峭高耸,气势雄伟,因主峰突兀,众峰簇拥,宛若新莲初开,故名"莲花峰"。徐霞客在游记中说,莲花峰"居黄山之中,独出诸峰之上","即天都亦俯首矣"。

四、百步云梯

百步云梯位于莲花峰西北麓的峭壁上,是在石壁上凿成的一百余级险峻陡峭的磴道,从对面鳌鱼洞观看,磴道下临深渊,像靠在峭壁上的长梯,常有云雾缭绕,十分险要。在百步云梯,可观"龟蛇守云梯""猪八戒写情书(老僧入定)""鳌鱼吃螺蛳""老鼠偷油"等奇石景观。

原创导游词赏析

玉屏楼前观松石　　大自然中悟人生

游客朋友们,有道是"五岳归来不看山,黄山归来不看岳"。黄山究竟有何魅力呢?这首先就是黄山"四绝":奇松、怪石、云海、温泉。现在我们来到的是黄山玉屏楼景区,这里是观黄山奇松和怪石的最佳点。这可不是我说的,而是明代著名的旅行家徐霞客说的,他赞誉此处为黄山绝胜处,"峰奇石奇松更奇,云飞水飞山亦飞"。

说黄山的松奇,到底奇在何处呢?黄山松与一般的松树不同,它是在黄山这个特殊的自然环境中孕育的树种。它只能生长在黄山海拔800米以上的悬崖峭壁上,以石为母,以云为乳。从外形上看,黄山松树冠扁平,枝干虬生,姿态万千。我们眼前的这株迎客松便是黄山松的"首席代表",也显示了中华民族"有朋自远方来,不亦乐乎"的胸怀。它树高10米,树龄达1 000多年,树干中部伸出长达7.6米的侧枝,展向前方,恰似一位好客的主人,热情地伸出双臂欢迎来自五湖四海的宾客。1959年,由安徽芜湖工艺厂精心制作的巨幅铁画《迎客松》被悬挂在人民大会堂。50多年来,迎客松作为党和国家领导人会见中外贵宾的背景图而永驻青史,这是任何一棵树或任何一个树种都无法享有的殊荣。迎客松是黄山的象征,更是黄山人的化身和骄傲,她不仅被黄山人视为珍宝,更被中国人视为国宝。于是她的倩影走进了人民大会堂,走进了各族人民的心中,如今,又伴随着黄山旅游事业的发展走出国门,走向世界。

玉屏楼不仅适宜观松,而且可以观石,奇松怪石相映成趣。大家请看,我们右手边的这座峰叫莲花峰,因其主峰突出,众峰簇拥,宛如一朵初开的莲花而得名。左手边是天都峰,因其险峻被视为是天上的都会。在天都峰和莲花峰之间就是我们脚下的玉屏峰。黄山的奇峰怪石形态各异,令人叫绝,那么它们是怎么形成的呢?这与黄山山体的岩石有关,黄山是一座花岗岩名山,花岗岩的节理发育,经过第四纪冰川的雕凿,加之日晒雨淋、风化剥蚀,从而形成了惟妙惟肖、奇异无比的巧石。你瞧,耕云峰顶那块石头,像不像一只小松鼠正准备跃过万丈悬崖,跳上那高耸入云的天都峰,那块石头就叫"松鼠跳天都"。大自然这位神奇的雕塑家,塑造了黄山山石千奇百怪的形态,怪中见巧,巧中见奇,奇中见美,而人们丰富的想象力再一次赋予这些石头神奇的文化生命。

游客朋友们,黄山是中华大地的瑰宝,是中华民族的骄傲,多少海内外中华儿女为之倾倒。明代旅行家徐霞客来到黄山,发出了"登黄山天下无山"的感叹;小平同志来到黄山,以七十五岁高龄一鼓作气登上黄山;江总书记来到黄山,留下了"遥望天都倚客松,莲花始信两飞峰"的诗句。站在玉屏楼前看远处,松之挺拔,石之奇特,完美地融合在一幅景中,如此和谐,活脱脱一幅中国水墨画,让我们不由感叹:江山如此多娇!正如这逆境中求生存,顺境中求发展的奇松怪石,我们中国人祖祖辈辈就是这样一步一步走过来的。游客朋友们,今天,你们见证了黄山松和黄山山石的传奇,而我从你们矫健的步伐中,也见证了我们新时代的风采。

(江苏联合职业技术学院无锡旅游商贸分院 冯霞敏)

任务 2.3 黄山天海景区的导游讲解

知识讲解

从鳌鱼峰到海心亭这一区域就是黄山的天海景区,光明顶离天海景区也不远。天海景区是连接前山玉屏景区、后山北海和西海景区以及西部梦幻景区和白云景区的枢纽,是整个黄山旅游的必经之地。这里有貌似鳌鱼的鳌鱼峰,有黄山圆心之称的海心亭,从海心亭上行半个小时就会到达黄山三大峰之一的光明顶。此外,天海景区还有黄山"高山植物园"的美称,这里生长着46科160种观赏植物,四季都有花开,黄山杜鹃、灯笼花、东方红豆杉都是珍稀物种。

一、鳌鱼峰

鳌鱼峰是黄山36小峰之首,海拔1780米,是游览黄山前后山必经之地,也是游客必游的景点之一。鳌鱼峰因山峰形状极像鳌鱼而得名,峰顶有三角形的鳌鱼洞,洞额刻有"天造"二字,洞内有梯道,游人可从洞中穿过。峰前有数石,远望似螺蛳,构成"鳌鱼吃螺蛳""老鳌下蛋"等奇景。峰背有龟形大石,名为"鳌鱼驮金龟"。登峰左可见莲花峰高耸云霄,右可眺西海仙桃石(即飞来石,角度不同,景色不同),前面南海宽阔,后为天海、光明顶。

二、海心亭

从天海景区去往步仙桥(梦幻景区的入口之一)和白云景区的岔路口有一座石亭,这就是海心亭,因处黄山各海的中心而得名。海心亭往西去的林子里面在五、六月份可以看到很多种类的花,从海心亭继续往光明顶方向不远处还有黄山十大名松之一的凤凰松,这里是看佛光的好地方。在附近的天海庵旧址,还有一处佛像摩崖石刻,佛像高约4米,宽约1.5米,是黄山上唯一一处佛像造型的石刻。

三、光明顶

光明顶是黄山的第二高峰,海拔1860米,正如名字所形容的,光明顶山顶是一大块平地,面积约6万平方米,视野特别开阔,上面有光明顶气象站。光明之意相传是一位在此修行的和尚一日亲见"日华"现于天门,然后山顶大放光明,故称"光明顶"。由于地势高且视野开阔,光明顶成为黄山上唯一的看日出、日落和云海俱佳的地方。民谚说:"不到光明顶,不见黄山景。"而且由于光明顶处于前山和后山的结合点上,因而南北的山色都能看到。

任务2.4 黄山白云景区和梦幻景区的导游讲解

白云景区位于西海群峰之中,景区面积约16.5平方千米,它东起海心亭,西至排云亭,经祥云桥、步仙桥及附近的谷口,穿过西海主谷,跨过著名景点"武松打虎"和"文王拉车"之间的支谷,可至松林峰。整个景区总长3 200米,有登山步道、桥梁、隧洞、栈道和观光缆车等可供游客选择。景区有群峰荟萃、怪石如林、千涧涌青、诸峰环翠,更有潺潺流水、低吟浅唱,故又称"魔幻世界"。

梦幻景区,即西海大峡谷,可以从排云亭进入,从步仙桥出去,也可相反而走。峡谷全长15千米,呈U形,下七上八,一般行程为4小时。游人信步其间,举目远眺,丹霞峰、松林峰、飞来石、双笋峰、石船峰、光明顶气象台等诸多名峰景色尽收眼底,并随游人的步移而景变,与此同时,"仙女弹琴""天狗望月""仙人踩高跷""仙女绣花"等景观也一一映入眼帘。最令人陶醉的是,"仙人晒靴""仙人晒鞋""武松打虎"和"文王拉车"等景点随着游人位置而变换,仿佛近在咫尺,让人触手可及。

任务2.5 黄山北海景区的导游讲解

北海景区是黄山景区的腹地,也就是人们通常所说的后山,景区内奇景荟萃。狮子峰、清凉台、"猴子观海"、"仙人背宝"、"梦笔生花"、飞来石、"十八罗汉朝南海"等景观令游人目不暇接。

一、梦笔生花

"梦笔生花"在黄山北海宾馆前的散花坞内,与笔架峰相近,海拔1570米。一石挺出,凭空耸立,下圆上尖,像一支书法家的斗笔。峰尖石缝中,长有一株奇巧古松,盘旋曲折,绿荫一团,宛如盛开的鲜花。峰下有一块巧石,形如人卧睡,故游人称此景为"梦笔生花",是黄山胜景。

二、狮子峰

狮子峰是北海宾馆前的山峰,景点有曙光亭、清凉台。在曙光亭,可观"十八罗汉朝南海""丞相观棋""仙人下棋""仙人背包""猪八戒背媳妇""石钟""童子拜观音"等景。狮子峰上的清凉台是观赏云海和日出的最佳之处,这里还可观"猪八戒吃西瓜""飞来柱""扇子松""达摩面壁"等景。在狮子峰北一座平顶的山峰上,有一块巧石,如猴蹲坐,静观云海起伏,人称"猴子观海"。

三、始信峰

始信峰以奇松著名,依次进入可观黑虎松、连理松、龙爪松。在观景台前方有石笋峰,从石笋峰远眺可观"观音漂海"。观景台左有卧云峰,卧云峰上有探海松、卧龙松,观景台右行 10 米有竖琴松(辕门松),观景台左行去往始信峰顶有接引松,始信峰顶有聚音松。

四、白鹅岭

白鹅岭位于后山缆车站上一站处,左走可以直接到光明顶,右走可以到北海、西海等各个景点。白鹅岭观景台往南可以看莲花峰、天都峰、香炉峰。在佛掌峰前下方可看飞来鼓,右上方可看"鲤鱼跳龙门"等景点。在白鹅岭的下盘道右侧,有大小七块岩石,形状不一,天然叠在一起,故名"七巧石"。

任务 2.6 黄山松谷景区的导游讲解

知识讲解

松谷景区位于黄山北坡,从北大门芙蓉岭进山,沿北部蹬道直达北海,全长 12.5 千米的景区统称松谷景区。该区海拔高度落差 1 100 米,有 6 500 多级石台阶。一路千峰竞秀,万壑争奇,巧石名潭尤为佳妙。特别是山高林密,空气清新,真可谓"清凉世界"。主要景点有芙蓉岭、翡翠池、五龙潭及"关公挡曹"等著名怪石。

芙蓉岭在芙蓉峰下,该峰海拔高度 1 365 米,宛如初放芙蓉,故名曰芙蓉岭。芙蓉岭是登山必经之道,岭上有洞名为芙蓉洞,立洞口可观赏紫回若带的溪流。下岭后为一片谷地,有芙蓉庵旧址,后改建为"芙蓉居",现为黄山园林局松谷管理区。翡翠池位于芙蓉峰麓 1 千米处,是黄山著名水景,池长 15 米,宽 8 米,深 10 米,天造地设,环池皆石,松谷溪水直注池中。碧波荡漾,山形树影,映入池内,阳光反射,绚丽多姿,但池深水冷,虽夏日也不可游泳,以免发生不测。池侧有巨岩,镌有一个直径 3 米的"佛"字,此外,还有"福""寿""南无阿弥陀佛"等摩崖石刻。五龙潭位于翡翠池不远的松谷溪中,潭边五块巨石,形似巨龙,头伸入潭,尾展溪岸,其状如五龙吸水,故名为五龙潭。松谷庵位于叠嶂峰下,游过松谷寺过桥即到。这里环境幽雅,景点甚多,石刻遍布。游过松谷庵,向北海清凉台进发,沿途要经过三个亭,称一道亭、二道亭、三道亭,海拔高度均在千米以上,景点以巧石为主,名石有"仙人观海""仙人铺路""老虎驮羊""关公挡曹"等。

任务 2.7 黄山云谷景区的导游讲解与服务

知识讲解

云谷景区位于黄山东部,海拔高度仅 890 米,是一处地势较低、略显开阔的谷地。云谷景区主要景点有云谷山庄、古树、怪石、九龙瀑和百丈泉。

云谷山庄坐落在苍松翠竹丛中,四周群山相抱,溪水同流,环境幽静。在云谷寺古庙遗址左侧有三株名贵古木,分别是有 500 年树龄的华东黄杉、有 800 年树龄的南方铁杉和有 1 000 年树龄的银杏。云谷的怪石为"狮子抢球""琴石台""千古石"等,在巨大的岩石上有多处石刻,如"渐入佳境""妙从此始""醉吟""通幽"等等。这里的九龙瀑和百丈泉连同温泉区的人字瀑,被称为黄山的三大瀑布。九龙瀑位于云谷西路下山处,瀑水源于天都、玉屏、炼丹诸峰,汇为云谷溪(丞相源),然后在香炉、罗汉两峰之间的悬崖上奔流而下,长达 300 米,整条瀑布共分九折,一折一瀑,一瀑一潭,故名"九龙潭"。"百丈泉"位于云谷西路下山处,在至温泉区的公路旁可以观赏到,每至雨季,巨大的悬崖上,瀑水奔流,直泻百米,犹如白绢长垂,疑是银河落地,气势不同凡响。

服务小贴士

一、游览谚语

您知道黄山有哪些游览谚语吗?古往今来,在黄山风景区一直流传着很多游览谚语,为旅游者游览黄山有关景点起到一定的指点作用,这些就是浓缩的导游词。

走路不看景,看景不走路;不到狮子峰,不见黄山踪;
不上天都峰,游山一场空;不上莲花顶,等于未看景;
不登光明顶,不见黄山景;不到始信峰,不见黄山松;
不到文殊院,不见黄山面;不到松谷庵,回去心不安;
不进西海门,难见怪石群;散花坞中游,奇秀逼人留;
钓桥庵前游,好景无尽头;洗个温泉澡,登山不疲劳。

二、黄山毛峰茶的选购

经过精采细作后的黄山毛峰茶,形如雀舌多白毫,汤色清澈带微黄,香气持久似白兰,滋味醇厚回味甘,为我国极品名茶之一。春夏两季来黄山旅游的人,都想买一点正宗的黄山毛峰茶。如何选购呢?首先,应从欲购的茶叶中取出一颗,细看其叶是否与等级相符。特级茶叶是一芽一叶的嫩头,只有两粒米长的茶芽,茶农称之为"麻雀嘴",一级茶叶为一芽一叶,二级茶叶为一芽二叶,三级茶叶为一芽三叶。其次,应细观其形,看看上面是否有白毫。再次,可多取一点,闻闻香味如何,并闻闻有无焦味,若有焦味,说明初烘和老烘时火候没有掌握好。又次,可拿一点茶叶放在嘴中细嚼,评其滋味如何。最后,可用开水冲泡一杯,细细品尝。这样既能买到真茶,也能买到好茶。

导游职业能力测试

⊙ 知识问答

(1) 黄山有几大景区?
(2) 请描述在玉屏楼景区所能观赏到的景观。
(3) 请说明何时何地观黄山日出最佳。
(4) 黄山奇石移步换景,要在恰当的地点进行观景,请完成以下表格。

最佳观景点	景点
	猪八戒吃西瓜
	松鼠跳天都
	梦笔生花
	仙女绣花
	十八罗汉朝南海

⊙ 技能必备

选择黄山某一景区进行5分钟左右的导游讲解。

模块 2　千岛湖导游

模块要求

> 通过本模块的学习,要求学生具备为旅游者提供千岛湖向导、讲解以及其他相关旅游服务的能力。
> 1. 能够进行 15 分钟左右的沿途导游讲解,具体内容包括千岛湖的概况、千岛湖镇的特色、游览千岛湖景区的注意事项等;
> 2. 能够对千岛湖中心湖区的主要岛屿概况进行导游讲解,既要能够按照既定的参观线路带领游客游览岛屿,又要能讲解岛屿上的主要景点。

任务 1　千岛湖沿途的导游讲解与服务

课前准备

让学生通过网络查询,了解千岛湖的基本概况。主要应查询千岛湖的由来及历史沿革、千岛湖的基本情况、千岛湖镇的主要特色、游览千岛湖应注意的有关事项等。

任务导入

2010 年 4 月 18 日,国家 AAAAA 级旅游景区颁牌仪式在江苏扬州瘦西湖景区举行,淳安千岛湖等江浙沪 9 家单位被授予国家 AAAAA 级旅游景区殊荣。千岛湖也在继西湖之后,成为杭州地区第二个荣获 AAAAA 级级别的旅游景区,是"杭州—千岛湖—黄山"名山名水名城黄金旅游线上的一颗璀璨明珠。

作为全陪导游员,在前往千岛湖旅游码头的途中,我们应当如何讲解,才能体现千岛湖景区的特色与魅力呢?

知识讲解

一、千岛湖的主要历史沿革

(一)古淳安县

千岛湖所在的淳安县始建制于东汉建安十三年(208),距今一千八百多年,历史悠久,人文荟萃,素以"锦山秀水,文献名邦"闻名于天下。

东吴孙权遣威武中良将贺齐,率兵征平山越,征平了黟、歙两地,另设郡玄县,分歙东乡置始新县,淳安是最早的县名。分歙南武强乡为新定县,最早称为遂安。始新县曾七扬其名,主要称为新安、雉山、还凉、淳化、青溪,至南宋绍兴元年(1131)定淳安县至今。古往今来,淳安县人才辈出,尤其是隋唐以来,逐渐形成了具有地域特色的新安文化(又称睦州文化)。滚滚而下的新安江流穿县境,流经淳安。此外,县境内有三十多条大溪纵横穿流。

(二)新淳安县

1959年,为建设新安江水电站,淹没了淳安县的贺城、狮城、威坪镇、茶园镇和港口,淹没了49个乡的1 377个自然村,淹没了耕地良田205平方千米和城镇工商企业255家。淳安、遂安两县合并为淳安县,隶属于杭州。现辖30个乡镇,899个行政村,总面积达4 427平方千米,是浙江省面积最大的县,与安徽省的歙县、休宁县为邻,与浙江省的临安、桐庐、建德、衢县、常山、开化六县市接壤。淳安多山多水耕地少。全县海拔千米以上的山岭有80多座。最高山磨心尖海拔1 523米。山地丘陵占全县总面积的80%。

现在的淳安集山区、库区、老区、边区于一体,是浙江省内一个特色鲜明的县。淳安的资源十分丰富,随着交通环境的不断改善,它的区位优势、比较优势和后发优势将更加显现,发展潜力无比巨大。

(三)千岛湖名称的由来

千岛湖最早叫新安江水库,后来为了发展旅游业更名。经测量,当千岛湖水位在108米高程时,露出水面的山体面积达到2 500平方米或面积超过2 500平方米的岛屿有1 078个。如果以加拿大的计算方法,中国千岛湖大小岛屿就有2 000多个,比加拿大的千岛湖还多400多个。中国世界纪录协会采用的是中国的计算方法评定,无论用何种方法计算,中国千岛湖都是名副其实的世界上岛屿最多的湖。

二、千岛湖的基本情况

(一)地理位置

千岛湖是两江一湖(富春江、新安江、千岛湖)国家级重点风景名胜区的主要组成部分。它地处长江三角洲的腹地,是上海经济区和我国东南一流风景旅游城市杭州的"后花园"。

千岛湖距杭州129千米,距黄山140千米,是镶嵌在杭州—千岛湖—黄山名城、名水、名山这条黄金旅游线上的一颗灿烂的明珠。它与西湖、黄山、太湖、金华双龙洞、武夷山等国家级风景区构成了一个有机的旅游网络,千岛湖处于这一网络的中心部位,从上海、江苏、安徽、江西、福建等地前来旅游都很方便。

千岛湖与桐庐瑶林仙境、严子陵钓台,建德大慈岩,兰溪诸葛八卦村,龙游石窟,安徽西递、宏村等景点连成一体,吸引了众多的游客。千岛湖所在的淳安县北接临安市,南接常山县,西南与开化县、衢州市为邻,东南与桐庐和建德二县市接壤,西北与安徽省交界。

(二)水文天象

千岛湖天晴时能见度最高达12米,水质达到国家Ⅰ类地面水标准,正常湖区水位高108米,库容量为178.4亿立方米,相当于3 184个西湖的容量。湖水水位落差很大,最深处达126米,平均深度为34.5米。

千岛湖地处亚热带季风气候区的北部,由于森林覆盖率高,以及千岛湖水面的调节作用,因而气候温暖湿润,一年四季分明,它的年平均气温为17℃,气温的年较差和日较差较小,年平均降水量为1 430毫米,雨日为155天。

服务小贴士

一、游览千岛湖的注意事项

千岛湖湖区面积573平方千米,分为中心湖区、东南湖区、西南湖区、东北湖区、西北湖区等。

现供游客游览的主要是中心湖区的主要岛屿,东南湖区旅游码头和西南湖区旅游码头也开放迎客,但是配套还不齐全,岛屿景观和客流量都无法与中心湖区比拟。

（一）淡季（游船不套跑）游览线路

一般旅游团队安排游览中心湖区的 3 至 4 个主要景点,按照"旅游码头上游船—游览岛屿1—游览岛屿2—游览岛屿3—游览岛屿4—旅游码头"的基本线路进行游览。游览岛屿以及游览先后次序、游览时间可以由游船上的全陪导游、地陪导游、船长商议确定。在游览过程中,游船号码始终不变,并在岛屿码头等待游客。游客的随身行李物品可以放置在游船上。

（二）旺季（游船套跑）游览线路

在旅游旺季时,由于千岛湖的游船接待能力有限,游船采取套跑的方式装载游客,游览岛屿、游览先后次序以及游览时间由船上工作人员提前确定。导游应提醒游客在游览过程中,游船号码始终不变,因此游客要记准号码,并准时到岸边等待,因为原则上是"人等船"而不是"船等人"。

（三）黄金假期（公交班船）游览线路

在清明、端午、"五一"、"十一"、中秋等旅游黄金假期期间,由于游客数量大大超出了千岛湖的游船接待能力,团队游客采取乘坐公交班船的形式游览固定的岛屿,主要包括:月光岛景区、龙山岛、神龙岛。线路有两种走法,一是"千岛湖旅游码头—月光岛景区—龙山岛—神龙岛—千岛湖旅游码头";二是"千岛湖旅游码头—神龙岛—龙山岛—月光岛景区—千岛湖旅游码头"。导游要特别提醒游客,全程不走回头路,下船的码头和上船的码头不在同一个码头。

（四）安全提醒

千岛湖平均水深 34.5 米,最深处 126 米。在千岛湖游览时,导游应特别提醒游客注意安全,严禁私自下水游泳戏水,严禁在码头上戏水,特别提醒带小孩游览的家长在游览岛屿时看好小孩。

（五）船上设施提醒

一般团队乘坐的游船都是两层楼的豪华游船,一楼为普通客舱,有小卖部、洗手间、厨房等,二楼为豪华包厢,到豪华包厢需要另外付费,具体费用可以与船上工作人员商议而定。游船上有救生衣,开船时船头严禁站人,以免影响船长视线。

二、旅游码头购票注意事项

千岛湖门票由地陪导游购买,全陪导游需要提供行程计划单及导游证。在到达旅游码头后,地陪导游需要提醒游客,购票的时间为 15 分钟左右,游客在广场集中,等待发放门票。也可以让游客在旅游码头的游客中心等待,游客中心有座位可以休息,有洗手间。

千岛湖门票 160 元,船票 45 元,共计 195 元。旅游团队结算价格为 165 元,其中门票 130 元,船票 35 元。

1.2 米以下的儿童免门票免船票,70 周岁以上的老龄游客免门票不免船票,60 周岁到 70 周岁的老龄游客、教师凭教师资格证、学生凭学生证、军官凭军官证可以享受门票和船票 7 折优惠,即 110 元。

任务 2　千岛湖游览的导游讲解与服务

通过网络查询,了解千岛湖中心湖区的主要岛屿及相关景点。

项目5 华东其他地区导游

在旅游码头办理完门票以及船票后,将门票发放到游客手中,打折票需要凭有效证件才能安检,上船后按照指定的座位就座,等船长签证后开船。船开出码头后,全陪导游和地陪导游会根据有关行程安排,协调安排游览中心湖区的主要岛屿。

作为全陪导游员,在游客游览中心湖区的过程中应该怎样配合地陪导游,并给予有关导游讲解与服务呢?

千岛湖中心湖区的主要岛屿

(一)月光岛景区

月光岛景区共有四座小岛,由三座桥连接而成,景区比较大,分为两个码头上下游船。一般游览月光岛景区从东码头上岛,西码头上船。依次游览的岛屿有:锁岛、鸟岛、真趣园和奇石岛。锁岛、鸟岛、真趣园和奇石岛四个岛屿之间通过鱼乐桥、幸运桥、状元桥连为一个有机整体,游客可弃舟走桥游湖。景区以民俗文化为主体,集锁文化、石文化、花鸟鱼虫及自然风光为一体,融合了知识性和趣味性。

锁岛,锁的世界。十六万把铁锁把小岛划分为:开心锁、智慧锁和十二生肖挂锁广场,游客可以参与开锁挂锁还能许愿,除此以外岛上还建有我国第一座锁具博物馆——中华锁展馆和破世界吉尼斯纪录的平安锁,展示了中国博大精深的锁文化。鸟岛,鸟的乐园。百鸟园、珍鸟园、孔雀苑、猛禽园、鸟语长廊和飞鸽广场,当成群的鸟儿停在你的身边,你是否会有亲近大自然的感受?真趣园设有摇椅、滑梯等项目,寻找自然是一份童年的纯真。奇石岛采集了全国各地的景观石、象形石、抽象石,建有石艺馆、得元亭、铁井等游览项目。

游览以上四岛我们需要穿过三座桥。鱼乐桥是一座将观鱼、戏鱼和水上交通融为一体的水上浮桥,是千岛湖淡水鱼观赏基地。重达500余千克的青鱼,号称"白娘子"的大白鳙鱼,群鱼的争食无一例外都吸引了游客的注意力。幸运桥全长230米,据说是国内目前跨度最大的水上浮桥,含"走过幸运桥,祝君走好运"之意。状元桥是一座钢索桥,惊险刺激。"状元桥上走一走,高中状元就是我",而其实,过桥的人更热衷于追求钢索桥摇摆晃荡的刺激,中不中状元无所谓,只要开心就好,细看过桥之人个个嘻嘻哈哈,便知大家心里自然明白中状元岂是过个桥就能实现的。

(二)梅峰观群岛

梅峰,旧名梅花峰。旧志记载:"在县南三十里。岈崿五出,秀列天表,隐隐如梅花,邑治之外朝也。"方士颖《望梅花峰诗》云:"秀拔群峰萃,峨然记杳冥。名曾标志集,胜可续图经。近傍江村绿,遥迎邑署青。游筇全未历,翘首愧山灵。"

徐士讷《梅花峰诗》云:"一片青螺万仞峥,梅花千载著芳名。每从天外瞻孤韵,忽向云边见秀英。人拟楼头增笛弄,客来江上谱琴声。使君肠绣心如铁,愿徙奇峰就广平。"

1959年新安江电站水库建成蓄水后,原梅花峰山麓部分山丘、谷地沦为水域。梅峰景区位于界首乡境内,距淳安县城西南12千米。制高点仍为梅花峰(简称梅峰),海拔601米,是千岛湖上自然风光优美、生态环境良好的一大旅游风景点,也是绝无仅有的登高观岛的好去处。梅峰开发的起因,源于上海一位工人出身的女摄影家,她对准界首群岛按下的一张风光照,让人们第一次看清"群岛倩影"的无限风光和超凡魅力。声名一经传播,香港摄影大师简庆福慕名而来,沿着背面山径,登上简易观景台,拍下了薄雾缥缈、宛如仙境的又一张群岛倩影,于是把千岛湖的美名传往我国香港特区乃至东南亚地区。

登梅峰观群岛有三种方式,一是徒步上山,二是坐缆车,三是坐轿子。徒步上下山沿途无法观景,只有到制高点观景台才能观赏到岛屿风光。乘坐360°观光缆车成为很多游客的首选,上山观山景,下山观湖景,费用在40元上下;乘坐轿子,费用在50元上下,体重超过75千克的游客需要再加价。

（三）龙山岛

龙山古为浙西名胜,淳安民间素有"桐桥铁井小金山,石峡书院活龙山"之誉。龙山岛面积3.5万平方米,海拔208米。岛上建有海瑞祠、石峡书院、半亩方塘、钟楼等景点。龙山是千岛湖旅游的标志性人文景点。海瑞为海南海口市人,曾经在古淳安县做过两年多的县令,当地老百姓为了纪念海瑞,为他修建了祠堂。祠堂为徽派建筑,集砖雕、木雕、石雕为一体,具有很高的艺术欣赏价值。

（四）神龙岛

千岛湖神龙岛是以观赏蛇类活动为主的景点,也叫蛇岛,距淳安县城10千米,蛇池内的毒蛇有五步蛇、眼镜蛇、眼镜王蛇、竹叶青等几十种。在蛇园里的树枝上还盘有许多种类的无毒蛇,游客闯蛇园,有惊无险。这是一个纯人工开发的小岛,岛上现放养有一万多条蛇,蛇的种类多达50余种,堪称千岛湖中的蛇类世界。

岛上设有蛇艺表演厅、剧毒和无毒蛇池、蟒蛇广场、茶艺馆等景点。蛇艺表演厅有来自泰国的舞蹈表演,门票为15元;剧毒和无毒蛇池关着了各种蛇供游客观赏;蟒蛇广场有两条大蟒蛇供游客观赏拍照,15元一张;茶艺馆有来自千岛湖的高山三道茶艺表演。依次参观结束后,游客从蟒蛇广场码头集中上船。

 服务小贴士

游览时间提醒

在下船登岛游览时,导游应该提醒游客在规定的时间到达规定的码头返回游船,以免因等待而耽误行程。游览时间一般由全陪导游、地陪导游和船长商议而定,游览时间长短根据具体行程安排确定。

 导游职业能力测试

⊙**知识问答**

(1) 请说出千岛湖的基本概况。

(2) 请说出月光岛景区的游览线路。

(3) 请指出游览千岛湖的主要注意事项。

(4) 千岛湖的主要景观有哪些?

⊙**技能必备**

(1) 能够对千岛湖的概况进行15分钟左右的车上沿途导游讲解。

(2) 能够对千岛湖中心湖区的主要景点月光岛、梅峰岛、神龙岛、龙山岛进行3～5分钟的导游讲解。

导游推荐

新景推荐

千岛湖森林氧吧　　　　推荐指数：★★★★★

景点被授予"浙江省最佳生态景点""杭州市环境教育基地""浙江林学院教学实习基地"和"杭州市级森林公园"等称号。

森林氧吧拥有千岛湖最好的森林植被（国家亚热带原始次森林保护区）、最美的自然风光（森林、瀑布、彩岩）和最佳的生态环境（负离子含量非常高）。景区周边群山叠翠，湖湾优美，自然生态环境一流。

景点分为亲水休闲区、茶室休闲区、森林负离子呼吸区、森林游憩区、森林野营区、森林科普区六大区块。设有林中漫步、森林浴、森林吸氧、溯溪、攀岩、野营、森林标本采集、环境教育展馆、垂钓中心（26.7万平方米水域）、水上运动中心等充分展示大自然风采的生态旅游项目，并有山涧千叠飞瀑、山泉足浴健身、勇敢者探险、溯溪而上急流回旋、登山远眺观景、喊山洗肺等休闲运动项目。

美食推荐

1. 千岛湖淳牌有机鱼头　　　　推荐指数：★★★★★

鱼鲜：鱼头精选自杭州千岛湖的淳牌有机鱼，淳牌有机鱼是第一个经过国家淡水鱼有机认证，纯天然野生放养的淡水鱼品种，养殖五年以上才能捕捞，鱼头个大肥美，新鲜黑亮，绝无土腥味，富含十七种氨基酸和微量元素，营养价值极高。

水纯：千岛湖水能见度7~9米，可直接饮用，著名的"农夫山泉"矿泉水就取自于此，酒店所烹饪的鱼是用"农夫山泉"水养，同时也是用"农夫山泉"水制作鱼汤的。由此水炖汤，其鲜美程度可想而知。

2. 土鸡煲　　　　推荐指数：★★★★

味道鲜美，鸡肉酥而烂。相比我们饲养的肉鸡，土鸡的肉更加结实，肉质结构和营养比例更加合理，土鸡肉中含有丰富的蛋白质、微量元素和各种营养素，脂肪的含量比较低，对我们人体的保健具有重要的价值，是我们中国人比较喜欢的肉类制品，属于高蛋白的肉类。

休闲推荐

1. 千岛湖秀水街　　　　推荐指数：★★★★★

千岛湖秀水街是与新旅游码头相配套的商业街区，是千岛湖首席体验式主题商业休闲街区。秀水街位于新旅游码头的中部，东接游客中心广场和主要出入通道，西临游船上客码头，总建筑面积达3万余平方米，设有可同时停放400辆车的超大型停车场，集餐饮、购物、住宿、休闲、娱乐、旅游活动和文化展示于一体。

2. 千岛湖广场　　　　推荐指数：★★★★

千岛湖广场位于千岛湖镇中心，广场有中央绿地，周边配套特色饮食、购物、住宿等设施，广场南端可以观湖景。每到周末或节假日，广场聚集了来自各地的游客以及本地居民，人们可以在这里放风筝，品尝特色小吃，是放松休闲的好去处。

模块 3　江南水乡导游

模块要求

通过本模块的学习,要求学生具备为旅游者提供江南六大水乡向导、讲解以及其他相关旅游服务的能力。

1. 能够对江南主要水乡概况进行 10 分钟左右的导游讲解,具体内容包括主要历史沿革、地理位置、气候特点、名称由来、行政区划和人口以及水乡的特色等;

2. 能够对景区概况进行 1 分钟左右的导游讲解,既要能够简明扼要地介绍景区的概况,又要能够体现出景区的特色与魅力;

3. 能够对主要景点进行 3 分钟左右的导游讲解,既要能够详细介绍景点的具体情况,又要能够凸显一定的景点文化内涵;

4. 能够提供导游常规服务,比如,景区景点内的游览指导,以及景区景点内的最佳拍照点、卫生间位置等。

任务 1　西塘的导游讲解与服务

课前准备

1. 通过网络查询和书籍查阅,了解西塘相关情况,熟悉西塘所在位置及概况;
2. 熟悉西塘古镇的游览路线。

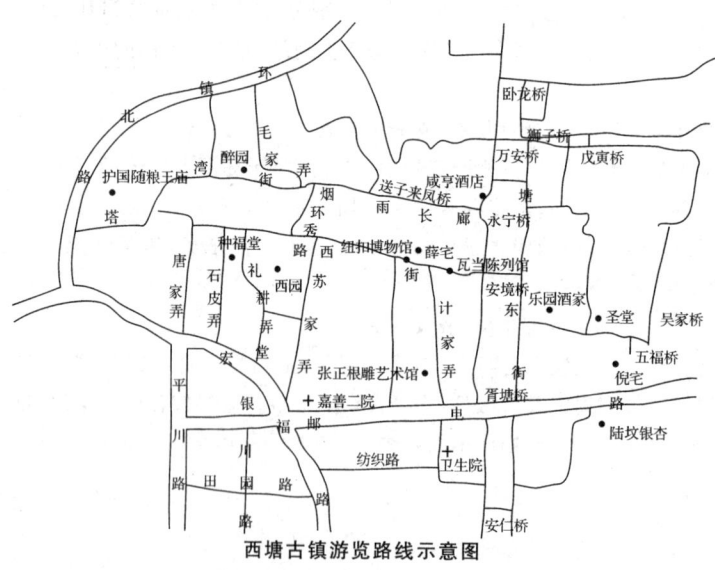

西塘古镇游览路线示意图

票务中心→种福堂→西园→纽扣博物馆→瓦当陈列馆→永宁桥→烟雨长廊→送子来凤桥→游船码头

美国好莱坞大片《碟中谍3》中有一个汤姆·克鲁斯在长廊中奔跑的场景,你知道这是在哪里拍的吗?没错,就是西塘!江南古镇众多,为什么选择西塘呢?它有什么独特魅力呢?

任务1.1 西塘沿途的导游讲解与服务

西塘概况

(一)地理位置

西塘古镇位于浙江省嘉兴市嘉善县,地处江浙沪三省市交界处,自古以来就有"吴根越脚"之称。全镇面积83.61平方千米,其中古镇区面积1.04平方千米。2017年2月16日,"西塘古镇"被评为国家AAAAA级旅游景区。

(二)古镇历史

西塘是一座拥有千年历史文化的古镇。在唐开元年间就已建有大量村落,人们沿河建屋、依水而居;南宋时村落渐渐成规模,形成了市集;元代开始依水而市渐渐形成集镇,商业开始繁盛起来;明清时期,已经发展成为江南手工业和商业重镇。"春秋的水,唐宋的镇,明清的建筑,现代的人",是对西塘最恰当不过的形容。

(三)镇名由来

相传春秋时期吴国伍子胥兴水利,通盐运,开凿伍子塘,将胥山以北的水引至境内,故西塘亦称胥塘。因西塘地势平坦,一马平川,又别称平川、斜塘。

游览西塘前的提醒工作

旅游大巴进入停车场后,游客下车前往票务中心并且进入古镇。此时离古镇区景点有一段距离,且小路较多,导游需提醒游客跟紧旅游团,不要急于拍照。

任务1.2 "种福堂—瓦当陈列馆"的导游讲解与服务

一、"种福堂"的导游讲解

"种福堂"是南宋王渊子孙的宅院。相传王渊是宋高宗赵构南渡时,护驾随行到江南的。元朝末年,其子孙为了躲避战乱而定居嘉兴,后来,又移居到了西塘镇。

二、"西园"的导游讲解

西园算是西塘比较成规模的一个园林,原先只是明代朱姓人家的一个普通小花园,面积小不说,园内的亭台楼阁也很少,曲桥荷池面积也不大。民国初年(1912),吴江黎里柳亚子先生与西塘的文友们在此雅集合照,所拍照片被称为"西园雅集第二图",从此,这里名气日盛。

三、"纽扣博物馆"的导游讲解

据说以前西塘的纽扣产量占全国总产量的 50%,有"纽扣之乡"的美誉。纽扣博物馆位于西街薛宅内。

四、"张正根雕艺术馆"的导游讲解

张正根雕艺术馆占地 2 000 平方米左右,位于计家弄内,是一个颇具地方代表性的民国时期建筑。根雕是指用树根作为材料进行艺术加工的作品。西塘的根雕馆收藏了著名根雕艺术家张正的作品百余件。

五、"瓦当陈列馆"的导游讲解

"瓦当"不是一般的瓦片,是屋面每条瓦垅下端兼有装饰和护椽功能的特殊瓦片。瓦当的图案、花纹、形状、材质,反映了社会历史和地方风情习俗的变迁,具有十分丰富的文化内涵。

"瓦当陈列馆"的导游服务

西街是一条热闹的商业街,两边特色小店较多,游客容易被新奇的物品吸引,导游应尽量放慢速度,时刻关注人数变化,同时提醒游客不要擅自离开团队。

任务 1.3 "倪宅—酒文化博物馆"的导游讲解与服务

一、"倪宅"的导游讲解

倪宅,据说是以前西塘镇上最有学问的人家所居住的房子,倪家祖孙三代在当地都是小有名气的人物。宅门口立有倪天增老先生的铜像。

二、"五福桥"的导游讲解

五福桥建于明代正德前,为单孔石级桥,桥长 14 米,桥孔跨度 7.5 米。它连通烧香港东端的南北两岸,在清代光绪年间重修。此桥保存尚好,石级石栏尚完整。所谓五福即福、禧、寿、禄、善终,这是民间对人生的五大追求和祈愿,用在桥上是造桥人对过桥人的祝福,希望此桥能给人们带来的不仅是方便,还有每个人所希望的种种吉利。

三、"圣堂"的导游讲解

圣堂在烧香港北,旧称庞公祠,因原来是祭祀巡按庞尚鹏的地方。初建于明代万历三年(1575),清康熙十三年(1674)沈志高重修,改供关帝像,俗称"圣堂"。

四、"明清木雕馆"的导游讲解

明清木雕馆位于烧香港北。该馆陈列着 250 多件明清时期以来以西塘为代表的江南地区民居建筑木雕,有梁架、梁垫、撑拱、雀替、格窗等,雕刻技巧丰富多彩,剔地、地刻、漏雕、透雕等各展奇工,图案典雅、工整、精致美观,集中展现了江南民居木雕特有的柔美、细腻、清新、绚丽的格调。

五、"酒文化博物馆"的导游讲解

西塘在历史上就是酒镇、酒文化与古镇同步发展。该博物馆在原有黄酒陈列馆的基础上,大量充实了由酿酒世家刘西明三十多年来收藏的数百件中国酒器实物。

一、"倪宅"的导游服务

导游应提醒游客,从瓦当陈列馆出来后要走过安境桥,右转过鲁家桥。

二、"圣堂"的导游服务

经过五福桥后,导游要提醒游客左转,往右已经没有景点。

三、"明清木雕馆"的导游服务

从这里到"酒文化博物馆"路稍远,且会经过一片酒吧区,游客可能因拍照而耽搁时间较长。此时,导游要提醒游客一直往前走,过了三座并列的桥后就是目的地。

任务 1.4 "烟雨长廊—护国随粮王庙"的导游讲解与服务

一、"烟雨长廊"的导游讲解

烟雨长廊是江南水乡中独一无二的建筑,构成了古镇中一道独特的风景线。西塘的街道大多有廊棚覆盖,使商人贸易、行人过往无日晒雨淋之忧。廊棚沿河一侧有的还设有靠背长椅,供行人休息。廊棚多为砖木结构,宽 2 至 2.5 米,集中在北栅街、南栅街、朝南埭等商业区,总长有 1 000 米,既可遮阳又可避雨。

二、"送子来凤桥"的导游讲解

送子来凤桥建于明崇祯十年(1637),为三孔石板桥。此桥宽 10 米,正中有花墙相隔,行人可各走一边,俗称晴雨桥。左边上桥是台阶,供男子行走,寓意着平步青云;右边是缓坡,为古代小脚妇女专用。这一左一右两条通道各代表男女,所以此地的年轻人到成亲的时候都会夫妇携手到此,按照自己生子的意愿,挑一条通道走一遍,送子来凤桥因此得名。

三、"醉园"的导游讲解

醉园原是西塘望族王氏塔湾街宅院之偏厅,为四进院落,2000 年整理修缮后对外开放,并在园内设"王氏父子版画馆",以示家庭文化之传承。

四、"护国随粮王庙"的导游讲解

七老爷庙,亦称护国随粮王庙,处于雁塔湾,始建于明代。相传有一位金姓运粮官经过西塘,当时镇郊旱灾严重,颗粒无收,路有饿莩,非常悲惨。这位运粮官动了恻隐之心,私自发放粮食救济,很多灾民存活下来,后来朝廷追究此事,运粮官以身殉法。百姓感其恩德,特意建此庙以表纪念,因运粮官在家中排行第七,故百姓称他为七老爷。

服务小贴士

一、"烟雨长廊"的导游服务

永宁桥是西塘的最佳观景处,摄影爱好者都会在这座桥上抢占位置,只是桥面不宽,导游应提醒游客注意往来的行人,并提醒游客行走时注意人身和财物安全。

二、"送子来凤桥"的导游服务

此处有游船码头,导游可提醒游客乘船游览。

导游职业能力测试

⊙ 知识问答

(1) 请说出西塘位于哪个省哪个市。
(2) 简述"送子来凤桥"名字由来。
(3) 七老爷庙纪念的是谁?

⊙ 技能必备

能够对西塘的概况进行5钟左右的导游讲解。

导游推荐

⊙ 美食推荐

1. 乐善堂芡实糕店　　推荐指数:★★★★★

芡实糕因主要原料是芡实粉而得名,是一个味道和口感都很不错的小吃,对于胃脾很有好处,有助于消化,主要配料是精选糯米粉、绵白糖等。芡实糕口味较多,主要有原味、芝麻味、薄荷味、桂花味等。

2. 明清食代　　推荐指数:★★★★

这是因好莱坞著名演员汤姆·克鲁兹而有名的店,主要经营江浙菜系,特色是酱爆螺丝、清水河虾等,在店里吹着微风看着美景用餐,十分惬意。

⊙ 休闲推荐

1. 红庭　　推荐指数:★★★★★

新开的大型酒吧,两层古典楼面,全用红绸装饰,鲜艳美丽,二楼置有沙发供临街观景,格调很浪漫。

2. 风雅颂　　推荐指数:★★★★

镇上最高级的文化场所,食宿娱乐一体。具备酒吧、茶吧、棋牌、餐饮功能,接待各种会议、活

动和拍摄。

任务 2　乌镇的导游讲解与服务

1. 让学生在课前上网查阅乌镇相关情况,了解乌镇所在位置及概况;
2. 熟悉乌镇东栅景区的游览路线。

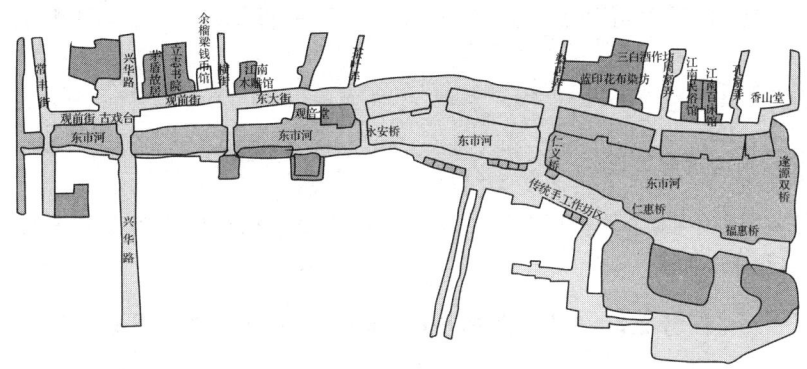

乌镇东栅景区游览示意图

逢源双桥(通济桥、仁济桥)→朝宗门、香山堂、财神湾→江南百床馆→江南民俗馆→三白酒作坊→蓝印花布染坊→江南木雕馆→余榴梁钱币馆→茅盾故居→古戏台

大家都知道乌镇聘请了刘若英作为形象代言人。从气质特点上想一想,乌镇为何选择刘若英呢?

任务 2.1　乌镇沿途的导游讲解与服务

乌镇概况

(一)地理位置

乌镇地处浙江省桐乡市北,京杭大运河西侧,西临湖州市,北界江苏吴江,为二省三市交界之处。

(二)古镇历史

大约在六千年前,乌镇的先民就在这一带繁衍生息了。由于乌镇位于江南六大古镇的中心位置,这里交通便捷,物产丰富,文化发达,名人辈出,历史上曾经出过64个进士,161个举人。大家熟悉的茅盾、沈泽民(茅盾之弟)等名人也是乌镇人。

(三)镇名由来

乌镇是我国十大历史文化名镇之一。春秋时期,处吴、越两国的边境,属吴。吴国在此驻兵以防越,故有"乌戍"之名,唐代始称乌镇。乌镇的"乌"字是什么意思呢?乌者,黑也,因为这里是河流冲积平原,土壤乌黑而肥沃,故名乌镇。

(四)乌镇开发现状

乌镇是典型的江南水乡古镇,素有"鱼米之乡""丝绸之府"之称。1999年开始实施古镇保护和旅游开发工程,于2001年1月1日正式开放一期东栅景区。2003年开始启动省级重点项目——乌镇古镇保护二期工程(西栅景区),投入10亿元巨资对乌镇西栅实施保护开发。现在西栅老街是我国保存最完好的明清建筑群之一。2014年11月19开始,乌镇成为世界互联网大会永久会址。乌镇的门票较其他景区略贵:东栅景点100元,西栅景点120元,东西栅联票150元。

游览乌镇前的提醒工作

乌镇目前主要有东栅和西栅两大景区。在东栅游览时,导游要提醒游客跟着自己,不要掉队,也不要自行前往西栅。

任务2.2 "逢源双桥—财神湾"的导游讲解与服务

一、"逢源双桥"的导游讲解

逢源双桥由通济桥和仁济桥两桥组成,寓意左右逢源。这座桥上有一个廊棚,所以也称为廊桥,桥的下面还有一排水栅栏,在当时,这排水栅栏的作用相当于一座水城门。

二、"香山堂"的导游讲解

香山堂规模虽然小于杭州的胡庆余堂,但也有一百二十多年的历史了。它是由宁波药商陆庆余创建的,并由他的孙子陆渠清将药店搬到这里,在柜台四周,有三百多只药材柜。

三、"财神湾"的导游讲解

财神湾以前叫"转船湾",因乌镇的水系比较特殊,呈"十"字形,越到栅头河道越窄,船只也不易掉头,所以当地人就在这里开塘挖河,造了一个能使船只调头的地方。同时为了区别于其他地方的转船湾,便借用旁边的财神堂命名为财神湾。财神堂内供有一尊财神像,为乌镇的东路财神,原身是比干丞相。在乌镇历来都有接五路的习俗,所谓接五路就是接五路财神,东南西北中各有一位,而这一位财神就是东路的文财神比干。

"香山堂"的导游服务

香山堂前面这条街叫东大街,全长1 300米,都是旧石板路,两旁都是古民居,整条街上居住着350多户人家将近1 000的人口,导游应提醒游客不要因为好奇打扰居民生活。

任务 2.3 "江南百床馆—蓝印花布染坊"的导游讲解与服务

知识讲解

一、"江南百床馆"的导游讲解

江南百床馆,是中国第一家专门收藏、展出江南古床的博物馆,又称赵家厅,面积约 1 200 平方米。内收数十张明、清、近代的江南古床精品,其中第二展厅的清朝拔步千工床是木雕床中的精品,被誉为"镇馆之床"。

二、"江南民俗馆"的导游讲解

江南民俗馆馆舍原是东栅金家的居所。现在这里展示了晚清至民国时期乌镇民间有关寿庆礼仪、婚育习俗和岁时节令等民俗。

三、"三白酒作坊"的导游讲解

三白酒的名称由来,据《乌青镇志》上说:"以白米、白面、白水成之,故名。"此酒醇厚清纯、香甜可口,男女老少皆宜饮用。以往农村过春节,就用它来招待客人。在乌镇民间,此酒还有一个别名叫"杜搭酒"。

四、"蓝印花布染坊"的导游讲解

中国的蓝印花布世界闻名,乌镇则是蓝印花布的原产地之一。宏源泰染坊始建于宋元年间,原址在南栅,清光绪年间迁址于此,系蓝印花布制作基地,也是蓝印花布制品集散中心。蓝印花布,俗称石灰拷花布、拷花蓝布,是我国传统的民间工艺精品,已有上千年的印染历史。

服务小贴士

一、"三白酒作坊"的导游服务

导游应提醒游客在三白酒作坊,可以免费品尝三白酒,但要注意适度饮酒。

二、"蓝印花布染坊"的导游服务

在蓝印花布染坊,导游可友情提醒游客买些小件的东西,比如爱美的女士可以买一两个蓝印花布的头巾、小手提袋留作纪念,其他手工的衣服、棉鞋、棉拖鞋等,可斟酌购买。

任务 2.4 "木雕馆—古戏台"的导游讲解与服务

知识讲解

一、"木雕馆"的导游讲解

木雕馆馆舍原是东栅徐家的豪宅,又名百花厅,以木雕精美而闻名。它雕梁画栋,尤其是门

榍窗梶上的人物、飞禽、走兽,通过圆雕、平雕、透雕、镂空雕等手法表现得出神入化,细细品味,从中可以领略中国几千年来博大精深的木雕文化。

二、"余榴梁钱币馆"的导游讲解

钱币馆内分批展出的皆为余先生数十年来收藏之精品,在这所小小的青瓦民居里,钱币就是历史的书籍。余榴梁,土生土长的乌镇人,钱币收藏大家,著有《中国花钱》《中国鉴赏与收藏》等十多部学术专著。

三、"茅盾故居"的导游讲解

茅盾故居是革命文学家茅盾(沈雁冰)祖辈居住的老屋,始建于19世纪中叶。茅盾自1896年7月4日诞生至1910年春离乡求学,在此生活了十三个春秋,以后数十年仍联系不绝。

四、"古戏台"的导游讲解

修真观的附属建筑,建于清乾隆十四年(1749),与修真观一样屡遭损毁,最后一次重修是1919年。戏台占地204平方米。戏台为歇山式屋顶,飞檐翘角,庄重中透着秀逸。

服务小贴士

"古戏台"的导游服务

古戏台每隔40分钟左右就会有乌镇当地的桐乡花鼓戏上演。如果游客中有对戏剧感兴趣的,导游可提醒他们自由活动时可来这里看看。自由活动前导游应再次强调集合时间和地点。

导游职业能力测试

⊙ **知识问答**

(1)请说出乌镇位于哪个省哪个市。
(2)乌镇有哪些名人?
(3)"三白酒"中的"三白"指的是什么?
(4)什么叫"拔步千工床"?

⊙ **技能必备**

(1)能够对乌镇的概况进行1分钟左右的导游讲解。
(2)能够对乌镇的主要景点进行3分钟左右的导游讲解。

⊙ **技能拓展**

通过学习,要求学生能够根据活动时间,合理安排游览线路。设计乌镇东栅一日游线路,同时能简单介绍西栅景区相关知识。

导游推荐

⊙ **美食推荐**

1. 姑嫂饼   推荐指数:★★★★★

乌镇糕点以姑嫂饼最有名,姑嫂饼的出名一是由于它的传奇故事,二是因为它咸中带甜,油

润麻香,入口酥、松、糯的乡野风味。

2. 三白酒　　　推荐指数:★★★★

旧时乌镇酿酒业十分发达,明时有酿酒作坊二十余家,尤以高公生、顺兴、永盛三家最为著名。现仅存高公生糟坊,原名高公生酱园,始建于明初。所产乌镇三白酒以其香气浓郁、酒味醇厚、入口柔绵、回味爽净、余香不绝而声名远扬,数百年来一直风靡江南一带,经久不衰,曾被列为皇室贡品,是乌镇人的美酒。

⊙休闲推荐

1. 似水年华红酒坊　　　推荐指数:★★★★★

似水年华红酒坊是以电视剧《似水年华》为主题装修的专业葡萄酒消费区。店内荟萃全球二十多个国家不同价位的新、旧世界精品葡萄酒,让宾客感受独一无二的心灵触动。红酒坊既有适合多人聚会的宽敞明亮大堂,亦设幽静的私密雅座,更有台湾、乌镇两个河畔小厅,让人在风格独具的环境中品味美酒。

2. 金莲酒吧　　　推荐指数:★★★★

金莲酒吧是西栅景区内最大的主题酒吧,位于绝代金莲馆西侧。酒吧占地约300平方米,分两层四个区域,主题也由金莲馆衍生,指引方向的竟然是地板下玻璃框内一双双精致的三寸金莲小鞋,酒吧内器具用品及装饰也都与三寸金莲有关,主要供应调和酒、啤酒、咖啡、果汁及中西简餐。

任务3　同里的导游讲解与服务

课前准备

1. 通过网络查询和书籍查阅,了解同里相关情况,熟悉同里所在位置及概况;
2. 熟悉同里古镇的游览路线。

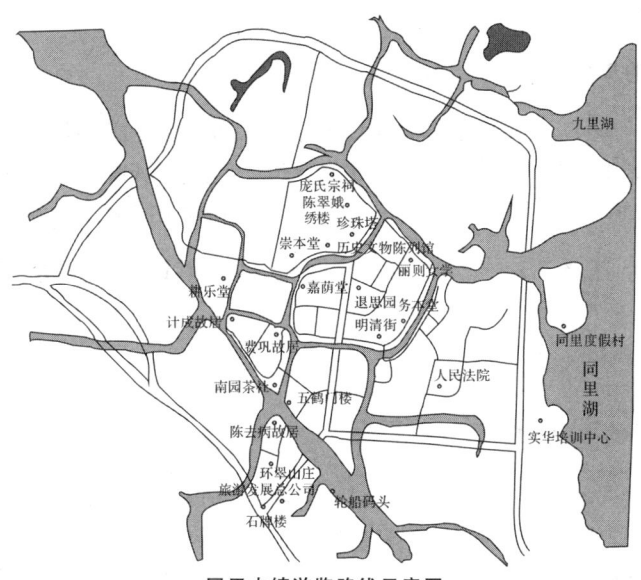

同里古镇游览路线示意图

票务中心→退思园→古凤园→嘉荫堂→历史文物陈列馆→松石悟园→珍珠塔→崇本堂→三桥→耕乐堂→陈去病故居→罗星洲

任务导入

在江南六大古镇之中,为何同里古镇退思园能够入列《世界遗产名录》呢?

任务 3.1　同里沿途的导游讲解与服务

知识讲解

同里概况

(一)地理位置

同里隶属于江苏省吴江市,位于太湖之畔,古运河之东,四面临水,东距上海虹桥机场 80 千米,南接 318 国道,西连苏嘉杭高速公路,北离苏州 18 千米。

(二)古镇特色

清丽古朴的同里古镇,水网密布,物产丰富,素有"东方小威尼斯"之誉。镇区被"川"字形的 15 条小河隔成 7 个小岛,而 49 座古桥又将小岛串为一个整体。建筑依水而立,以"小桥流水人家"著称,是目前江苏省保存最为完整的水乡古镇。同里的特点在于明清建筑多、水乡小桥多、名人志士多。镇内有明清园宅 38 处、寺观祠宇 47 座,有士绅豪富住宅和名人故居数百处之多。

(三)镇名由来

同里,旧称"富土",唐初,因其名太侈,改为"铜里",宋代,又将旧名"富土"两字相叠,上去点,中横断,拆字为"同里",一直沿用至今。

服务小贴士

游览同里前的提醒工作

旅游大巴进入停车场后,游客下车后可以看到,左手边的牌楼是仿明建筑,它是同里古镇众多明清建筑的代表,上面有费孝通先生题写的"中国历史文化名镇"。导游提醒游客往右走,前往票务中心并进入古镇。此时离古镇区景点有一段距离,导游需提醒游客不要掉队。

任务 3.2　"退思园—嘉荫堂"的导游讲解与服务

知识讲解

一、"退思园"的导游讲解

退思园建于 1885 至 1887 年。园主任兰生在光绪十一年(1885)因镇压捻军不力,被人参奏,革职回乡。在故乡,他取《左传》"进思尽忠,退思补过"之意,建造了退思园。设计者袁龙巧妙利用不到十亩面积,设计了坐春望月书楼、琴房、退思草堂、闹红一舸、眠云亭等建筑。

二、"古风园"的导游讲解

古风园坐落在退思园北侧,屋宇呈"回"字结构,中部为花池、廊亭。展亭分两大块,分别是中

国古代百床展和木雕古玩展。一踏进"古风园"大门,将军门的阔绰让人颇有"一入侯门深似海"的感觉。

三、"嘉荫堂"的导游讲解

嘉荫堂旧称柳宅,主人柳炳南是著名爱国诗人柳亚子先生的亲戚。因经营油坊有方,发迹后从北库迁到同里,花了两万两白银于1922年建起了嘉荫堂,堂内各处建筑都有十分精细的雕刻,具有一定的艺术价值。

"退思园"的导游服务

导游应提醒游客退思园的出口和入口不在同一个地方,并与游客确定集合时间和地点。

任务 3.3　"历史文物陈列馆—珍珠塔"的导游讲解与服务

一、"历史文物陈列馆"的导游讲解

历史文物陈列馆主要以文人、文物、文史为主要展览内容,展现同里古镇的历史风貌。名人馆重点收录自宋以来的名人、进士、状元等展览内容;文物馆展出一百多件出土文物和传世文物;文史馆里可更详细地了解同里从太平天国运动时期到1949年所经历的历史事件。

二、"松石悟园"的导游讲解

松石悟园,即同里松屏石展馆。松屏石又叫松石、醒酒石、婆娑石,属于变质岩,形成期距今两亿多年。展馆共展出松屏石天然石版画一千二百幅,是原铁道部工程总公司设计部部长张家忻先生和其夫人王月军女士,在从事铁路新线的勘测设计的三十年里苦心珍藏所集。

三、"珍珠塔"的导游讲解

江南民间流传已久、家喻户晓的爱情故事发生地珍珠塔,就在同里。故事根据明万历年间南京监察御史陈王道嫁女赠送家宝珍珠塔的史实演绎而来,陈府、陈王道女儿陈翠娥的绣楼、祠堂、花园、牌楼等形成的完整的建筑群,使该景点既有历史人文之特色又具苏州园林之精华。

任务 3.4　"崇本堂—陈去病故居"的导游讲解与服务

一、"崇本堂"的导游讲解

崇本堂整个建筑占地不足一亩,沿中轴线向北纵深发展。从沿街门厅、正厅、前楼、后楼到下房共分五进,从正厅到后楼,建筑采用前低后高结构,民间称之为"连升三级",是江南宅园纵深设

计的范例,它的实用价值在于通风和采光较好。游崇本堂最可品味的是具有各种隐意的木雕。

二、"三桥"的导游讲解

站在长庆桥上,正前方的梁式石桥为太平桥,左前方的拱形石桥是吉利桥。三桥小巧玲珑,构筑典雅,因呈"品"字形横跨河面,又有"桥中一品"的美称。同里人每逢婚嫁、生日等喜庆事,一定要约亲朋好友来太平、吉利、长庆三桥走一圈,以桥名求平安、图吉祥、保幸福。

三、"耕乐堂"的导游讲解

耕乐堂为前宅后园,典型的明清宅第风格。主人是明代处士朱祥,朱祥曾经因为协助江苏巡抚周文襄公修建宝带桥而立下功劳,抚衙授予他官职,朱祥不愿为官,宁可辞官归隐故乡,以农耕为乐。

四、"陈去病故居"的导游讲解

陈去病是辛亥革命时期的风云人物。陈去病故居是一处古朴寻常的清代民居,占地1 364平方米,门楣上方原有"孝友旧业"匾额,进门见有半亭、家祠旧迹、百尺楼、浩歌堂等建筑。此屋落成于1920年,已于2002年4月18日正式对外开放。

五、"罗星洲"的导游讲解

罗星洲,是一块集佛教、道教、儒教三教合一的圣地,是浮现在湖面上的一个小岛,乘小船前往只需几分钟便可抵达,沿途可欣赏同里水乡景色。岛上有城隍殿、文昌阁、斗姆阁、旱船等,建筑布局紧凑,集庙宇、园林于一身。

服务小贴士

一、"三桥"的导游服务

导游可增加互动,让游客走一走三桥。同时,三桥也是同里古镇的最佳拍摄点。

二、"罗星洲"的导游服务

导游可告知游客,罗星洲在湖中央,游船中心距离古镇也有一段距离。

导游职业能力测试

◎ 知识问答

(1) 请说出苏州的古镇有哪些。
(2) 同里"三桥"是哪三座桥?
(3) 退思园是谁修建的?
(4) 请简单介绍一下同里的婚俗。

◎ 技能必备

能够对同里的概况进行1分钟左右的导游讲解。

 导游推荐

⊙ **美食推荐**

1. 状元蹄　　　推荐指数：★★★★★

相传明朝方卿因为吃了"状元蹄"而高中状元。此菜虽非同里独有，周庄也有称为"万三蹄"，但同里制法甚有不同，至于制法则是不传之密。用浓油赤酱烧的猪蹄，红得发亮，吃在嘴里软糯甜香却又不腻，回味无穷。

2. 袜底酥　　　推荐指数：★★★★

袜底酥是同里镇传统茶食之一，以清新松脆、甜中带咸的口味成为不少老同里和来同里的游客们争相购买的特色食品。小小的酥饼，一层一层薄如蝉翼，呈腰子形，有点像袜子的底面，所以得名"袜底酥"。相传"袜底酥"是南宋民间效仿宫廷茶点制作而成的，至今已有上百年的历史。

⊙ **休闲推荐**

1. 朽木酒吧　　　推荐指数：★★★★★

红色的墙壁，后现代的涂鸦，雕花木质的吧台，渔船形的酒柜，幽默风趣的店主，这里就是朽木酒吧。在朽木酒吧的时间，会让你忘记凡尘俗世。酒吧风格堪称现代与古典完美融合。

2. 猫的天空之城　　　推荐指数：★★★★

一个概念书店，更是一个明信片主题店，主要经营明信片、手绘地图、某些特定的书籍、杂志和一些小杂物。镇店之宝是一面名字叫"寄给未来"的明信片墙。另外，店里还做手工奶茶，品种不多，但却不添加任何添加剂，全部用进口食材所做的奶茶。

任务 4　周庄的导游讲解与服务

 课前准备

1. 通过网络查询和书籍查阅，了解周庄相关情况，熟悉周庄所在位置及概况；
2. 熟悉周庄古镇的游览路线。

下江南:华东线导游

周庄古镇游览路线示意图

"贞丰泽国"牌坊→双桥→张厅→沈厅→富安桥→叶楚伦故居→全福讲寺→迷楼→澄虚道院

江南六大水乡古镇中,有一座古镇最初是因为陈逸飞的一幅画——《故乡的回忆》而名扬海外,现在它是六大水乡古镇中知名度最高,也是2007年中国首批AAAAA级旅游景区之一,你知道它是哪座古镇吗?

任务 4.1 周庄沿途的导游讲解与服务

周庄概况

(一)地理位置

周庄古镇位于距离苏州市市区东南38千米处,距离昆山市境内西南33千米,距上海约70千米,东面不远就是有名的淀山湖,所以有人把周庄誉为淀山湖畔的一颗明珠。

（二）古镇历史

周庄,旧名贞丰里。据史书记载,北宋元祐元年(1086),周迪功郎信奉佛教,将庄田200亩捐赠给全福寺作为庙产,百姓感谢其恩德,就将这片田地命名为"周庄"。

元朝中叶,颇具传奇色彩的江南富豪沈万三之父沈佑,由湖州南浔迁徙至周庄,因经商而逐步发迹,使贞丰里出现了繁荣景象,形成了南北市河两岸以富安桥为中心的旧集镇。到了明代,镇廓扩大。清代,发展为江南大镇,但依旧叫贞丰里。直到康熙年间才正式更名为周庄镇。

（三）周庄美誉

周庄被誉为是"中国第一水乡"和"世界最佳魅力水乡"。

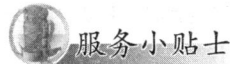

游览周庄前的提醒工作

周庄是江南六大水乡古镇之首,旅游者众多,导游在带领游客游览前,应提醒游客注意集合时间、集合地点,在游览过程中紧随团队,以防走散。

任务4.2 "贞丰泽国—富安桥"的导游讲解与服务

一、"贞丰泽国"的导游讲解

"贞丰泽国"石牌楼是周庄古镇的象征,"贞丰"是指周庄的原名贞丰里,"泽国"是指四周环水的地方,"贞丰泽国"恰到好处地点明了周庄的原名和周边环境。

二、"双桥"的导游讲解

1984年春天,上海旅美画家陈逸飞以双桥为背景,创作了油画《故乡的回忆》,同年10月,该幅油画在美国西方石油公司董事长阿曼德·哈默所属的哈默画廊展出,引起轰动。1984年11月,阿曼德·哈默访问中国时,将油画《故乡的回忆》买下,作为礼物送给了邓小平同志,被各界传为佳话。这幅画使默默无闻的双桥走向了世界。

双桥,俗称钥匙桥,由一座石拱桥——世德桥和一座石梁桥——永安桥组成。因为桥面一横一竖,桥洞一方一圆,样子很像是古时候人们使用的钥匙,所以当地人便称之为"钥匙桥"。这两座石桥,始建于明万历年间,极好地体现了古镇的神韵。古风犹存的双桥是周庄的象征,更是周庄人的骄傲。

三、"张厅"的导游讲解

张厅是周庄镇仅存的少量明代建筑之一,原名怡顺堂,相传为明代中山王徐达之弟徐逵后裔于明正统年间所建。清初出卖给张姓人家,改名玉燕堂,俗称张厅。"轿从门前进""船自家中过"是张厅的建筑特色。

四、"沈厅"的导游讲解

沈厅位于富安桥东塄南侧的南市街上,坐北朝南,七进,五门楼,大小房屋共有一百多间,为江南民居之最。

沈厅原名敬业堂,清末改为松茂堂,由沈万三后裔沈本仁于清乾隆七年(1742)建成。

沈厅共由三部分组成。前部是水墙门和河埠,为江南水乡的特有建筑;中部是墙门楼、茶厅、正厅,是接待宾客的地方;后部是大堂楼、小堂楼和后厅屋,是沈家生活起居的地方。整个厅堂是典型的"前厅后堂"建筑格局。前后楼屋之间均由过街楼和过道阁连接,形成一个环通的走马楼。

沈厅的第五进中,安放着江南富豪沈万三的坐像。沈万三是元末明初人,是一个富有传奇色彩的人物,号称"江南第一大富豪"。关于沈万三的富有,民间流传着很多说法。有人说:"沈万三有一只聚宝盆,金银财宝取之不尽,用之不竭。"也有人说:"沈万三有点石成金的特殊本领。"在学术界,专家们分析沈万三发财致富的原因,大致有"垦殖说""分财说""通番说"三种说法。"垦殖说"就是说沈万三是靠躬耕起家的;"分财说"是说沈万三继承了别人的财产;"通番说"是说沈万三靠镇北边的那一条急水江和外国人做生意,他把江南一带的刺绣、丝绸卖给外国人,赚了大钱,用我们现在的话说就是做外贸。

五、"富安桥"的导游讲解

富安桥,位于周庄中市街东端,是古镇桥与楼联袂、结构完美的独特建筑,也是江南水乡仅存的立体形桥楼合璧的建筑。富安桥始建于元至正十五年(1355),后由沈万三之弟沈万四出资重建,成石拱桥,改名富安桥,期望既富又安。

 服务小贴士

一、"双桥"的导游服务

双桥可以说是周庄的标志,导游可提醒游客在此拍照留念。

二、"沈厅"的导游服务

沈厅的走马楼是其特色所在,导游应提醒游客上下楼梯均较窄,走时注意安全。

任务4.3 "叶楚伧故居—澄虚道院"的导游讲解与服务

 知识讲解

一、"叶楚伧故居"的导游讲解

叶楚伧故居位于镇中心的西湾街上,建于清同治年间,原先雅称"祖荫堂",三开门,五进深,经过多次修葺。叶楚伧是国民党元老,我国文化界知名人士,其故居陈列了他的生平家世介绍、著作和有关他的照片、回忆文章等。

二、"全福讲寺"的导游讲解

宋元祐元年(1086),周迪功郎舍宅为寺,在白蚬湖畔建全福寺。后经历代扩建,成为远近闻

名的寺院。"全福晓钟"是周庄八景中的重要一景。

三、"迷楼"的导游讲解

迷楼位于贞丰桥畔,原名德记酒店。"酒不醉人人自醉,风景宜人亦迷人",德记酒店得"迷楼"雅称。早在20世纪20年代初,南社发起人柳亚子、陈去病等人四次在迷楼痛饮酣歌,乘兴赋诗,慷慨吟唱,后将百余首诗篇结为《迷楼集》流传于世。自此,周庄迷楼名声大振。

四、"澄虚道院"的导游讲解

俗称"圣堂",建于宋元祐年间(1086—1093),距今已有900多年的历史。自明代中叶以后,道院规模日趋恢宏,清乾隆时,已形成前后三进的宏大建筑,占地1 500平方米,为吴中地区知名道院之一。院内主要建筑有玉皇阁、文昌阁、圣帝阁等。

服务小贴士

"全福讲寺"的导游服务

全福讲寺里经常会出现引导游客请香现象,在进全福讲寺前,导游应提醒游客注意理性请香。

导游职业能力测试

⊙ **知识问答**

(1) 请说出周庄位于哪个省哪个市。
(2) 周庄缘何能走向世界?
(3) 张厅的建筑特色是什么?
(4) 请简要说说沈万三的生平。

⊙ **技能必备**

能够对周庄的概况进行1分钟左右的导游讲解。

导游推荐

⊙ **美食推荐**

1. 沈厅酒家　　　　推荐指数:★★★★★

沈厅酒家是周庄最富水乡特色和地方风格的菜馆。沈厅酒家推出的"万三家宴",风味独特,是周庄特色文化菜肴。相传此宴是当年沈万三用以招待权贵亲朋,特聘名厨精心烹调各式佳肴的上品宴席。菜肴具有讲究时鲜、选料精致和色、香、味、形俱佳等特点。如今万三宴由万三蹄、沈家元宝蛋、草鸡三味圆等八道菜组成,盛于青瓷大碗内,体现了周庄特有的饮食文化。

2. 湖鲜　　　　　　推荐指数:★★★★

周庄四面环水,水产品丰富,走进任何一家饭店,都能品尝到味美的湖鲜。

⊙ **休闲推荐**

1. 古戏台听昆曲　　　推荐指数:★★★★★

被誉为"百戏之祖"的昆曲,在2001年被联合国教科文组织评为"人类口述与非物质遗产代

表作"。来到江南水乡最具代表性的古镇,听上一段昆曲,那是何等的畅意人生啊!

2. 水巷游　　　推荐指数:★★★★

目前周庄有摇橹游船数百条,供游客乘坐观光。漫步河边,会遇到游船在河中行驶。船上的游客在波光粼粼的水面上优哉游哉,看古镇风光,听船娘吴歌小唱,几多潇洒,几多风流。

任务5　甪直的导游讲解与服务

课前准备

1. 通过网络查询和书籍查阅,了解甪直相关情况,熟悉甪直所在位置及概况;
2. 熟悉甪直古镇的游览路线。

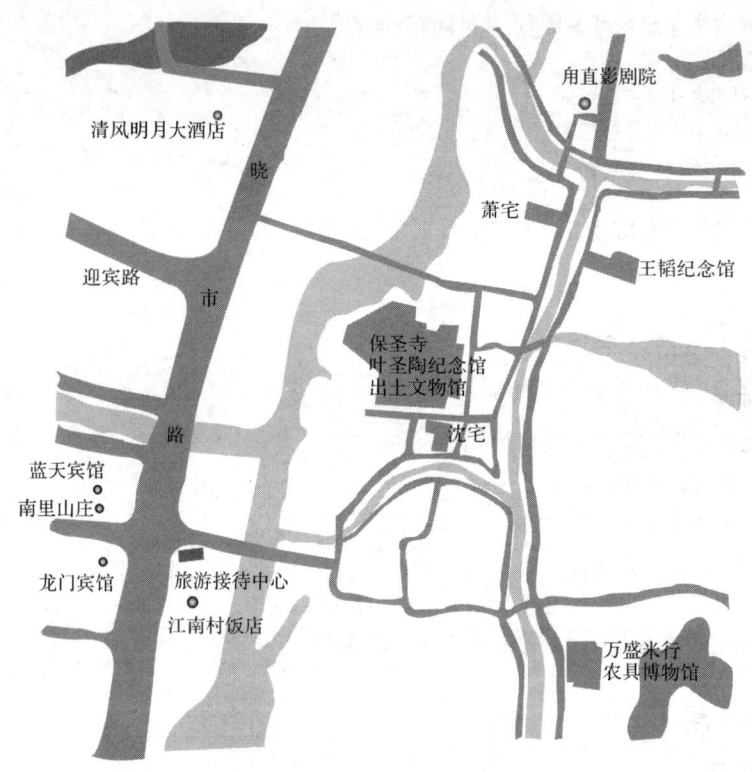

甪直古镇游览路线示意图

甪端→保圣寺→叶圣陶纪念馆→沈宅→萧宅→王韬纪念馆→万盛米行→农具博物馆

**任务导入**

"万盛米行的河埠头,横七竖八停泊着乡村里出来的敞口船。里面装载的是新米,把船身压得很低,齐着船舷的菜叶和垃圾被白腻的泡沫包围着,一漾一漾的,填没了这只船和那只船之间的空隙……"这是叶圣陶先生的小说名篇《多收了三五斗》开头的一段描述。大家知道这里所描写的万盛米行在哪里吗?

任务 5.1　甪直沿途的导游讲解与服务

知识讲解

甪直概况

（一）地理位置

甪直位于苏州城东 18 千米，距上海 58 千米，从苏沪机场路可直达苏州市区和上海虹桥机场；经苏州工业园区和甪昆公路可直转沪宁高速、苏嘉杭高速、312 国道或 318 国道；水路航道更是四通八达，交通极为便利。甪直历来就有"五湖之厅""六泽之冲"之称。

（二）古镇历史

甪直有着悠久的历史和浓厚的文化气息。古镇的历史可以追溯到两千五百年前的春秋战国时期。当时吴王阖闾、夫差都曾先后在这里建造过离宫。镇西南的张陵山是西汉丞相张苍的墓葬处；唐代诗人陆龟蒙曾隐居于古镇白莲寺西，至今仍保留着他的衣冠冢。古镇自元代创办了甫里书院以来，一直重视教育，培养的秀才文人不计其数。到近代民国初年（1912），古镇更是率先兴办新学，著名教育家叶圣陶以及王伯祥、沈柏寒等均在此任教，为古镇培养出了不少优秀人才。

（三）镇名由来

据《甫里志》载：甪直原名为甫里，因镇西有"甫里塘"而得名。后因镇东有直港，通向六处，水流形有如"甪"字，故改名为"甪直"。又传古代独角神兽"甪端"巡察神州大地路经甪直，见这里是一块风水宝地，因此就长期落脚甪直，故而甪直有史以来，没有战乱，没有旱涝灾害，人们年年丰衣足食。

（四）甪直美誉

甪直被誉为"神州水乡第一镇"，费孝通先生曾题"神州水乡第一镇——甪直"。

在甪直这片仅 1 平方千米的古镇区，原有宋、元、明、清时代的石拱桥 72 座半，现存 41 座，造型各异，各具特色，古色古香，因而被誉为"古代桥梁博物馆"。

服务小贴士

游览甪直前的提醒工作

旅游大巴进入停车场后，下车前，导游要提醒游客记住集合时间和集合地点，且在游览古镇时，一定要跟随旅游团，不要擅离团队，否则容易迷路。进景区前，导游可再次强调集合时间和集合地点。

任务 5.2 "甪端—沈宅"的导游讲解与服务

知识讲解

一、"甪端"的导游讲解

"甪端"是古代独角神兽,它正在迎候远道而来的游客朋友们。相传甪端为龙所生九子之一,此兽的出现可辟邪镇风,使人杰地灵。它能令人产生联想:你可以把它看作古镇的守护神,也可以将它看作此次旅游的吉祥物,还可以从神兽联想到别致的镇名。

二、"保圣寺"的导游讲解

保圣寺原名保圣教寺,建于南朝梁天监二年(503),距今已有一千五百多年的历史,是梁武帝萧衍大兴佛教所建造的多所寺庙之一。保圣寺历代兴废,最盛时,殿宇五千多间,僧众千人,范围几达半个镇。及至明代成化年间,寺内仍有两百多间建筑,保持了一流寺庙的格局,号称"江南四大寺院"之一。寺内现存建筑有二山门、天王殿、古物馆等。寺内古物馆里的塑壁罗汉相传是唐代塑圣杨惠之的作品。

保圣寺西院,有两处名人墓:晚唐诗人陆龟蒙墓和当代著名教育家、文学家叶圣陶先生墓。

三、"叶圣陶纪念馆"的导游讲解

叶圣陶纪念馆坐落在保圣寺西院南侧,是叶圣陶当年任教的"吴县第五高等小学"旧址。

叶圣陶,原吴县(现属苏州市)人。他于1917年春至1921年夏在吴县县立第五高等小学即今甪直小学任教。从此,与甪直古镇结下了不解之缘。

四、"沈宅"的导游讲解

沈宅是甪直教育家沈柏寒先生的故居,建于1873年,距今有130多年历史,原建筑规模占地面积为3 500平方米,现向游客开放的是只属西区的1 000平方米范围。沈氏拥有众多产业和财富,清末民国以来,俚语"沈半镇"就广为流传。沈宅的建筑布局,有亦仕亦商、前店后宅、左坊右铺的特色,这也是清末洋务运动后,民族工商业在沿海古镇崛起的缩影。现设在沈宅里的"吴东水乡妇女服饰展",可使我们了解极富地方特色的水乡服饰。

服务小贴士

一、"甪端"的导游服务

甪端是甪直的标志性雕塑,导游可提醒游客在此留影。

二、"沈宅"的导游服务

沈宅游览结束后,导游应清点人数,避免游客掉队影响行程。去萧宅途中会有特色商店,导游可建议游客先勿急于购物,避免掉队。

任务 5.3 "萧宅—农具博物馆"的导游讲解

知识讲解

一、"萧宅"的导游讲解

萧宅位于和丰桥(中美桥)南约30米,地址为中市上塘6号。建于清光绪十五年(1889),占地1 000多平方米,是保存较好的清代民宅。因为宅主是柏林电影节影后、香港著名电影演员萧芳芳的祖父,所以此宅现今成了"萧芳芳影视艺术馆"。

二、"王韬纪念馆"的导游讲解

1998年,甪直镇人民政府为纪念近代思想家王韬,弘扬他的爱国思想和开放意识,建造了这座王韬纪念馆。该馆占地面积800平方米,共分王韬生平事迹陈列室、王韬故居、韬园三部分。

三、"万盛米行"的导游讲解

万盛米行位于古镇南市梢,因叶圣陶短篇小说《多收了三五斗》而著称。这是一家老字号店铺,始建于民国初年(1912)。该米行是当时吴东地区首屈一指的大米行。当年叶圣陶在甪直执教期间,曾目睹甪直周围十多个乡镇粮食集散中心谷贱伤农的恶行,便愤而创作了以万盛米行为背景的名作《多收了三五斗》。1949年以后,该文被选进中学课本,万盛米行也就随之名闻海内外。而今,甪直镇人民政府斥资恢复万盛米行原貌,再现民国年间江南水乡米市,并将叶老的《多收了三五斗》全文抄录在米行的墙壁上,让海内外游览者重温当年的情景。

四、"农具博物馆"的导游讲解

耒耜堂陈列出水乡历代农具,以此纪念陆龟蒙和叶圣陶这两位文化名人,并为古镇旅游增添一处独特的富有水乡风韵的新景观。

导游职业能力测试

⊙知识问答

(1) 请说出甪直位于哪个省哪个市。
(2) 简述"甪直"的名字由来。
(3) 甪直被称为"古代桥梁博物馆"的原因是什么?
(4)《多收了三五斗》的原型在哪里?

⊙技能必备

能够对甪直的概况进行1分钟左右的导游讲解。

导游推荐

⊙美食推荐

1. 甪里鸭羹　　　推荐指数:★★★★★

唐代文学家陆龟蒙曾长期隐居甪直甪里,自号"甪里先生"。他平素喜养鸭取乐,至今甪直镇

仍留有陆龟蒙"斗鸭池"遗迹。据说他还常以鸭招待客人,"甫里鸭羹"相传便是他当初款待皮日休的一道菜。甫里鸭羹由苏州名厨在挖掘传统饮食文化时重新加工精研而成。

2. 甫里蹄　　　推荐指数:★★★★

甫里蹄,又名龟蒙蹄,也是源于晚唐诗人陆龟蒙隐居甫里(今甪直)时宴请各地来访文人墨客的一道主菜,是继甫里鸭后的又一上乘菜肴。如今,甫里蹄已成为甪直居民招待宾客的必备菜,更是当地喜宴中的主菜之一。

任务6　南浔的导游讲解与服务

课前准备

1. 通过网络查询和书籍查阅,了解南浔相关情况,熟悉南浔所在位置及概况;
2. 熟悉南浔古镇的游览路线。

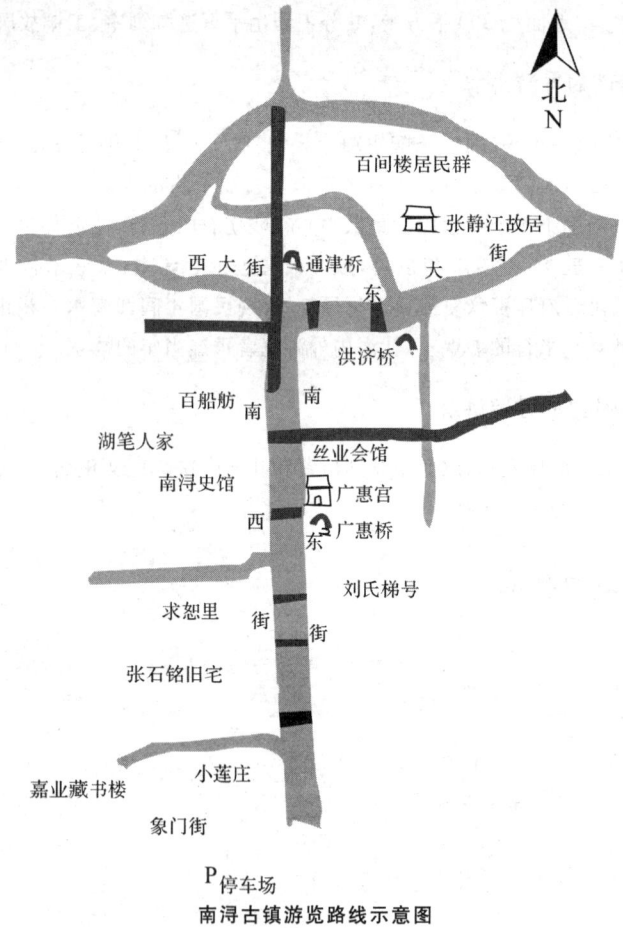

南浔古镇游览路线示意图

象门街→小莲庄→嘉业藏书楼→张石铭旧宅→求恕里→刘氏梯号→广惠宫→湖笔人家→南浔史馆→百船舫→张静江故居→百间楼

在水乡古镇中,有这么一个小镇,它是近代史上罕见的一个巨富之镇,镇上有着号称"四象"的江南四大首富,又有号称"八牛牛"的大富之户,更有号称"七十二只黄金狗"的豪门、财主。这是哪个古镇呢?没错,这就是南浔古镇。

任务 6.1　南浔沿途的导游讲解与服务

南浔概况

（一）地理位置

南浔位于浙江省湖州市东部,其东北部与江苏省吴江市震泽镇毗邻。属太湖流域和杭嘉湖平原,居长江三角洲经济区腹地。现南浔区面积为 716 平方千米,镇域面积为 141.3 平方千米,其中古镇景区为 1.68 平方千米。

（二）古镇历史

南浔自南宋淳祐十二年(1252)建镇至今已有 750 多年历史。南宋以来已是"水陆冲要之地","耕桑之富,甲于浙右"。明万历至清中叶为南浔经济繁荣鼎盛时期,民间有"湖州一个城,不及南浔半个镇"之说。南浔之所以一跃成为江浙雄镇,主要是因为蚕丝业的兴起和商品经济的发展。

（三）镇名由来

南浔最初因浔溪河而名浔溪。后来由于浔溪南面商贾云集,屋宇林立,而名南林。至淳祐十二年(1252)建镇,南林、浔溪两名各取首字,改称南浔。

游览南浔前的提醒工作

旅游大巴进入停车场后,游客下车,前往票务中心并且进入古镇。导游应提醒游客跟紧旅游团,不要急于拍照。

任务 6.2　"象门街—张石铭旧宅"的导游讲解与服务

一、"象门街"的导游讲解

象门街是国内古镇首个庭园式建筑和主题旅游商业街。街内有完善的购物、休闲、娱乐、观赏等配套服务设施。精心布置了"古风河韵美食廊""新丝绸之路""文化艺术街""大千美食广场""土色古香风情街"等特色街区。

二、"小莲庄"的导游讲解

小莲庄是晚清南浔"四象"之首刘镛的私家花园,始建于1885年,后经刘家四十年的经营,由其孙刘承干于1924年建成,是全国重点文物保护单位。园林分外园、内园,外园的主体是占地十亩的荷花池,内园有一座用太湖石叠成的假山,园内有名木异花,处处充满着浓郁的文化气息。

三、"嘉业藏书楼"的导游讲解

嘉业藏书楼始建于光绪二十八年(1902),到民国十三年(1924)才宣告落成,前后历时达22年。嘉业藏书楼整体设计为园林式布局,占地20多亩,分为前园后楼。嘉业藏书楼是我国近代最为著名的私人藏书楼之一,最盛时有藏书60万卷,共约16万册,其中不少为海内外秘籍和珍本。因为末代皇帝溥仪曾题赠"钦若嘉业"的九龙金匾和赏赐"抗心希古"的匾额,所以楼主刘承干就以此作为楼名,称为嘉业藏书楼。

四、"张石铭旧宅"的导游讲解

张石铭旧宅是南浔"四象"之一张颂贤之孙张石铭所建,建于光绪二十五年至三十一年(即1889—1905),为全国重点文物保护单位。总占地面积4 792平方米,建筑面积为6 137平方米。整个大宅由典型的江南传统建筑格局和法国文艺复兴时期的西欧建筑群组成,建筑之间相互连通,巧妙结合,反映了19世纪末主人与西方在经济、文化、艺术中的联系与沟通。

大宅气势宏伟,富丽典雅,风格独特,可称江南最大的具有中西建筑风格的私家民宅。精美的砖雕、木雕、石雕、玻璃雕堪称"四绝"。

服务小贴士

一、"象门街"的导游服务

象门街是一条热闹的商业街,两边特色小店较多,游客容易被新奇的物品吸引,导游应尽量放慢速度,时刻关注人数变化,同时提醒游客不要擅自离开团队。

二、"小莲庄"的导游服务

游客可在园内休息片刻。此时导游要提醒游客注意集合时间。

任务6.3 "求恕里—百船馆"的导游讲解与服务

知识讲解

一、"求恕里"的导游讲解

求恕里是嘉业堂藏书楼主人刘承干于1930年所建别墅。刘承干一生淡泊名利,不求仕进,即使到了晚年家道没落也泰然自若,故号求恕居士。他在上海的储书之所名为"求恕斋",南浔别墅称"求恕里"。求恕里属于典型中西合璧的建筑,结构上将门房、甬道、西洋门楼、卷门、庭院和独立的楼厅相结合。

二、"刘氏梯号"的导游讲解

刘氏梯号俗称"红房子",是刘镛第三子刘安所建。整座建筑由南、中、北三部分组成。中部建筑以传统儒家文化思想理念的厅、堂、楼、厢为主体;南、北部中式建筑融入西欧罗马式建筑,其中,北部欧式建筑立面尤为壮观。大宅高敞恢宏,以精美的砖雕、木雕、石雕见胜。洋楼下还沉埋过一场不可忘怀的历史悲剧——清初第一文字狱"庄氏史案"。

三、"广惠宫"的导游讲解

广惠宫始建于北宋治平年间(1064—1067),是历史悠久的道教福地。传说元末农民起义军领袖张士诚曾占广惠宫为行宫,故又名张王庙。宫内既供黄大仙,又奉观世音。每逢农历初一、十五,香客云集,祈福还愿者络绎不绝。

四、"湖笔人家"的导游讲解

"湖笔人家"集湖笔文化、湖笔制作现场展示、湖笔销售等于一体,具有浓厚的南浔人文特色。展示的湖笔主要有明清时代各种湖笔、历代书画家选用笔、共和国将军选用笔、日本笔等外国友人选用笔、国家领导人选用笔、团体及个人书画用品和礼品笔。

五、"南浔史馆"的导游讲解

南浔史馆是一个三进的中西合璧式建筑,占地 950 平方米,当时耗银 3 万多两。现在已成为宣传南浔历史文化的重要窗口之一。现在整个南浔史馆分为"辑里丝展厅"、"四象八牛"图片展、"百名书法名家作品展示厅"和"江南丝竹馆"四个部分。

六、"百船舫"的导游讲解

百船舫以江南水乡的舟船为主,精心制作出中国传统六大类船型,阐释了中国船文化的内涵。百船舫采用实物、模型、油画等手法把水乡风情展现在人们眼前,集参观、收藏、参与体验于一体。

服务小贴士

一、"求恕里"的导游服务

导游应提醒游客紧跟自己,并建议游客出求恕里后过兴福桥去下一景点游览。

二、"广惠宫"的导游服务

导游应提醒游客广惠宫内有专门讲解员讲解,在宫内游览时如遇请香等事宜,请斟酌再请。游览结束后导游应集合清点人数。

三、"湖笔人家"的导游服务

导游可提醒游客此处有卫生间。

任务 6.4 "张静江故居—百间楼"的导游讲解与服务

知识讲解

一、"张静江故居"的导游讲解

张静江故居系其父张宝善于清光绪二十四年(1898)兴建,呈典型的江南豪宅风格。张静江是20世纪初江浙财团四大亨之一、国民党元老,曾为辛亥革命做出重大贡献。孙中山称他为"中华第一奇人",并题"丹心侠骨"相赠。目前建筑的二厅、三厅陈列着张静江生平事迹的各种照片、书札、任命状等文物。

二、"百间楼"的导游讲解

百间楼相传为明代礼部尚书董份为他家的保姆仆人居家而建的住宅。始建时约有房屋百间,故称"百间楼",这一名称一直保存至今。百间楼的特色是依河立楼,河道蜿蜒逶迤,有石桥相连。楼房为传统的乌瓦粉墙,形成由轻巧通透的卷洞门组成的骑楼式长街。最集中的一段是河东岸的莲花桥到长桥,房屋较为整饬,密密匝匝地布满了河岸。白墙、青瓦、沿廊、河埠、花墙、卷门、廊檐加上河水流淌,船只往来,呈现出一派典型的江南水乡特有的风光。百间楼是迄今为止保存得最为完整,并留有传统风貌的沿河民居建筑群,全长400余米,距今已有400多年历史。

服务小贴士

"张静江故居"的导游服务

去张静江故居会经过东大街,东大街原是南浔古镇的第一商业街,街两侧有一大批百年老店。导游应提醒游客先跟随旅游团游览,返程时如时间允许可安排时间自由参观、购物。

导游职业能力测试

⊙ 知识问答

(1) 请说出南浔位于哪个省哪个市。
(2) 简述"南浔"名字的由来。
(3) 南浔出现四象、八牛、七十二黄金狗的原因是什么?

⊙ 技能必备

能够对南浔的概况进行1分钟左右的导游讲解。

导游推荐

⊙ 美食推荐

1. "野荸荠"桔红糕　　　　推荐指数:★★★★★

"野荸荠"桔红糕是南浔传统特产,至今已有百余年历史。"野荸荠"桔红糕,软而不黏,色泽桃红,桔味醇正,香糯可口。

2. 臭豆腐干　　　　　推荐指数:★★★★

民谚有云:"臭南浔,辣乌镇",因乌镇人爱吃辣,南浔人却爱吃"臭味"。一般吃法有两种:一种是臭豆腐干用油煎,拌上甜葱酱、葱末等佐料即可食用;另一种是臭豆腐干放入葱、酱、姜末等佐料,隔水清炖,即成清炖臭豆腐干。臭豆腐干虽有臭气,但吃起来香,其味甚佳。用南浔人的话来说,这是"纯正的南浔风味"。

项目6 华东主要旅游购物导游

模块1 茶叶

通过本模块的学习,要求学生对茶叶有基本的了解,并能具体讲解西湖龙井和碧螺春:
1. 能够对中国茶叶的基础知识进行5分钟左右的导游讲解;
2. 能够对西湖龙井和苏州碧螺春分别进行3分钟左右的导游讲解。

1. 通过网络查询等课前准备活动,了解我国茶叶的基础知识,熟悉西湖龙井和碧螺春的相关知识,掌握对西湖龙井和碧螺春进行鉴别和区分的方法;
2. 去超市或专门的茶叶商店辨认西湖龙井和碧螺春,并向店员了解相关知识。

常言说得好,"开门七件事,柴米油盐酱醋茶",可见茶在中国人生活中的地位。既然在中国人的日常生活中,茶是必不可少的,那么,作为导游员,我们该如何来介绍茶的相关知识呢?

任务1 饮茶的导游讲解

一、饮茶的益处

经过现代科学研究,茶叶中含有机化学成分达四百五十多种,无机矿物元素达四十多种,而它们含有许多营养成分和药效成分。饮茶的好处概括起来有:
1. 茶能使人精神振奋,增强运动能力,增强思维和记忆能力。
2. 茶能消除疲劳,促进新陈代谢,并有维持心脏、血管、胃肠等正常机能的作用。
3. 茶叶含有不少对人体有益的微量元素。
4. 茶叶有抑制恶性肿瘤的作用,饮茶能抑制癌细胞的生长。
5. 饮茶能抑制细胞衰老,使人延年益寿。
6. 饮茶有延缓和防止血管内膜脂质斑块形成,防止动脉硬化、高血压和脑血栓的作用。
7. 饮茶能保护人的造血机能,维持人体血液的正常酸碱平衡。
8. 饮茶有良好的减肥和美容效果。
9. 茶叶所含鞣酸能杀灭多种细菌,能防治口腔炎、咽喉炎,以及夏季易发生的肠炎、痢疾等。

10. 饮茶对预防龋齿有很大好处。
11. 茶叶中含有防辐射物质,边看电视边喝茶,能减少电视辐射的危害,并能保护视力。

二、饮茶的注意事项

喝茶虽然有许多的益处,不过也有以下几点要注意:
1. 避免空腹饮茶,饭后也不应立刻喝茶。
2. 不宜饮茶服药。
3. 不喝隔夜茶。
4. 儿童不宜喝浓茶。
5. 不要在睡前饮茶。

三、茶叶的贮藏

在古代,茶叶的贮藏方法十分讲究。现在,科技发展了,我们可以采用三层塑料保鲜袋包装,分层紧扎,隔绝空气,放在5℃以下冷藏箱或冰箱内贮藏,这样即使久贮年余,茶叶的色、香、味犹如新茶,鲜醇爽口。

任务2 西湖龙井和苏州碧螺春的导游讲解

任务2.1 西湖龙井的导游讲解

一、西湖龙井简介

西湖龙井,顾名思义,是产于浙江杭州西湖的绿茶,"龙井茶叶虎跑水"也一直被称为"西湖双绝"。龙井属炒青绿茶,向以"色绿、香郁、味甘、形美"四绝著称于世。龙井的芽叶翠绿,茶汤色泽翠绿,香气浓郁,甘醇爽口,非常符合江浙一带人清淡、精细的饮食口味。在清明前采制的叫"明前茶",谷雨前采制的叫"雨前茶",向有"雨前是上品,明前是珍品"的说法。龙井茶泡饮时,只见芽芽直立,汤色清洌,幽香四溢,尤以一芽一叶俗称"一旗一枪"者为极品。

因为龙井的名气实在太大,所以靠近杭州的很多地方也把当地所产的茶叫作龙井茶。因此,为了区分它们,龙井茶按其产地不同,分为西湖龙井、钱塘龙井、越州龙井三种,以西湖龙井品质最佳。除了西湖产区168平方千米的茶叶叫作西湖龙井外,其他两地产的俗称为浙江龙井。

历史上,龙井茶有"狮、龙、云、虎、梅"字号之分,分别产于杭州市西湖区的狮峰、龙井、五云山、虎跑泉和梅家坞一带,其中产于狮峰的"狮峰龙井"品质最好。如今,70%的西湖龙井都产于梅家坞一带。作为杭州这个中国茶都的重要载体,梅家坞茶文化村已成为杭州对外的一块"金字招牌"。每年春季,游客还可亲自参与春茶采摘,亲身感受浓浓的茶文化气息,尽享茶文化生态自然之美、农家风情之乐。而当地的茶农也因茶致富,物质生活水平有了质的飞跃。

二、鉴别西湖龙井的基本方法

西湖龙井不仅名气响,而且身价高。曾有500克龙井拍出25万元的价格,真正是茶叶卖出了黄金价。也正因为如此,现在市面上的假龙井比比皆是,大家一定要注意防止上当受骗。一般来说,鉴别西湖龙井有四大招数。

1. 辨"色绿":真正的西湖龙井,色泽并不是通体碧绿的,而是翠绿和茶农谓之的"糙米色"相间,而且绿、黄两色浑然天成,恰似水墨画的墨迹,浓淡相宜。

2. 闻"香郁":西湖龙井茶香味很浓,茶农直观、形象地把它称为"(油煎)蚕豆瓣香",就是"兰花豆"香。品龙井时,要扣上盖先"焖"几分钟,再打开盖子,就会有特有的兰花豆香气袅袅升起,其中又掺着几丝蜂蜜的甜味。而假冒的龙井香味则是七杂八香,但都不是兰花豆香,冲泡时和续水两三次后最容易露馅。

3. 品"味醇":龙井的口感"香郁"而"醇厚",而且味蕾有一种龙井茶农谓之"滑溜溜"的独特质感。

4. 观"形美":正宗龙井茶叶为扁形,常为一芽两叶,条形整齐,宽度一致,芽叶均匀成朵,不带碎片,小巧玲珑。假龙井精心仿制,往往是长短整齐划一。而真龙井呢,皇帝女儿不愁嫁,又是自产自销的缘故,所以工序往往粗放些,茶叶长短参差。另外,一般来说,真龙井往往外表"阔"一些,体壮丰腴,而假龙井大多体瘦苗条。

总而言之,四大招数中,辨色乃"基础",闻香是"前提",品味为"关键",至于观形,除非高手,大可忽略不计。

任务 2.2　苏州碧螺春的导游讲解

知识讲解

一、碧螺春简介

碧螺春产于江苏省苏州市太湖洞庭山,所以又称"洞庭碧螺春"。碧螺春产区,空气湿润,土壤呈微酸性或酸性,质地疏松,很适宜茶树生长。碧螺春产区是我国著名的茶、果间作区,即茶树和桃、桔、杏、李、柿、梅、石榴等果木交错种植。由于茶树与果树间种,根脉相通,茶吸果香,花窨茶味,因而碧螺春茶具有特殊的花果香味。

碧螺春的得名是如何来的呢?碧螺春原名"吓煞人香"(吴中方言,意思就是非常香),后来康熙皇帝下江南时品尝了此茶,对其极为欣赏,但觉得"吓煞人香"的名字不雅,便据其采撷于碧螺峰,茶色碧绿,形曲似螺,又值早春采撷,因此钦定茶名为"碧螺春"。

碧螺春是一种"工夫茶",从种植到采摘,到炒制,到成品,花费的工夫非同一般。碧螺春采摘有三大特点:一是摘得早,二是采得嫩,三是拣得净。每年3月18日前后开始采摘,谷雨前后结束,以春分至清明采制的明前茶品质最佳。通常要求采摘下来的芽为一芽一叶,叶形卷如雀舌,称之"雀舌"。炒制500克高级碧螺春大约需采6.8万到7.4万颗芽头,历史上曾有500克干茶9万颗左右的芽头,可见茶叶之幼嫩,采摘功夫之深非同一般。碧螺春的炒制也非常讲究。一般来说,要求做到当天采摘,当天炒制,不炒隔夜茶。

碧螺春的冲泡也很特别。茶叶冲泡有上投、中投、下投三种,碧螺春是典型的上投型茶,也就是先注开水后放茶叶。品饮时,最好采用洁净透明的玻璃杯,先冲开水后放茶叶。碧螺春投入杯中,瞬时间会"白云翻滚,雪花飞舞",清香袭人。

二、鉴别苏州碧螺春的基本方法

碧螺春相对来说还是比较容易识别的。当地茶农将碧螺春描述为:"铜丝条,螺旋形,浑身毛,花香果味,鲜爽生津。"具体可从以下五个方面进行识别。

1. 碧螺春最大的特点就是"浑身毛"。真的碧螺春应是满披白毫,有白色的小绒毛。而假碧螺春要么没有绒毛,要么绒毛是绿色的,是被染绿了的效果。

2. 看外观色泽。正宗洞庭碧螺春有光泽,颜色翠绿带黄,假的碧螺春颜色暗淡,青里带黄,而且没有光泽。

3. 看茶汤。把碧螺春用开水冲泡后,没有加色素的颜色看上去比较柔亮、鲜艳,加色素的看上去比较黄暗,像陈茶的颜色一样。

4. 闻香气。洞庭碧螺春香气浓烈。我们已经说过,碧螺春带有花果的清香,而假的碧螺春香气不足,更没有果香。

5. 品口味。洞庭碧螺春喝起来很顺口,有一种甘甜、清凉、味醇的感觉,有回味。假碧螺春喝到口中有涩、凉、苦、淡的感觉,没有回味,还有青叶味。

导游职业能力测试

⦿ 知识问答

(1) 常饮绿茶对身体有哪些益处?
(2) 鉴别西湖龙井有哪四大招数?
(4) 碧螺春的采摘和炒制分别有什么特点?
(5) 一般来说,茶叶应该如何保存?

⦿ 技能必备

(1) 能够区分西湖龙井和碧螺春,并能对真伪进行识别。
(2) 能够以正确的方式冲泡和品尝这两种名茶。

⦿ 技能拓展

能够自己写出新的茶叶讲解词,并与同学探讨如何才能激发游客的购买愿望。

模块 2　丝绸

模块要求

通过本模块的学习,要求学生对丝绸有基本的了解,并能讲解丝绸服装与蚕丝被的特点。
1. 能够对丝绸的基础知识进行 5 分钟左右的导游讲解;
2. 能够对丝绸服装和蚕丝被的特点分别进行 3 分钟左右的导游讲解。

课前准备

1. 通过网络查询等课前准备活动,了解丝绸的基础知识,熟悉丝绸服装和蚕丝被的相关知

识,并能进行相应的导游讲解;

2. 去超市或专业的丝绸商店,或借助家中现有的丝绸服装和蚕丝被,增加感性认识。

任务导入

中国是丝绸的发源地,自古以来,真丝就有"丝绸皇后"的美誉。中国丝绸也以其卓越的品质、精美的花色和丰富的文化内涵闻名于世。到了现代,人们又赋予了它"健康纤维""保健纤维"的美称。

那么,身为导游人员,我们应该如何进行丝绸的导游讲解才能有效地帮助游客进行选购呢?

任务1 丝绸的导游讲解

知识讲解

一、丝绸的界定与主要产地

在古代,丝绸就是蚕丝(以桑蚕丝为主,也包括少量的柞蚕丝和木薯蚕丝)织造的纺织品。现代由于纺织品原料的扩展,凡是经线采用了长丝纤维织造(包括人工的和天然的)的纺织品,都可以称为广义的丝绸。而纯桑蚕丝所织造的丝绸,又特别称为"真丝",以区别于含有其他纤维的广义丝绸。

历史上,我国丝绸的产地主要包括江苏、浙江、四川、山东、广西等。目前,我们江浙一带的丝绸主要出产于苏杭一带,以品质优异而著称。

二、丝绸的特性

蚕丝是一种生态学非污染的天然纤维,具有其他纤维及加工品无可替代的独特性能和无可比拟的旺盛生命力。一般来说,真丝具有以下特性。

1. 舒适感。真丝是由蛋白纤维组成的,纤维中含有人体所必需的18种氨基酸,与人体皮肤所含的氨基酸相差无几,因此与人体皮肤有极好的生物相容性,有人类"第二皮肤"的美称。因此,当我们娇嫩的肌肤与细腻爽滑的丝绸邂逅时,它以其特有的柔顺质感,体贴而又安全地呵护着我们的肌肤。

2. 吸、放湿性好。蚕丝蛋白纤维蕴含了许多亲水性物质,又由于其多孔,易于水分子扩散,所以它能在空气中吸收或散发水分,以保持一定的水分。在正常气温下,它可以帮助皮肤保有一定的水分,不使皮肤过于干燥;在夏季穿着,又可将人体排出的汗水及热量迅速散发,使人感到无比凉爽。因此,人们都把丝绸服装作为必备的夏装之一。

3. 保暖性强。丝绸还有很好的保暖性。它的保温性得益于它的多孔隙纤维结构。在一根蚕丝纤维里有许多极细小的纤维,因此,看似实心的蚕丝实际上有38%以上是空心的,在这些空隙中存在着大量的空气,这些空气阻止了热量的散发,使丝绸具有很好的保暖性。

4. 抗紫外线。丝蛋白中的色氨酸、酪氨酸能吸收紫外线,因此丝绸具有较好的抗紫外线功能。当然,丝绸在吸收紫外线后,自身会发生化学变化,在日光的照射下,色泽泛黄,所以丝绸制品是不能暴晒的。

5. 防螨、抗菌、防霉。蚕丝具有极佳的防霉、抗菌等天然特性,尤其是特级蚕丝,均符合严格

的卫生和健康要求,且在制丝过程中不添加任何有损人体健康的化学药剂。

三、真丝鉴别的基本方法

近年来,随着仿真技术的发展,仿真丝绸等织物在形态方面已达到以假乱真的地步。由于真丝织品价格较高,不法商贩常常用化纤织品冒充真丝织品,将仿真丝织品标上真丝的标签欺骗消费者。下面我们来介绍三种简单的鉴别真丝的方法。

1. 手感法。蚕丝手感柔软,柔和飘逸,贴近皮肤有滑爽舒适感。握在手里可压缩性比较大,有一种厚实松软、软而不疲的感觉,用手捏紧后再放开时,因其弹性好不会有折痕。而仿真丝织品的手感比较硬挺。

2. 目测法。真丝有珍珠样的光泽,光泽鲜艳柔和。而仿真丝织品的织物光泽不柔和,过于明亮,有一种刺眼的感觉。

3. 燃烧法。蚕丝含有大量的蛋白质,因此点燃后和燃烧头发的情况有点类似。我们可以在织物边角处寻找一根丝,用火点燃。真丝在燃烧的时候会发出一股烧毛发的臭味,而且很快会自动熄灭。烧出的灰烬为黑色、很脆,蓬松易碎。而人造丝不管仿真程度有多高,无论如何也不会具有真丝织品中含有的蛋白质和氨基酸成分,燃烧时只有烧纸一般的化学味,其燃烧速度很快,一般没有灰烬或有少量灰黑色灰烬。

任务 2　丝绸服装和蚕丝被的导游讲解

任务 2.1　丝绸服装的导游讲解

真丝服装的养护应注意以下几个小常识。

1. 穿着丝绸服装时,站、立、行都要当心,不能随地乱坐,也不要穿着睡觉。丝绸要勤换勤洗,否则汗液里的酸碱会损坏丝纤维,影响牢度,容易破损。

2. 深色丝绸面料或服装应该同浅色的分开来洗。

3. 真丝服装应使用专用洗涤或用清水进行清洗,绝对不能擦碱性肥皂,不能用30℃以上的热水洗涤。

4. 最好用手洗,切忌用力拧搓或用硬刷刷洗,应轻揉后用清水汰洗干净,用手或毛巾轻轻挤出水分,在背阴处晾干。

5. 应在八成干时熨烫,将温度控制在100℃～180℃之间,并熨服装的反面即可,服装自然会平整无皱。

6. 晒衣架切忌选用粗糙的木质衣架,最好用光滑的塑料衣架晾晒,以防衣架上的小毛刺钩伤纤维,影响服装的寿命。

7. 收藏时,应以洗净、晾干、叠放为宜,放在柜中,且贮存时不宜放樟脑丸或卫生球等。

任务 2.2　蚕丝被的导游讲解

知识讲解

蚕丝具有透气、轻柔、滑爽、吸湿、无刺痒及抗静电等特点,这些特点使其成为制作贴身衣物的上乘料子。而以蚕丝作为内质的蚕丝被更具有高雅华贵、贴身保暖、蓬松轻柔、透气保健等得天独厚的品质和优点。

一、蚕丝被的益处

蚕丝被对人体非常有益,主要体现在以下六个方面:

1. 促进睡眠。蚕丝的丝胶成分含有十八种氨基酸,这些氨基酸散发出的"睡眠因子"可以使人的神经处于较安定的状态。

2. 具有良好的御寒力和恒温性。蚕丝含有纤维中最高的"丝容积空隙",拥有"冬暖夏凉"的健康特性。天冷时能降低热传导率,保暖性胜过皮、棉;天热时又能排出多余的热量,使被内温度保持舒适,使人不易踢被,从而大幅降低着凉感冒的概率。

3. 预防风湿症、关节炎及皮肤病。天然蚕丝中,含有一种叫"亲水侧边氨基酸"的物质,能吸收空气中的水分,并加以排除,维持被内的干爽,保持舒适,对风湿症、关节炎、皮肤病尤其有益。

4. 蚕丝被含有的各种氨基酸,对人体的肌肤有着营养和保护作用。有些皮肤病能不治自愈;对呼吸道疾病患者,能减少短纤维、尘埃的刺激而降低发病率;蚕丝被还能有效保护双肩,减少肩周炎的痛苦;蚕丝被也是皮肤过敏者的良友。

5. 蚕丝被非常轻巧,盖在身上非常轻盈,而且具有极佳的御寒力和保暖性,使睡眠更舒服、更香甜。

6. 蚕丝本身具有强伸力,其经纬网状结构,避免了蚕丝被的被胎在使用中发生胎体移位或孔洞现象,可长期保持蓬松感。

二、蚕丝被的使用与保养

和真丝服装一样,蚕丝被的使用与保养也是很讲究的。

1. 在蚕丝被被芯的外面应该套上被套才能使用,否则被芯容易沾染灰尘和污渍。

2. 睡觉时不要睡在被子上或者把被子裹到身体下面,这样可以保持蚕丝被的蓬松感。

3. 儿童在使用蚕丝被时应预防其尿床,同时勿让儿童在被子上面乱蹦乱跳。

4. 要是被套脏了,拆下来清洗即可。蚕丝被芯不可水洗、不可干洗、不可氯漂、不可熨烫。如果沾染污渍,最好去专业的干洗店用专用洗涤剂进行局部擦拭,再低温烘干,以防面料缩水。如果污渍不大,可以用中性洗涤剂轻轻擦拭。

5. 新蚕丝被如果有股蚕蛹的味道,放在通风的地方晾晒两天即可。蚕丝被应该适时晾晒,以 1～2 周为间隔,每次 1～2 小时为宜。不要把被子放在烈日下长时间暴晒,这样会造成蚕丝断裂。晒好之后用手轻拍,可以保持蓬松感。

6. 存放之前要晾晒一次,尽量排除内部湿气。不要存放在潮湿闷热的环境下或装入胶袋中,以防蚕丝受潮,失去保暖性和透气性。被子上面不要叠压重物,避免重压之下变薄变硬。不可将樟脑丸等和蚕丝被放置在一起,以免污染蚕丝。

导游职业能力测试

⊙ **知识问答**

(1) 真丝有哪些特性?

(2) 真丝服装应该如何保养?

(3) 使用蚕丝被,对人体有哪些益处?

(4) 如何保养蚕丝被?

⊙ **技能必备**

能够鉴别真假真丝服装和蚕丝被。

模块 3　紫砂壶

模块要求

通过本模块的学习,要求学生对紫砂壶有基本的了解,并能向游客讲解。

1. 能够对紫砂和紫砂壶进行 5 分钟左右的导游讲解;

2. 了解如何鉴别真假紫砂壶。

课前准备

1. 通过网络查询等课前准备活动,了解陶与瓷的区别,熟悉宜兴紫砂土和紫砂陶,掌握如何鉴别真假紫砂壶;

2. 到紫砂壶专卖店,了解紫砂壶的相关知识。

任务导入

俗话说得好,好马配好鞍,那么喝好茶自然要配好的茶具了。在江浙一带,有西湖龙井和碧螺春两大名茶,自然少不了品质优良的茶具。非常巧合的是,在江南就出产这么一种"世间茶具称为首"的茶具——宜兴紫砂壶。

作为导游员,我们又该如何介绍紫砂壶,才能较好地体现出紫砂壶的独特魅力呢?

任务 1　紫砂土和紫砂壶的导游讲解

知识讲解

一、紫砂泥的产地与材质

紫砂壶烧制的原料是一种特殊的泥土,俗称为紫砂土,是陶土的一种,原产地在江苏宜兴,所以又叫宜兴紫砂土。

紫砂土的材质特点归结起来,主要有如下几个方面。

1. 可塑性好。紫砂泥制作时黏合力强,但又不粘工具不粘手。
2. 干燥后收缩率小。紫砂陶从泥坯成型到烧成,其变形率很小,因此茶壶的口盖能做到严丝合缝,造型轮廓线条规矩严而不致扭曲。
3. 透气性和冷热急变性能非常好。
4. 紫砂泥土成型后不需要施釉,就呈现为平整光滑的外形,其用的时间越久,把摩的时间越长,就越会发黯然之光。这也是其他质地的陶土无法比拟的。

二、紫砂壶的特征

紫砂茶具,造型简练、大方,色泽淳朴、古雅,古今中外讲究饮茶的人都特别喜爱用紫砂壶。

正宗宜兴紫砂壶有四大特征。

1. 用紫砂壶泡茶,能保持茶的色、香、味不变,泡茶不易馊。
2. 注入沸水,紫砂壶不会因为温度急变而胀裂,且紫砂传热缓慢,提拿不烫手。另外,它既可以放到火上烧,也可以在微波炉中使用而不用担心爆裂。
3. 紫砂壶使用的时间越长,壶身的色泽就愈加光润古雅。
4. 紫砂具有良好的透气性和吸附性,常沏茶的紫砂壶偶尔不放茶叶,泡出来的茶汤也醇郁芬芳。

正因为紫砂壶有如此优良的性能,加上巧夺天工的制作技艺、科学化的生产技艺、多姿多彩的器物造型,以及它的实用功能,所以成为世界名陶,身价倍增。而从明代正德年间以来,紫砂开始用于制作茶壶,五百年间名家辈出,不断有精品传世。

任务 2　紫砂壶的导游讲解

任务 2.1　紫砂壶的欣赏与保养

知识讲解

一、紫砂壶的欣赏

评价一件紫砂壶,主要有三个主要因素:完美的形象结构、精湛的制作技艺、优良的实用功能。

所谓形象结构,是指壶的嘴、扳、盖、纽、脚,应与壶身整体比例协调。

精湛的技艺,是评审壶艺优劣的准则。紫砂壶艺的审美,可以总结为形、神、气、态这四个要素。形,即外形的美,指壶的外轮廓要有美感;神,即神韵,指壶整体有一种能令人意会出精神美的韵味;气,即气质,指壶艺所内含的本质的美;态,即形态,指壶的高、低、肥、瘦、刚、柔、方、圆等各种姿态。这几个方面需要贯通一气。

优良的实用功能,是指容积和重量的恰当,壶把要便于执握,壶的周圆合缝严密,壶嘴出水弧线流畅、刚劲有力,水束圆润不打麻花。断水时,即倾即止,不流口水,并且倾壶之后,壶内不留残水。

二、紫砂壶的保养

紫砂壶离不开精心的保养。养壶的方法五花八门,但基本原则都是一样的,不外乎以下

六点。

1. 彻底将壶身内外洗净。
2. 切忌油污接触。
3. 用茶汁滋润壶表。
4. 适度擦刷。
5. 用完后的紫砂壶必须保持壶内干爽,不要积存湿气。
6. 让壶有休息的时间。

此外,还有其他一些方面也需要注意。

1. 最好用完后不要将壶盖盖紧,要把壶盖侧放在壶身旁边。
2. 将壶放在空气流通的地方,不宜放在闷热处,更不能以为珍贵,使用后进行包裹或密封。
3. 最好多备几个紫砂壶,喝某一种茶叶时只用特定的一个壶,不可喝什么茶叶都用同一个茶壶,应该加以识别,以免混乱。
4. 不要用洗洁精或普通化学洗涤剂浸洗紫砂壶,否则会把茶味洗掉,并使外表失去光泽。
5. 在冲泡的过程中,先用沸水浇壶身外壁,然后再往壶里冲水,也就是常说的"润壶"。
6. 紫砂壶泡一段时间后要有"休息"的时间,一般要晾干三五天,让整个壶身(中间有气孔结构)彻底干燥。

任务 2.2　紫砂壶的鉴别

知识讲解

虽然宜兴被称为陶土矿之乡,但近些年随着大量矿源的开采和消耗,优质砂泥的产量已经越来越少,紫砂壶的价值因而与日俱增。由于紫砂壶的名气响,价格高,因此,市场上也出现了大量的假货,鱼龙混杂。现在有不少生产商用化工泥、手拉坯等冒充紫砂,这些东西做成的杯或壶,不仅不能更好地泡出茶香,而且还对身体有害。

一般来说,我们可以通过三大"劣迹"来揭示"垃圾壶"的真面目。

1. 看颜色。假壶一般壶体颜色偏红,异常鲜亮。这是因为不法壶商在制作过程中采用了劣质砂泥,而劣质砂泥在炼制过程中往往会表现出色泽不均,为了掩盖这种不均匀,他们就在劣质砂泥中添加各种化学添加剂,这样,壶在最终做出来后就显得颜色特别光鲜漂亮。

2. 听声音。有的商贩在兜售假紫砂壶时往往会用壶盖敲击壶身,发出清脆的声响,以此证明紫砂壶的质量,其实这种鉴别的标准是完全错误的。越是敲打时发出清脆响亮的声音,紫砂壶是"垃圾壶"的可能性就越大。真紫砂壶的声音应该是比较"闷"的那种陶罐声,大家要特别留意。

3. 摸壶身。壶身手感特别光滑细腻,而且泛亮光,则"垃圾壶"的可能性较大。原矿壶是有杂质的,这些杂质通常表现为黑色颗粒,在壶表分布不均匀,所以看上去有颗粒感。而假紫砂壶看上去往往过分干净,砂粒分布过于均匀。

导游职业能力测试

⊙知识问答

(1) 紫砂土和一般陶土比,有什么特点?
(2) 评价一件紫砂壶,主要有哪三个主要因素?

（3）如何进行紫砂壶的保养？

⊙ 技能必备

能够鉴别真假紫砂壶。

模块 4 太湖珍珠

通过本模块的学习，要求学生对太湖珍珠及珍珠粉有基本的了解，并能向顾客进行讲解。

1．能够对珍珠的基础知识进行 5 分钟左右的导游讲解；

2．能够对太湖珍珠和珍珠粉分别进行 5 分钟左右的导游讲解。

1．让学生通过网络查询，了解我国珍珠的基础知识，熟悉太湖珍珠和珍珠粉的相关知识，并掌握鉴别太湖珍珠真假的方法；

2．有条件的同学，借助家中现有的珍珠饰品和珍珠粉，增加感性认识。

珍珠自古以来便以其绚丽的"珠光宝气"和高雅纯洁的品格被人们视作奇珍异宝，号称"宝石皇后"，并与珊瑚、琥珀并列为三大有机珠宝。而太湖珍珠又是淡水珍珠的代表。作为导游员，我们应该如何向游客进行珍珠的导游讲解呢？

任务 1 珍珠的导游讲解

一、珍珠的形成

生活在湖里和海里的珠蚌，当蚌壳开启的时候，一些外界的杂物如砂粒等，会进入它的体内，并触碰到其外套膜，外套膜受到刺激便分泌出一种含碳酸钙的化合物，这些碳酸钙以杂物为中心，层层包裹，经过三五年或者更长时间，就形成了珍珠。

珍珠按照成因分为天然珍珠和人工养殖珍珠两种，天然珍珠主要是指在贝、蚌的体内自然形成的珍珠。天然珍珠往往是由于偶然的因素形成的，其成珠的概率很小，时间也长，外形也不规则，精品极少，所以目前市面上销售的基本都是养殖珍珠。

养殖珍珠又分为海水珍珠和淡水珍珠。海水珍珠主要产于海南和广东，也就是所谓的"南珠"，它的优点是色泽好、珠身圆，大部分均能制作首饰；缺点是有核，产量受自然环境影响。淡水珍珠的优点是无核、易保养、产量多；缺点是大部分形状比较差，只能作为药用，精圆形的珠宝级珍珠比较少。

在淡水珍珠中,产量最大、名气最响、质量最好的要数太湖珍珠了。太湖所在的江浙一带是我国淡水珍珠的重要产地之一。太湖珍珠是在太湖流域的水面上,利用三角蚌生产,无核插种,一般吊养时间为四至五年。珍珠长在蚌体两侧,一个蚌里通常能长二三十个珍珠,但一般只有两三颗可以用来做首饰,所以非常珍贵。

二、珍珠的功用

珍珠的价值昂贵,直径9毫米以上的优质珍珠,以粒定价,每粒值千金,高的可达万元。作为宝石用的珍珠,一般可从四个方面去评价:光泽、形状、大小、颜色。一般来说,越亮、越圆、越大、表面越光滑,珍珠就越珍贵。除了可以用来制作珠宝首饰以外,珍珠也具有益寿延年、镇静安神、润肤美容的功效,自古被视为名贵中药。近年来的研究又证实珍珠中含有人体所需的钙、镁、铁等多种微量元素,特别是含有锗、钒等稀有元素,是药品、高级保健品和化妆品的重要原料,经济价值极高。

太湖珍珠具有光泽明亮、粒圆饱满、细腻光滑、形佳色美、硬度高、比重大、弹性好、正品率高等优点,它既是珍贵的装饰品,又是贵重的药材。

任务 2　太湖珍珠和珍珠粉的导游讲解

知识讲解

一、"太湖珍珠"的导游讲解

(一)太湖珍珠的鉴别

由于珍珠产量少,尤其是珠宝级的珍珠更是难得,近年来引起一些不法分子制造假的珍珠来牟取暴利。那么真假珍珠到底如何来区分呢?最简单的鉴别方法是用剪刀轻轻刮一下,珍珠会出来一层粉末,这就是珍珠粉,用手把它擦干净就没有了,依然是这种光泽,一点没变。假的话,一刮表皮就会翘起来,没有粉末。不过这样就破坏了珍珠,我们还可以从以下几方面来进行鉴别。

1. 看光泽。珍珠光泽的产生是由其多层结构对光的反射、折射和干涉等综合产生的结果,给人以含蓄、高雅、朦胧、柔和的美感,成为评判其价值的主要依据。而假珍珠反射出的光"贼亮"。

2. 看形状。真的珍珠呈标准圆形的非常少,但是假的珍珠一般是机器所制,所以通常很圆。

3. 看颜色。每一颗珍珠的颜色都略有不同,除了本身色彩之外还带有伴色,但假珍珠每一颗的颜色都相同,而且只有本色,没有伴色。

4. 看瑕疵。用肉眼或10倍放大镜观察,珍珠一般会有一点不规则或瑕疵,大小、形状有一定的差异,因为完美的珍珠实在是太难得一见了;而假的珍珠表面光滑,几乎没有瑕疵,虹彩、光泽也非常统一。

5. 冰凉感。珍珠放在手上有冰凉的感觉,假的珍珠则没有。

6. 用火烧。灼烧时,假珍珠出现火光,灼烧面出现黑色,表面脱落;而真的珍珠灼烧面没有黑烟,表层完好不脱落。

7. 咬或摩擦。真的珍珠用牙咬有涩的感觉,不会滑动,而假的珍珠用牙咬有滑的感觉;还可

以将两颗珍珠互相摩擦,真的珍珠摩擦起来会有粗糙的感觉,而假珍珠则产生滑动感。

(二)太湖珍珠的保养

珍珠很珍贵,也很娇贵,因此珍珠的保养要认真细腻。我们在日常的佩戴和保养中,要注意以下几点。

1. 珍珠的主要成分是碳酸钙,化学稳定性差,因此日常生活中不宜接触香水、油、盐、酒精、发乳等物品,更不能接触香蕉水等有机溶剂;夏天人体流汗多,也不宜戴珍珠饰品。

2. 不用的时候用柔软微湿的干净棉布擦拭干净,风干保存,不可随便用清洁剂清洗。

3. 长期不戴时,不要将珍珠放在保险箱内,也不要用胶袋密封。珍珠需要新鲜空气,每隔数月便要拿出来让它们呼吸。

4. 避免暴晒。由于珍珠含一定的水分,因此应该把珍珠放在阴凉处,避免在阳光下直接照射,或置于太干燥的地方,以免珍珠脱水。

5. 防止刮伤。珍珠的硬度较低,要把珍珠首饰单独存放,以免其他首饰刮伤珍珠皮层。将珍珠饰品戴在身上,衣服的质地最好是软滑些的,太粗糙的料子可能会刮花珍珠。

6. 不要经常抚摸。用手抚摸珍珠的表面会影响珍珠的光泽与亮度。

7. 适时取下,也是保养。洗澡时、做家事、游泳等,都要将珍珠首饰取下。

8. 若珍珠饰物沾上污渍,可用软牙刷沾上中性肥皂刷洗干净,再放入清水中将皂渍漂洗净,最后用软干毛巾擦干再晾干。

9. 佩戴久了的白色珍珠会泛黄,使光泽变差,可用1‰～1.5‰的过氧化氢漂白,使珍珠重现晶莹绚丽、光彩迷人的色泽,不过要注意不要漂过了头。但如果颜色变黄得厉害,就难以逆转了。

二、"太湖珍珠粉"的导游讲解

(一)珍珠粉的功用

珍珠的优劣差异极大,那些体积小、形状不规则的等外品珍珠如何处理呢?它们可以用来制药,其中最常见的就是磨成珍珠粉。江浙一带,珍珠粉的产量很大,用量也不小。它到底有什么作用呢?

1. 经常服用珍珠粉对人体有延缓衰老的作用。

2. 清肝明目。内服珍珠粉可以明目,有保护视力的作用,而外用也可以治眼疾。

3. 养颜葆春。久服可以使全身肌肤细白,坚持早晚用珍珠粉作面部按摩,一段时间以后皮肤可以明显白皙。据说慈禧太后就特别喜爱使用珍珠粉来护肤。

4. 解毒生肌。对各种原因造成的皮肤破损,及时用珍珠粉,止血快、收口快、长肉快、消炎快,并且不会留下疤痕。

5. 服用珍珠粉可以镇心安神,久服能保持清醒的头脑,使睡眠的质量提高,医学研究证明,珍珠粉对心脏病患者有一定的益处。

6. 早晚含服珍珠粉可治口腔疾病,对口腔溃疡、咽炎、牙炎等都有消炎作用,还有护齿的功效。

7. 珍珠粉去油、去汗,抑制皮脂分泌过旺,可以有效遮挡紫外线,具有防晒防辐射的功效,天天擦有去痤疮、去汗的功能。

(二)珍珠粉的鉴别

现在市面上也出现了假的珍珠粉,如果使用了假的珍珠粉,不仅没有药用功能,反而可能对身体造成伤害,所以大家也要学会从以下几方面来识别。

1. 肤感。珍珠粉越细越好,当然也就越贵。劣质的珍珠粉,颗粒很粗,甚至有的粗如砂粒。您不妨取一点,在手背轻轻按摩,如果感觉粗糙,那么就不必考虑了。

2. 口感。取少量珍珠粉,以舌尖品尝。纯正的珍珠粉没有异味,味道醇正厚朴,且余味中有珍珠特有的淡淡腥味(或者香味),若是有酸、涩、辛或其他异味,或者毫无味道,您就不必选择了。

3. 外观。假珍珠粉外观可能明显白于真珍珠粉。用手指蘸取少量粉末,展开在阳光或灯光下仔细观察,若发现有明显闪光,则是云母粉;若明显偏黄或发乌,质地也不纯正。

导游职业能力测试

⊙ 知识问答

(1) 珍珠是怎么形成的?
(2) 海水珍珠和淡水珍珠有什么区别?
(3) 珍珠及珍珠饰品应该如何保养?
(4) 珍珠粉有哪些作用?

⊙ 技能必备

能够鉴别真假珍珠和珍珠粉。

模块 5　杭白菊

模块要求

通过本模块的学习,要求学生对杭白菊有基本的了解,并能够对杭白菊进行 10 分钟左右的导游讲解。

课前准备

1. 通过网络查询,对杭白菊有基本了解;
2. 去售卖杭白菊的店面看一看,并向店员了解杭白菊的相关知识。

任务导入

杭白菊茶是一种无毒副作用的清凉保健饮品,气味芬芳,已有数百年的饮用历史。在东南亚地区和我国南方一带尤其喜爱饮用。

任务 1　常见茶用菊的导游讲解

知识讲解

菊花作为中药品种,是菊科植物菊的干燥头状花絮,在我国至少已有一千五百多年的栽培历

史。早在《神农本草经》中就有记载:菊花"久服利血气,轻身,耐老延年"。

从中医药角度讲,菊花味甘苦,性微寒;有散风清热、清肝明目和解毒消炎等作用。对口干、火旺、目涩,或由风、寒、湿引起的肢体疼痛、麻木等疾病均有一定的疗效。主治感冒风热、头痛病等,对眩晕、头痛、耳鸣等症状也有防治作用。

现代临床医学也证明,菊花具有消炎、杀菌的功效,也能扩张冠状动脉,增加血流量,降低血压,对冠心病、高血压、动脉硬化、胆固醇过高等病症都有很好的疗效。另外,对消除癌细胞也有一定的作用。菊花还属于2002年卫生部公布的"既是食品又是药品的物品"。因此,我国南方不少地方都有食用和饮用菊花的习惯。

我国最早的菊花只有黄色小菊一种,经过自然变异和人工选种栽培后,形成了不同种的菊花,而杭白菊就是其中最优秀的食用菊花品种之一。目前杭白菊与安徽的滁菊、亳菊,河南的邓菊,都是我国驰名的茶用菊。

任务2　杭白菊的导游讲解

知识讲解

一、杭白菊的基础知识

(一)杭白菊的特色

杭白菊,又称茶菊、杭菊、甘菊,是我国传统的栽培药用植物,为浙江省八大名药材之一。"杭白贡菊"向来与"西湖龙井"并提,古代就曾用作贡品。如今,杭白菊总产量的30%销往海外,产品畅销东南亚地区和我国港澳台地区。

杭白菊是宿根性草本植物,即一次栽种可以数年采摘。杭白菊是菊花茶中最好的一个品种,由多年生草本植物鲜白菊经过蒸煮晾干而成,呈白色或黄色,外观呈碟形或扁球形,直径2.5~4厘米。经沸水冲泡后,水呈浅绿色,清香四溢。

(二)杭白菊的名称由来

大多数人一听"杭白菊",可能"望文生义",认为"杭白菊"肯定产自杭州。事实上,"杭白菊"主产于浙江省桐乡市。桐乡素有"杭白菊之乡"的美誉,所产杭白菊占全国饮用菊总量的十分之九。桐乡杭白菊的种植历史源远流长,种植面积大,产量高,品质好。

但是,桐乡产的白菊为何要用"杭"字来命名呢?

早在20世纪20年代,桐乡白菊就以其色、香、味、形"四绝",成为饮用菊花的上品,安徽茶商汪裕泰看到商机,便收购、包装,打上"杭州西湖金伦茶菊庄"的标记,转手销往南洋国家。南洋商人梁老板收到汪裕泰发来的桐乡菊花,亲自品尝,只见朵朵菊花在水中竞相开放,花瓣层层叠叠,花色洁白晶莹,花香清馨扑鼻,不禁拍手叫绝:怪不得古人谓之"千叶玉玲珑"!有这么好的货,还怕打不开销路?于是和汪裕泰建立了长期的合作关系。随着杭白菊在南洋的需求量日增,精明的梁老板心里打起了小算盘。既然知道杭白菊产于西子湖畔的杭州,为什么不甩掉汪裕泰这个中间商,直接去杭州找金伦茶菊庄,这样一来,获利不是更丰厚了吗?于是他漂洋过海来到杭州,可寻遍了西子湖畔,竟然丝毫不见杭白菊踪影。无奈之下,只得悻悻而归。原来,徽帮茶商汪裕泰熟谙商界竞争之道,虚晃一枪,把白菊花的产地说成是"杭州西子湖畔"。在当时交通不便、信息不灵的环境下,一方面利用杭州的名气扩大知名度,另一方面还起到了很好的自我保护作用,使梁老板"过河拆桥"的想法化为泡影。而桐乡特产白菊花,却从此冠以"杭"字而扬名海内外。

二、杭白菊的功效、饮用注意事项、选购和保存方法

(一)杭白菊的功效

概括来说,杭白菊的功效有以下几点。

1. 对中枢神经有镇静作用。同时,杭白菊香气浓郁,提神醒脑,也具有一定的松弛神经、舒缓头痛的功效。

2. 有解热作用。尤其是在炎热的夏季,喝上一杯杭白菊茶,顿感清凉怡神。

3. 长期饮用,能增强毛细血管的韧性,增强毛细血管抵抗力、扩张冠状动脉,也可以调节心肌功能,降低胆固醇,特别是对老年高血压患者有辅助疗效。

4. 有抑菌作用。杭白菊水煎剂及水浸剂对痢疾杆菌、伤寒杆菌、副伤寒杆菌、霍乱弧菌、大肠杆菌、人型结核菌及流感病毒等均有抑制作用,还有解毒、减轻感冒头痛的功效,感冒而不想吃药者,不妨试试杭白菊。

5. 有很好的明目功能。眼睛容易疲劳,看不清东西者,以及用电脑过多的上班族不妨试试经常饮用杭白菊茶,或者用杭白菊的干花做成枕头睡觉。

6. 用菊汤沐浴,还有去痒爽身、护肤美容的功能。

(二)饮用杭白菊的注意事项

1. 杭白菊茶由亮黄色变绿色,属于正常现象,尽管放心饮用。
2. 菊花茶一定要用沸水冲泡。
3. 孕妇最好不要饮用杭白菊茶。
4. 隔夜的杭白菊茶不要喝。

(三)杭白菊的选购

杭白菊的品种较多,如小洋菊、大洋菊、小白菊、大白菊、小湖黄等。但我们常见的主要是两种:小白菊与大白菊。那么怎么区分它们呢?

1. 小白菊。花蕾多、花型小,花瓣短而厚实,花香浓郁,冲泡后滋味甜润爽口,质地优异者为小白菊。

2. 大白菊。花型大,花色洁白,花瓣薄,成品冲泡后香气较平和者为大白菊。

两个品种相比,总体来说小白菊的品质要好一些。

(四)杭白菊的保存

花草茶越新鲜越好,杭白菊也是如此。因此,除了购买时要注意保存期限外,保存方式也应格外注意,以免过期或受潮变质。以下几点是作为一个"护花使者"必须注意的事项。

1. 确保密封。无论放在袋中或密封罐中,都要记得将袋口或罐口密封好,以免受潮。
2. 放置在阴凉干燥处。光线、湿气与温度都容易让花草茶变质,因此,要放置在干燥阴凉处。
3. 消耗速度慢时,必须放在冰箱中。如果一次购买的量要很久才能用完,最好密封后将它放到冰箱中冷藏,这样可以延长保存期限。

导游职业能力测试

⊙ 知识问答

(1) 我国驰名的茶用菊有哪几种?
(2) 如何区分小白菊与大白菊?
(3) 杭白菊有什么功效?
(4) 如何选购与保存杭白菊?

主要参考文献

● 书籍

1. 江苏省旅游局.走读江苏——江苏经典景点导游词:上、下册[M].北京:中国旅游出版社,2011.
2. 江苏省旅游局,浙江省旅游局,上海市旅游事业管理委员会.长三角精华旅游景点导读[M].北京:中国旅游出版社,2004.
3. 康泰.南京导游词[M].南京:东南大学出版社,2005.
4. 陈启跃,等.镇江导游[M].北京:人民日报出版社,2005.
5. 刘雨男,刘挺.中国镇江风景名胜[M].南京:南京大学出版社,1995.
6. 钱永波.镇江在江河交汇处升起[M].南京:江苏人民出版社,1998.
7. 程天龙.镇江山水[M].苏州:苏州大学出版社,2008.
8. 潘宝明,朱安平,蒋瑜.扬州之旅[M].南京:东南大学出版社,2009.
10. 王卫平,王建华.苏州史纪(古代)[M].苏州:苏州大学出版社,1999.
11. 曹林娣.苏州园林匾额楹联鉴赏[M].第3版.北京:华夏出版社,2009.
12. 蒋炳辉.精编上海导游词[M].北京:中国旅游出版社,2007.
13. 旅游时报社.导游上海[M].上海:上海辞书出版社,2010.
14. 张友仁.惠州西湖志[M].广州:广东高等教育出版社,1989.
15. 赵福莲.千年灵隐[M].杭州:浙江人民出版社,2004.
16. 钱钧.新西湖全景导游词[M].杭州:浙江人民出版社,2009.
17. 钱钧.大杭州旅游指南[M].杭州:浙江人民出版社,2004.
18. 晚红.最杭州[M].北京:人民邮电出版社,2011.
19. 黄松林,方镜亮,黄剑杰.黄山导游大全[M].合肥:黄山书社,1993.

● 网络资源

1. 江苏旅游资讯网,http://www.jstour.com.
2. 浙江旅游,http://www.tourzj.gov.cn.
3. 上海市旅游局,http://lyw.sh.gov.cn.
4. 钟山风景名胜区,http://www.zschina.org.cn/index.html.
5. 南京总统府,http://www.njztf.cn/flash.html.
6. 侵华日军南京大屠杀遇难同胞纪念馆,http://www.nj1937.org/index.html.
7. 镇江市人民政府,http://www.zhenjiang.gov.cn.
8. 镇江市园林局,http://jszjfda.gov.cn/sylj/xxgk.
9. 国家重点风景名胜——金山风景区,http://www.jspark.cn.
10. 魅力茅山,http://www.maoshanchina.com.cn.
11. 扬州瘦西湖,http://www.shouxihu.com.
12. 中国四大名园之一个园,http://www.ge-garden.net.

13. 扬州大明寺,http://www.damingsi.com.
14. 何园——中国晚清第一名园——寄啸山庄,http://www.he-garden.net.
15. 中国扬州网,http://www.yangzhou.gov.cn.
16. 狮子林,http://www.szszl.com.Default.aspx.
17. 寒山寺,http://www.hanshansi.org.
18. 网师园,http://www.szwsy.com.
19. 留园,http://www.gardenly.com.
20. 苏州旅游局,http://www.visitsz.com.
21. 无锡市人民政府,http://www.wuxi.gov.cn.
22. 灵山大佛,http://www.chinalingshan.com.
23. 中央电视台无锡影视基地,http://www.ctvwx.com.
24. 太湖鼋头渚,http://www.ytz.com.cn.
25. 常州旅游网,http://www.cztour.com.
26. 天目湖,http://ww.tmhtour.com.
27. 中国黄山风景名胜区,http://www.chinahuangshan.gov.cn.
28. 千岛湖,http://www.qdh.gov.cn.
29. 中国·乌镇,http://www.wuzhen.com.cn.
30. 西塘·生活着的千年古镇,http://www.xitang.com.cn.
31. 千年古镇世界同里,http://www.tongli.net.
32. 周庄旅游网,http://www.zhouzhuang.net.
33. 南浔旅游网,http://www.chinananxun.com.
34. 甪直古镇,http://www.luzhi.com.cn.